ポスト・サブカル焼け跡派

TVOD

百万年書房

ポスト・サブカル焼け跡派

TVOD

はじめに

コメカ（TVOD）

いま、この国は焼け跡化しつつある。

テレビをつければタレントたちが「日本スゴイ」とわめき立て、御用学者たちは日本経済の劇的な復活を説き、与党政治家たちは愛国心の重要性と憲法改正の必要性を訴え、総理大臣は国民とともに「美しい国」をつくっていくと嘯《うそぶ》く。ひとつのメルクマールとしての2020年東京オリンピック開催に向けて、この国は愛国的なナルシシズムをひたすらに増幅させ続けている。

だが、実際のこの国の有り様は、本当にそんなに「美しい」ものだろうか？　レイシストたちがネットや路上で差別を撒き散らし、大企業優遇税制により富裕層が内部留保を増やし続ける一方、庶民は消費増税までされて搾り取られ、各地での災害復興は進まないまま他地域の人々に忘却され、首相の「アンダー・コントロール」の言葉とは裏腹に、福島第一原発事故の収束見通しは立っていない。

端的に言って、一時は「ジャパン・アズ・ナンバーワン」とまで囃し立てられたかつての日本の繁栄がもはや失われたことを直視できず、「美しい国」というチープなナルシシズムに逃げ込んでいるというのがいまのこの国の実態、偽らざる姿だと僕は思う。そしてその幻想に国家全体がトリップすればするほど、国民の暮らしは貧しく悲惨なものになっていく。人々がかつての栄光を幻視しそれに浸れば浸るほど、現実の世界の火の手はますます燃え上がり、焼け跡が広がり続けていく。

TVODは1984年生まれの男性ふたりで構成されたユニットである。僕らはバブル景気に沸く80年代後半に幼少期を送り、連続幼女誘拐殺人事件、阪神・淡路大震災、地下鉄サリン事件、神戸連続児童殺傷事件と社会不安が続いた90年代に少年期を過ごし、アメリカ同時多発テロ事件と続くイラク戦争をテレビ画面の向こうに眺めながらゼロ年代に青年になった。20世紀にギリギリ間に合ってしまったせいで、旧時代の価値観を抱えながら21世紀を生きることになった最後の世代が、僕らの世代なのではないかと思う。

僕もパンスもいわゆるひ弱な文系男子の類であり、そういったタイプの人間のご多分に漏れず、少年の頃からさまざまなサブカルチャーに触れて日々をやり過ごしてきた。ふたりともとりわけポップミュージックに思い入れが強く、初めて出会ったゼロ年代中盤の大学生の頃、80年代ニューウェイヴの話で盛り上がったことを今でもよく憶えている。海の向こうでバグダードが爆撃され、サダム・フセインがアメリカ軍に捕えられていたときにも、僕は古今東西のサブカルチャーを追いかけることに熱中し、古本屋やレコード屋に通い詰めてばかりいた。

1970年代以降、高度経済成長を経て、日本は世界有数の経済大国となっていった。その消費社会化のプロセスの中、主に60年代カウンターカルチャーが消費文化化されていく形で、国内のサブカルチャーの生産／消費が隆盛し、同時に海外のポップカルチャーのサブカル的な受容が日本に広がっていく。僕やパンスが「間に合ってしまった20世紀」とは、つまりそういう時代のことだ。カウンターカルチャー、革命、「68年的なもの」、そういった夢がすべて潰《つい》えた後の世界で、終わらない消費社会の中で、どこまでもサブカルチャーの消費に明け暮れ続ける……70年代以降の日本社会は、ずっとそんな感覚の中にあったんじゃないかと思う。「もう〝デカイ一発〟はこない」（鶴見済『完全自殺マニュアル』）。夢が終わった後の世界で、終わらない日常をサブカルチャーとともにやり過ごし続けること。いつまでも戯れ続けること。

だが、どうやら状況は変わりつつあるらしい。バブル崩壊、世界金融危機、東日本大震災、その果てに訪れた経済危機から目を逸らし、「美しい国」という夢にトリップするために、この国は手あたり次第に大量のドラッグをボリボリと噛み砕き、飲み下し続けている。革命の夢から醒め、終わらない退屈な消費社会の中でサブカル消費に明け暮れていたはずのあの日々は幻だったのか？ 消費文化を通じた戯れの向こう側にあるのは、貧しく荒れ果てた社会と安っぽく陳腐なファシズムの夢でしかないのだろうか？

いま、この国は焼け跡化しつつある。焼け跡の上に貧しく陳腐な夢が立ち上がりつつある。

本書で僕たちTVODは、20世紀にギリギリ間に合ってしまった世代なりの視点で70年代以降の日本のポップミュージックの軌跡を辿り、現在に至るまでのひとつの文化的精神史を描くことを試みた。「ナンバーワン」だった国が没落し、焼け跡化していく中で育った人間として自分たちが考えてきたことを、20世紀のサブカルチャーの中でも特に重要な役目を果たしたポップミュージックというジャンルについてのふたりの会話を通して、形にしたつもりだ。

各章は、1970年代以降のディケイドごとに選出された数名のアーティストについてのふたりの会話で構成されている。

第1章70年代編では、「カウンターカルチャーから切断されたロック」の先駆者としての矢沢永吉、プレ消費社会においていち早く「キッチュ」をお茶の間に届けた沢田研二、記号化される中で苛立ちと屈託を抱えることになった坂本龍一を。

第2章80年代編では、「ホンネ」と「悪意」の大衆スターとしてのビートたけし、女性として生きる中で抱えた不能感と軋みを表現してしまった戸川純、バブルに呆けた社会の中で、リズムによる救済を求めた江戸アケミを。

第3章90年代編では、相対主義的態度を出発点に「意志」と「感覚」に分派していったフリッパーズ・ギター、自意識過剰な「男子」たちのヒーローとなった電気グルーヴ、過剰な記号化と物語化を体現することになった存在としてのＸ ＪＡＰＡＮを。

第4章ゼロ年代編では、戯れとしての記号遊びから国策にまで接続されることになった存在としての椎名林檎、ネオリベ時代に自らをレペゼンしたラップスターＫＲＥＶＡ、ロックにおける少年性を更新し、イノセントでベタな物語で支持を得たバンプ・オブ・チキンを。

２０１０年代編としての第5章では、「男子」の最新型としての可能性と限界を示す星野源、日本消費社会におけるポップス世界の最強最悪のゲームマスター秋元康、そして自分自身のキャラクターを、自らの手と視線で創り生み出す存在としての大森靖子を。

時にさまざまな横道に逸れながら、それぞれのアーティストが時代の中でどのように表現し、いかに振舞い、そしてそれが社会においてどんな意味を生んだのかということを考え語り合った。

どれだけ過去を懐かしんでも、あの時代はもう帰ってこない。消費社会に引きこもり、サブカル消費に耽っていられる状況には戻れない。この国はもう「ナンバーワン」じゃない。その中で延々と戯れていられるような、欺瞞的な「平和」は、「戦後」は、もはやこの国には無い。

だが、だからと言って首相が語る「美しい国」の夢の中に取り込まれるのは癪じゃないか。そんなつまらない夢に騙されるほど、僕らは「消費者」としてもヤワじゃなかったはずだ。伊達に何十年もサブカルチャーを消費し続けてきたわけじゃない。サブカルの軌跡を辿ることで、サブカルの「後」の時代を考えることで、そのことをあらためて思い出そう。ポスト・サブカルチャーの時代へ向けて。

そして、スタートの前に、謝辞を。日々を共に過ごしているGの、世界や人間に対する真摯な姿勢からさまざまなことを学んだからこそ、僕はここまで歩みを進め、この本をつくることができた。ありがとう。尊敬しています。

それでは、そろそろ始めよう。

ポスト・サブカル焼け跡派　目次

1973—1978

第1章 カウンターカルチャーからサブカルチャーへ

矢沢永吉

アメリカ化された「天然」の天才

矢沢永吉＝キャロルを戦後史に位置づける

コメカ　それでは、まず第1章を始めよう。戦後日本のサブカルチャー状況に大きく変化が訪れたのが70年代前半頃だと僕らは認識していて、まずそのあたりの話をしたい。で、その際の最初の主軸として、キャロル＝矢沢永吉っていう存在を扱いたい。

パンス　はっぴいえんど[1]ではなく、キャロルです。

コメカ　そうそう、まあこの時期のサブカルチャー的なポップスを語ろうとする場合、はっぴいえんどを扱うのが常套手段になってると思うんだけどさ、そうではなくてキャロル。つまり、カウンターカルチャー的なものとあらかじめ切断されたロックについての話がしたいわけ。

パンス　日本語ロック→はっぴいえんど発が正史だというのは妥当だとは思うのですが、これは後のリバイバ

1 **はっぴいえんど**　細野晴臣、大瀧詠一、松本隆、鈴木茂により1969年結成。「風をあつめて」がとても有名。1972年の解散後、各メンバーの参加している作品に重要作が多過ぎなので、日本のロック史の原点に位置づけられがち（はっぴいえんど史観）。

ルがあってこその見方かなとも思うのよね。ちなみに『日本ロック大百科』[2]だと、1955年を起点にしてる。55年体制の始まりと同時!? というのは置いといて、あらかじめ切断されたロックとはどういうこと?

コメカ それまでの「日本のロック」[3]と呼ばれ得るものって、いわゆるグループサウンズのような芸能界的なもの=ポップカルチャー的なものと、フラワー・トラヴェリン・バンド[4]にしろはっぴいえんどにしろ、その態度の違いはともかく、60年代カウンターカルチャー的な流れの中にあったものとに二分できると思うのね（関わっている人間はクロスオーバーしてるわけだけど）。端的に言うと、前者は芸能界的なもので、後者はそれへのカウンターとしてあったもの。ただ、キャロルはそのどちらの流れとも異なる立ち位置にいたバンドだったんじゃないかと。

パンス 補足すると、60年代末～70年代初頭の日本においてもっとも「政治的」だったのはフォークソングでしょう。1969年には「新宿西口フォーク集会」[5]が実際に機動隊と衝突してる。ただし、その流れは持続していない。当時の代表的なシンガーだった高田渡[6]や岡林信康[7]は、実際の学生運動との違和を表明している。一方で、60年代のカウンターカルチャー、海外のロックの動向を意識していたのは「ニュー・ロック」と呼ばれたバンド群。なかでも頭脳警察[8]、村八分[9]、はっぴいえんどはその流れにいながら、「日本語で歌う」ことによって独自性を獲得している。という動きの少し後にデビューしたキャロルは、さらに切れたところにいるのでは、という構図。

キャロル『ルイジアンナ』(1973年3月25日発売)

コメカ そうそう。で、矢沢永吉って

[2] **日本ロック大百科** 1992年、JICC出版局より刊行。1955～1990年までの日本のロック関連リリース作、主要なライブが年表形式で網羅されている。

[3] **グループサウンズ** エレクトリック・ギターやベースで構成されるバンド。特にその黎明期の時代を指して使われることが多い。日本だと60年代後半。韓国だと70年代前半。それぞれの国に「グループサウンズ」がある。

[4] **フラワー・トラヴェリン・バンド** 内田裕也とフラワーズをもとに1970年に活動開始。アルバム『SATORI』はカナダのチャートにも入り、海外進出した日本のバンドの先駆。当時フォークソングと並行して存在していた「ニュー・ロック」

さ、特に今の若い世代からすると「大物ロック歌手のおじさん」みたいなイメージだと思うんだけど、そういう側面ではなく、ロキシー・ミュージック[10]的なものの日本的翻案としてのキャロル、リメイク・リモデルされた、消費物としてのロックみたいな側面から考えてみたいんだよ。これもまた説明が必要になると思うんだけど（笑）。

パンス　うんうん。

コメカ　キャロルは当時のフジテレビの番組「リブ・ヤング！」の、「ロキシー・ファッション　出演者募集」という企画に出演したことがデビューのきっかけになっている。ロキシー・ミュージックというのは、50年代的なロックンロールのヴィジュアルやサウンドを、70年代の感覚で換骨奪胎・サンプリング、それこそ彼らの初期の代表曲の「リメイク・リモデル」という言葉そのままにリサイクルしたようなバンドだった。あらゆるものが記号化され過剰に流通する消費社会感覚を、自分たちの表現に組み込んだバンドだったわけ。その文脈の中にキャロルを位置づけることが可能だと言えるのではないかと。

パンス　矢沢永吉『成りあがり』[11]を参照すると、番組のテーマが「ロキシー・ファッション」だったから、その時初めて革ジャン買って、キャロルのようなスタイルになったとある。ホントかいなと思うけど。フィフティーズ的なスタイルがどう日本に入ってきたのか――難波功士『族の系譜学』や、デーヴィッド・マークス『AMETORA』に詳しいですが、山崎眞行が「クリームソーダ」の前にやっていたバー「怪人二十

『成りあがり－矢沢永吉激論集』
（1978年7月発売）

シーンの代表的存在。

5 **新宿西口フォーク集会**
1969年、ベ平連のメンバーたちが新宿駅西口の広場で自然発生的にフォークソングを歌い出し、連日多くの人を集める。同年6月28日に機動隊と激突し、排除。それ以降大規模なイベントがこの場所で行われることはなかったが、90年代には路上生活者による段ボールハウスが立ち並び、再び強制排除の際に衝突が起きた。

6 **高田渡**
フォーク・シンガー。1968年、自衛隊への皮肉を込めた楽曲「自衛隊に入ろう」で話題を呼ぶが、徐々に直截な表現は少なくなっていく。70年代以降は自身の飄々とした詞世界に、日本の現代詩を導入する試みも。

面相」のオープン、そして「ヨコスカ・マンボ」族の出現が1968年。このあたりにも萌芽がある。それは新宿のフーテンやヒッピーとも異なるアプローチで、後の「ヤンキー」につながっていく。キャロルにしろ山崎にしろ、同時代のカウンターカルチャーや、お坊っちゃん的なアイビー族とは、文化資本の面でも距離があったと言える。そんな彼らがフィフティーズを導入した、というのが面白いなと。だから、消費社会的感覚の組み込みというのは、クールなサンプリング戦略というよりは、パーソナルな欠乏感から選び取ったものなんじゃないかしら。

コメカ　はっぴいえんどから渋谷系に辿り着くようなレコードフリーク感覚・学究肌とは違う。ロキシー・ミュージックにはポップアート的な戦略というか素養、自覚性があったわけだけど、偶然にその日本的翻案となったキャロルは、無自覚かつ無意識に50年代的な記号をサンプリングすることになった。屈託なく天然でそれをやっていたというか。そしてそういうキャロルやクリームソーダ的なものって、消費社会的な感覚をそのままに体現した文化だったと言えるのではないかと。戦略でも諧謔でもなく、純粋にカッコイイと思うからロックンロールの記号を引っ張ってきてたわけでしょ。そしてそういう屈託のない、歴史から切り離された文化の在り方が、「族」としての共同性、サブカルチャー的なものを形成していくことになる。

消えていく「カウンター」性

パンス　そして「暴走族」が本格的に登場する。バイクを乗り回す不良というのは欧米でも20世紀後半のスタンダードで、日本でも60年代からいたトライブだけど、より強く組織化されていく。その中で熱狂的に支持されたのが矢沢永吉＝キャロルだった。とはいえ、その後、暴走族がロックンロールないしはモッズ化したか

2005年、死去。

7 **岡林信康**
1968年「山谷ブルース」でレコードデビュー。一時の蒸発後、1970年に発表した『見るまえに跳べ』のバックははっぴいえんど。80年代にはロックの日本的な解釈としての「エンヤトット」を考案し、実践。

8 **頭脳警察**
全共闘運動が急進化する渦中で活動を開始。赤軍派による「世界革命戦争宣言」を引用するなど、戦闘的側面が知られるが、音楽的にもさまざまな試みを行っている。1973年『仮面劇のヒーローを告訴しろ』内の「ハイエナ」は冒頭のドラムブレイクがかっこいい。

9 **村八分**
GSグループ、ザ・ダイナマイツを解散した山口冨士夫を中

と言えばそんなこともなく、むしろ右翼っぽいアイコンを盛んに取り入れるわけですが。

コメカ　暴走族って、反体制運動としてではなく、コミュニティ的・共同体的なものとして形作られていくわけだよね。キャロルのデビューとほぼ同時期にあさま山荘事件[12]が起きるわけだけど、カウンターカルチャーからサブカルチャーへ、という流れと、新左翼的なものの没落と、暴走族的なコミュニティ文化＝サブカルチャー的な共同性の萌芽というのはリンクしているように見える。

パンス　キャロルが現れた70年代前期は、新左翼的な学生運動の動きが徐々に後退していく時代でもあったけれど、同時に社会運動を批判的に乗り越える試みが行われた、という側面も見逃せない。ウーマンリブ運動は、社会運動の中ですら男尊女卑が前提となっていた状況に異を唱えたし、70年の「華青闘告発」以降は、マイノリティという問題が前面化していった。障害者運動などが発生したのもこの頃。で、カルチャーの分野では、おぼろげに輸入されていたカウンターカルチャーやヒッピー・ムーブメントをさらに具体的に紹介する動きがあった。『ワンダーランド』とその後の『宝島』[13]はその嚆矢。

コメカ　『ワンダーランド』。創刊号の特集が、それこそキャロルなんだよな（笑）。

パンス　そこでフィーチャーされたのがキャロルだったってのが良いよね。

コメカ　70年代の『ワンダーランド』～『宝島』というのは、60年代的な

「ワンダーランド」
1973年8月号（創刊号）

心に、1969年、京都で結成。ボーカルのチャー坊による土着的な詞の世界観と、プレ・パンク的な演奏はいま聴いても新鮮。同時期に活動していたキャロルの対極に位置づけてもよいかもしれない。

10 **ロキシー・ミュージック**　数多くのニューウェイヴバンドに大きな影響を与えた、1971年デビューのグラム・ロックバンド。ブライアン・イーノが在籍した時期のアルバムは特にプレ・ニューウェイヴ的な色合いが強い。アート・スクール出身者たちによるロックバンドという側面においても先駆的な存在だと思う。

11 **成りあがり**　当時から現在まで読み継がれるベストセラー。聞き書きした糸井重里による怒濤

カウンターカルチャーと80年代的なサブカルチャーとの繋ぎの役割を果たしていたと言えるんじゃないかと思うんだけど、対抗文化的なものを消費社会的なカタログ文化の中に落とし込んでいくプロセスに、結果的になったわけでしょ。その流れもやっぱり、さっき言った新左翼やロック、暴走族みたいな流れとリンクしている。

バンス　そもそも『ワンダーランド』に『ホール・アース・カタログ』[14]の影響があると考えると、カタログ化は必然だった。「全地球の情報化」という企てが、社会へのカウンターとしてイケる！　ってなってた時期。この感覚は、いまゴチャゴチャしたインターネットの中で生きる僕らにとっては、あまりリアリティのないものではありますが。これが『ポパイ』になる頃には、対・社会という側面が消えて、より即物的なカタログになっていく。

コメカ　そうだね。『ワンダーランド』創刊の1973年には、渋谷パルコ[15]もオープンしている。よく言われるように、70年代というのはこんな風に消費社会的な環境の準備期間としてあったわけだ。はっぴいえんどがどちらかというと60年代的なものの残滓に対してどう向かい合うかというバンドだったのに対して、キャロルはやっぱり今見てきたような、消費社会的な環境を無意識に体現するバンドだったと言えるのではないかと思う。で、ちょっと彼らの歩みを見ていこう。

バンス　そうしましょー。

高度経済成長下で「成りあがる」ために

コメカ　さっき話したように、キャロルはテレビ番組出演をきっかけに、オファーを出してきたミッキー・カーチス[16]のプロデュースでデビューする。そこに至るプロ

の編集力により「矢沢永吉」のイメージが確立。

12 **あさま山荘事件**
1972年2月、長野県軽井沢山中の「浅間山荘」に、連合赤軍メンバーが人質を取り立て篭った事件。機動隊突入の様子はテレビ中継され日本中が見守った。メディアを介してのスペクタクルを人々が共有した最初期の出来事といえる。その後3月に、メンバー同士のリンチ事件（山岳ベース事件）が明らかとなり、人々の「学生運動」に対するイメージに大きな影響を与えた。膨大な論考が出ているが、TVOD的には大塚英志『「彼女たち」の連合赤軍』（文藝春秋、1996年）が外せない。

13 **宝島**
植草甚一らにより1973年7月『ワン

セスとして、矢沢永吉っていう人自体は、複雑な家庭環境の中でそれこそ「孤児」的な状況を生きてきた人だったわけよね。それがキャロルのメンバー……特にジョニー大倉との出会いの中で、「BIGになる」っていう夢を具体化させていくストーリーがある。

パンス　コンセプトの部分はジョニー大倉が担ってたんだよね。

あと、イギリスに見られるような、労働階級からロックが生まれて……みたいなストーリーは、それまでの日本にはなかったものだよね。基本、お金がある家庭の道楽だった。

コメカ　そもそも60年代までは、中産階級出身じゃないとギターもドラムも買えなかったわけで。GSのバンドたちも、はっぴいえんど等も中産階級出身者が多い。矢沢やキャロル的な「非政治性」は、はっぴいえんど的な意味での政治への距離の置き方とはだから違うよね。別に意識的に政治から距離を置いてるわけじゃなくて、そもそも天然というか、無意識だったという。

パンス　社会が、対峙するものというよりは、そこで成りあがるためのものとして存在していたというか。捉え方の違いがあったんだと思う。

コメカ　キャロルの登場っていうのは、革命する対象としてでも、距離を置く対象としてでもなく、内部で成りあがるものとして社会を捉えたロックが日本で成立した最初の瞬間なんじゃないかと。成りあがりたいのに、日本では非常にマイナーだったロックを選択しちゃったっていう、その後日本のヒップホップの世界で反復されるような奇妙な志向があるよね（笑）。

パンス　確かに！　当時の若者にとってポピュラーだったのは、「成りあがり」とはほど遠いフォークソング。それらも政治的視点を放棄することでメインス

ダーランド』という誌名で創刊。同年11月『宝島』と改名。70年代はカウンターカルチャーの紹介、80年代は関川誠の編集により日本を含むパンク・ニューウェイヴの動きを追い、日本中のサブカル・キッズにとっての情報誌となる。バブル期にはバンド・ブームの立役者に。その後アダルト、ビジネス路線と変遷を経ながら、2015年に休刊。読者投稿「VOW」や『別冊宝島』シリーズなども含めて、日本のサブカルチャー全体を方向付ける役割を果たした。

14 **ホール・アース・カタログ**　アメリカで1968年、スチュワート・ブランドによって創刊された雑誌。オルタナティヴな生活志向を持つ若者たちに向けて、アイテムや情報をカテゴ

トリームに躍り出たわけだけど。ただ吉田拓郎[17]みたいに「テレビに出ない（ラジオメインで活動する）」みたいな緊張感において、ほんのりとカウンターたり得ていた。

キャロルの志向はそのへんとも違う。ちなみに僕の父親はキャロルよりひと世代下だけど、『成りあがり』にメチャ影響を受けて、田舎から出てきて神奈川で働いて、のちに起業してるんですよ。

コメカ　マジかー！　でもだから、「成りあがり」的なもの、矢沢的なものってすごく具体的に届いてたっていうことだよね。本当にそれで人生変わったっていう人がたくさんいる。

フォーク・ニューミュージック的なものっていうのは日本の歌謡曲の文脈に自分たちを重ね合わせていったわけだけど、キャロルは音楽的には普通にロックンロールだからね。実際いまの耳で聴いてもよくできている。

パンス　それまでの日本のポップスに比べて、ドラムが前に出てるよね。そこもベターっとした四畳半フォークと全然違うところ。

コメカ　そうそう、ちゃんとファットなドラムサウンドが録れている。ざっくりいうと、歌謡的な音響構造、歌を主軸に置いてバックトラックとして演奏が……っていう感覚じゃないんだよね。欧米的なロックの音像に近づきたいっていう志向がはっきり出てる。そこらへんも、90年代の日本語ラップと構図が似てる（笑）。

ただ さ、矢沢永吉が持ってるストーリー性、さっき話したような生い立ちの物語みたいなものは、音楽そのものの中には全然内在されてないんだよね。実際、コンセプトだけでなく歌詞・言葉もジョニー大倉が担っている。

パンス　ジョニー大倉のソロは、それらのコンセプトを

リー別に分類して紹介するスタイルは、『宝島』はもちろん『POPEYE』やファッション・ライフスタイル誌の基点に。

15 **渋谷パルコ**　part1が1973年に開業。次々と商業施設が増設されていき、周辺の店舗も含めて渋谷の文化拠点に。2016年に一旦閉館。工事中の仮囲いには大友克洋『AKIRA』アートウォールが設置された。いちおうパンスもそこで記念写真を撮っていたら通りがかったギャルたちから「なんであそこで写真撮ってんの（笑）」という声が聞こえて恥ずかしくなってしまった。2019年11月、大幅リニューアルしてオープン。

16 **ミッキー・カーチス**　平尾昌晃、山下敬二郎と共に「ロカビ

さらにのびのびと表現してて、好きなんだよなあ。『ポップン・ロール・コレクション』[18]。矢沢永吉にあるのは身体！　ソロになるとAOR化するし、容れ物は何でもよくて、その中で最大限のパフォーマンスをする人として見てる。

　ストーリー性が前面に押し出されたのはやはり『成りあがり』が大きい。つまり編集した糸井重里のおかげ。78年刊行だからキャロルからはけっこう後なんだよね。

ビジネス志向と都市生活者の孤独

コメカ　しかも、『成りあがり』で語られる物語というのは、いわゆる私小説的な「内面」の物語ではない。ビジネスマン的・自己啓発的なテキストというか、消費財としての自分のキャリアやイメージを自己管理して、消費社会における「勝ち組」になることの方法論について語っているようなニュアンスが強い。ジョニー大倉はたぶんアートとしてのポップスに思い入れというか関心が強くあったんだと思うんだけど、矢沢はそうじゃないんだよね。経営者的な目線で常に物事を見てる（笑）。

パンス　高度経済成長下のタイミングで大人になった人たちにとって重要な課題は、社会変革ではなく、ビジネスだった。田舎で貧しい家庭に生まれたとしても、都市に出て行って稼げるチャンスはあった。同時期の学生運動とは縁もない、地方からの集団就職者[19]は当時大きな層を占めていた。矢沢永吉は就職ではなくロックをやりに上京して、横浜で下車しているので、少しアウトサイダーとはいえ、その中に属すると見てよいでしょう。産業化が進む中で、人口が大きく流動し、地方と都市が再編されていく時代だった。その中で、個人として都市に投げ出されてしまった、という意識を抱える若者が現れる。

リー三人男」としてキャリアをスタートさせ、ニューロック時代にはミッキー・カーチス&サムライとして海外での活動も行った。ミュージシャンとして以外にも、俳優、タレントなど多彩な活動を展開。

17 **吉田拓郎**　70年代初頭からメジャー・フィールドで活動したシンガー・ソングライター。フォーク・ミュージックを政治的運動からパーソナルな問題を歌う方向に切り替えた張本人として言及されがち。アーティストによるレコード会社「フォーライフ」を設立するなど、ビジネス的な側面でも新しい流れを作った。

18 **ポップン・ロール・コレクション**　ジョニー大倉による50～60年代ポップス

コメカ　都市生活者の孤独。昭和30年代〜昭和40年代頃、高度経済成長期に集団就職で都市に入ってきた人々の文脈の中に、矢沢のような存在も組み込める。ただ、昭和50年代に入るころ、つまり1975年前後には、集団就職的な都市流入は終焉を迎える。むしろ、都市部においていかに共同性を確保するのかという問題が前景化してきて、それこそサブカルチャーの機能が重要になってくる。

パンス　見田宗介『まなざしの地獄』にあるとおり、孤独に生活する中、学歴・出身地・職業といった自らを構成する要素が「他者からのまなざし」として問われることに耐えかねた結果、永山則夫[20]のような存在も現れた。

いっぽう、地方からの流入者だけでなく、都市部、時に郊外にいた若者にとっても、核家族化などにより、自分が依拠する空間が狭められていく状況だった。その苛立ちが暴走族や家庭内暴力として噴出したわけだけど、そのフリクションを落ち着けるためにも、サブカルチャーによってそれぞれがスタイルを獲得していくことが必要とされた。

コメカ　だから結局、いま現在のサブカルチャーと政治の距離感、政治性から切り離された避難場所……みたいな在り方が、やっぱりこの時期に整備されていったんだと思うんだよね。矢沢なんてさ、ヤンキー的な不良少年少女が逃げ込める共同性・コミュニティを誰よりも率先して引き受けたわけでしょ？（笑）そもそもキャロルというキッチュなものとして現れた存在が、単なる泡沫として消えることなく、サブカルチャーコミュニティを具体的に形成していくっていう事態。記号的なキャラクター＝サブカルチャーヒーローが語り体現する物語が、それこそパンスくんのお父さんが影響を受けたように、人々の人生を左右するほど強い力を持つ時代になっていったわけだ。

のカバー集。衒いなく、好きという素直な気持ちが反映されてて気持ちいい。「美舞丙比（ビー・マイ・ベイビー）」をよく聴きます。

19 **集団就職**
1950年代から高度経済成長期にかけて、農村の若者が「金の卵」と呼ばれ、都市部に移動して単純労働に従事した。70年代、大都市には社民主義的な志向を持った「革新知事」が続々と誕生するが、その支持基盤になったとも言われている。

20 **永山則夫**
悲惨な境遇の中で、集団就職の時代に上京したひとり。1968年、日本各地で連続射殺事件を起こし、翌年逮捕、死刑判決を受ける。獄中での手記『無知の涙』は広く読まれた。1997年に刑死。事件の直後に撮られ

パンス　キャロルが作ったフィフティーズ・リバイバル的なイメージは、「クリームソーダ」でよりポップに、キッチュになって、ヤンキー的な層も含む地方の若者に受け入れられ、80年代的なイメージのひとつを担うようになる。それこそアラジンとかなめ猫まで含めて。文化的な洗練を必要としない層にまで普及させたというのはホント偉大だと思うな。カウンターカルチャーとしてのロック、というものとは違う要素を持ちながら、あれだけ「BIG」になったバンドがいたというのは、日本のロックの歴史において幸運なことだった。フィフティーズ・リバイバルを導入した不良文化は、それを作品に落とし込めた矢沢永吉のような存在がいなかったら、それまでの「アイビー族」「カミナリ族」のような、一過性のムーブメントとして終始していたかもしれないからね。

「キッチュさ」についても考えてく必要がある。そういえば今あんまりキッチュって言わなくない？　そんなことないかな？

コメカ　いや、実際2000年代に入る頃からあんまり言われなくなったと思う。これもだから、すべてがキッチュになっちゃったからね。安倍政権なんてめちゃめちゃキッチュだから（笑）。それもこれも80年代頃からあらゆるものがサブカル化・消費文化されていくプロセスの中で、良識や「正史」みたいなものをどんどん解体させていくうちに、何がメインで何がサブなのか、何がファインで何がキッチュなのか、っていう線引きができなくなっていった結果ではないかと。そして、キッチュであろうがなんだろうが、安定的な共同性を確保できれば何でもいい、っていう状況に繋がっていく。

パンス　同時期にグループサウンズとニューロック、芸能と本格派の中で揺れ動きながら、のちにキッチュを体現していった存在がいるからね。それが沢田研二。

た足立正生によるドキュメンタリー、というより風景映画『略称・連続射殺魔』は、当時の時代背景を肌感覚で知ることのできる貴重な記録。

沢田研二

ポップな記号になりきること

表層を駆け抜ける

コメカ　キャロル／矢沢永吉の話は、最終的に「キッチュ」というフレーズに辿り着いたわけだけど。ここからは、沢田研二の話をしたいなと。70年代において意識的に「キッチュ」として振る舞った、一番のミュージシャンなんじゃないかと。

パンス　奇抜さを打ち出すようになったのは1978年くらいからかな。

コメカ　キャロルがロキシー・ミュージック的なものの翻案と言えるのであれば、ジュリーは和製デヴィッド・ボウイ[21]的なイメージ。70年代中盤〜後半にかけて、グラム／プレ・ニューウェイヴ的なギミックを多用するようになる。

パンス　僕くらいの世代から見ると、当時のグラム的なものの衝撃ってどんなものなのかいまいち掴めなかったんだけど、ECDがリアルタイムで触れたボウイについて書いてるのを読んで納得できた（『いるべき場所』2007年）。父親がテレビに映ってるボウイを見て「何だ、このバケモノは」と言うのを聞いて、ます

21 **デヴィッド・ボウイ**　グラム・ロックのパイオニアとしてデビューし、長いキャリアのなかでロックシーンに幅広い影響を与え続けた人物。80年代のニューロマンティクスバンドの殆どはボウイのエピゴーネンだし、90年代のナイン・インチ・ネイルズやマリリン・マンソン、ゼロ年代以降の多くのインディロックバンドなど、彼に影響された存在は枚挙にいとまがない。

ます傾倒していったという。

コメカ　ジュリーは日本のポップシーンの中で、そういうトランスジェンダー的なイメージを提示したわけよね。キッチュと言っても、キャロル的なものとはそのあたりが全然違う。ただ、「内面」について音楽で表現しようとしないっていう側面では、矢沢に通じるところがある気はしてて。

パンス　ジュリー自身の立ち振る舞いは本家グラムと比べてもずっと表層的だとは思うけど。よく言われるように、曲によってアプローチをガンガン変えてくし。コメカくんの言う「内面」とはどういうことなのか。もう少し詳しく聞きたいな。

コメカ　うーん、わりとシンプルな話だよ。私小説的な歌詞（別に実体験じゃなくても）を持つ音楽を作って、人間の心情や「内面」を語りたい……っていう欲求を持つミュージシャンと、そうでないミュージシャンがいると思うんだよね。矢沢永吉や沢田研二には、そういうシンガーソングライター的な欲求があるように僕には見えなくて。だから、消費社会の準備期間においてすごく有効に「商品」になれたというか。

パンス　なるほどね。少し時代を戻って追い直してみるけど、70年代初頭に「日本語ロック論争」[22]などを経て、日本語で歌うことを選択したミュージシャンたちには、「文芸」をやらなきゃいけない、という志向があったと思う。はっぴいえんどは、それまであった日本文学や詩の要素をなんとか自分たちの歌詞に落とし込もうとしていたし、その影響を隠さなかった。1stアルバムのブックレットに自分が好きな作家やミュージシャンを列挙したりして。後の日本語ラップ草創期の人たちの奮闘にも通じる。その後に出てきた吉田拓郎、南こうせつラインだと、衒いがなくなってベタベタな表現も厭わなくなってくる。

22 **日本語ロック論争**
『新宿プレイマップ』1970年10月号に掲載された「ニューロック座談会」で、内田裕也が大滝詠一に「日本語ロック」への不快感を表明、その後『ニューミュージック・マガジン』でも議論が起こる。「日本語はロックに合うか」という問題。特に結論が出たとは言えないが、現在に至る「日本のロック」を聴きながらあらためて考えるのもよいかもしれない。

一方で日本語か否か、みたいな話が出る前のロックって、ダンスミュージックっぽい側面もあったんじゃないかな。ロカビリーからGS期まで。ザ・タイガースとしてその頃を知ってる沢田研二の「内面のなさ」には、GS期からの延長上の感覚と、80年代の狂騒に先駆けてた部分の両面があるんじゃないかしら。

コメカ　そうそう、だからたぶんキャンディポップとしてのGSみたいな感覚が、フォーク・ニューミュージックの時代を挟んで、80年代に入るあたりに復権してきた……みたいな言い方すらできるんじゃないかと。かつての大衆文化が、縮小再生産的に応用されて、サブカルチャー化していく。カウンターカルチャー的なセンスは実はオミットされているというか。

パンス　ニューウェイヴの時代に入ってそれが全面化するわけだよね。プラスチックスやシーナ&ロケッツは、キャンディポップとしても優れてる。それが「尖ってる表現」と認識されていた。ジュリーはメロディに歌謡曲性がたっぷりあるから、同時期の山口百恵などと合わせてもハマるし、ほんと柔軟性がある表現だなと思うけど（笑）。山口百恵なんかは「文芸的」に批評される側だった。平岡正明『山口百恵は菩薩である』[23]は今のアイドル批評の始祖でしょう。

コメカ　70年代に、アイドルを文芸として読む、みたいな態度も編み出されたわけだけど、沢田研二はむしろそういうところから離れていったというか、デヴィッド・ボウイ等を手本にして、自ら率先して記号になろうとしたと思うのね。心情吐露的に内面を表現することからは距離を置いて、自分を記号的なキャラクターにしていったというか。それはキャロルからスタートして戯画的な「ロックスター」の記号を身にまとった矢沢にも近いし、後のニューウェイヴのバンドたちにも参照されるような在り方だったと思う。で、77～78年にジュリーがそうなっていくのと同時に、タモリが

23 **山口百恵は菩薩である**
1979年10月刊行。歌謡曲／アイドル論の嚆矢といえるが、聖と俗を交錯させながら語りまくる平岡節はいまでも強度あり。2015年に四方田犬彦編集による「完全版」が出ている。

24 **全共闘**
現在から見ると学生運動というのは火炎瓶やゲバ棒的なイメージで全部一緒くたにされてしまいがちだが、それらのアイテムが登場したのは60年代後半になってからのこと。つまり、60年代安保と70年代安保では、その性質が大きく異なっている。ざっくりした言い方をしてしまえば、直接行動＝暴力を重視したのが70年代安保前後の運動。各大学ごとにセクトを越えて68年に組織されたのが「全学共

登場するんだよね（笑）。

ネクラとの闘争

パンス　サブカルの人はタモリが好きになりがちというテーゼがまずある。それはまあ、ゴールデン街のスモール・サークル～「全冷中（全日本冷し中華愛好会）」から出てきたというのがデカいわけだけど。彼らが70年代に繰り広げたスノッブな動きは、その名称にある通り「全共闘」[24]的なるものの否定を伴っていて、そこにタモリがばっちりハマったんだね。面白ければなんでもいい「面白主義」[25]、で、分裂的、表層的という。そのままいけばカルト・スターだったろうけど、彼自身は芸能界に進出していった。

コメカ　日本のサブカルの特徴としての、政治的なものも含めたあらゆる意味を無効化して、すべてを記号として弄ぶ……みたいな感覚をお茶の間まで届けることに成功したのが、タモリ。ジュリーとタモリはほぼ同世代で、出自としてはまったく関係ないんだけど、70年代の終わりに、自分自身を記号化・キャラクター化するアクターとして脚光を浴びるようになった。この、「記号化・キャラクター化」っていう作法は、来るべき80年代の在り方の先取りだったと言えるわけよね。

タモリ『タモリ』（1977年3月20日発売）

パンス　このあたりで本格的に転換するわけだね。記号化、キャラクター化、それと面白さの重視、消費することに対する後ろめたさの拒否、というのが大々的に唱えられるようになった。それはお茶の間にも徐々に浸透していって、全体としてある種の大衆運動のよう

闘会議」＝「全共闘」である。暴力性の拡大のかたわら、どんどん難解になっていく運動論が並行していて、その背景としてあったのは社会を変革するという名目を持ちながらの「自分探し」であったというのが小熊英二らによる分析。その見立てに対しては、リアルタイム世代からの「そんなんじゃないぞ！」という批判もあり。

25 **面白主義**
『月刊漫画ガロ』誌上で、編集の南伸坊や渡辺和博らによって70年代に打ち出された方針。「面白ければなんでもいい」、ナンセンスの追求というのは、現在の文化状況からしてみれば当たり前すぎてむしろ認識しづらいが、当時としては「全共闘的な」シリアスさに対するカウンターとして提唱されており、

に解釈することもできるようになった。それを「80年安保」（橋本治[26]）として評価する動きもあった。

コメカ　フジテレビ「楽しくなければテレビじゃない」、テクノポップ[27]ブーム、インベーダーゲーム[28]、MANZAI[29]ブーム、田中康夫『なんとなく、クリスタル』[30]……。70年代的な暗さを塗り替えようとするサブカルチャーが大挙して登場してくる。それこそ竹の子族やなめ猫みたいなキッチュ文化まで含めて（笑）。表層的な記号を消費することにためらいが無くなっていくわけですね。フォーク・ニューミュージック的なものもちろん80年代に入っても人気だったわけだけど、たとえばタモリはそういうものを激しく攻撃した。

パンス　それらは「ネクラ」と総称された。さだまさしとの確執、とかよく言われてるけど。そこで「敵」だったのは、フォーク・ニューミュージックのようなウェットな感性であり、それより過去にある「全共闘」的なるものも含んでる。「暗さ全般」への忌避と攻撃。

コメカ　まあもちろんタモリ自身も本来はネクラな人なわけで、彼は要するに全共闘的だったりフォーク・ニューミュージック的だったりするカルチャーの中にあった、暗いナルシシズムを攻撃したわけだよね。先述したような、私小説的に「内面」を表現しようとする人間が陥りがちな、安易な自己陶酔を否定しようとした。赤塚不二夫[31]への弔辞で語った「あなたの考えはすべての出来事、存在をあるがままに、前向きに肯定し、受け入れることです。それによって人間は重苦しい意味の世界から解放され、軽やかになり、また時間は前後関係を立ち離れてその場その場が異様に明るく感じられます」というのが彼の志向する世界というか、暗い人間だからこそそれを目指そうとしたというか。

パンス　彼自身「ネクラ」に対して「ネアカ」を打ち出していたのはテレビ進出からごく短期間で、その後は

実際にその傾向は80年代にあらゆるジャンルで全面化する。

26 **橋本治**
1977年、小説『桃尻娘』刊行。その後評論、随筆などで活動。その知識とゆるやかな語り口で80年代のオピニオン・リーダー的な存在に。全共闘・ベ平連・フェミニズムまでを真摯に解読する『ぼくたちの近代史』（1988年）はいまこそ読まれるべき。2019年1月死去。

27 **テクノポップ**
『Rock Magazine』で知られるライター／編集者の阿木譲が生み出した造語である……らしい。シンセサイザーやリズムボックスを使用したポップス／ロックを指す。欧米圏で言うところのエレクトロポップに相当する。YMO「ライディーン」のヒットを期に、

司会者として芸能の空間に、80年代フジテレビ[32]的な狂騒の直中に自らをはめ込んでいくわけだよね。

コメカ　そうね。無意味な記号としてテレビの中を漂うことをタモリは選択して、当たり前のように平日のお昼の顔になった。矢沢永吉がネオリベ的な物語を語り体現する記号＝キャラクターだったとすると、タモリは物語を語らない単なる記号＝キャラクターに成りきろうとしていた。で、ジュリーは80年代以降、あまりにも自分が上手く記号＝キャラクター化してしまったことを持て余していくと言うか、その使い道が見出せなくなっていってしまった印象を受ける。

……ちょっと時間が戻るんだけどさ、70年代前半のジュリーって今映像観るとあんまりパッとしないんだよね（笑）。

パンス　PYG[33]も今聴くとイイ曲だな〜とは思うけど、同時期のニューロックなどと照らし合わせると、本格的にロックをやりたいのか何なのかイマイチ半端で、時代に翻弄されて、どこにも所属できてない感があるよね。

コメカ　ジュリーは本来はストーンズとかが好きなバンド兄ちゃんなわけだけど、ニューロック的なシーンからは芸能人扱いだし、かと言って芸能界で「歌手！」って感じがバッチリハマっているわけでもない。もちろんソロシンガーとしてヒットしてたわけだけど、今見るとなんだか座りが悪い。年少世代の西城秀樹とかの方が、「歌手でござーい！」って感じで思いっきりやってる感じなんだよね（笑）。

パンス　西城秀樹も野口五郎も、海外のスタジオミュージシャンとか呼んでグルーヴィーな曲をたくさん残している。わりと屈託なく、アイドルというよりはアーティストという自覚を携えながら活動してたんじゃないかな〜と思ったり。SMAPにもその感覚が少し

日本ではテクノポップはブームと化した……が、一瞬でブームは沈静化し、数年後には「テクノ」という言葉は恥ずかしいものになってしまったようだ。90年代にダンスミュージックとしてのテクノが登場する、ずっと前の話。

28 **インベーダーゲーム**　1978年にタイトーが発売したビデオゲーム「スペースインベーダー」のこと。発売後爆発的な人気を呼び、ブームを巻き起こす。YMOの1stアルバムでは、ゲーム中の効果音やBGMをシンセサイザーで再現したサウンドを聴くことができる。

29 **MANZAIブーム**　1980年頃、B&Bやツービート、ザ・ぼんち、紳助・竜介らの漫才師たちが

あったけど。沢田研二は前時代~60年代を知っていたからこそ、その後どうやってくかってのが課題になっちゃった感じなのかな。

コメカ　なんというか、ロック的なものを知っているからこそ、ソロ歌手をやっている自分に屈託を感じていることが滲み出ちゃっているというか。西城秀樹には屈託は感じられないじゃない？（笑）だからタモリが元来暗さを抱えているように、ソロ初期のジュリーも内面的なものというか屈託を感じさせるんだけど、「勝手にしやがれ」の頃、自分をキャラクター化していくあたりから、急速に生き生きしてくるんだよね。「重苦しい意味の世界から解放され、軽やかに」なっていく感じがするんだよ。

パンス　うん。だからグラムっぽい感覚って、日本においては、暗さを克服して次のフェーズにいくための格好の素材だったんだと思う。欧米の感性はイマイチ掴めないけど、少なくとも日本のキッチュさにはハマったという。少女マンガなどとも同期しつつ。自らをキャラ化していく、ということ。

東京のルージュ・マジック

コメカ　PYGからずっと一緒にやってた井上堯之が、1980年「TOKIO」[34]の直後にジュリーのバックバンドを離脱する。Charがさ、「YMOとかピコピコしたのがいろいろ出てきた頃、こいつらを相手にするのはしんどいなと思った」みたいな発言を確かしてたんだけど、井上堯之にしても「TOKIO」的なニューウェイヴ感覚がしんどくなったのかなーと思って。ジュリーはそういう感覚に抵抗が無いというか、なんだかヤケクソなぐらい過剰にそっちの方向に突っ切っていってる感が今当時の映像を観るとあって。

人気を集め、それまではオッサン臭いものとして扱われていた漫才がブーム化する。フジテレビ『THE MANZAI』等を通して、漫才がポップな文化として再提出されたと言える。ブームはすぐ沈静化したが、80年代以降のテレビ環境に与えた影響は大きい。MANZAIブームが無ければ、今現在のお笑い芸人中心のテレビ文化はあり得なかっただろう。

30 **なんとなく、クリスタル**　田中康夫が1980年に発表した小説。作中に登場するブランド等の固有名詞に対する、442個もの註・分析が本文に付記されている。記号が跋扈する80年代日本の消費社会環境を予見・批評したような側面がある作品。

パンス　周りは淡々と演奏してるからなあ。井上堯之バンドとかはミュージシャンズ・シップな人たちだから、当時そのように考えたとしても自然だよね。沢田研二自身は、音楽性というよりは、ヴィジュアルをどんどん押し出していくことに可能性を見出していたんだと思う。

コメカ　直接のアイデア元としてはボウイとかグラムがあるんだろうけど、パンスくんがさっき言ってたみたいに、表層的なんだよね。それこそ「サムライ」[35]とかではハーケンクロイツを使ったりとか、今見るとどうなんだっていうヴィジュアルをやったりしているけど、あれにたぶん意味や意図はない。そのことがむしろ問題なんだけど。極めて「日本のサブカル」的な態度が、図らずも形になっている。で、まあ野坂昭如のような戦中派がそれを批判する……つまり、歴史とサブカルチャーに接点を持たせようと警告する振る舞いが、その時代の日本には辛うじてまだ成立していたわけだけど、今やもう、ねえ。

沢田研二「勝手にしやがれ」（1977年5月21日発売）

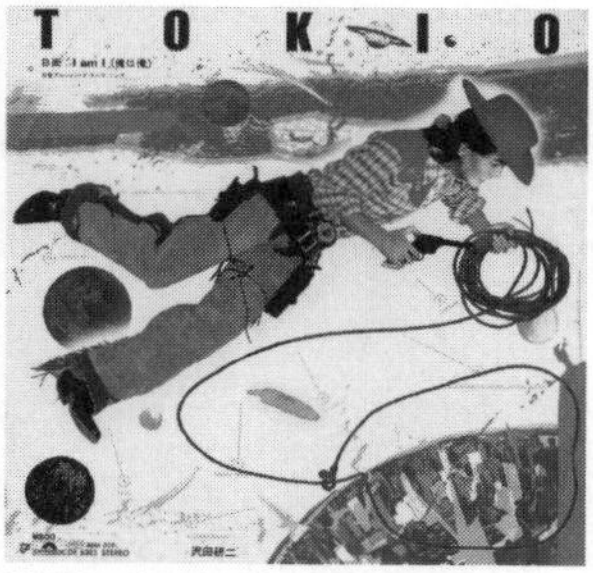

沢田研二「TOKIO」（1980年1月1日発売）

パンス　水兵の恰好もしてるし。意味が分からない、というか別に意味なくてよい、という。曲ごとに恰好を変えてくし、別にそれが曲と連動しているわけでもない、って試みを初めて実行した人でもあるよね。それは椎名林檎にも、水曜日のカンパネラにも受け継がれているわけですが。

31 **赤塚不二夫**
1935年生まれのマンガ家。『おそ松くん』『天才バカボン』などなど、誰もが知る名作ギャグマンガ群の作者。『レッツラゴン』『ギャグゲリラ』など、過激で実験的な作品も残している。素人時代のタモリを自分の家に居候させ、芸能界デビューまで導いたことも有名。2008年死去。

32 **80年代フジテレビ**
81年のフジテレビのキャッチコピー「楽しくなければテレビじゃない」が、80年代のこのテレビ局のスタンスを象徴している。シリアスで重いものではなく、ポップで軽いものを前面に押し出していくスタンス。実際この時代のフジテレビは、バラエティ番組制作では他局の追随を許さなかった。

コメカ ショック・ロック（笑）。永ちゃんは基本的に、ソロではアメリカン・ロック的な意匠しか使わなかったわけだけど、ジュリーは次々に記号をスイッチさせていった。さっきも言ったけど、「人間は重苦しい意味の世界から解放され、軽やかになり、また時間は前後関係を立ち離れてその場その場が異様に明るく感じられます」っていうのを70年代末のジュリーは正に体現してたというか……。それこそ「TOKIO」とか、頭がおかしい世界でしょ（笑）。

パンス むしろその頃の東京は全然「昭和」だったんだけどね。リアルタイムで経験していない立場から見ると、この曲にあるような躁的なイメージに街が引っ張られていった感じがする（笑）。あくまでも「東京」への語り口において、という話だけど。遠藤賢司「東京ワッショイ」も同時期のパンク／ニューウェイヴ歌謡だね。

コメカ 糸井重里の手による「TOKIO」の歌詞では、火を吹いて闇を裂き、奇跡を生み出すスーパーシティとして東京が描かれるわけで、「東京ワッショイ」にはかろうじて見られる「粋でいなせな東京」みたいなノリもかき消すような躁病感がある（笑）。そういうハイテンションの中で、東京も自分＝沢田研二をも全部記号化していくような異様な感覚が「TOKIO」にはある。80年代を先取りしてるんだよね。「海に浮かんだ光の泡」＝バブルまでもを予見している（笑）。

パンス 謎の楽観でも、根拠なく言い切って何となく説得力を持ってしまうような社会だったということじゃないかしら。エズラ・ヴォーゲル『ジャパン・アズ・ナンバーワン』[36]は79年刊行。

コメカ そうそう。そういう軽薄なノリが通用してしまう空気が、80年代に入るあたりから出来上がっていた

33 **PYG**
60'sグループ・サウンズの代表的なバンドが合体、沢田研二・萩原健一をツインボーカルとして「ニュー・ロック」を志向したグループ。1970年「第1回 MOJO WEST」でライブデビュー。メンバーがすでにスターダムにありながらもミュージシャンシップを兼ね備えた活動は、その後の井上堯之グループなどにつながっていく。

34 **TOKIO**
1980年1月1日にリリースされた沢田研二のシングル。作詞は糸井重里、作曲は元ザ・ワイルドワンズの加瀬邦彦。サウンドは若干ニューウェイヴがかったポップロックという感じだが、歌番組出演時のパラシュートを背負ってのパフォーマンスなど、70年代的な空気を断ち切

んだろうなっていう。ただ、さっき話したみたいに、80年代に入ってしばらくすると、ジュリーは失速してしまう。彼が体現した方法論が、一般に普及してしまったからってのが、その理由のひとつじゃないかと思っていて。メディア上でデフォルメされて記号=キャラクター化する人間の数が、一気に増えていく。

で、それこそジュリーのようなキャラクター化の作法を図らずも使うことになって成功した男が、サブカルチャー・ヒーローになっていくわけですね……。

パンス　一般に普及したし、その更新がメチャクチャ早かったとも言えるね。2年もしないうちに、「い・け・な・いルージュマジック」まで進むわけです。忌野清志郎と坂本龍一。

る新しい世界観を上手く打ち出すことに成功していた。

35 **サムライ**
1978年1月21日リリースの沢田研二のシングル。作詞は阿久悠、作曲は元ザ・スパイダースの大野克夫。テレビ出演時、沢田はハーケンクロイツの腕章を含む衣装でパフォーマンスを行い、批判を浴びた。野坂昭如もこのパフォーマンスを批判するテキストを残している。

36 **ジャパン・アズ・ナンバーワン**
1979年、TBSブリタニカから刊行された、エズラ・ヴォーゲルによる日本社会論。日本経済と生活水準の向上を、その勤勉さから来るものとして高く評価している。

坂本龍一 消費されるイデオロギー

「YMO環境」って何?

コメカ 坂本龍一は、前回まで話してきた矢沢・沢田より少しだけ年が下。1952年生まれ。でも、彼は70年代という時代をスタジオミュージシャンとして過ごしていて、その後ポップスターになることはたぶん誰も予想していなかったはず。というか、彼のような人がポップスターになったことの方がエラーだったんだと思うけども。アカデミックな重たさを抱えながらポップス世界の裏方として糊口をしのいでいた人間が、矢沢・沢田が先駆的に体現した記号=キャラクター化の方法論によって、「軽い」存在に変身することになる。

パンス 僕らが物心ついたときは、もう日本を代表する音楽家みたいになってた。最初に聴いたのは『1996』だったな。ピアノ・ヴァイオリン・チェロの編成で「戦場のメリークリスマス」や「ラスト・エンペラー」などが入っていて、偉い人の高尚な音楽だと思って聴いてた。中1くらいの頃、勉強部屋で(笑)。あと「グート」レーベルのコンピ。どっちも紙のケースなんだよね。プラケースじゃないってところが「ひと味違う、一段上の」CDを聴いてる気分にさせられたんですよ。で興味を持って調べてくうちに、

37 **ナンシー関** 1962年生まれのコラムニスト・消しゴム版画家。2002年、虚血性心不全により死去。85年に『ホットドッグ・プレス』でコラムニスト・イラストレーターとしてデビューして以来、冷静かつ容赦ないテレビ・芸能文化批評が根強い支持を得ていた。浮足立ったところが一切無いポップカルチャー批評を書き続けた、稀有な文筆家。

ポップかつ尖ってたＹＭＯの頃のことも分かってきた。

コメカ　ナンシー関[37]が90年代に、当時の広告業界やＣＭ制作者たちが、自分たちが若い頃に好きだったＹＭＯのメンバーを嬉々として仕事に採用することを、「マイナー界におけるメジャー」でしかなかったＹＭＯを、メジャーの仕事で使ってしまう頓珍漢な行いだって揶揄してたんだけど（笑）、逆に言うと、「マイナーなレベルでの巨大なポップスター」として、ＹＭＯは君臨したわけだ。サブカルチャーヒーロー。

パンス　当時の「ギョーカイ」の人たちにとっては、文化環境を刷新するために、ＹＭＯが触媒のようになったとも言える。それが「ＹＭＯ環境[38]」ということなのかな。って、なんだかさ、ＹＭＯについて語ると語り方が当時っぽくなるのはなぜなんだ！　「触媒」とか発しただけでＹＭＯ環境に入ってしまうというか。考え過ぎかしら（笑）。

コメカ　いやたぶん、僕ら自体がいまだにそのパラダイムの延長線上にいるからだよね。ＹＭＯが象徴するような、80年代に入る頃に具体化してきたサブカルチャー環境、あらゆるものが単純な記号に変換され、断片化して漂う場所としてのサブカル環境の中でしか、僕らは結局考えたり言葉を発したりできていないわけで。坂本龍一が70年代までの音楽的教養をバックボーンとして持っているのに対して、リスナーの世代の大半は、80年代にシンプルに記号化された断片しか持っていない。僕らも含めてね。

パンス　うーむ、壮大な見立てだね。もうちょい「ＹＭＯ以前」の彼について語ると、いまやみんなが大好きで海外からレコードを探しに来た人がテレビで取材されたりする「日本スゴイ」シティポップこと、大貫妙子『サンシャワー[39]』も、実質、坂本龍一の仕事。77年時点では、スタジオミュージシャンとして裏方的

38 **ＹＭＯ環境**
「スタジオ・ボイス」１９９２年12月号の特集が、「ＹＭＯ環境すべてはここから始まった」だった。テクノポップバンドとしてのＹＭＯというより、ひとつのメディア状況そのものを生み出した存在としてのＹＭＯを再検討する、という内容。特集冒頭の大塚英志によるテキストに、コメカはめちゃくちゃ影響を受けています。

39 **サンシャワー**
１９７７年にリリースされた大貫妙子のアルバム。収録されている「都会」は、昨今海外からの再評価が進み、日本の「シティポップ」の代表的な１曲に。２０１７年には「ＹＯＵは何しに日本へ？」で、レコードを探す外国人が登場し、大貫妙子本人もその盛り上がりを知ることに。

存在だった。

コメカ　高橋幸宏がつけた「教授」のあだ名の通り、彼は東京藝大の大学院修了の学歴を持っている。で、卒業後にスタジオミュージシャンとして活動開始したわけだね。ちなみにその時期の坂本のルックスはものすごくモサかったらしい（笑）。彼のヴィジュアルは後に高橋によってエディットされるわけだけど……。スタジオミュージシャン期には、やっていた仕事も含めて、色濃い70年代的な文脈の中にいた人だった。学生運動（ただし、高校闘争）も通過してるしね。

パンス　新宿高校[40]だもんね。普通に通学してればそういう風景に出くわしてたわけで、やりたくなる気持ちは分かる。当時のカウンターカルチャーの直中にいたんだね。押井守や村上龍など、高校の頃学生運動に勤しんでた人は、80年代以降に政治と離れたところで旺盛に表現を打ち出す傾向があるよな〜。

コメカ　坂本は大学進学の際、仲間たちに「体制に取り込まれるのか」みたいな文句を言われて、「オレは内側から変えるんだよ！」みたいな言い訳をしてたらしいけど（笑）。時代に間に合わなかった、みたいな感覚もあったのかもね。出征できなかった石原慎太郎[41]のように（笑）。

パンス　そうそう！　その感覚がエネルギーになってるのかなと思って。結果、彼らは「大文字の政治」とは対峙しない場所で表現を模索して、80年代にフィットした。ちなみに坂本と並んで80年代にスターダムにのし上がった（上げさせられた？）浅田彰は1957年生まれと、さらに若い。『ゲンロン4』[42]のインタビューは面白かったよ。京都大学時代、学内の新左翼運動に実は深くコミットしつつ、経済学方面で新しい動きをチェックしていたと。坂本と同じく、地味に時代の境目を生きていた期間があった。

40 **新宿高校**
60年代末は高校でも学生運動が盛んに。この頃新宿高校の生徒だった坂本龍一は、制服廃止などを訴えて校長室を占拠している。

41 **石原慎太郎**
1955年「太陽の季節」で作家デビュー。その後タカ派議員に。1999年からの長い東京都知事時代には、数々の問題発言で物議を醸したが、一定の人気を保ち続けていた。最近は影が薄い存在に。

42 **『ゲンロン4』のインタビュー**
浅田彰インタビュー「マルクスから（ゴルバチョフを経て）カントへ」。「自分史を語るのは苦手」と言いながらガンガン語りまくるさまが痛快。その半生から戦後史が浮かび上がる。

コメカ　政治やアカデミズムがベースにあった人々が、80年代に自分たちを消費文化の記号に変えて（変えられて?）いく。で、特にYMOは、そういう在り方の象徴みたいな存在だったわけよね。細野晴臣と坂本龍一は、素養として持っている音楽的な情報量が、他のミュージシャンと比べて圧倒的に深い。細野の戦略と高橋幸宏のデザイン感覚が上手く応用されて「YMO」という記号に半ば偶発的になっていくわけだけど、本人の意図とは裏腹に、そこでもっともアイドルに変化してしまったのは坂本だった。

『ゲンロン4』（2016年12月7日発売）

記号の時代への転換／切断

パンス　アイドル化したのはなぜなのかなあ……。

コメカ　素朴にルックスだと思う（笑）。YMO結成の頃の『千のナイフ』[43]のジャケットで高橋がコーディネートした坂本のヴィジュアルが、それまでの彼を知っている人たちを驚かせたらしいけど、まあやっぱあの界隈のミュージシャンの中では、単純に彼はルックスが良かった。特に『BGM』[44]あたりからのニューロマンティック的なヴィジュアルは似合ってたよね。当時のニューウェイヴ少年少女[45]のアイドルになった後、『戦メリ』あたりからオーバーグラウンドレベルでの存在感も持つようになる。

坂本龍一『千のナイフ』（1978年10月25日発売）

43 **千のナイフ**　1978年10月発売の、坂本龍一の1stソロ・アルバム。電子音楽やピアノデュオ曲、フュージョンなど、様々な音楽性の楽曲が収められている。収録曲の「千のナイフ」「The End Of Asia」はYMOのアルバムでも再演されており、テクノポップを準備したアルバムのひとつと言える。

44 **BGM**　1981年3月発売のYMOのアルバム。それまでに発表してきたポップな楽曲群から大きく路線変更し、ノイジーで病的な音楽性を持つアルバムとなった。YMOがポップアイコンとして巨大な存在になり過ぎたことへの抵抗として、このギアチェンジがあったことを後年各メンバーが述懐している。TR-808がレコーディングに使用

パンス　ニューロマっぽいのが似合ったのは重要だよね。当時地下で進んでいた腐女子[46]的ムーブメントにもハマった。かつ、トンガった少年たちのモデルにもなっていた。

当人は骨太なんだけど、受け取る側は記号として、もしくは自意識の反映として消費していた感がある。

コメカ　実際まあ、68年的な世界観で言えば、アイドル的な記号として自らを流通させるなんてけしからん！　って感じになりがちだと思うんだけど、70年代の終わりのタイミングで、YMO周辺のサブカルチャーにはそういうことができてしまったし、やってしまった。で、そういう下地を既にキャロルや沢田研二が準備していたと言えるのではないかと。キッチュな記号になるという戦略がどんどん有効になっていく。

パンス　この記号化が一気に進んだ時期を見極めるために、とりあえず『1980年大百科』[47]（JICC出版局）を読み返してみたよ。この本、あらためて読んで気付いたけど、「1980年代」ではなくて、1978〜1983年のあたりにフォーカスしてるんだね。YMOデビュー〜散開まで。その後半は、岡崎京子『東京ガールズブラボー』の舞台となった時代にあたる（厳密に設定はされていないものの、出てくるアイテムでそう類推できる）。先の沢田研二しかり、お茶の間レベルでもインベーダーゲームなどのイメージが「記号っぽさ」を後押ししてたという感じかな。

コメカ　まあミニマムなレベルだと、たとえば当時のテクノポップとか東京ロッカーズとかでもさ、マンドレイクがP-モデル[48]に変わるとか、紅蜥蜴がリザード[49]に変わるとか（笑）、70年代カルチャーにあった重たさを、記号的なイメージを持ち出して軽くする、っていう戦略があったりしたわけだよね。こういう流れってざっくり言うと、68年的なものの残滓・政治性や地下性《アングラ》を

された最初期のアルバムとしても有名。

45 **ニューウェイヴ少年少女**
『宝島』や『フールズメイト』等で扱われたニューウェイヴロックを主軸としたサブカルチャーで、自らの自意識を作っていった若者たちを指してます。時期としては1980年代前半頃か。岡崎京子『東京ガールズブラボー』のサカエちゃんとのび太くんが、そのイメージを分かりやすく体現している。

46 **腐女子**
BL（ボーイズラブ）を基軸とした作品を愛する女性を指す。いまや世界的にも広がりを見せ、膨大な作品量があるので一言でまとめることはとても難しいが、その端緒は、竹宮恵子と萩尾望都が稲垣足穂を読んだことにあると思っている

ここで完全に切断したい、という動きだったとも言える。そのための手段としての、記号化・ポップ化。ロキシー・ミュージックやデヴィッド・ボウイを翻案した70年代のキャロルや沢田研二のポップな方法論が、80年代に入ると広くいろいろな人々に取り入れられるようになっていくわけだ。

パンス　ポップ化というのはすなわちドゥルーズ＝ガタリ言うところの「脱領土化」ってことで、現実がこの概念を体現していた。で、それらは既存の権威に対する異議申し立てとしても機能した。たとえば山口昌男[50]と戸川純が並んで雑誌の表紙になる、みたいな、編集の手法自体でそういうメッセージを発することができた時代だった。アカデミックな立場の人とミュージシャンが並列化しているのが面白い、と。『ゲンロン4』の浅田彰インタビューでも、レーニンを引用して当時の指向を端的に述べている。「曲がった棒を元に戻すには逆方向くらいに倍くらい曲げないといけないから」。結果的に物事がすごく性急に進んでいるように見えてくる。

コメカ　1980年あたりを境に、世の中の雰囲気がガーッと変わっていった感じがした……みたいな述懐を、砂原良徳がインタビューでかつてしていたよ。インベーダーゲーム、MANZAIブーム、テクノポップ。平沢進も、街中に氾濫し始めたインベーダーゲームやデジタルウォッチみたいなガジェットに対応できるようなポップさを導入しないと、状況のスピードに追い付けないと思った、みたいな趣旨の発言をしていた。ただまあ、今から見ると当時のポップ化・記号化みたいな動きには、やっぱり無理や軋轢はあったんだろうね。それこそ坂本はYMOでそういう記号化をモロに体現するわけだけど、それに対して異様に苛立って、たとえば吉祥寺マイナー周辺[51]のような、70年代アングラの文脈を持った流れに再接近していく。矢沢やジュリーとは異なり、坂本には自分が記号＝キャラク

……。2008年の文学フリマで購入したミニコミ『腐女子の履歴書』は、新旧そのシーンにいた人たちの言葉を集めた本で、よく参照します。

47 **1980年大百科**
1990年刊行。「1980年代前半」にリリースされた自主制作盤のジャケットがたくさん掲載されており、中学生だったパンスはそのデザインや質感に強く惹かれていたのだった。

48 **P-モデル**
1979年、プログレッシブロックバンド「マンドレイク」を母体に結成。マンドレイク時代の重厚なサウンドを捨て、チープな電子音と軽いパンクロックサウンドを掛け合わせたポップな楽曲を展開し人気を獲得、プラスチックスやヒカシューと共にテクノ

ター化していくプロセスの中で、強い屈託を感じていたと言える。

消費社会と、大日本帝国の影

パンス　去年出た、『Year Book 1980-1984』が、坂本龍一がアングラに接近してた頃の音源を押さえてるよね。Phew[52]「終曲」のライブ・ヴァージョンから始まる。

コメカ　Phewは坂本に対して当初あまり良い印象を持っていなかった、と語っている。というか、YMOやセゾン文化的なもの全般に嫌悪感があったみたいだね。80年代の記号化の波みたいなものを彼女は拒絶して、「80年代」からフェイドアウトしてしまう。坂本はPhewやタコみたいな、記号化し切れない混沌を抱えた表現者たちに接近して、エネルギーを摂取しようとしていたイメージがある。細野や高橋と比べて、70年代的なものからスムーズにスイッチすることに屈託や抵抗があったんだろうなと。

パンス　「吉祥寺マイナー」に関する文献を読んでいると、基本的に孤独であり、こう、徹底して内面に向かっていた人たちだったと思うのよね。モノローグ的な、楽になるための内面の追求ではなくて、ほとんど自罰的といってよいくらいの。最近思うのは、68年、政治の季節が終わった後に、マイノリティ運動やテロリズムに向かっていった人の感覚と表裏一体だな、と。「吉祥寺マイナー」や、そのあたりを繋ぐ存在として間章とかを挙げてもいいけど、「社会的な側面は完全に抜けているけれど、抜けた後に残った孤独を徹底する」といった意志が感じられる。

コメカ　同じように政治的なものから離脱するにしても、YMO・セゾン文化的な形でそれを戦略的に忘却

ポップブームを牽引する。その後、音楽性を変化させながら、リーダーの平沢進は現在もさまざまな活動スタイルで強い支持を得ている。

49 **リザード**　1978年、グラム・ロックバンド「紅蜥蜴」を母体として結成。金属的なニューウェイヴサウンドで人気を得、東京のパンクロックバンド数組によるムーブメント「東京ロッカーズ」の中心的存在となる。

50 **山口昌男**　文化人類学者。1970年代から数多くの著作で知られ、のちの「ニュー・アカデミズム」の基礎を築いた。パルコ出版『BH』創刊号では戸川純とのツーショットを披露。

51 **吉祥寺マイナー**　1978年にオープンしたライブハウス。

するやり方と、吉祥寺マイナー周辺のように討ち死に覚悟で孤独を徹底するやり方と、それぞれ方向性があった、みたいな言い方ができるのかもなあ。端的に、前者の人々は記号＝キャラクター化してサブカル空間を生きることを選択し、後者の人々はそれを拒絶した。そしてその結節点に坂本がいた、みたいな。

パンス　相当のシンパシーを持っていたのかなと。当時の『B-2 unit』[53]や、フリクション[54]との作業を音楽的な観点で振り返ると、ダブ・ソリッドさへの志向は、当時のアンダーグラウンドなシーンとも共振していた。と同時に、タコの「ないしょのエンペラー・マジック」[55]では、「大日本帝国的なるもの」を換骨奪胎している。これは同時期のＥＰ-４も打ち出していた側面。「昭和大赦」[56]とタイトルに冠してみたり。
　日本の学生運動には、当時の政治状況と、もしかしたら自分自身にもあるかもしれない、内なる「大日本帝国」をどう解釈するかという命題があったと思ってる。それを徹底すると、自らの「加害者性」と無限に向き合わなければいけない→帝国主義の中にいる市民自体に問題があり、ならば爆破するしかない——という隘路に入っちゃったのが、70年代半ばのテロリズムでもあった。ただしそれはカルト化とも言えるわけで、そこで「積極的な忘却」をするための動きが、80年代前後から生まれた、という解釈ができるのではないかしら。で、坂本龍一に戻すと、『戦場のメリークリスマス』[57]もその命題への回答だったんじゃないかと考えつつ観返してる。

コメカ　なるほど（笑）。革命を徹底するためには戦後日本に生きる自分自身に対する否定を徹底するしかない、というループにハマることを避けるための「積極的な忘却」みたいな感じかな。ＹＭＯや、それこそこれまで話してきた矢沢・沢田にも深く関わっている糸井重里という存在にも強く関係する話かなと。新左翼的なものから離脱するために、消費社会的・記号的な

当初はジャズ喫茶的な形態だったのが、来る客層の影響によりパンク、フリー・インプロヴィゼーション、ノイズ草創期のミュージシャンにとっての牙城に。1980年に閉店。

52 **Phew**
1979年、パンクバンド「アーント・サリー」のボーカルとして活動開始。その後ソロ、バンド「MOST」などを経て、現在は電子音楽中心。パンスが思うもっともパンクな人。高校の頃アーント・サリーによるラモーンズのカバーを聴いて熱い気持ちになっていた。

53 **B-2 unit**
坂本龍一の2ndアルバム。1980年リリース。当時のテクノポップ代表作でありながら、ダブに影響を受けた楽曲群はベース・

ものへの転身を徹底する。イデオロギーや暴力という重たいものから離脱し、軽やかな記号に姿を変える。「スーパーシティが舞い上がる」（笑）。

パンス また『ゲンロン4』の浅田彰インタビューになっちゃうけど、『逃走論』前後を振り返りながら、糸井重里にも触れていた。吉本隆明[58]「大衆の原像」の方向性を受け継いで体現している、と、明確に規定してる。60年代に吉本が「大衆の原像」って言ってたときはラディカリズムだった（大衆のパワーに対する信頼があった）わけだけど、80年代にそれは「マス・イメージ」になって、ソフトになったと。この「ソフトになった」ってのが重要で、そうなった瞬間にいろいろ捨てられたものがあったのかもしれない。

糸井重里というゲームマスター

コメカ YMOってのは細野晴臣の「マーティン・デニー[59]の『ファイアー・クラッカー』を、シンセサイザーを使用したエレクトリック・チャンキー・ディスコとしてアレンジし、シングルを世界で400万枚売る」っていう、フェイクにフェイクを塗り重ねたコンセプトから生まれる記号の中に、自分たちのミュージシャンとしての身体性を隠蔽する戦略からスタートしている。坂本にとっては自分が元来抱えていたラディカルな志向もその記号の中に抑え込まれる状況になったわけで、だから彼は「YMOに自分のエネルギーが吸収されてしまう」みたいな趣旨の発言も当時残している。でもむしろ、そういう構図の中でポップに展開する文化がいろんな方向から生まれてきたのが80年代で、その一番のゲームマスターのひとりとして糸井重里がいた。

ミュージック以降の耳で聴いても新鮮。これぞ未来の音楽。

54 **フリクション** 1978年に始動した「東京ロッカーズ」の代表的バンド。ムーブメントのなかで最も洗練された音を出していたのがこのバンドだと思う。アルバム『軋轢』は坂本龍一プロデュース。

55 **ないしょのエンペラー・マジック** タコ『タコ』（1983年）に収録、坂本龍一によるセルフ・パロディ。

56 **昭和大赦** EP-4によるアルバム『リンガ・フランカ1』のジャケットに大書されている。ジャケット写真は藤原新也撮影による、金属バット殺人事件が起こった現場の（家の）写真。

パンス　70年代の糸井重里は、赤瀬川原平や南伸坊が唱えた、いわゆる「面白主義」界隈で活動していた。湯村輝彦との『情熱のペンギンごはん』[60]（『ガロ』1976年4月号〜）を読むと、パンク的に無意味さを追求するラディカリズムの痕跡がある。それが78年に『成りあがり』の編集、そして79年に沢田研二「TOKIO」の作詞、そしてコピーライターとしてメインストリームに浮上する頃には、それぞれの対象を記号化――ポップな商品としてプレゼンすることに精力を注ぐようになる。

糸井重里『ヘンタイよいこ新聞』
（1982年7月発売）

コメカ　YMOがヒットしてテクノポップブームが訪れた1980年に、「ビックリハウス」で糸井の責任編集による「ヘンタイよいこ新聞」[61]が始まっている。70年代における「面白主義」的な視点を、ティーンエイジャーに分かりやすく提示したわけだけど、これはYMOが70年代的なミュージシャンズ・シップを、子供騙しな記号を持ち出して小学生にも届けたこととシンクロしている。70年代の、アフター68年的な皮肉・アイロニー・シラケの感覚で生まれたカルチャーが、バブルガムな記号に変換されて子供向けに売り出されたのが80年代の始まり。ここから狂騒の時代に突入するわけだけど、糸井は本業のコピーライター仕事でもサブカルチャー周辺でも、それをリードしていく。

パンス　ティーンエイジャーや子どもに届けた、というのはまさにそうだね。糸井も坂本も全共闘前後を経験しているわけだけど、同世代のことはわりと無視していたと思う。カルチャーを更新するために、「若いや

57 **戦場のメリークリスマス**　1983年公開。大島渚監督、主演はデヴィッド・ボウイ、坂本龍一、ビートたけし。日本型ファシズムとアメリカニズムが妖しく激突する傑作。定番映画と片付けず今こそ観て欲しい。

58 **吉本隆明**　詩人、批評家。50年代には戦前戦後の転向者――前世代を激烈に批判し、60年代は全共闘世代のスターとなり、糸井重里にも多大な影響を与える。80年代には大衆文化を積極的に評価しつつ、反核運動を批判。行動の変遷に通底しているのは、共産主義をどう解釈してきたかということ。

59 **マーティン・デニー**　ニューヨーク出身の作曲家・ピアニスト。欧米からの視点で捏造したフェイクとし

つ」をどんどん囲い込んでいた。その後「新人類」[62]なんてカテゴリーもできたし、さらに後だけど、いとうせいこう[63]の小説などにモチーフとして現れる「子ども」たちには、特別な意味が与えられている。ありていに言うとゲーム・キッズみたいな。

でも実際に、当時の若者側から見ても、彼らはヒーローだったわけだよね。ナンシー関がテレビに出る糸井について愛憎半ばする批評を行ったのは有名だけど、ナンシー関にすらメランコリックな言い方をさせてしまうくらいに輝いていたんだな~と。

二正面作戦なんだよね。コピーライター仕事ではお茶の間レベルまで自分の存在を持っていって、一方で尖ったニューウェイヴの若者たちのカリスマとして振る舞う。しかし、80年代が終わる頃には、前者のほうが肥大化していて「大衆の代表」のようになる。いっぽうで坂本はニューヨークに行っちゃう。

コメカ　だからまあ、60~70年代の日本のカウンターカルチャー~ポストカウンターカルチャーみたいな文化って、結局男性中心主義的だったわけで。連合赤軍を例に出すまでもなく。面白主義だって、語弊を恐れずに言えば、「女・子ども」に共有されている文化ではなかった。でも80年代に入る頃、糸井や坂本のような人たちは、マッチョイズムを切断し隠蔽するスタイルや音楽、言葉を作り出すことができた。結果的にそのことで、ポスト60~70年代的なサブカルチャーが「女・子ども」にも開かれていったという。その環境……「YMO環境」の中で、糸井や坂本はもうどうしようもなく輝いていたわけだね（笑）。ナンシー関にしたって、その環境が無ければ彼女自身の「言葉」を獲得できたかどうかわからない。ただでもそうだね、確かに糸井・坂本両者とも、80年代の終わりごろから戦いづらい感じになっていった印象はある。70年代的な重たさを記号=キャラクター化によって軽くする、みたいなやり方が過剰に一般化されて、日本社会全体が軽くなり過ぎてしまった。糸井や坂本が戦略的に体

ての南国音楽=エキゾチック・サウンドを作り上げた。アルバム『クワイエット・ヴィレッジ』収録の「SAKEROCK」は、星野源らによるバンドの名前の元ネタ。

60 **情熱のペンギンごはん**
糸井重里・湯村輝彦によるマンガ。1976年より『月刊漫画ガロ』に掲載。いま読むとよく分からないナンセンスさに溢れている。

61 **ヘンタイよいこ新聞**
糸井重里責任編集による、読者投稿を集めた『ビックリハウス』（パルコ出版）での人気連載。

62 **新人類**
明確な定義こそないものの、80年代に若者だった世代を指し、特にそれまでの常識を超えた生き方／職業を標榜

現した水平革命的な在り方はただ当たり前のことになってしまって、先駆者としての彼らの存在が際立つことも少なくなっていったんだと思う。

パンス 乱暴な言い方かもしれないけど、ここ日本において、ニューウェイヴ的な振る舞い——中性化し、「子どもたちのCity」を作るという行為は、前時代から参入した層にとって、自身が抱えるマッチョさを隠蔽する方便として使われていた部分があるのかも。

コメカ 僕にとって、糸井や坂本みたいな人たちっていうのはそういうスタイルを一番明確に構築したって印象なんだよね。いわば、矢沢やジュリーみたいな記号的ポップスターに擬態することで、自分たちのイデオロギー性やマッチョイズムを隠しこみ、自分自身を商品として形作る戦略をとった人たち。ただ、それはサブカルチャーの男性中心主義的な構造を変化させる契機にはなったけど、政治的なものをサブカルチャーの作り手/受け手が忘却していく契機にもなってしまっていたのでは、と。70年代までを知っている人間がその重たさを振り切るために持ち出した記号=キャラクター化の方法論しか知らない世代が出てきてしまう。

パンス そうなんだよな〜。このへんから本格的に、いま言われるような「サブカル」の要素が出揃う。

それにしても、この日本社会で真にラディカルだったのは70年代初頭からのウーマンリブ〜フェミニズム運動[64]だったのかもしれないね。中ピ連[65]などは当時のマンガや週刊誌で、「何か喚いている女」としてさんざんネタにされる存在だった、そのなかで粛々と制度を変えていったのって偉いよ。今ようやく評価されるタイミングが来てるのかも。

コメカ まあそれこそかつて大塚英志が言ったような、『おたく』『リベラル』『フェミニズム』は本来3点セットだった」っていう史観もあるわけだけど(笑)。で

した者に対して使われることが多かった。筑紫哲也による『朝日ジャーナル』の連載「新人類の旗手たち」で紹介されたのは主に以下のとおり。原田大三郎、辻元清美、泉麻人、秋元康、滝田洋二郎、西和彦、など。

63 **いとうせいこう**
小説家、ラッパー、司会者、その他さまざま。「80年代サブカル」を体現するような初期の活動に始まり、文学・ポエトリーリーディング・古典芸能・お笑いなど、様々な領域において旺盛な活動を現在まで展開し続けている。

64 **ウーマンリブ〜フェミニズム運動**
70年代初頭、男性支配・家父長制からの解放を掲げて「ウーマンリブ」運動が立ち上がる。80年代以降は「フェミニズム」

もたぶん実際に、当初はいわゆる「おたく」よりも「新人類」的な文脈の水面下に、マッチョイズムがあったんじゃないかとは思うんだよね。

……でね、同じようなシステムを使って、70年代の演芸という泥臭い世界から、80年代サブカルチャーを象徴するような存在になった男、しかも糸井やYMOみたいにマッチョイズムを切断することもしなかったという、非常に特殊な存在がいる。

パンス 手強い存在ですね。そして、TVODのふたりとも、彼に対する複雑な愛着があるという（笑）。そう、ビートたけしです。

という呼称が主流となり、不平等な制度の改正が進められていった。しかし2000年代に入ると、歴史修正主義者たちによるバックラッシュ運動が盛り上がる。現在もそれらが影を落としているのは、インターネット上での男性たちによる対抗言説を見ても分かるとおり。

65 **中ピ連** ウーマンリブ期に結成された「中絶禁止法に反対しピル解禁を要求する女性解放連合」。ピンクのヘルメットにミニスカートで直接行動を展開。当時のギャグマンガなどを読むと、これらのムーヴメントをからかいの対象にしているものが見受けられる。それもまた男性からの攻撃の一形態だった。同様の現象が現在も日々起きているのは言うまでもない。

1979—
—1988

第2章

消費空間の完成、
ジャパン・アズ・ナンバーワン

ビートたけし

消費社会で勝ち抜くこと

「悪意」のキャラクター

コメカ　さて、前章までの矢沢永吉・沢田研二・坂本龍一を70年代編とすると、今回から80年代編。そこでまずは80年代最大のポップスターを扱いたい。ビートたけし。

パンス　まさにビッグな存在ですね。BIGな気分で[66]唄っていきましょう。

コメカ　ここまで見てきた矢沢・沢田・坂本の3人が結果的に共有していたのは、60～70年代的なカウンターカルチャー性だったり政治性だったりを、記号化＝サブカル化することによって別のものに変質させる戦略だったと思うのね。その方法論によって彼らは80年代を準備し、そしてそれに対応した。で、ビートたけしという人は本来の資質的には、それこそ坂本龍一以上に、矢沢やジュリーみたいなポップスターになるような人ではなかったと思うんだけど、80年代にはむしろ

66 **BIGな気分で**　～「BIGな気分で唄わせろ」。82年リリース。ビートたけしによる名曲。作曲は大沢誉志幸。

彼らをしのぐアイコンになってしまった。

パンス　1947年生まれ。60～70年代の「政治の季節」を見ていたわけだけど、同じく他に通過していた文化人とは、少し異なる道筋を辿っている。

コメカ　うん。特に坂本や糸井みたいな人たちと違うのは、たけしは68年的なものに正面から向かい合うのではなくて、それを斜めから見ていたということ。金持ちのボンボンたちが自分でもよく分かっていない難しげなことを言いたがり、いざ時流が去ったらぬくぬくとした場所にみんな帰っていった……みたいな感じで彼は当時を述懐していた。たけしにとっては、68年的なものは「上昇志向からのドロップアウト」のための手段のように捉えられていたところがあると思うんだ。貧困の中で必死に教育ママとして振る舞った母親に課せられた上昇志向から逃れるための手段というかね。そういう彼にしてみれば、学生運動の時流に乗っかるだけ乗っかって、最終的には親元に帰っていくような若者たちの姿は、まあ甘えたものには見えただろう。

パンス　フーテン寸前のような生活を送り、永山則夫と同じ店でバイトしてたなんて話も有名。この時点では、大都会の中でドロップアウトを選択してしまうような、「尖った若者」のひとりだったと見てよいと思うんだが、そんなシーンからさらにドロップアウトしてしまう。当時すでに過去の街となっていた浅草に身をやつすようになるのは象徴的。ここから分かるのは、まず、同時代のスノビズムに強烈な違和感を抱えていたということだね。

コメカ　そうそう。70年代に、赤塚不二夫・タモリ周辺のラインにもたけしは一瞬接近してるんだけど、そのスノッブな雰囲気が嫌で、という理由ですぐに離脱している（笑）。後年の発言で、「MANZAIブームの頃、初めて『勝たなきゃ』と思った」っていう趣旨の

67 **B&B**
1972年結成の漫才コンビ。島田洋七のスピーディな怒涛のしゃべくりが、ビートたけしや島田紳助に大きな影響を与えたと言われる。漫才ブーム時に一番人気だったのは実はこのコンビ。

68 **ツービート**
1972年結成の漫才コンビ。ビートきよしは「じゃない方芸人」の元祖のように見做されているが、

ものがあるんだけど、要するに70年代までのたけしっていうのは、「敗者の美学」みたいなものに自分自身を収斂させようとし続けていたところがあると思うのね。本人もよく言うけど、「いかに死ぬか」という。死を迎えるための理由を探す、っていう。そういう人が、80年代に入る頃に、なぜかポップな記号と化してしまう。

パンス　しかしあらためて当時のツービートの映像を見ると、次々出してくるイメージの展開が、今の基準から捉えても速いな！　と思う。あと、いまネットにあるような、時事ネタとかに対するアプローチの方法が、この時点でかなり出揃っていることに驚くよ。

コメカ　島田紳助が言うところの、「16ビートの漫才」ですね（笑）。それまでのオールドウェイヴの漫才が8ビート感覚だとしたら、B&B[67]やツービート[68]、紳助・竜介[69]が16ビートのイメージでノリやスピード感を加速させたという。あと確かにね、ツービートが組み上げた、時事ネタに対して斜に構えて真実（っぽいこと）を暴き立てる、みたいなスタイルは、その後のサブカル的なノリや、それこそ90年代以降のネット言論的なものの源流のひとつになってしまったと思う。糸井重里が80年代的な記号化で自分自身をクリーンなキャラに塗り替えたとしたら、たけしは悪意や露悪性を記号＝キャラクター化するスタイルで登場してきた。その後、彼が言うところの「振り子理論」で、対極的なクリーンキャラも持ち出してくるんだけど……。

パンス　ビートたけしについては、その両義性について触れなければいけない。

「フライデー襲撃」とその時代

コメカ　『コミック雑誌なんかいらない！』[70]で豊田商事

ビートたけしのような異常に癖のある人材が芸人として成功できたのは、きよしが持つ強烈な無意識っぷりがあったからこそだと思う。

69 **紳助・竜介** 1976年結成の漫才コンビ。後年ハラスメントを象徴するような存在となってしまう島田紳助だが、若き日の紳助・竜介活動時におけるお笑いに対する反射神経や研究熱心な態度は本物だと思う。当時のネタには、ナンセンス・ギャグ的な要素を導入したものもある。ダウンタウンや130R等に強い影響を与えた。

70 **コミック雑誌なんかいらない！** 滝田洋二郎監督、内田裕也脚本、1986年公開の映画。芸能ゴシップが沸騰する当時の時代背景を描く。

会長刺殺犯を演じたのもたけしだし、「嘲笑」[71]の歌詞を書いたのもたけし。どっちの側面が表象としてメディア上に現れても、成立してたわけで。露悪性と純粋さがひとつのキャラクターの中に同居していて、その立ち振る舞い自体が、80年代以降のある種のオトコノコ文化に影響を与えてる気はする。日本のサブカルチャーの中にある、女性蔑視《ミソジニー》的な側面だね。たとえば90年代の電気グルーヴがそのひとつの象徴となっていたように、「露悪」と「純粋」が同居してるカルチャーってけっこうあったでしょ。

パンス　彼が犯罪者を演じたことは、北野映画の初期作品に至る前段階として僕は捉えてる。純粋さと暴力が同居しているといえば、大久保清[72]の役もやってるね。ピュアゆえに手を汚してしまう、それ自体が本質的な魅力である、とする思考回路は、サブカルチャーの一側面。

コメカ　糸井重里は、たとえば矢野顕子に提供した一群の歌詞に象徴されるように、自身の存在を「やさしい」イメージで記号化していったと思うのよ。だけどたけしは後年、松本人志を指して「オレの方がより凶暴で、オレの方がよりやさしい」と述懐したように、ダブルイメージを使って「ビートたけし」を記号化していった。糸井が記号化に際してミソジニー的イメージを消去したのに対し、たけしは自身の「凶暴」サイドにおいてそれをむしろ積極活用した。たけしの方がキャラクターイメージが多重化されていて、記号化の戦略が複雑なんだよね。

パンス　俳優として演じた「昭和の悪人」の姿は、「うれしいね、サっちゃん。」[73]的な昭和ノスタルジーのダークサイドとして表裏一体なのかも。大衆は優しさだけを求めているわけじゃない、ということに気付いていた。

71 **嘲笑**
1993年に発表された楽曲。作詞は北野武、作曲は玉置浩二。ビートたけしの「ピュア」側面を象徴するような楽曲。ハイポジもカヴァーしています。

72 **大久保清**
1971年、車から声をかけて誘った女性8人を相次いで殺害、逮捕される。1983年のTBSテレビドラマ「昭和四十六年 大久保清の犯罪」ではビートたけしが大久保清役を演じる。

73 **うれしいね、サっちゃん。**
西武グループ、1982年のキャッチコピー。作者はもちろん糸井重里。

74 **たけし軍団**
さまざまなプロセスでビートたけしの下に集まった若手芸人たちを、グループ

コメカ　80年代という時代を始めるにあたって、インテリたちがサブカル的な方法論によって切断しようとしたのは、70年代までの硬直したイデオロギーや男性中心主義的な暴力性だったと思うんだけど、たけしはそういう流れの中にいながら、男性的暴力というものを手放そうとしないどころか、むしろ強化したところがある。タモリはずっと「独りぼっち」という立ち位置をキープしたわけだけど、たけしは（まあそれが冗談交じりだとしても）「寂しかったから」という理由で、たけし軍団[74]を組織した。それは正にホモソーシャル的な集団で、結果的にたけしのフライデー襲撃[75]にまで同行するほどの「過激派組織」と化す（笑）。

パンス　この頃は「フォーカス」「フライデー」の「FF時代」[76]。人々が欲望していたスキャンダラスなニュース——肉体性や暴力が、より加速度的に商品化される時代だった。「写真週刊誌」とあるとおり、ヴィジュアルのインパクト推しで過激さを競い合ったり。まさにその片方を現場として、当時もっともメインストリームにいたアイコンが立ち回ったという。

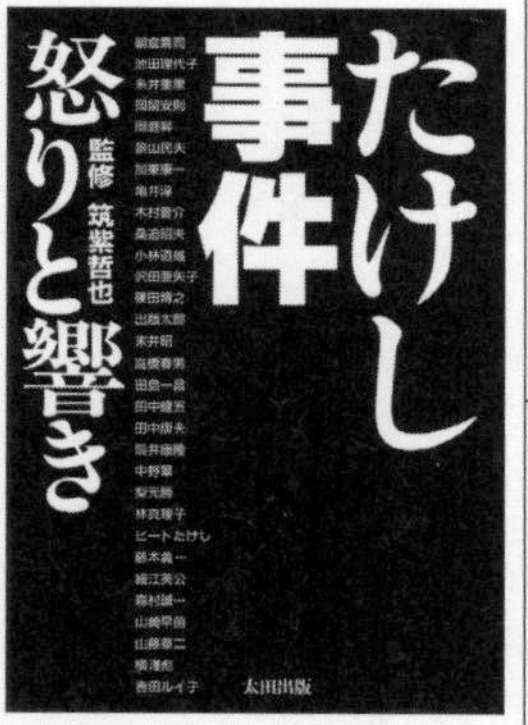

筑紫哲也監修『たけし事件—怒りと響き』（1987年8月発売）

コメカ　フライデー襲撃を実行してしまったことで、「ビートたけし」という記号=キャラクターが破綻しかけたわけだけど、結果的に彼は芸能界に復帰する。たけしの記号性は、破綻しそうで破綻しない、というギリギリのところでキープされることになるわけだ。彼の「凶暴」サイドの記号性を強調する一要素として、むしろフライデー襲撃は機能してしまうことになるんだよね。さっき話したみたいに、イメージの多重化がより強調されていく。

として編成したのが「たけし軍団」。構成メンバーは全員男性であり、強烈にホモソーシャル的な性質を持つ集団と言える。

75 **フライデー襲撃**
1986年12月9日に、ビートたけし及びたけし軍団メンバー11名が講談社「フライデー」編集部を襲撃した事件。当時交際していた女子大生に対し、フライデーの記者が強引な取材を通してケガを負わせたことに業を煮やしたたけしが、軍団を引き連れて講談社に押しかけ、編集部員と乱闘になった。1987年6月10日、たけしに対して懲役6か月・執行猶予2年の判決が出た（たけし軍団メンバーは起訴猶予処分）。

76 **FF時代**
ファイナルファンタジーではなく、写真

パンス 破綻すら飲み込んで、イメージが生まれていく。そして「軍団」を率いたりしていたのは、父性への志向もあったのだろうか?

コメカ うーん、父というよりは、ホモソーシャルの中での「親分」ってイメージだった気がする。いわゆる「治者」[77]的な要素はたけしには実はまったく無いというか、むしろ彼はそういうものから逃げ回り続けた人だった気がするのね。だからたけしが80年代に浮上したっていうのは故無きことではなくて、ある意味彼も「逃走」していた人だったと思うんだよね(笑)。「自分は70年代までの演芸の世界から出てきた人間なのに、80年代に入ったら急に『あなたもサブカルですよ!』といろんな業界のやつらが寄ってきた」みたいな趣旨の発言を彼はかつてしていたけど、「ビックリハウス」的なセンスとたけしがシンクロしていたのは、そういうコドモな感覚の側面だったんだと思うんだ。ただしコドモと言っても、たけしは「ヘンタイ〝よいこ〟」ではなくて、チンピラ的な暴力性を強く持っていたわけだけど。そこがさっき名前を出した電気グルーヴとかに継承されていった部分だと思う。

パンス なるほど! どの側面も、あくまで表象ということか。たけしたちの存在は、その後、文化系の中でホモソーシャルな感覚が受け継がれるにあたって、重要なファクターになってる。その中で醸成されてた暴力性というものがあった、と。

キレイごとへの反発、ホンネの肯定

コメカ ところで、ちょっと時間軸戻るんだけど、たけしファンにとっての教典として機能することになった「ビートたけしのオールナイトニッポン」が開始された1981年って、青山正明[78]の「突然変異」が発行された年でもあるのよね。

週刊誌「フォーカス」(新潮社)「フライデー」(講談社)の2大巨頭が隆盛を極めた80年代半ばを指す。あらゆる速報が画像付きでツイートされてしまう現在から見ると、これらのメディアがいかに扇情的なものだったか実感しづらいかもしれない。

77 **治者** 辞書的な意味合いとしては、国を治める統治者、ということになる。評論家江藤淳は、「家」における治者としての父性像を、自らの批評の主題のひとつとしていた。

78 **青山正明** 1981年、慶應大学の友人らと雑誌『突然変異』創刊。以降、90年代にかけてドラッグ、精神世界、テクノなどを幅広く紹介する編集者として活動。著書に『危

パンス　後の日本のカルチャーの一側面を作っていった人だった。とはいえ、ビートたけしとは異なり超アンダーグラウンドなわけで、このタイミングでなぜ青山正明？

コメカ　少なくともビートたけしと青山正明がいなかったらたとえば石野卓球は存在していなかっただろうし（笑）、この時期出てきたこういうサブカルチャーが、「オトコノコ」的な文化圏＝ホモソーシャル的なサブカル文化圏の、ある種の源流になってる側面があると思うんだよね。たけしと青山はもちろん全然違う仕事をしていたわけだけど、「現実は実はこんなに身も蓋も無い」みたいな事実を可視化させる志向という部分で同時代的な存在だったんじゃないかと。爆笑問題[79]の太田光も、それまではハンド・イン・ハンド[80]みたいな世界が好きだったけど、たけしが出てきて「ホンネ」を暴くことの面白さを知った、みたいな発言をしていた。その影響で、爆笑問題も初期は差別ネタとかのブラックなコントばかりやっていたわけだけど。

『ビートたけしの
オールナイトニッポン傑作選!』
（2008年1月29日発売）

パンス　そうか。考えてもみると、こちらもたけしと比べるとアンダーグラウンドだけど――根本敬[81]のマンガ家デビューも1981年。『豚小屋発犬小屋行き』の頃の作品をギャグマンガ、と言い切ってしまうのは若干無理があるのだけど、「ホンネ」を前面に出して、享楽に転化しようとする表現ではあったと思う。なぜ、この頃にそういったものが噴出してきたのだろうか。

ない薬』、編集した雑誌・ムックは『危ない1号』など多数。2001年に自宅で死去。

79 **爆笑問題**　1988年結成の漫才コンビ。結成当初はブラックなコントを演じていたが、徐々に時事ネタ漫才にシフトする。90年代半ばに低迷するものの、ボキャブラブーム期に一番人気の芸人として突出、その後は現在まで第一線の存在であり続けている。

80 **ハンド・イン・ハンド**　谷村新司、堀内孝雄、矢沢透によるニューミュージックグループ「アリス」が、1979年、国際連合児童基金の募金イベントに、「美しき絆～Hand in Hand～」をテーマ曲として提供。ハンド・イン・ハンド＝手を取り合って

コメカ それこそさっき言ったハンド・イン・ハンドとかさ、70年代ってニューミュージック的な「優しさ」がすごくメジャーだったわけじゃない？ 矢沢やジュリーは、そういう流れとは違うところで記号的な表現を先駆的にやっていた人たちだったと思うんだけど、当時実際に流行っていたのはアリスとか海援隊とか、インチキ臭い形で（笑）キレイごとを言う文化だったわけだよね。80年代に入るタイミングで、そういうキレイごとの実態を暴く、みたいな快楽がいろんな水準で肯定されていってるんだよな。それは戦後民主主義的なタテマエが崩れていくことと同期していて、しかもそれが「笑い」によって突き崩されていったことに重要性がある。

パンス とにかく直近の敵がニューミュージックだった、というのは言えるね。あと、「24時間テレビ」が始まったのは1978年。でそれをタモリが悪し様に言う、みたいな。そのような言説は枚挙に暇がないし、今でも「24時間テレビ」に難癖をつけるのはネットの基本姿勢みたいなもんだし。

コメカ オーバーグラウンドの世界でのビートたけしや、アンダーグラウンドの世界での青山正明の活動が無かったら、そういう今で言うところの「ネット的なネタ文化」がここまで広く浸透してたんだろうか？ みたいなことはよく考える。あとさ、糸井重里も結局「うれしいね、サッちゃん。」的に、「欲望」を肯定してみせたわけじゃない？ で、青山も下卑た暗い「欲望」の存在を肯定してみせた。80年代を迎えるにあたってそういう風に「欲望」があらゆる形で肯定されていく中で、キレイごとやタテマエをいたずらに壊していく態度がどんどん普及していったんだと思うんだよ。で、そういう志向の一番分かりやすくポップな記号と化していたのが、ビートたけしだろう、っていう。

いこう、というアリスの主張や姿勢は人気を集めたが、その偽善性が批判の的にもなった。吉田拓郎は「この指とまれ」というハンド・イン・ハンド批判の楽曲を発表している。

81 **根本敬**
マンガ家のほか、エッセイ、ルポタージュ、「幻の名盤解放同盟」でのレコード紹介、それらが渾然一体となった活動を続けている。90年代サブカルチャーのスタンスを決定づけたといってよい人物。

82 **堤清二**
元セゾングループ代表にして、辻井喬名義で小説家としての顔も。共産党員から経営者へ、そして自身の経営の中に文化事業を惜しみなく投入した、高度経済成長期〜バブル期の只中だからこそ存在し得た稀有な「表現者」。

パンス　それまであった倫理観をブチ壊していくのが良いとする感覚があったという。まあ、経済的な成長に裏打ちされたものだったわけだよね。ここでスケールをでかくすると、70年代〜80年代初頭の転換期って、消費自体が、大衆消費から個人消費に変わっていく時代だった。生活に必須なものは既に全部揃ってるわけです。そこから新しくモノを売るにあたり、セゾングループ・堤清二[82]的なやり方が成功したと。個人的な振る舞いも消費物になるにあたり、いたずらな欲望自体も、特にジャッジされることなく肯定されていった。

コメカ　そうね。70年代以降、一億総中流的な意識が浸透するのとシンクロして、それこそ「戦後」的なキレイごと・タテマエへの反発や猜疑心が一般化していくという。そこに上手く食い込んだのが露悪的なサブカルチャーで、たけしはその一番ポップでメジャーな人だった、っていう見方を僕はしてる。でもまあ、東浩紀が「ネトウヨは江藤の『私生児』として生まれたと言えるんじゃないか」みたいな言い方をするのと同じような感じで、たけしも厄介な「私生児」をたくさん生んでしまったのではないかと思ってるんだけど（笑）。最初の子どもたちにあたる表現者が電気グルーヴや浅草キッド[83]、伊集院光[84]らの世代になるわけだけど、彼らが90年代に行った活動に影響を受けた70年代生まれぐらいのサブカルファンというのは、インターネット上で言葉を書いた最初の世代だと思うんだ。男子校ノリ、自虐ネタ、バカとかブスを笑いにするセンス、タテマエではなくホンネで語りたがる感覚……。かつての2ちゃんねるやテキストサイト、今現在のSNS等にあるひとつの感覚の源流が、80年代のたけしにあると僕は思ってる。……実は僕もそういうサブカルチャーにすごく影響を受けてるんだけど、その潮流が今終わりつつあるという感覚を持ってるんだよね。

パンス　「ホンネ」の数々は、それが本来的な意味で「正しい」のだ、というツラをして現れた、のが厄介だな

上野千鶴子との対談『ポスト消費社会のゆくえ』は、日本の戦後社会を考えるうえで必読の1冊。

83 **浅草キッド**
ビートたけしに弟子入りした水道橋博士と玉袋筋太郎が、1987年に結成した漫才コンビ。たけしイズムを本人たちなりに解釈・展開し、90年代以降さまざまなフィールドで活躍する。水道橋博士は『お笑い男の星座』『藝人春秋』など、芸能界をルポルタージュした著作を多数執筆し、高い評価を受ける。

84 **伊集院光**
1967年生まれのタレント。1984年に三遊亭圓楽一門に入門。落語家の道を歩んでいたが、87年にニッポン放送のラジオ番組『激突！あごはずしショー』に素性を隠し伊集院

と思うんだよね。それがカウンター、もしくはパンクなものとして機能していた時代もたしかにあったのだけど、現在はその「正しさ」に覆われているような状況でしょう。「正義なんてものはない」という人に限って、そういう言説を「正しい」ものとして奉じている。矛盾しているんだけど、そういう人は自分の主張をカウンター的なものとして認識して疑わないので手に負えない（笑）。
　とにもかくにも、それらは最初楽しいもの、「笑えるもの」として登場していた。それが完全なメインストリームにまで至るのが、80年代から現在に至る時代だった。

恥ずかしがり屋でシャイ

コメカ　あとまあさっき「振り子理論」の話もちょっと出したけど、たけしは露悪的なキャラクターと並行して、ピュアでナイーブなキャラクターも持ち合わせていたわけ。ただちょっと思うのは、そこで出てくるたけしのピュアさって、「少年」としてのピュアさなんだよね。「おじさん」としての立ち振る舞いを、メディア上で彼は実はあまりしてきていない。彼が女性を「おねえちゃん」と呼ぶことに象徴されてるけど、たけしは父性を表現したことって実はほとんどなくて、ナイーブさ・センチメンタリズムを表現するときは少年の目線に視点を持ってくることが多いと思うんだ。

パンス　『たけしくん、ハイ！』[85]とか。あと『菊次郎の夏』[86]だね。しかし「おねえちゃん」という呼び方に少年性を見出すってのは、僕は想像できなかったな。単にオヤジ的な感覚の延長上だと捉えていた。

コメカ　小沢健二に「back to back　臆病なくせに1・2・3　無茶をする訳は　恥ずかしがり屋でシャイ　そんな自分が嫌だってこと」って歌詞があるけど、

光の名前で出演、88年には冠番組『伊集院光のオールナイトニッポン』がスタート。このことがバレ、90年には圓楽一門を破門される。その後もテレビタレント・ラジオパーソナリティとして活躍。TBSラジオ『深夜の馬鹿力』でのトークは多くのサブカル男性に強烈な影響を与えている。

85 **たけしくん、ハイ！**
1984年に発表された、短篇エッセイ集。85年にはNHKでテレビドラマ化され、86年にはその続編も放送されている。自身の幼少期についてユーモアやセンチメンタリズムを発揮させながら書かれたもので、それまで認知されていた「過激なコメディアン」的な彼のイメージを、一段階多層化させることに成功した作品だと思う。

このフレーズってビートたけしっぽいなあと思うんだ。「オヤジ的な感覚」の中には、シャイネスって無いでしょ。ただ逆に言うと、いい年してまだシャイネスを抱えるなよ、っていう言い方もできるわけだけど（笑）。『菊次郎の夏』においても、たけしが演じる菊次郎は正男の「父」としての機能を持つことはできなかったけれど、だからこそ正男に自分を重ね合わせて「一緒に遊ぶ」ことはできたわけだ。たけしは「大人の男」とか「オヤジ」というイメージを身にまとえたことはほとんどないと思う。

パンス　常に緊張と弛緩の間で振れていて、弛緩しきった——ただの下品な、悪い意味で使われるような「オヤジ」になりきることは慎重に回避し続けている。その両極を移動する際に現れるのがシャイネス。振り子理論の片側が、少年に回帰するということならば、もう片側の、今まで話した露悪的な方面は、どうなるのだろう？　大人なのか、子どもなのか？

北野武（文庫版はビートたけし名義）
『たけしくん、ハイ!』
（1984年5月1日発売）

コメカ　うーん、あらためて考えてみると、たけしの露悪性だったりかつての不謹慎ネタだったりみたいなものも、ガキの遊びっていうニュアンスが常にあるよな（笑）。青山正明やその後の鬼畜系と違うのは、たけしには変態的な志向がほとんどないところで、かつて例えば川俣軍司[87]をネタにしていたときも、その電波系的な在り方に興味・関心を持っていたというよりは、小学生男子が「街のおかしなオヤジ」を見て笑っている感覚に近かったのかもなあと。少年は純真さと不謹慎ネタ・下ネタ好きを常に併せ持ってるわけで、たけしの「振り子」は結局チャイルディッシュという領域

86 **菊次郎の夏**
1999年公開。『あの夏、いちばん静かな海。』等と同じく、たけしが持つセンチメンタルな側面が強調された作品のひとつ。物語の基本的なモチーフとなっているのは「母をたずねて三千里」だが、少年正男に寄り添う菊次郎の、大人なのか子どもなのかなんとも言い難い存在の在り方や、出会った青年たちとの「遊び」の時間（『ソナチネ』でヤクザたちが沖縄で過ごす時間とほぼ同質のものだと言える）の表現などに、映画監督・北野武の作家的資質が特によく顕れている。

87 **川俣軍司**
1981年「深川通り魔殺人事件」の犯人。逮捕された際の、ブリーフにハイソックスという出で立ち、「電波がひっつくんだ」といった発言が有名。

の中における振れ幅でしかないとも言える気がする。

パンス　90年代の鬼畜系にまで至るカルチャーの流れというのは基本、高踏趣味だったからね。インターネットにそういう情報が当たり前のようにある現在ではいまいち掴みづらいんだけど。スノッブを拒否したたけしの表現は、必然的にそことは違うものであることは間違いない。

コメカ　結局だから、彼は少年的なピュアさ・少年的な暴力性、その間を揺れ動き続けることで、自身のキャラクターイメージを多重化することに成功した。しかもその多重化されたキャラクターが、「オトコノコ」たちがその中で楽しく遊び続けられる空間を作り出したわけだよね。そのことが日本のサブカルチャーの中でひとつの潮流をつくってると思うんだ。たとえば「映画秘宝」[88]周辺の人たちとかにも、そういうホモソーシャル的なノリを強く感じることがある。

……でもホントに、坂本龍一の項で話したように、80年代のサブカルチャーは「女・子ども」にも開かれていったわけだけど、その中で「オトコノコ」たちはさらに自分たちを免罪できるような場所を与えられていった、とも言えるわけでね。これは自分自身に対しても感じるんだけど、やっぱり消費社会化された後の状況においても、さらに逃げ道を用意されている理不尽な「優遇」が男たちにはあったと思うよ。

パンス　80年代前半って、『写真時代』[89]など、70年代からの肉体のラディカリズム、みたいなものもまだ影響力を持っている時代だった。それらを支えてた価値観は当然ホモソーシャルなものだったわけだけど、ニューウェイヴを経由して、その後に出てきたサブカル男子たちにも、実は「オトコノコ」性が受け継がれていた。ただし、70年代よりは肉体性が希薄な形で。薄くなっているぶん、変態とか、妄想みたいな要素が入ってくると。今回はその転換期に鎮座していた存在

88 **映画秘宝**
町山智浩と田野辺尚人の編集により1995年、ムックとして刊行開始。ライターの個性を前面に出し、B級作品にも光を当てるスタンスで人気を博したが、2019年12月に発行元の洋泉社が宝島社と合併で解散。同誌の休刊が発表された。

89 **写真時代**
末井昭の編集により1981年に創刊した写真雑誌。荒木経惟の作品を中心に、赤瀬川原平、上野昂志ら『ガロ』人脈もライターとして織り交ぜ、日本のサブカルの源流を作った。

90 **おたく**
「腐女子」に続いて軽々しく定義づけられないが、これほど名付けられたタイミングが明らかになっている単語も珍しい。中森明夫『おたく』

としてビートたけしを捉えてみた部分もある。あと、忘れてはいけないのがこの時代に「おたく」[90]も登場していること。

コメカ　で、そういう「オトコノコ」たちの歩みがあったとして、じゃあ女性たちはどんな状況に立たされていたか、というのを次に考えたい。戸川純について。

の研究」『漫画ブリッコ』1983年である。1989年の別冊宝島『おたくの本』では、みうらじゅんが根本敬や中野D児を「おたく」として紹介していて、現在の用法とは著しく異なっている。その後、カタカナ表記にもなっている。この違いについては大塚英志による説を参照してほしい。では現在は？　取り急ぎ、あらゆる場所に偏在していると言うしかない。

戸川純

女たちのサブカルチャー

ここで、今まで男性ばかり取り上げていたんで、戸川純が出現した頃の女性による文化表現や、それを取り巻く社会についても、並行して語っていきたいところ。いま隆盛を極めている腐女子的な文化なども含め、まだ、どちらかというと日の当たらない場所で混沌としていた時代でした。

「ある種の」少女文化

コメカ　ビートたけしがホモソーシャル的サブカル男子のひとつのフォーマットを提示したとしたら、戸川純もある種のサブカル女子的フォーマットを作り出したところがあると思うんだよね。

パンス　あんまりこの単語でくるのもどうかなとは思うけど、「不思議ちゃん」[91]と表象される人々の始祖であり、彼女が生み出してきたものは直接／間接的に多くの表現者やファンたちに受け継がれてる。

コメカ　ひとつ大きいのは、戸川のデビューユニットであるゲルニカのコンセプト。彼らは疑似的な大正ロマン風イメージ[92]というか、それまでのロックシーンで標準的だった欧米的なヴィジュアルではなくて、レトロな近代日本っぽい意匠を持ち出した。同じようにレト

91 **不思議ちゃん**　世間の基準から逸脱した振る舞いを行う女性に対する（若干）揶揄的なカテゴリー。その歴史については松谷創一郎『ギャルと不思議ちゃん論』（原書房）などを参照。昨今ではあまり使われていないような。代わりに「メンヘラ」などといったより直接的な表現が目立つようになっている。「インスタ映え」などもそうだが、「少女文化」や女性の行動洋式を男性が勝手に措定してからかう、という現象は拡大傾向にあると思われる。

92 **大正ロマン風イメージ**　大正時代ないしはその前後にあった文化の雰囲気。大正デモクラシーや、当時輸入されたロマン主義の思潮から生まれたさまざまな表現は、表層的なものも含め、現在でもさまざま

ロ日本的なイメージを持ち出していたあがた森魚[93]や70年代までの「ガロ」[94]的な世界ともちょっと違っていて、抒情的じゃないんだよね。センチメンタリズムが排除された、機械的でかつグロテスクなイメージ。ここにも、ある種の記号=キャラクター化のプロセスが見てとれる。

パンス　同時期に「ガロ」の中でも更新されている、丸尾末広っぽい感じだね。彼は戸川純のイラストも描いたりしている。欧米ではインダストリアル・ミュージックが生まれていて、その雰囲気も持ち込まれていた。「電気蟻」という短編マンガだと、読むときのBGMとしてDAF[95]が指定されている。で、大正モダニズムの中に機械的な意匠を導入すると、『改造への躍動』になる、と。この頃培われたイメージが、90年代以降のバンギャ文化や椎名林檎までつながっていく。

ゲルニカ『改造への躍動』
（1982年6月21日発売）

コメカ　ゲルニカには画家の太田螢一[96]もメンバーとして在籍していて、彼の奇妙なアートワークが、ヴィジュアルコンセプトの大きな部分を担っていた。で、まあ今バンギャ文化とか椎名林檎の名前を出したけど、こういう疑似大正ロマンみたいな世界観・ヴィジュアルセンスが、サブカル的な「少女文化」としてその後継承されていくわけだ。少女たちがそういう文脈を支持したというのが重要だと思ってて。

パンス　ねじれていてグロテスクなんだけどキュート、という表現がたくさん出てきた時期だった。この頃の「少女文化」はとても豊潤。70年代の「花の24年組」[97]的なものや、グラム・ロックの時期を経て、より貪欲にいろんな世界観を漁る中で、自分たちでも旺盛に発信するよ

な場所で引用されている。

93 **あがた森魚**　フォークシンガー、映画監督。１９４８年生まれ。１９７２年、林静一のマンガを題材とした楽曲「赤色エレジー」がヒット。80年代にはバンド「ヴァージンVS」などでテクノポップ路線に。

94 **ガロ**　１９６４年、貸本マンガなどを手掛けていた長井勝一により創刊。当初は『カムイ伝』など、白土三平の作品発表の場という意味合いが強かったが、つげ義春を筆頭に、それまでのマンガ表現を更新するような作家を多数輩出する。１９９７年に版元・青林堂の内紛により休刊、いったん復活するが２００２年に実質上の廃刊。２０１０年頃から青林堂は右

うになってきた。『ビックリハウス』や『ポンプ』のような投稿文化が花開くいっぽう、『アラン』『月光』など、南原四郎[98]による雑誌が、より密かに奇抜な趣味に耽溺する女性たちのコミュニティとして機能していた。

コメカ　坂本龍一の時に話した、「サブカルチャーが女・子どもに開かれていく」（語弊のある言い方だけど）という状況の一環として、そういう流れがあったと思うのね。その分かりやすい象徴的記号と化していたのが戸川純で。ただ、彼女はゲルニカを経てソロになるとき、「玉姫様」という女性の生理現象を歌った楽曲でデビューする。ゲルニカの頃は上野耕路や太田螢一が用意したコンセプトを「演じる」ことがメインだったけど、ソロになってからは自分自身の内臓感覚とも言うべき表現を展開し始める。もちろんゲルニカ時代のようなギミックや表象も使われるんだけど、「自意識」が表現の中に入ってくるところが、一番違う部分。

パンス　女性の自意識を表現するという試みは、それまでの少女マンガや、高野悦子[99]の「手記」など、60年代から内在されていたわけだけど、「玉姫様」は極めて直接的な打ち出し。当時は単純に奇抜さの一環として受け取られていたのかもしれないけど、今から見ると、この境目は大きいのかもしれない。

戸川純『玉姫様』（1984年1月25日発売）

コメカ　ゲルニカ時代からソロになるときに、さっきパンスくんも言っていた「不思議ちゃん」的な戸川純のイメージが、メディア上で確立されていく。後年、揶揄的に「メンヘラ」と称されるような在り方の原型がそこにあったわけだけど、当時戸川はポップに「ビョーキ」[100]なイメージを

派系の書籍を多数刊行、現在ではレイシスト御用達の出版社となっているが、元の「ガロ」とは人脈的に無関係。

95 **DAF**
1978年に結成された、ジャーマン・ニューウェイヴ・バンド。メンバーチェンジや幾度かの解散・再結成を繰り返しているが、ガビ・デルガド＝ロペスとクルト・ダールケがコア・メンバー。剥き出しのシンセサウンドにガビのエロティックなボーカルが乗るというのが、楽曲の基本構造。肉体的なエレクトロニックポップとして、後年のテクノやボディミュージックに強い影響を与えている。

96 **太田螢一**
イラストレーター、戸川純・上野耕路らによるバンド「ゲルニカ」のメンバー。

展開していたわけだ。そのイメージは当時は「一風変わった面白タレント」的に消費されてしまうことが多かったわけだけど、そういう振る舞いの源泉にあったのは「女性として生きている自分自身」における違和感や座りの悪さだったと思うのね。少女文化的なものがグロテスクに変形したような当時のある種のニューウェイヴ文化というのは、単にオモシロ・ヘンテコであればよかったわけではなくて、そういう少女たちの自意識の苦しさの仮託対象だったんだと思うんだ。……ただ、戸川の場合は、それがストレートにフェミニズム的な自由を志向するわけでもなかったところに、ややこしさがある。

パンス それこそウーマンリブ運動の頃の「便所からの解放 -Liberation from the toilet」(田中美津[101])のようなスローガンに近似する直接性を持ちつつ、戸川純が目指したのは「解放」ではなかった、というところがポイントだと思う。

「不能感」と「自立志向」

コメカ そうそう、「解放」じゃないんだよな。戸川純の作品って、「不能感」を女性の視点から表現したものが多いと思ってて。女性としての主体を前提にした表現なんだけど、その主体が不能感に苛まれている状態を描いたものが多いというか。男性の不能感を描いた表現っていうのはサブカルの領域でけっこう多かったと思うんだけど、女性の立場からそういう表現をやっていた人は、たぶん、あんまりいない。だから、「少女たちの自意識の苦しさの仮託対象」に戸川はなったんじゃないかな。

パンス 「諦念プシガンガ」だと、いろいろと苛まれているものがあるんだけど「我一塊の肉塊なり」というところで締めてしまう。不能感をきっかけに何か問題を提起するのではなく、同じところをグルグル回って

ソロアルバム『太田螢一の人外大魔境』(1983年)もあり。

97 **花の24年組** 昭和24年(1949年)前後に生まれ、革新的な表現を行った少女マンガ家たちの総称。萩尾望都、竹宮惠子、大島弓子、山岸凉子など。

98 **南原四郎** 編集者。80年代、自ら立ち上げた「南原企画」より、『アラン』『月光』『牧歌メロン』『ラッキーホラーショー』など、カルト的なサブカルチャーを主に扱った雑誌を刊行し、一部の女性を中心に愛好された。

99 **高野悦子** 立命館大学の学生だったが、1969年に自殺。学生時代の日常を綴った日記『二十歳の原点』が死後刊行され、ベストセラーに。

いるその感覚だけが共有されている。つまり思春期の煩悶を的確に捉えている。社会性みたいなものを意識する前の段階を描こうとしている、といった感じかな。

コメカ　そうね。だからつまるところやっぱり、「少女文化」だったわけよね。「少女」という、社会化される前の段階。そして「少女」のキラキラした側面じゃなくて、グロテスクな側面をポップに描いたのが戸川だった。ある雑誌記事で、デビュー当時に矢野顕子に揶揄された、みたいな述懐を戸川がしているものがあったけど、確かに矢野の表現からはグロテスクな要素はオミットされている。「ごはんができたよ」に顕著だけど、矢野の表現には母性的・宗教的な救済を求めるようなニュアンスがあって、それは戸川のような自意識の混乱とはかなり距離がある。

パンス　「少女」や、前も話したけど「子ども」という概念が、この時代のキーワード。『少女座』[102]なんて雑誌もありました。

少しややこしいのは、この時代に「少女」たち自身の表現というのがメディアを席巻していたかというと、必ずしもそうではなくて、先に挙げた2誌でも、あくまでも男性や大人から見た「少女性」みたいなことだった。アイドルや歌謡曲分析みたいなものもどんどん出てきた。その中で戸川純という存在は、孤軍奮闘していたと言えるよね。

コメカ　80年代っていう時代は、「少女」を消費・鑑賞することに社会が屈託を持たなくなっていった時代で。今現在のアイドル文化の問題にも繋がるんだけど、消費される「少女」自身の自意識は一体どうなるの？　っていう問題を、意図的に忘却することが正当化されていった。戸川純自身は自分がアイドル化していったことをある種のギミック・ジョークとして捉えていたと思うんだけど、結果的に「消費される『少女』が自意識を発露させていく」という例外的な状況を生むこと

100 **ビョーキ**　精神的に狂っている状態、通常の価値観を超えている状態に対する「カジュアルな」表現。「ヤバい」にも近い部分あり。1982年、映画監督・山本晋也が『トゥナイト2』で「ほとんどビョーキ」を連発し、流行語に。

101 **田中美津**　1971年「リブ新宿センター」を設立。ウーマンリブ運動を牽引するオピニオン・リーダー的な存在に。80年代以降は鍼灸師としても活動。2019年に活動を追ったドキュメンタリー『この星は、私の星じゃない』が公開。

102 **少女座**　1985年に創刊。矢川澄子や川本三郎による文章、大島弓子から森茉莉まで紹介するなど、バブルに突入する日本の片隅でひっそりと「少女

になった。で、たとえば当時のトップアイドルである松田聖子なんかは、80年代の時点ではサイボーグ的に「アイドル」という存在になり切ることを選択していたと思うんだ。戸川と正反対の存在というか。

パンス　たしかに、当時のアイドルの中でも突出して、自身をイコン化しようとする志向があったかも。ど真ん中過ぎるからか、あまり批評的には語られていないような。

コメカ　70年代的な暗さを切断する、っていう80年代的な明るさを徹底した存在だったわけじゃないですか。生身の身体性を消臭して、「アイドル」っていう存在を徹底的に演じ切る、っていう。その結果、「ぶりっこ」という揶揄を受けることにもなるわけだけど。90年代以降の松田聖子と戸川純のそれぞれの展開もまた興味深くて、聖子はアメリカ進出を試みたり作詞作曲を手掛けたり、「アイドル」ではなく自立した「アーティスト」として生きようともがく。対して戸川はヤプーズでのバンド活動や女優活動を続けるものの、自殺未遂を起こすなど徐々に活動がフェード・アウトしていく。聖子は自意識を育てようともがき、戸川は自意識に苛まれて崩れ落ちていく、っていう感があるんだ。

パンス　アーティストとしての自立、と、この時代の女性の志向、というのも連動していたと思う。男女雇用機会均等法の成立が1985年。経済的な成長も後押しして、女性の社会進出が拡大した、と言われてます。高野文子[103]『るきさん』がこの頃の状況を上手く描いているよね。ボンヤリ日常を楽しむ主人公と、リベラルで自立志向がある友人というふたりのやり取り。しかし、旧態依然とした社会は依然として継続していて、バブル期を生きた女性たちは新しい闘いに巻き込まれていった。

コメカ　雇用機会均等法的なイメージにシンクロしたの

文化」を育み、確立させている。デザインや、雑誌としての佇まい全体がホント素晴らしい。

103 **高野文子**　漫画家。1979年「絶対安全剃刀」でデビュー。自由自在な作画の構成とストーリー展開。全作品がマンガの歴史における画期として記録されるべき。

が小泉今日子だった、って感じはするな……（笑）。あんま適切な言い方じゃないかもしれないんだけど、小泉は活動の中で自分の女性性を客観視することができてた気がするのね。男たちと軽やかに、対等に渡り合えるイメージを作れたというか、女としての身体を持て余すことがなかったというか。松田聖子や戸川純は、もっとそのあたりが重たい。で、たとえば岡田有希子のように、その重たさに圧し潰されてしまったような存在もいたわけだ。そういう、女たちが抱えさせられていた重たさを直視することを避けるようにして形作られてきた日本のアイドル文化っていうのは、正直やっぱりどこか歪んでいると僕は思っている。

パンス　重たさ、というのはもちろん、世界中の芸能界が抱えている問題ではあるけど――こと日本においては、男性からの消費の視線、または過剰に批評的な語り――アイドル対自分について語る様式が肥大化している部分はあって、そこが独特な歪みを生み出していると思う。個人的には、それらを一概に断罪したくはない、と思うんだけど。

「戸川純さんのファンは、みんなトガワ・ジュンしてた」

パンス　ここで岡崎京子『東京ガールズブラボー』の浅田彰×岡崎京子対談を取り出してみます。当時ニューウェイヴを取り巻くシーンにいた「ファンたち」について。男は自意識過剰だったたって話から。

岡崎　女の子は女の子で「ナイーヴ合戦」や「エキセントリック競争」がありましたね。わたしも身に覚えがある。「ヴァルネラビリティー」っていうんですか?

浅田　「ヴァルネラぶりっ子」って呼ばれてた。

岡崎　戸川純さんのファンは、みんなトガワ・ジュンしてた。

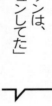

浅田 でも、ここでもおなじような二重性があって、戸川さん自身には勝手にどんどんやり続ける強さがあるんだけど、ファンのなかにはほんとに危ないところにいた子がいっぱいいた。

コメカ 「ヴァルネラぶりっ子」なんてホントに呼ばれてたんかな(笑)。まあただ、ある種の女の子たちにとって、戸川純がロールモデル・キャラクターとして機能したことは間違いないと思う。自分の自意識を確保するため……つまるところ、「フツーじゃない私」を手に入れるための振る舞いの参照点に、戸川はなっていた。そのことを嗤うのは簡単だけど、消費社会化され差異化競争が激しくなった時期には、その選択をかなり必死になってやっていた人は多かったんだと思う。だからこそ浅田が言うような「ほんとに危ないところにいた子」も多かったんだろうし。ただ、戸川自身は、そういう自分のエピゴーネンたちが苦手だった、という趣旨の発言を後年している。

岡崎京子『東京ガールズブラボー』
(1992年12月発売)

パンス 浅田彰はこの後に、80年代というのは彼女たちに見られるような危うい部分がある時代だったと指摘しているんだよね。消費社会で表層的で、というのが、後年からの捉え方だったけど、それだけじゃなかったんだというのを強調している。対談が収録されたこの時期は、まさに80年代を捨て去ろうとする言説がどっと出てきていたから、そこに突きつける意味もあったのかなと。

ただ、それもまた、情報過多な状況で自分を守るために肥大化した結果だったという見方はできるよね。その危うい層は、対象が戸川純でなくなってからも連綿と続いていく。

コメカ　大槻ケンヂ[104]が「80年代にはみんなビョーキぶりっこしてたけど、90年代になったら本当に病気になってしまった」みたいな発言をしてたけど、80年代半ば以降の、バブルな消費社会の中で自意識を確保するために「ビョーキ」を演じる戦略が、90年代以降のバブル経済／55年体制崩壊後の世界に突入した時、シャレにならないものになってしまったというか。戸川純自身も90年代の歩みはなかなか苦しい部分があったと思うし、実際ヤプーズの歌詞やコンセプトも、どんどんエグい要素が強くなって、80年代的なポップな雰囲気とは質を異にしていく。さっきパンスくんが言っていた「グロテスクなんだけどキュート」の、後者の要素が薄れていってしまう。

パンス　『Dadada ism』とかの頃？

コメカ　そうだね、あと『ダイヤルYを廻せ！』とかか。この頃って、80年代ニューウェイヴ／テクノポップ的なセンスが完全に死んだ時期でさ、渋谷系とかハウス、ヒップホップ、ジャンク／スカムっぽいものとか、90年代っぽいイメージの一群がいろいろ出てきたじゃない？　有頂天も解散してケラ[105]がLong Vacationを始めたりとか、80年代的なイメージを背負ってた人たちがなかなか苦戦してた頃。でもヤプーズはわりと80年代的な感覚を手放さずに活動を続けていて。ただ「Men's JUNAN」の歌詞みたいに、いわゆるメンヘラ的な世界観が強調されるようにもなってきて、端的に言うと精神的にシリアスに病んでいる。80年代の頃みたいな軽やかさは無い。

パンス　うん。音楽的な意味だけじゃなくて、ハイファイからローファイなものに、新しい概念が移っていく時代だったと思ってる。先の対談に戻すと、浅田×岡崎のふたりは、これから始まる90年代は、60年代っぽいナチュラル／フラワームーヴメント感が焼き直され

104 **大槻ケンヂ**
1966年生まれのミュージシャン、作家。1982年にロックバンド筋肉少女帯を結成。1988年にメジャーデビューし、バンドブームの中で人気を博す。小説『新興宗教オモイデ教』『グミ・チョコレート・パイン』やエッセイ『オーケンののほほん日記』等、執筆活動においても大きな評価を得る。江戸川乱歩や横溝正史、中原中也等の引用や参照、童貞少年的なルサンチマンの発露、耽美的・少女趣味的な記号を持ち出すなど、彼の作品や発言・行動がその後の日本のサブカル少年少女に与えた影響は非常に大きい。

105 **ケラ**
1963年生まれのミュージシャン、劇作家／演出家。1982年にニューウェイヴロックバンド有

ていくだけなんじゃないの、という危惧を抱いているんだよね。それはハウス・ミュージック[106]とか、『i-D JAPAN』[107]的なものを見てたからそう判断していたのかもしれないけど——でも、実際に日本に出現したのは、もう少し捻れたものだった。ことインディペンデントな音楽の場においては。ナゴムは閉社するけれど、ハウス解釈として「猛毒」みたいな存在が出てきたり。

コメカ　猛毒は、現在も継続している殺害塩化ビニール[108]という変態ハードコアパンクレーベル主宰の、THE CRAZY SKB[109]がやっているバンド。猛毒の音楽性は基本的にはハードコアで、「サイバー長介」は彼らにとっては異色の曲なんだけどね。ブレイクビーツテクノにいかりや長介のボイス・サンプルが乗るっていう構成で、フラワームーヴメント感とは対極の世界観（笑）。その後登場するナードコアの先駆みたいなとこがあった。まあ日本には電気グルーヴもいたし、ハウスやテクノの受容のされ方にちょっと独特で特殊な色合いがあったとは言える。そもそもイギリスみたいに、レイヴカルチャー[110]の前段階としての80年代ニューウェイヴ的な抑鬱感が共有されてたわけでもなかったし。88〜89年頃にバンドブームでワイワイ言ってた状況だったわけだからな（笑）。ただ、90年代に入ってから、80年代ニューウェイヴ的な暗い自意識過剰さはダサい、っていう志向の流れができて、そういう人たちは渋谷系[111]やクラブカルチャーに流れていったんだと思うんだよな。で、その暗さを引きずった人たちはたぶん高円寺的な文化圏の中に留まり続けていて、戸川純を90年代においても支持してた人たちは後者だと思う。で、そういう流れは徐々に過剰になっていって、90年代の鬼畜系とか、殺害塩化ビニールとかともシンクロしていく側面があったのでは、と。

パンス　90年代前半って、今みたいにジャンル毎の細分化も進んでなかったから、人脈的にはいろいろと繋がってて、掘り下げると面白いところなんだけど、大

頂天を結成、インディーズブームの中で大きな人気を獲得し、自身が主宰するナゴムレコードも、ブームを象徴するレーベルのひとつとなる。85年には劇団健康を結成して演劇活動を開始、93年にはナイロン100℃を旗揚げする。99年には『フローズン・ビーチ』で岸田國士戯曲賞を受賞。2018年には紫綬褒章を受章。領域を問わず、精力的な創作活動を続けている。コメカの心の師のひとり。

106 **ハウス・ミュージック**
シカゴで生まれたダンス・ミュージックの一大潮流。当時のハウス受容については椹木野衣『シミュレーショニズム』（洋泉社、1991年）を全力で薦めたい。

局的に見るとそのような流れがあるように思う。「殺害塩化ビニール」を最初知ったときは正直苦手だったなあ……。80年代の表現より、悪趣味さの出し方が直接的で、衒いがないのに距離を感じちゃったな。ハイテクノロジー・スーサイドのラスト・ライブについて鶴見済が書いてるんだよね。過激なライブで知られていたバンドの「最後の火遊び」というニュアンスで。それでも日常は続く——。宮台真司[112]が「終わりなき日常」と唱える直前に、同じような感覚を美学的に、センチメンタルに提示していた。

コメカ 『無気力製造工場』に収録されているやつね。ちなみにハイテクノロジー・スーサイドも、THE CRAZY SKBがやっていたバンド。戸川純はハイテクノロジー・スーサイドのトリビュート・アルバムにも参加しているんだけど、個人的にはそれがちょっと意外だった。ぼくが80~90年代の戸川作品に感じる自意識についての姿勢と、殺害塩化ビニール周辺にあるそれとはかなり距離を感じていたから。ジョークの在り方の質も違ったしね。単純に、後者はやっぱり男根主義的というか、男の暴力性を主軸に形作られている文化という印象を持ってたんだよね。対して、後年、神聖かまってちゃんに対して戸川が強くシンパシーを示していたのには納得できた。の子は男性だけど、不能感が強く作品に顕れている印象を受けてたから。それは戸川の作家性と近い部分があると思う。

「ボンクラ」と「こじらせ」

パンス 日本の80年代文化に関してはいろいろな批評が出揃っていると思うけど、男女間の格差みたいな話はあまりされていないように思う。それをリアルタイムで経験していない我々がしようとしているわけですが——でも実際、サブカルチャー空間がオトコノコのもの、というのが形成されていったのがこの時期だった

107 **i-D JAPAN**
2019年現在ウェブや雑誌が存在するが、1991~1992年の間にも、株式会社ユー・ピー・ユーからも刊行されていた。ページを開くとバブル華やかなりし時代が押し寄せる。

108 **殺害塩化ビニール**
いくつかの名義による自主制作レーベルを前身として、1988年にTHE CRAZY SKBが立ち上げたレーベル。所属バンドの基本的な音楽スタイルは主にパンク・ハードコア的なものではあるが、ゲテモノかつ悪趣味なビジュアルや言語センスによるレーベルカラーが特徴。

109 **THE CRAZY SKB**
1968年生まれのミュージシャン、プロレスラー。恐悪狂人

と思う。まあ、ルーツを辿れば旧制高校文化までいけるけど、それは置いといて、この頃の記号化、脱領域化みたいな物言いが、その格差を埋めたどころか、むしろ拡大させたような部分があるんじゃないかなあ。

コメカ　糸井重里みたいに男性性や暴力性を隠蔽したキャラクターをつくったり、ビートたけしみたいに自身のキャラクターを多重化したり、いろいろな作法で80年代消費社会を泳ぐプレイヤーが出てきたわけだけど、戸川純は女性としての自意識や違和感をキッチュだったりグロテスクだったりする方法論で、ある意味で分かりやすくキャラクター化した。ただ、後から見ると、女性の自意識を表現しようとするとそういう軋みというか、異形なイメージを打ち出さざるを得なかったというのが、痛ましいなとも思うのね。たとえば90年代に入った頃にサブカルチャー・イコンになった、戸川と同世代の野宮真貴や、後続世代のカヒミ・カリィ[113]のような人たちは、自意識がブラックボックス化された状態でメディア上に登場していた印象があるけど、80年代の戸川はそうじゃなかった。

パンス　そうだねえ。それを支えるような分析が戸川純に対してされていなかったように思うな。90年代に入っても、宮台真司言うところの「浮遊する」女子高生、みたいな言い方も、結局彼女たちの存在を男が過剰に奉る、みたいな解釈として受け止められてしまったきらいがある。ガール・パワーみたいなものが具体的に標榜されたのって、ホントにここ数年なんじゃないかな。もちろん、その前にもいろいろな動きがあったわけだけどね。ガーリー・カルチャーとか。

とにかくそんな中、男子たちにとっては居心地のよい空間が持続していた。

コメカ　なんというか、サブカルでありがちな、「ボンクラ」としての「私」を語る、っていう作法が、「オトコノコ」たちには用意されたと思うのね、80〜90年

團、猛毒、ハイテクノロジー・スーサイド、QPクレイジーなど多数のバンドで活動し、自身のレーベル殺害塩化ビニールを主宰。とにかく徹底的にゲテモノ的な世界観を追求し続けている。

110 **レイヴカルチャー** 1980年代後半のイギリスやバレアレス諸島で生まれた、ダンスミュージックを流すパーティの形態とそれにまつわる文化。80年代までのダンス・パーティと異なるのは、勝手に始めるゆえに違法性が高く「音が中心概念」という点。とはいえ現在では巨大化・ビジネス化が進んでいる。

111 **渋谷系** 1990年代、J-POPの一部を形成した音楽の潮流。

代に。それはそれこそビートたけしもそうだし、みうらじゅん[114]、電気グルーヴ、伊集院光、「映画秘宝」、銀杏BOYZ……いろいろな人たちによってつくられた流れというか。学校の教室の中でのマイノリティ男子が、「私」を確保するために使えるツールを、サブカルが用意していた。だけどじゃあ、女性たちにとってそういうものは果たして用意されていたのか？ と。で、80年代の戸川はそれを期せずして引き受けてしまっていたんじゃないかと思うんだよね。でも、本人もファンも、そういう試みを続けるうちに痛みや軋みが蓄積されていってしまったというか……。70年代までの文脈や「重たさ」を断ち切るために記号＝キャラクター化することは、男性にとってはそれほど困難なことではなかった。ただ、じゃあ女性はどうだったのか？ 男性が免除されていた困難が、実はそこにあったんじゃないのか？っていう。

パンス なるほどね。男性のボンクラ語りということだと、最近ではアメリカのティーン・ムービーにも見受けられる。『スーパーバッド・童貞ウォーズ』[115]とか。しかし、日本は自虐や皮肉のバリエーションにおいて群を抜いていると思う。あと、単純に表現のレベルだけじゃなくて、文化人が率先して、生き方として示して、それがウケるという土壌があるよね。先にコメカくんが挙げた人たちや、大槻ケンヂなどなど。

　でも日本の女性だったら今は「こじらせ」みたいな言い方があるよね。それは近いものなのかな？

コメカ 「こじらせ女子」みたいな言葉で形容されるのは、自分自身の内面と、社会が自分に「女」として要求してくるものとのズレに苦しむ人たちのことだと僕は解釈してるんだけど、そういう意味では、80年代の戸川や、そのフォロワーたる「不思議ちゃん」たちっていうのは、その先駆だったと言っていいんじゃないかと思う。だから、たとえば石野卓球がかつて（それが毒蝮三太夫的な「芸」だったにせよ）「不思議ちゃん」

112 **宮台真司**
社会学者、映画評論家、首都大学東京教授。1959年生まれ。TVODのふたりが物心ついた頃、評論家といえば大塚英志・宮台真司・福田和也の時代でした。

113 **カヒミ・カリィ**
1991年デビュー。パンスの個人的ベストは、90年代の名残がありつつブリジット・フォンテーヌのような趣も垣間見える『Trapeziste』（2003年）

114 **みうらじゅん**
マンガ家、イラストレーター、その他さまざま。1958年生まれ。強引にまとめるならば、おたくではない「サブカル」イメージの普及に貢献した人。徹底的に下品だけど憎めない、初期のマンガ作品ももっと知られて欲しい。「ゲロゲ～ロのゲ～」。

たちの巣窟だったナゴムギャルたちの振る舞い、つまり「ちょっと変わったワタシ」を演出する振る舞いを嗤ったりしていたけど、そこにあった自意識の切実さっていうのは、やっぱり嗤うべきものではなかったんじゃないかと思っていて。それが「他人と違う私」を自己演出したがる浅はかなものだったとしても、それでもやっぱりその試みには切実なものがあったんじゃないかと。

パンス　そのとおりで、彼女たちを嗤う姿勢に非対称性は確かにあったと思う。今でも再生産されているし。つまり、自己演出を嗤おうとするスタイル。対象は今のほうが広がっていて、インスタ映えを嗤ったりするメンタリティも根底では一緒だなあと。ただ自らを「こじらせ」として規定することによって得られる安定というのもあって、そこが難しいところだと思うんだよね。切実であるというのは分かるんだけど、それは果たして救済されるべきものか、ってなると分からない。

コメカ　うーん、救済っていう捉え方にはちょっと違和感があるな。たとえばビートたけしが「オトコノコ」のスタイルを作り出したように、やっぱり当事者たち自身によってスタイルやフォーマットは作り出されるべきだと僕は思っていて。そういう意味で、与えられたスタイルを演じていたゲルニカよりも、戸川自身がスタイルをつくっていたソロの方が僕は好きなんだよね。そのスタイルに、戸川自身も振り回されてしまったところはあると思うんだけど。それでもさっき話したみたいに、近年少しずつ女性たち自身の手で作り始められているスタイルの前史みたいなところが、戸川の活動にはあると思う。そういう意味で、次にとりあげる人は、さらに周縁部に存在したような人々の声を可視化するようなスタイルをつくったサブカルチャー・ヒーローだと僕は思っているんだけど……。

パンス　次は江戸アケミ。80年代編はこれで最後。

115 **スーパーバッド・童貞ウォーズ**　グレッグ・モットーラ監督、2007年の青春映画。童貞の高校生3人が初体験を目指して奮闘する中でさまざまなトラブルに巻き込まれたりする。

江戸アケミ

バブル・ニッポンにおける「もがき」

あんた気にくわない

コメカ 江戸アケミ、たぶんこれまで扱ってきた人たちの中で一番マイナーな人になると思うので、ちょっと説明から始めたいと思うんだけど。80年代に活動していたバンド「JAGATARA」のボーカルだった人。1953年生まれで、1990年に36歳の若さで、自宅での入浴中に不慮の事故で亡くなっている。

パンス 1979年、「じゃがたらお春」という名義で初めてのライブ。パンク、ニューウェイブのシーンで活動していました。ポスト・パンク的な感覚を背景に、アフロ、ファンクといった音楽の要素を存分に取り入れていて、今の基準で聴いても驚きがあります。しかし音楽性にとどまらず、彼自身のキャラクターも突出していた。

コメカ JAGATARA活動初期のライブで、アケミは全裸になったり鶏や蛇を食いちぎったり、放尿・脱糞・流血……みたいな過剰なパフォーマンスをしていたらしくて。それを写真週刊誌に取り上げられたりだとか、いかにも「日本のアングラ・インディーズ」っていうイメージを、彼のキャラクターはバンドにもたらしていた。ただまあ、エログロみたいなノリで騒がれる状況に嫌気がさして、パフォーマンスはすぐにやめてしまうんだけど。でも、その後の彼の表現を見てみると、そういうパフォーマンスを露悪趣味としてやっていたわけではなく、ある種の「もがき」みたいなものとしてやっていたんだろうな、と思わせるところがある。

パンス　通常の音楽雑誌より、過激パフォーマンスを週刊誌が取り上げる方が価値がある、という志向が、メンバーの中であったみたい。よく語られがちだけど、実際に映像にはあまり残されていないような。それより同時代の映画表現――石井聰亙[116]や山本政志[117]の作品を観ると、当時の音楽シーンと人脈もリンクしているし、雰囲気が描かれてるなと思う。『闇のカーニバル』[118]に出てくる、バーで踊り狂っているのも江戸アケミ。

コメカ　「週刊誌の方が価値が〜」ってのはまるでYOSHIKIみたいだな（笑）。まあいかにも消費社会的な発想だよね、音楽評論されるよりも、メディア上でのイメージコントロールの方が重要だ、という。80年前後というのは、ここまで何度も触れてきたように、記号的なキャラクターイメージを弄ぶことに人々が夢中になり始めた時期としてあった。JAGATARAと同時期に注目を集めたザ・スターリン[119]も、そういう戦略を取り入れていたバンド。でもスターリンの遠藤ミチロウよりも、アケミはもっとセンシティブというか、そういう戦略に馴染めなかった……というより、そういう戦略が必要な消費社会自体に、本質的に違和感を感じていたんだと思う。

パンス　マルコム・マクラーレン祭り、この前に勃興していたパンクというもの自体が、そういう戦略を内包していたわけだよね。メディアをコントロールすることのラディカルさ。その意味では、ザ・スターリンの方がさらに徹底していた。カセットブック『ベトナム[120]

116 **石井聰亙**
映画監督。1957年生まれ。初期の代表作『爆裂都市』『狂い咲きサンダーロード』などは、フィクションであれど、1980年代日本のパンクやロックの熱気を映像で体現している。2010年、「石井岳龍」に改名。

117 **山本政志**
映画監督。1956年生まれ。暗黒大陸じゃがたら→JAGATARAのプロデューサーも務めている。1987年公開『ロビンソンの庭』の音楽もJAGATARA。

118 **闇のカーニバル**
山本政志監督、1981年公開。主人公の非日常的な体験として当時のライブハウスなどが活写される。

119 **ザ・スターリン**
遠藤ミチロウを中心

伝説』では糸井重里と対談してるし、ジャンル横断みたいなことに意識的なんだよね。

　しかしその後のJAGATARAは、ギミック的な部分を捨てて音楽的な志向に移り、1982年に『南蛮渡来』というアルバムをリリースする。

コメカ　『南蛮渡来』リリース時にはバンド名が「暗黒大陸じゃがたら」になっていて、インディーズでその名前だと結局アングラ視されちゃうじゃんって話なんだけど（笑）、でも当時のインディ界隈の中では突出して音楽性が高い作品になっていた。ファンク、パンク、ノーウェイヴ[121]、いろんな要素が混じった上で、アケミの言葉が力強くそこに乗る。アケミの歌詞にはJAGATARAの始まりから終焉まで一貫しているものがあって、今の若者にも届く言葉だと思う。

暗黒大陸じゃがたら『南蛮渡来』
（1982年5月発売）

パンス　これほどまでに直接入ってくる言葉はないよ。イントロで「あんた気にくわない」って、歌詞にしようって発想はなかなか出てこないと思う。

コメカ　「あんた気にくわない　くらいね　くらいね　性格がくらいね　日本人てくらいね」（笑）。この歌詞をパンキッシュなファンクサウンドに乗せてがなる。忌野清志郎[122]の言語センスにもちょっと通じるところがあると思うんだけど、より武骨でよりナイーブな感じがあると思うんだよな。「ゴミの街に埋もれた　食いかけのハンバーグ　あんたの手から落ちて　地面に吸いとられた　さあしっかり　狙いを定めて　笑ったままで　おやり」。さすがに清志郎もここまで低い目線に立つことはあんまりない気がして。

とするパンク・バンド。1980年結成。活動初期には、全裸になったり臓物を客席に投げつけるなどといったパフォーマンスで話題を呼んだ。

120 **ベトナム伝説**
遠藤ミチロウによる初のソロアルバム／カセット・ブック。1984年リリース。糸井重里との対談、蛭子能収のマンガも収録。

121 **ノーウェイヴ**
明確な定義こそないが、同時代のニューウェイヴと並行して、フリージャズ・実験音楽・パフォーマンスアートからの影響があったバンドの一群を指す場合が多い。1978年、ブライアン・イーノがプロデュースしたコンピレーション『ノー・ニューヨーク』が代表的。

122 **忌野清志郎**
バンド、RCサクセションほか、ソロとして活動。1951年生

パンス　低い目線。当時、インディで活動していたバンドは、寿町などのドヤ街でも盛んにギグを行ってた。ＪＡＧＡＴＡＲＡも出演してる。それらは、当時の清志郎であれ、ポップ・ミュージックのメインにいた人々には得られない視点だったと思う。

コメカ　寿町フリーコンサート[123]。しかも、ＪＡＧＡＴＡＲＡの場合はそういう活動レベルだけじゃなくて、さっきの歌詞のように、表現レベルにもその目線の低さが顕れているっていうのが、他のバンドたちとは一線を画していたと思う。しかも、時代は80年代だからね（笑）。世の中がどんどん浮かれていく状況の中で、アケミの表現していた世界はその浮かれっぷりに対するもがきや苛立ちが顕れたものだった。

パンス　具体的なイデオロギーこそないし、政治的な活動をしていたわけでもない。それよりももう少し射程が広いというか——日本人の精神性自体に対する苛立ちがあったと思うんだよね。ただそれは憎しみのような形での表出ではない。かといってひねくれてもいない。とにかく直接的。非常に稀な存在だと思う。

コメカ　先に引用した歌詞もそうだし、三軒茶屋のフジヤマ[124]の看板にもなっている「やっぱ自分の踊り方で踊ればいいんだよ」っていうアケミの言葉にも顕れてるけど、彼は人間の共同性が生む抑圧や欺瞞に抵抗しようとしていた。「要するに、救われたいんだよな、それも宗教以外で。リズムに解放される時ってあるじゃん？　一瞬だけどさ。リズムに救われるってことが。その一瞬をつかまえたいんだよ」っていう言葉も残してるけど、この感じって、タモリとか70年代プレサブカルの人たちと似て非なるものがあると思うんだよ。意味からの解放って部分では似てるんだけど、どこか決定的に違う。

パンス　同時代のサブカルチャーの人たちと異なってい

まれ、２００９年没。長きにわたる活動のなか、要所要所で政治的なアプローチを行っていた、日本のロックミュージシャンの中でも希有な存在。直接社会運動に関わるのではなく、あくまで作品の中で表現することが多かった、という部分も強調しておきたい。

123 **寿町フリーコンサート**　日本の代表的な「寄せ場」横浜の寿町で、夏祭りの一環として開催されている音楽フェスティバル。80年代にはハードコア・パンクやフリー・ミュージックのアーティストも出演していた。

124 **フジヤマ**　三軒茶屋にあるレコードショップ。80年代日本のインディーズを中心に扱う。看板には「やっぱ自分の踊り方で踊ればいいんだよ」という江戸

るのは、そこにアイロニーが存在しないってことじゃないかな。はぐらかしたり解体することで解放する、のではなく、ダンス・ミュージックという形式でど真ん中からぶつかっていった感じ。

コメカ そうなんだよね、アイロニカルじゃないのよ。80年代サブカルチャーっていうのはアイロニーがデフォルトになっていたようなとこがあって、それはざっくり言うと、さっき言ったタモリや全冷中的なものが70年代に準備していたものがベースになってると思うのね。でもアケミにはアイロニカルなところが無かった。というよりも、もっと切迫してたんだろうなあという感じがする。ちなみに話が変わるんだけど、83年末ごろからアケミはノイローゼ状態になっちゃうんだけど、後から見て気になるのはさ、84年に麻原彰晃[125]こと松本智津夫が、「オウムの会」を作るんだ。

「救済」の方法

パンス おお。有名な麻原の空中浮遊写真が「ムー」[126]「トワイライトゾーン」[127]に載ったのもその頃（1985年）だね。彼の出発点はサブカルチャーだったといえる。半分ネタ、半分本気みたいなノリから始まったものが、徐々に「救済」を志向するようになっていく——。これらから見えてくるのは、アイロニーを盾にせずにそのままぶつかっていくと、心身に異常をきたしてしまったり、暴走してしまうような状況があったのでは、ということ。

「月刊ムー」1985年11月号

コメカ 政治的・歴史的なシリアスさを捨てて、アイロニーとジャンクで満たされたサブカルチャーの世界でみんなで遊ぼう……みたい

アケミの言葉が記されている。

125 **麻原彰晃** 熊本県出身。1955年生まれ。「オウム真理教」の教祖。オウムを分析した書籍は膨大だが、彼個人の生き様を知るには高山文彦『麻原彰晃の誕生』がおすすめ。2018年に刑死。

126 **ムー** 1979年、学習研究社より創刊。オカルト全般を扱い、1980年代には「戦士症候群」と呼ばれる、自分を「転生者」と思い込む読者による投稿が溢れていた。

127 **トワイライトゾーン** 「ムー」のライバル誌。1989年に休刊。麻原彰晃が各地の聖者を訪ねる「解脱への道」という連載も行われていた。

な空気が、80年代にはあったんじゃないかと思うんだけど。そういう状況の中にいたにもかかわらず、「救済」という問題に取り組むことになってしまった対照的なふたりとして、江戸アケミと麻原彰晃がいるって捉え方ができる気がするんだ。遊び続け、戯れ続けていればいい、という空気の中にいるのに、「救済」について考えてしまう、というね。もちろん直接的には全然関係のないふたりだけど、アケミは宗教を手放そうとする形（彼はもともとクリスチャンだったんだけど、中学生の時にキリスト教に疑問を感じて棄教したらしい）で、麻原は宗教を「私物化」する形で、それぞれ「救済」に取り組もうとした。どこまでも個人としてそれをやろうとしたアケミはノイローゼになり、だらしなく共同性を形作った麻原はジャンクでサブカルな宗教団体のグル（導師）になった。何とも言えない気持ちにさせられるよ。

パンス　これまで僕らが追ってきた70〜80年代は、オカルト的なものが勃興した時代でもある。それこそ超能力ブーム[128]みたいなお茶の間レベルから、神秘主義[129]、ニューサイエンス[130]まで。昭和の新宗教と、それ以降のオウムみたいなものを比較すれば分かるとおり、それまでの宗教って貧困リスクを軽減するための中間団体みたいなものだったけど、総中流化していく中で、人々の間にまた異なるタイプの「救済」への欲求が高まりつつあったと。

コメカ　そうだね。日本における消費社会化の進行ってさ、さっき書いたような「アイロニーとジャンクで満たされたサブカルチャーの世界」が全面化していくプロセスだったとも言えると思うのよ。消費だけを繰り返し、無意味と戯れ続ける世界がどんどん幅を利かせていった。西欧社会におけるキリスト教的な拘束もないわけだから、ある意味で世界に先んじてそういうポストモダンな環境に日本はなり得たわけだけど。ただ、結局そういう状況の中で、だんだんその無意味さにみ

128 **超能力ブーム**
1973年ごろからテレビなどのメディアを通して起こったブーム。スプーン曲げ少年やユリ・ゲラーなどが登場。その後何度かリバイバル・ブームが来ているが、ゼロ年代以降はあまり盛り上がっていないようだ。

129 **神秘主義**
「自己」を超えて超自然的なものに合一しようとする思想。雑に言ってしまうと「トリップしていこう！」という考え方とその実践。古代ギリシャの時代から、イスラム教のスーフィズム、その他世界各地にあり。ヒッピー・ムーブメント以降、ニューサイエンス、ニューエイジの流行と連動して紹介、再評価された。

130 **ニューサイエンス**
70年代、従来の科学

んな耐えられなくなっていったんじゃないかと。だから今僕らが話してる「救済」って、そういう意味の無い世界の中で、「私」とか「自意識」みたいなものをいかに処理していくか、みたいな水準の「救済」なんだと思う。

バンス　日本が世界で一番進んでる、ポストモダン、っていう考え方は、当時にもあった。ざっくりした「江戸はポストモダンだった」みたいな言い方とか。ただまあ「日本教」的な概念は染み付いてたし、今でもそう。家父長制バリバリだし。それでも、少なくともこの時期はそういう空間から抜け出て戯れることができる可能性があった、というか、見出そうとする人が多かったという気がする。

もう少し細かく言うと、消費社会化の進行に伴って、それまであった家族や共同体の在り方が少しずつ解体されて、人々が個人としてある程度の自由さを持って世界に投げ出されるようになったと。そこで自意識という問題がより強く現れる。でもまあ、そこで出来ることってわりと「消費する自由」くらいしかなかった。そこをぶっ飛ばしてしまう——自意識を消去するために、何者かに帰依するという行為を選択する人たちも現れた。そのツールとして宗教や、ニューサイエンスがあった。

ノイローゼ的な状態にあって、江戸アケミ自身が音楽というツールでそっちに行ってしまうことだってできたと思う——帰依するか、もしくは自分がアジテーターになってしまうか。——しかしそうはならないんだよね。「おまえらはおまえらの仲間をつくれ！」と、あくまでも突き放す。

コメカ　うん、そこでどちらにもアケミは行かなかった。彼の、そのジレンマというかもがいてる感じが、後の世代から見ても信頼できるところだと思うんだよな。「要するに、救われたいんだよな。それも宗教以外で」っていうのはさ、教義や体系ではなくて、瞬間

に東洋やその他地域の思想・宗教を絡めた思想が流行。世界のサブカルチャーに与えた影響大。日本では、松岡正剛による「工作舎」から多数の関連本が出た。ライアル・ワトソン『スーパーネイチャー』、F・カプラ『タオ自然学』などが代表的。

的な解放の中に「救済」を見出す思想だと思うんだよね。「次々と湧き出るリズムが前に進めとオレに囁く」。リズムやグルーヴのうねりの中に自分を解放することに、「救済」を見出す。パンスくんがさっき言ったみたいにレイヴカルチャーと重なる部分があるんだけど、アケミが作った世界はよりパーソナルな水位でそれを志向していた感じがする。そしてそういうアケミと本当に正反対なのが麻原彰晃で、彼はジャンクを寄せ集めた異形の体系を作り上げ、グルとして多くの人々の「私」や「自意識」を吸い上げた。「私とは一体何だ?　自分の自意識とは一体何なのか?」みたいな人間の煩悶が、サブカルチャー的な領域でここまで対照的に扱われていたことに感嘆してしまう。

パンス　90年代のレイヴカルチャーをめぐる言説で、たとえば鶴見済が唱えていたのは、すべての意識が取り払われて、身体だけが残り、そこで共同体志向／宗教的な高揚を超えた反乱が起きる、というものだったと僕は解釈してる。しかしその後のサウンド・デモ[131]なんかを見ていると、対・社会という課題が再びせりあがってきていて、音楽と併せて自らの主張をどう表現するかというのが再び問われて、現在に至っていると言える。そんな中で、今こそ、安易な体系を拒否しつつ、パーソナルな視点からメッセージを投げ続けながら揺れ動いていた、江戸アケミという存在が際立ってくるのではないかな。

つながった世界?

コメカ　ただ、たとえば江戸アケミが宗教に対して示したような、体系的なものに取り込まれたくないっていう感覚自体が、今や理解しにくくなっているのかもしれない。誰も彼もがグルを求めているし、グルを中心とした共同性を求めている。「仲間をつくれ!　仲間をつくるんだ!　JAGATARAなんてせこいバン

131 **サウンド・デモ**　トラックにDJブースを組んで音楽を流しながら行進するデモ。日本では2003年、イラク反戦デモの頃に始まる。その後「素人の乱」主催のデモ、反原発デモなどを経て一般化。

ドだ！　おまえらはおまえらの仲間をつくれ！　JAGATARAなんて見に来なくていい！　おまえらはおまえらの仲間をつくれ！」っていう彼の言葉の突き放し方の意味が、はたして今現在どこまで伝わるのか。

パンス　ここ数年、シリアスな政治的対立がSNS上などで前面化している中で、右派、左派問わず、共同性を求める傾向が出てきていると思う。みんな引っ張ってくれる人を欲しているんじゃないかなあ。立場を問わず「愛国」的なものについて言及する流れがあるのも、そのひとつ。

コメカ　共同性をいかに確保するのか、っていうのは確かに重要な問題だし、アケミが言うように「仲間をつく」らなければ何も実現できない、っていうのはあるんだけど（笑）。ただ、近年話題にのぼりがちな愛国心の問題にしてもさ、別に個々人が内面の領域という水準で国家を愛してようがそうでなかろうが、それは各自好きにすればいい。ただ、真っ当な公共性の構築のためには各自が〝健全な〟愛国心を持つことが必要だ、みたいな主張には僕は絶対に与《くみ》したくない。何らかの「愛」を持っている人間しか参与し得ない社会が運営される状況を、僕は作りたくない。国家への〝健全な〟愛で共同性の質が担保される、つまり健全なナショナリズムは健全な共同性をつくる……なんて議論、それこそアケミだったらクソミソに言ったんじゃないかと思う。

パンス　RADWIMPS[132]の「HINOMARU」を聴いて、個人的に日本が好き〜♪って思うのはまあ自由。しかしそこに乗っかっている言葉は「大日本帝国」的なものだし、それじゃダメだろ、ってことでリベラル側から「新しい愛国」の在り方を模索する傾向がある。

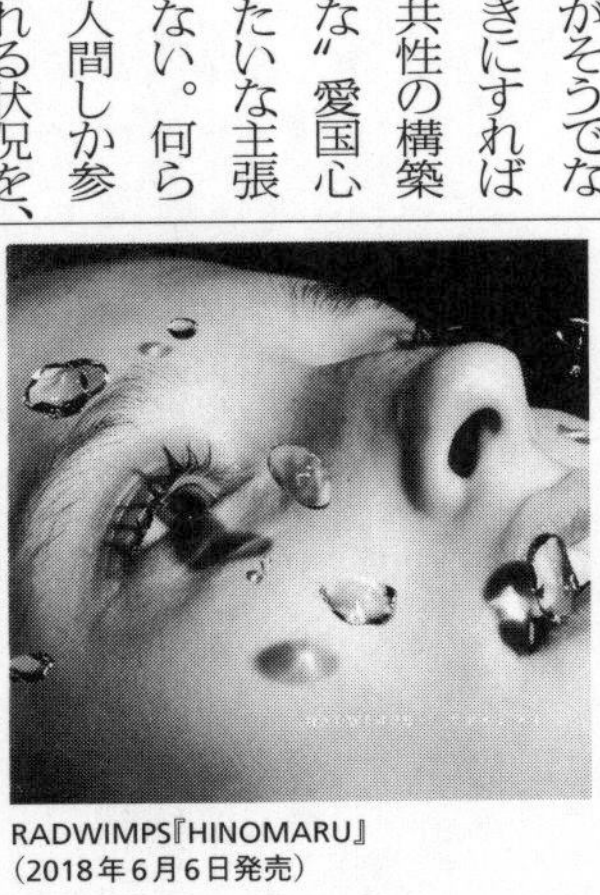
RADWIMPS『HINOMARU』（2018年6月6日発売）

132 **RADWIMPS**　2001年結成のロックバンド。「HINOMARU」は2018年発売『カタルシスト』に収録。新海誠監督『君の名は。』『天気の子』サウンドトラックも担当。

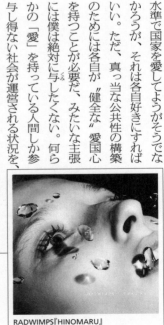

日本国憲法によって担保された体制に愛情を持つことで、自らのエネルギーとする。理屈としては分かるけど、そもそも戦後日本の保守思想自体が、どうやって「新しい愛国」を作ってくかということを考えてたわけで、次のバトンを引き受ける感じでやらなきゃいけないかなと思う。今までの人たち、江藤淳[133]から小林よしのり[134]までざっと見渡せば分かるとおり、彼らの思想が現代において何を生み出してしまったのか考えると、不安がある。

コメカ　「HINOMARU」の歌詞は、「大日本帝国」的なイメージを適当にサンプリングしてパッチワークしたものとしか僕には思えない。ある意味で正しく「日本のサブカル」的な表現。そういうサブカル感覚の「愛国趣味」で国家への愛を持つのも別にかまわないけど、そういう人たちは果たして、この国で保守として自分が生きようとした時に生まれる困難まで引き受ける覚悟があるのか？　と思う。その痛みや軋みまで引き受けようとする気概があるなら良いけど、単に愛国的に振る舞って自分が気持ち良くなりたいだけだったら、少なくともそれは保守とは言えないでしょう。

パンス　1988年、昭和天皇重体に際しての「自粛」ムードの中で、東大駒場寮で「自粛を批判する」イベントが開かれている。JAGATARAも出演していたのだけど、そのときの江戸アケミは「はっきり言って『毒づいていた』」と、平井玄[135]が述懐している（陣野俊史[136]『じゃがたら』）。昭和の終わり。僕はまだ幼稚園児だったんで……記憶はないんだけど、記帳に若い人が集まったり、「ネガティブに受け取られるおそれがある」CMの音声がカットされたりと、独特の緊張感があったと言われているね。急激に国家への志向が見え隠れする中で、そこへの反対運動もわずかながら盛り上がっていた。今同じようなシチュエーションになったら、取り巻く動きがさらに過激化する可能性があるかも。――だからこそ「生前退位」によって「平

133 **江藤淳**
文芸評論家。1932年生まれ、1999年没。戦後日本の「保守」が「戦後民主主義批判」として機能する端緒は彼や福田恆存にあるといえる。

134 **小林よしのり**
マンガ家。1953年生まれ。1976年「東大一直線」でデビュー。90年代には時事ネタをマンガ内に取り込んだ『ゴーマニズム宣言』が評判に。当初は単に社会に物申していただけだったのが、オウム真理教の事件に巻き込まれたり、薬害エイズの問題に関わることによって、作品と作者のアクションが社会自体に影響を与えてしまう存在に。1998年『戦争論』以降は、人々を「右傾化」へとガイドする役割を果たす。

135 **平井玄**
批評家。1952年

成の終わり」を可視化させる、という流れが選択されたのかもしれない。

少し話が逸れちゃったけど、その時点において江戸アケミは、天皇制にも、そのアンチ層のどちらにも安住したくなかったというのが伝わってくる。「安住したくない」感覚を表すのにもっとも手軽なのは「どっちもどっちだから〜」で済ませることだし、実際、同時代のほとんどの人たちにとっては「どっちもどっち」だったし、そもそも関心自体がなかった時代だった。だけど、江戸アケミはステージでの苛立ちという形で何かを表明しようとしていた、というのが興味深いんだよ。

コメカ　アケミがとった態度というのはやっぱり個人主義的なもので、それはもちろん天皇制とも相容れないけれど、かと言って左翼的スタンスに着地できるわけでもない、というね。今だとそれが自己保身的などっちもどっち論、もしくは冷笑的な態度に着地しがちだけど、アケミは苛立ちもがいていて、ニヒルにはなっていなかった。そういう個人主義的な態度をとりながらニヒリズムに陥らないようにするっていうのはものすごく消耗することだっただろうと思うんだけどね。今現在においても、僕は冷笑系的な態度をとる人はものすごく嫌いだけど、個人的な水準の問題を前提に置かずに共同性の維持について議論をする人もすごく嫌なんだよ。

パンス　右派はここ十数年来「愛国」サンプリングの情報戦をやってメインストリームに躍り出た。「HINOMARU」も、その延長。いくら「右も左もない」と言明したところで、結果的に現状に加担してるし成功してる。プラグマティックに考えたら共同性を作り上げていく方が効果が出やすい、というのはあるわけです。だからそれに対抗する側も共同体主義打ち出していこう――って流れになるし、実際上手くいきそう。政治から文化表現に至るまで、エモいものが今は席巻

生まれ。80年代よりフリー・ミュージックなどを中心に、政治と交錯する音楽を多く紹介。著書に『暴力と音』など。

136 **陣野俊史**
評論家。1961年生まれ。近著に『サッカーと人種差別』『テロルの伝説 桐山襲烈伝』など。

しているから、その波に乗れてしまう可能性がある。しかし、ひとつにまとまろうとすると、こぼれ落ちてしまう人を生み出すことにもなる。そこはどうすればいいのかな、という課題が出てきちゃう。

コメカ　極度に個人主義的な振る舞いを選択するのはリアリティに欠けているという批判が、リベラルからも出る時代だから。つまり、個人が先に立つのではなく、コミュニティがあってこそ初めて個人が成立するのだ、と。でも、だからこそサブカルチャーの領域では、コミュニティから疎外されてしまう人々に届く言葉が必要なんじゃないかと思うんだけどね。かつて江戸アケミがやっていたのはそういうことだったと思うし、今現在はたとえば大森靖子のような人が、それをやっていると僕は思ってるんだけど。「心を一つなんてふぁっく　YOU　ふぁっく　ALL　にするから〝戦争〟なんでしょ」って歌うわけだから（笑）。

「ころがっていこうぜ」という選択

パンス　大森靖子ね。僕はあまり良いリスナーじゃない、というかよく知らんかったのだけど、コメカくんの説得により（笑）、いろいろと聴いたり歌詞を読んだりしている。生活者の視点からの苛立ちを前面に押し出してるところは、江戸アケミに近いかも、とは思う。しかしダンスミュージックかそうでないか、って相違は大きいと思うけど。とはいえ、JAGATARAが当時、完全にダンスする音楽として受け取られてたか、というのも微妙なところなんだけどね。やっぱり「ころがっていこうぜ」という言葉は、その後のクラブ・ミュージックにおいても出てきていないと思う。「今が最高」までは言えるけど。そのあたりの間隙を、大森靖子が攻めている、というところまでは分かってきたかも。

コメカ 野田努さんがOTOさんへのインタビューで、『おいしい生活』は終わったけど、『青空ディスコ』はレイヴカルチャーを予見した」って発言していたね。野音でのライブにアケミが「赤いジーパンはいて、上半身裸でピンクの腹巻きで登場」して、「青空ディスコ！」って叫んだっていう（笑）。まあ少なくとも80年代の日本のサブカルチャーシーンでは、トランシーなダンスミュージックへの理解は基本的に共有されていなかったと言える。ＪＡＧＡＴＡＲＡの動向も、前期はポストパンク的なファンクへの傾倒の文脈で、後期はレイト80'sのワールドミュージックブーム[137]的な文脈の中で理解されていたんだろうなと後追いの人間としては想像してるんだけど……。ただ少なくとも、ＪＡＧＡＴＡＲＡのサウンドや姿勢にはレイヴ的な志向と重なる部分があったかもしれないけど、アケミの言葉はそこからズレていくところがあるから、より多層的だよね。

パンス うん。ワールドミュージックがあったね。当時の『宝島』的な分類だと、ＪＡＧＡＴＡＲＡは「ヨコノリ ワールドビート系」に入っている……（宝島特別編集『日本ロック大百科』１９９２年）。ボ・ガンボス[138]、東京スカパラダイスオーケストラ[139]などと並んで。今「ヨコノリ」って単語はほとんど使われていないよなあ。こだま和文は、ドラムマシーンだけをバックに江戸アケミが自由に語るようなものを作りたかった、とインタビューで述べていて、もしそれができていたら完全にラップ・ミュージックにも影響を及ぼしていただろうなあと。

コメカ ラップミュージック的でもあるし、ハウス的でもあるなそのイメージは（笑）。「ヨコノリ」みたいな記述は、まあ当時におけるビートパンク的なものを「タテノリ」と捉えた際の対比だったんだろうね。アケミは死の直前にＪＡＧＡＴＡＲＡ脱退の意思を持っていたそうだから、もし彼が生きていたら、こだま和文が

137 **ワールドミュージックブーム** 欧米圏以外の地域で生み出された音楽が「ワールドミュージック」と総称され、日本では1980年代以降ブームとなった。ロックフォーマットの中にワールドミュージック的な要素を導入するバンドも多数出現した。

138 **ボ・ガンボス** 1987年、久富隆司（どんと）を中心に結成。ファンクやR&B、ニューオーリンズ風の音楽を「ガンボ」――ごった煮にして、日本風にアレンジしていた。

139 **東京スカパラダイスオーケストラ** 80年代後半から活動しているスカ・バンド。キャッチーな楽曲で、日本へのスカの普及に多大な貢献を果たした。

語ったようなコンパクトでパーソナルな表現形態に向から90年代があり得たのかもしれない。あと、彼が生きていれば、90年代サブカル的な相対主義的態度とは違った視座を提示する表現をその当時に産み落としてくれたんじゃないかという気がして、そのあたりも何とも言えない気持ちになる。

パンス ついつい神格化されがちだけど、それで崇め奉るより、単純にその後の歴史に位置づけたらどうなったんだろうな、と想像するほうが有意義だなと思いますね。これは江戸アケミに限った話ではなく。今はYouTubeで見ることができるじゃないですか。MUTE BEAT[140]とのライブとか。圧倒されるけど、当時このダブを観客はどう受け止めていたのかな、とか考えてみたり。映像で鮮明に見られるぶん、現在の延長線上に過去があって、そこに今と異なる認識があったりする、って思える環境になってると思うんですよ。って、けっこう話逸れてるね（笑）。

コメカ まあ実際、過去を神話化して「昔は良かった」みたいな浸り方をしても何の意味も無いのでね。今現在の状況や認識に至る経過として確認していくべきで。そういう意味でも、さっきも言ったけど、90年代サブカルの相対主義的な態度から快楽主義的な態度への変遷（これはフリッパーズ・ギターや電気グルーヴがシニカルな存在として登場し、徐々に「意味」から離脱していったことをイメージしてるんだけど。ただし、小沢健二は除く笑）みたいなものとは異なる文脈っていうのが、アケミの死も含めて衰弱してしまっていたんじゃないかと思っている。逆に２０１０年代に入ってからそういう文脈は盛り返してきてる気もするんだけど。

パンス 相対主義から快楽主義、っていうのは、90年代の言論の中でも分析されてきたことなんだけど、今振り返られることがほとんどないなと思っていて。全部一緒くたにして語られているさまが、いまの「サブカ

140 **MUTE BEAT** 小玉和文（現・こだま和文）率いる、日本で最初の「ダブ・バンド」。80年代の時点でトリップ・ホップ的な音像を構築していた。

ル批判／検証」全般に見られて、僕はけっこうフラストレーション溜まってるんです（笑）。というわけで、90年代編に突入します。まずは、今までひとりずつ語ってたのがふたりになってしまうんですが……。

コメカ フリッパーズ・ギター。小山田圭吾・小沢健二について。

1989——

——1998

第3章 リアルと無意識

フリッパーズ・ギター
「本当は何か本当があるはず」

90年代のアンファン・テリブル

コメカ　フリッパーズ・ギター、個人的にもすごく思い入れがあるんだけど、まあ日本のサブカル精神史の中でもやっぱり大きな存在だと思う。影響の範囲自体は実はそんなに大きくなかったと思うんだけど、メンタリティの在り方の水準で、サブカルチャーシーンに強い後遺症を残したというか。

パンス　80年代後期、「Pee Wee 60's」「ロリポップ・ソニック」というバンドを経て、1989年、メジャー1stアルバム『three cheers for our side～海へ行くつもりじゃなかった』をリリースし、その後、小山田圭吾と小沢健二の2人編成となる。今もそれぞれソロで活動しているね。僕が思春期を迎える頃にはソロになってたんで、それから知ったクチで、後追いしていったという流れなんだけど。コメカくんはどう？

コメカ　んーと、音楽を聴き始めた中学生の頃に小山田圭吾＝コーネリアスのアルバム『FANTASMA』が発売されて、それを買ったんだよね。1997年か。で、すごくファンになった。小沢健二も同時期にシングル「ある光」を買ったりして聴いてたんだけど、その時点ではコーネリアスの方を熱心に聴いてたな。で、彼らがかつてバンドを組んでいたっていうのを知って、フリッパーズを聴いて。フリッパーズもすごく好きになって、どのアルバムも聴き込んだよ。

パンス　僕は、コーネリアスはリミックスアルバム『96／69』から。いっぱいアーティストの名前が入ってるからお得だと思って買った（笑）。小沢健二は『LIFE』のときはよく知らなくて、初めて買ったのが「大人になれば」の8cmシングル。カップリングがインストで「何だこれ〜」とか思ったりして。と、自分たちの世代的立ち位置を明らかにしつつ（笑）、フリッパーズ・ギターは音楽的には最初よく分からなくて、当時の彼らのインタビューとかを読んで、ああなるほど、ラディカルな存在だったんだなと合点がいった。圧倒的知識量とアイロニーで同時代の音楽状況に切り込んでいくというか。

コメカ　今フリッパーズの音源を聴いても、もしかするとよくできたポップスっていう以上の印象を持ちにくいかもしれないね。当時の日本はバンドブーム[141]で、稚拙なビートパンク[142]バンドや色物バンドが流行していた時期。イカ天[143]やホコ天[144]が盛り上がってた頃だね。そんな中で、80年代UKネオアコ[145]やアノラック[146]、エルレーベル[147]やマッドチェスター[148]みたいな音楽性を持ち、ルックスも良く小綺麗なファッションで登場したフリッパーズは、その存在そのものが、状況に対するカウンター的なニュアンスを持つものになってしまった。しかも、雑誌インタビュー等ではシニカルな態度でインタビュアーを煙に巻く……みたいな立ち振る舞いをしていたから、音楽性やビジュアルイメージだけじゃなく、態度や姿勢の水準でもパンキッシュな意味合いを

141 **バンドブーム**
おもに80年代後半〜91年頃にかけて出てきた、ロック・バンドのブームに対して使われる。この頃出てきたブルーハーツ、ユニコーン、JUN SKY WALKER（S）、THE BOOMが「バンド四天王」。

142 **ビートパンク**
バンドブーム期において人気を集めたサウンドスタイルが、ビートパンク。和製英語であり、海外には存在しないジャンル名称。ビートパンクと呼称されたバンドのほとんどが、ブルーハーツの劣化コピー的なものでしかなかったと言ってよい。8ビートのシンプルで単純なパンクロックサウンドに、歌謡曲的なメロディと素朴な歌詞が乗る、という構造。

143 **イカ天**
正式名称は「三宅

帯びることになった。

パンス　欧米では、80年代後半にマッドチェスターやハウス・ミュージック、またはヒップホップが勃興してたけど、日本ではビートパンク的な音楽がポップミュージックの主流だった。そんな中で、メジャーシーンまで出てきた彼らの存在は、何か新しいものを求めていた若者たちに新鮮に映ったのでしょう。そのニーズを認識したうえでの態度だったのかな。

コメカ　うーん、本人たちの真意は分からないけど、当時の発言等を見る限りでは、自分たちのような音楽的志向――具体的にはUKインディ的なもの――では、日本の音楽産業の中で継続的にプロとして活動していくことは無理だろう、っていう判断がまずあったみたいだね。そういう認識と、単純に当時の日本のポップミュージックにおけるミュージシャンやジャーナリストたちの音楽的知識・語彙の乏しさ、ダサさへの苛立ちがない交ぜになって、過剰にシニカルだったり反抗的な態度になっていたんだと思う。楽曲を聴けば分かるけど、音楽そのものに対してはものすごく情熱的に彼らは取り組んでいたから、その音楽が適切に理解されないことへの諦観みたいなものもあっただろうし。ただ、そういう状況全体をトリックスター的にイジる性格の悪さが彼らにはあって、そこが魅力でもありややこしいところでもある。

パンス　音楽に対する真摯な姿勢と、状況をシニカルに見る態度を持ち合わせていたんだね。同時期に現れたスチャダラパーにも見られる。当時フリッパーズのふたりも遊びに来ていたクラブ、下北沢ZOO／SLITSの状況が「トリュフォー『大人は判ってくれない』やゴールディング『蠅の王』のよう」と評されていたのを読んで（『LIFE AT SLITS』）、僕はリアルタイムでは知らないけれど納得できた。漂流する子どもたちの物語。ただそれは刹那的なだけじゃなく

裕司のいかすバンド天国」。TBS「平成名物TV」の1コーナー。1989年放送開始、1990年放送終了。バンドブームの最中、多くのアマチュア／プロのバンドが出演。なかでもたま、ブランキー・ジェット・シティ、リトル・クリーチャーズなどが有名に。

144 **ホコ天**　「歩行者天国」。東京では1970年に銀座・新宿・池袋・浅草で初めて実施された。その後、原宿では多くのパフォーマーやバンドで盛り上がり、「ホコ天」と言う場合にはこの時代の原宿を指して使われる場合が多い。ゼロ年代には秋葉原が有名に。

145 **UKネオアコ**　「ネオアコ」は和製英語。アズテック・カメラやオレンジ・ジュース、ペイル・ファウン

て、それぞれのビルドゥングス・ロマンを内包しているものであったかもしれない。

コメカ　フリッパーズやスチャダラパー、あと電気グルーヴとかね、当時90年代に入って登場したそのあたりのグループというのはどこかで精神性を共有していたところがあって、それはざっくり言うと「ポスト80年代」的な態度だったのではないかと思うのね。非常にシニカルな態度を彼らは当初とっていたし、それは今現在の「冷笑系」的なものにも実は繋がっていく部分があったと僕は思ってるんだけど。ただ「冷笑系」と彼らがある一点で違うのは、彼らは「成長」の不可能性への屈託や苛立ちと共にそういう態度をとっていたと言えるんじゃないかと思うんだ。ビルドゥングス・ロマンへの憧れと諦めがない交ぜになっている。80年代に資本主義社会そのものを相手取って抵抗しようとした江戸アケミのような人とは違って、彼らはあくまで資本主義社会の内部で、ビルドゥングス・ロマンの不成立への苛立ちを表現にぶつけていた人たちだったのではないかと。自己保身のためだけに「どっちもどっち」みたいな相対主義的態度をとる昨今の「冷笑系」的な振る舞いの中には、そういう苛立ちや青臭さみたいなものは無いと思うから。

自意識に捉われ、自爆もままならず

パンス　ここで一旦、同時期の言論状況に目を向けてみます。まず、この頃は「80年代への否定」的な態度が押し出された時期。別冊宝島『80年代の正体!』[149]は90年刊行。年が明けるやいなや総括している。これらの論考では、浅羽通明[150]、大月隆寛[151]といった新進の評論家が、80年代に釘を刺している。この本では「80年代とは」浮かれた、プラスチックな、アマチュアによる、表層的な時代だった、と捉えられている。彼らはその後、カウンターとして本質主義を打ち出していきます。

テンズなど、60年代風のギターサウンドをパンク以降の感覚で演奏したUKのニューウェイヴバンドたちを、日本のリスナーがネオアコと呼称した。

146 **アノラック**
ザ・パステルズやヴァセリンズなど、80年代中頃のグラスゴー出身のギターポップバンドたちの音楽性やシーンを指している。ジャングリーなギターサウンドと、粗いけれどもポップなサウンドやメロディが特徴。グラスゴーの寒冷な気候の中で、ミュージシャンたちが好んでアノラック=登山用防寒具を着込んでいたことから、この名称がついたらしい。

147 **エルレーベル**
イギリスのインディレーベル「チェリーレッド」のA&Rだったマイク・オールウェ

教養とか、プロであることが重要、みたいなアプローチで。また、90年代前半は、団塊ジュニア世代の青春期でもある。巨大な人口が社会に放たれた、ということで、団塊世代の一部は社会運動に精を出したけど、その子どもたちも、その後の資本主義社会の中でさまざまな動きを見せていった。

コメカ　先に挙げたフリッパーズ・ギター、スチャダラパー、電気グルーヴあたりのグループというのは、みんな１９６０年代末生まれで、80年代に思春期を過ごしている。表層的で浮かれた時代としての80年代を過ごしながら、しかしその当時のメインストリームの文化には馴染むことができずに、サブカルチャーに没頭した人々だったわけだ。糸井重里らの団塊世代が作り上げた消費社会環境で最初に成長したのが彼らの世代で、その中で育まれた精神性というのがあると思う。

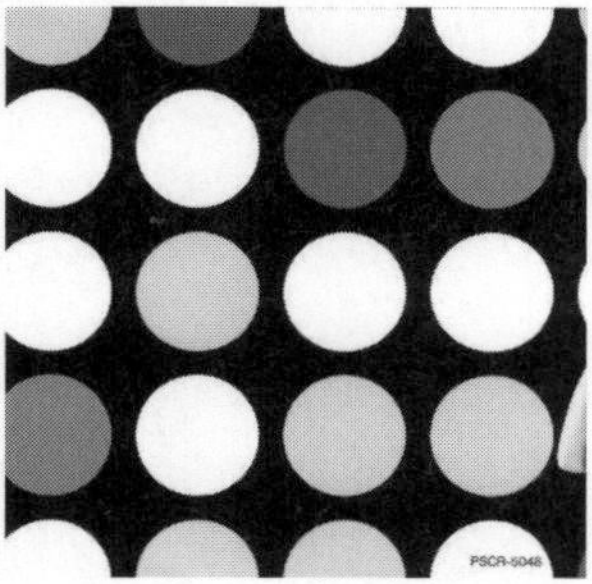

フリッパーズ・ギター『ヘッド博士の世界塔』
（1991年7月10日発売）

80年代に対する愛憎半ばする感覚というかね。浅羽・大月のような評論家たちと彼らとは10歳ぐらい年齢差があって、80年代的な環境の中で「成長」する羽目になった屈託が、フリッパーズや電気の世代にはあったというか。「バカなヤングはとってもアクティブ それを横目で舌ウチひとつ」という電気グルーヴ「N.O.」の歌詞とかに象徴されてるけど。そして中でもフリッパーズは、そういう「成長」の不可能性をいち早く体現して自爆したグループだとも言える。

パンス　３ｒｄアルバム『ヘッド博士の世界塔』では、その消費環境で培われた知識と得たアイテムを、サンプリングのような形で投入しまくってる。そのリリース後に解散して、一定期間を経た後に、それぞれが再びソロとして浮上すると。

イが、85年に立ち上げたレーベル。所属バンドはザ・キング・オブ・ルクセンブルグ、ウッド・ビー・グッズ、バッドドリームファンシードレスなど、オールウェイの好事家的趣味が全開にされたラインナップ。ネオアコと呼称されたバンドたちがパンク的な焦燥感・切迫感を抱えていたのに比べて、エルがリリースしていたバンドたちにはもっとモンド的な剣呑さがあった。

148 **マッドチェスター**　イギリスの地名マンチェスターと、「マッド＝MAD（狂った）」を掛け合わせた造語。80年代終わりごろに、ザ・ストーン・ローゼズやハッピー・マンデーズなど、マンチェスター出身のバンドたちが、インディロックとアシッドハウスを掛け合わせたような音楽性・シーンを展開したムーブメン

コメカ 「逆巻く波間の小舟で更に1000年 ジョークのつもりがほんとに降りれない 制御不可能で自爆もままならず 徹尾徹頭不合理な現実よ」。これは『ヘッド博士の世界塔』収録の「世界塔よ永遠に」のフレーズだけど、1stアルバムであれだけイノセントでセンチメンタルな歌詞を歌っていたグループとは思えない（笑）。後期のフリッパーズは存在としてはKLF[152]に近くて、状況を攪乱するグループとして機能してしまっていたところがある。ただKLFと違ったのは、80年代的ポストモダンな身振りであらゆるものを攪乱していたつもりが、自意識に捉われて「自爆もままならず」なところまで追い込まれてしまったところ。後のフィッシュマンズ[153]にも繋がっていくけど、日本では相対主義的な態度がメランコリーに回収されてしまいがちなことを、早い段階でフリッパーズは体現してしまっていた。

パンス KLF（や、その後のK Foundation）の攪乱的な活動には、シチュエーショニズムやイギリス流の諧謔精神みたいな、ある種のカウンター的な伝統が背景にあるけれど、近い試みをしたフリッパーズ・ギターは日本流に解釈されたポストモダンのみで挑んでしまった。そうなると途中で破綻してしまうんだよね。それは彼らに限らず、当時さまざまな表現者の中に見られるものだった。シニカルさを追求した果てに残るのが自意識で、それを解釈する作業に没頭しないといけなくなるという。

コメカ かつての小沢健二の発言で、「個人主義が前提にあるイギリスで『カム・トゥギャザー』って言うのは分かるけど、日本でそう言っても『おまえと一緒に行きたくねえよ！』ってなっちゃう」っていう趣旨のものもあるね。まあたださ、相対主義の果てに自爆する、っていう在り方そのものがフリッパーズの誠実さだったと思うのね。今の「冷笑系」なんて、腹も括っ

トを指す。ニューウェイヴが行き詰まり停滞していたUKロックの状況を刷新した。

149 **80年代の正体！** 別冊宝島から1990に刊行。執筆陣は呉智英、浅羽通明、大月隆寛、山崎浩一、小浜逸郎など。80年代を大量消費による「漂白された」時代として位置づけ、批判的に検証。と、ざっくり言うとそうなりますが、個々のコラムによってテンションも違うのでぜひ読んでほしい1冊。

150 **浅羽通明** 評論家。90年代は呉智英とともに、小林よしのりのブレーン的な活動も。第一次オタク世代の感覚を硬派に錬成させたような、圧倒的な知識量で攻めまくる姿勢は現在も健在。

151 **大月隆寛** 民俗学者。浅羽通明

てないし自爆もしない。フリッパーズの劣化コピーみたいなもんだと僕は思ってて（笑）。そしてそういう自爆的アティチュードというのは小沢健二に負うところがたぶん大きくて、小山田圭吾という人はコーネリアスでソロ活動を始めた際に、80年代的ポストモダンな感覚の継続を選択した。実際、当時のインタビューでそういう発言もしている。

パンス　ずるずるべったりとした共同性、空気に乗っかりながら冷笑し続けることができる環境が、その後整ってしまったからね。小沢健二のその発言は、結局個人主義を徹底しないままポストモダン的な様式だけが流通してしまった日本社会に対する違和感が現れていると思う。ふたりのその後の活動を、音楽性やスタイルの違いで比較することは行われてるけど、実は90年代に通底していた複数の精神性の反映として見ることもできるのではないか、というのが僕らの考え。そこに突っ込んでいきたいと思います。

「神様」ではなく、「神様を信じる強さ」を

コメカ　91年にフリッパーズは解散し、93年に小沢健二・小山田圭吾はそれぞれソロデビュー曲をリリースする。で、フリッパーズ時代には双子のようにシンクロしていると言われていたふたりのパーソナリティの違いが、ここで鮮明になる。端的に言って、フリッパーズ的な相対主義を継続しようとしたのが小山田、それを乗り越えようとしたのが小沢。「遠心力だけで逃げてく先なんてどこもありゃしないからね」（フリッパーズ・ギター「ゴーイング・ゼロ」）から、「あらかじめ分かっているさ意味なんてどこにも無いさ」（コーネリアス「太陽は僕の敵」）の小山田、「夢を見る力無くしていたんだろ？　それでも誰か信じたかったんだろ？」（小沢健二「暗闇から手を伸ばせ」）の小沢へ。

パンス　まずはソロ後の小沢健二について触れたいとこ

と同様、呉智英の思想的系譜にある評論家。コメカ・パンス世代には、『BSマンガ夜話』での司会業や、ナンシー関との対談シリーズでの仕事も印象深い。

152 **KLF**　The KLF。イギリスのハウス・ユニット。「3 A.M. Eternal」などのヒット曲リリース後に出されたアルバム『チル・アウト』はアンビエントの名盤。諧謔性と反骨精神を発揮した活動を繰り広げた。

153 **フィッシュマンズ**　佐藤伸治を中心に1987年結成。レゲエをベースとしたロックバンドから、90年代半ば以降には緻密なエディットを施した独自の楽曲を次々とリリース。99年、佐藤の死去によりいったん活動停止。現在でも再評価が止まない存在。

ろ。先ほども話したけど、この分岐が、90年代の時代精神に通じていると思うんだけど、そこを紐解いていければと。

コメカ 『ヘッド博士の世界塔』収録の「ドルフィン・ソング」に、「ほんとのこと知りたいだけなのに夏休みはもう終わり」という歌詞がある。相対主義的な態度をとり続けたフリッパーズ・ギターにおいても小沢健二は「ほんとのこと」への希求は常に抱えていて、フリッパーズというモラトリアムの中でそれについて考え続けていたと言えると思うんだよ。で、小山田圭吾という人との相違はたぶんその点にあったのだろうと僕は思っていて、そのことがはっきりした時に、小沢健二にとってのフリッパーズ=モラトリアムは終わったんだと思うんだよね。小山田は「ほんとのこと」に対する熱量は持っていなかったと思うんだ。そして「ねえ本当は何か本当があるはず」と歌う「天気読み」で小沢健二はソロデビューする。ただ、「本当のこと」は彼の歌の世界では常に具体化されないところがミソなんだけど。

パンス 当時は80年代以降の相対主義的態度が持続しつつ、それじゃダメなんだ、という批判と、本質（的な何か）への志向が存在していた。J-POPだと、大事manブラザーズバンド「それが大事」[154]のヒットに見られるような「頑張れソング的」保守回帰も進行していたし、新宗教への帰依や、自己啓発セミナーの勃興など、枚挙に暇が無い。そんな状況下で、彼が「本当のこと」を提示しなかったのはなぜだったのか、が気になるところだね。

コメカ デビューアルバム『犬は吠えるがキャラバンは進む』のセルフライナーノーツで、「まず僕が思っていたのは、熱はどうしても散らばっ

小沢健二『犬は吠えるがキャラバンは進む』
（1993年9月29日発売）

154
それが大事
大事manブラザーズバンドによる91年のヒット曲。「負けない事・投げ出さない事・逃げ出さない事・信じ抜く事・駄目になりそうな時それが一番大事」という、詩的なレトリック一切抜きの平板な教訓的歌詞が反復される楽曲。

ていってしまう、ということだ。そのことが冷静に見れば少々効率の悪い熱機関である僕らとかその集まりである世の中とどういう関係があって、その中で僕らはどうやって体温を保っていったらいいのか？」と小沢は書いている。その後の「左へカーブを曲がると光る海が見えてくる　僕は思う！　この瞬間は続くと！　いつまでも」（小沢健二「さよならなんて云えないよ」）とか、ベストアルバムのタイトル『刹那』とかにしてもそうなんだけど、熱や瞬間や刹那という、「顕れた途端に喪われていくもの」への「祈り」の力を、小沢健二は信じたいんだと思うんだよね。その「祈り」の力そのものが「本当のこと」なのであって、「祈り」の対象としての「本当のこと」を措定することは彼にとって重要なことではないんじゃないかと。というか、「本当のこと」を措定してしまったら、凡庸な新宗教の類いと変わらなくなってしまうしね。

パンス　セルフライナーノーツすごいよね。大げさに言うと、俗流なものまで含めた、ポスト・モダン的な振る舞い――差異化ゲームの中で生まれる熱量があって、そこをどうにか捉えたい、ってことなのかしら。そこで「祈り」が必要になると。

コメカ　「神様を信じる強さを僕に　生きることをあきらめてしまわぬように」（小沢健二「天使たちのシーン」）、つまり本当に必要なのは「神様」じゃなくて、「神様を信じる強さ」であるということ。相対主義的な態度をとっていると、イデオロギーに絡めとられることから身を守ることはできるけれど、同時に、生きるための「熱量」を失ってしまうことにも繋がりかねない。でもそこで「熱量」を手に入れるためにだらしなく「神様」に身を委ねてしまうのなら、オウム真理教に帰依して麻原という導師に自分を預けてしまうことと同じことになってしまうわけだ。小沢健二が提示したのは、生きるための「強さ」をいかに手に入れるか、という問題で、そこではむしろ「神様」＝「本当のこと」は

「空白」であるとすら思うんだよね。だから彼はソロデビュー以降も、自分の志向は「遠心力的である」と言ったんじゃないかと思ってるんだけど。

パンス　あー、なるほどね。「祈り」というと一見して宗教的志向のように見えるけれども、そこは違う。というか、本来的な信仰とはそういうものかもしれないという気もするな。信じるとは何か……なんて考えてくと話が広がり過ぎちゃうけど、少なくともここ日本においては、何かにハマるということ自体が帰依というか、依存的な側面を抱えがちなんだよね。それはいまだにある傾向だし、90年代はそのあたりの問題が前面化した時代だった。そんな中での彼の立ち位置は実に特異だったし、ポップ・ミュージックやその周りの文化では、逆に相対主義的な態度を徹底していくとどうなるのか、という試みもあった。そこにガッチリ位置づけられる存在として、小山田圭吾――コーネリアスがいるという。

相対主義から快楽主義へ、青年から少年へ

コメカ　フリッパーズ解散後、93年に小山田圭吾はコーネリアスとしてシングル「太陽は僕の敵」でデビュー、翌年にはファーストアルバム『ファースト・クエスチョン・アワード』をリリースする。いま聴くと、レアグルーヴ的なサウンドで歌謡曲／J‐POPをやっている……みたいな印象の音なんだけど、小山田はこのアルバムで初めて歌詞を書いているんだよね。フリッパーズの頃は小沢がすべての歌詞を書いていたので。ただ、当時から言われていたみたいだけど、この時期の小山田の歌詞はフリッパーズ期の小沢のイミテーションみたいな感じで、レトリックも構成も正直粗い。でも興味深いのは、どの曲の歌詞もフリッパーズ的な相対主義がテーマになっていて、これなら正直バンドを解散させる意味が少なくとも小山田にはあまり無かったのでは、って思えてしまうところ（笑）。

パンス　いきなりメチャメチャ辛口だなあ。次の『69／96』で音楽的には転化するよね。僕はリミックスの『96／69』から聴いて、過去のソロへ遡っていったのだけど、それぞれの音楽性が違い過ぎてて、最初はどう楽しめばよいのかよく分からなかった。

コメカ　ざっくり言うと、『ファースト〜』から『69／96』への変遷は、相対主義的な態度から快楽主義的な態度への変遷としてあったんじゃないかと。『ファースト〜』では当時スタイリッシュなものとして消費されていたレアグルーヴ的なサウンドを使っていたけれど、『69／96』ではスカム／ジャンク[155]やブレイクビーツ的なサウンドと、小山田の少年時代の嗜好＝ハードロック／ヘヴィメタルを重ね合わせたような世界になっている。とりあえず少なくとも、『69／96』の世界観は、オリーブ少女に好まれるようなものではなかった（笑）。当時、小山田は「中学生ぐらいの頃の自分を、あんまり恥ずかしいと思わなくなってきたんだよね」みたいな発言をしてるんだけど、青年的な相対主義的世界観から、少年期の「ブラック・サバス[156]かっこいい〜！」みたいな無垢な感覚に創作の中心軸をずらしていったところがあると思う。相対主義的な志向を継続しても、フリッパーズの劣化コピー的なものに収束してしまうことを自分でも感じてたんじゃないかと。

パンス　同時進行でレーベル、トラットリアも運営してたわけだけど、こちらもソフトロックからノイズまで——みたいな幅広さでリリースしていた。リスナーとしてもいろいろ聴いて、それらを編集、デザインして、いろんなアイテムの中で戯れるのがカッコいいとされる時代だったんだね。コーネリアスの場合、そこでの見せ方が、「若者文化です」みたいな印象だけじゃなくて、幼年期っぽさを匂わせるというのが巧みだったなと思う。グランド・ロイヤル[157]とかは「ユース・カル

155 **スカム／ジャンク**　80年代後期に現れたバットホール・サーファーズやボアダムス、ミッシング・ファウンデーションなど、ノイジーで変則的、奇妙な持ち味を前面に押し出した音楽が「ジャンク」と総称される。さらにアプローチや存在感がゴミのような作品・アーティストは「スカム」と呼ばれるようになる、というのが大まかな定義。

156 **ブラック・サバス**　1968年に結成された、イギリスのハードロック・ヘヴィメタルバンド。ボーカルのオジー・オズボーンは、ポップ・アイコンとして長年人々に愛されている。

157 **グランド・ロイヤル**　ビースティ・ボーイズが92年に設立したレーベル。ルシャス・ジャクソンやチ

チャー」って感じだったけど、そこともリンクしつつ少し異質。

コメカ　ビースティ・ボーイズは、それこそチベタン・フリーダム・コンサートにまで辿り着くわけじゃない？「ユース・カルチャー」としてのリソースに、当然政治的なものも含まれていくわけだけど、コーネリアスやトラットリアは、90年代においてそういう要素を積極的に提示することは無かった。だから、相対主義やニヒリズムみたいな志向以外の「ユース・カルチャー」としてのリソースがあまり無かったんじゃないかと。で、「音楽そのもの」へのある種オタク的な情熱にどんどん照準が定められていって、コーネリアスの表現は無垢なものになっていったというか。同時期の電気グルーヴが辿った変遷とすごく似てると思う。シニカル、ニヒルな感覚が消えていった先に、音楽への純粋な没頭に辿り着く。

パンス　むしろ「モノを買いまくる」のに忙しいしそれだけで膨大な情報量だから、あんまり思想的なリソースは必要としなかったんじゃないかなと思う。僕もリアルタイムで、バイトできて、それなりに自由にお金が使えるくらいの年頃だったら、楽しくてしょうがなかっただろうし、特に何も考えずにどっぷりだったと思う。しかし、自分がいざその年齢になってみたらすでにみんな買いまくってたので大抵のものは売り切れてたというか（笑）。とはいえ、原風景としてその空気感があったことは認識しているし、そのフォーマットで今もモノ買ってるふしはあるな～と自覚しているよ。

　その頃を象徴しているのが『THIS』[158]って雑誌で、砂原良徳や小山田圭吾がロスに買い物に行って買ったもの公開するだけの記事とかがあったよね。それで特集が成立しちゃうというのが今考えるとすごい。求心力があったんだね。ガジェット的なものに取り囲まれる感じと、ミニマルかつメランコリーに行くのは表裏

ボ・マットらの音源リリースや雑誌「グランド・ロイヤル・マガジン」の発行などユニークな展開を見せたが、01年に閉鎖された。

158 **THIS**　1994年創刊。佐野元春が責任編集。コンセプトは「Magazine For the New Individualists」。

一体というか。「無垢でいる」ってこと。

コメカ　うん、90年代中盤あたりの、とにかく過剰に消費しまくる、レコード買いまくる、みたいな感覚は、後続の世代からはイメージしにくいだろうなと思う。まだネットも普及していなくて、パッケージソフトが強力な力を持っていた時代。スチャダラパー『PROTECT HIM(from what he wants)』的な世界というか。「限定ってつくとあいつもうダメみたい　理性を失って飛びつく性質」(笑)。ちなみに小沢健二はこの曲のモデルのひとりらしいけど。まあその頃モンド・ブーム[159]的なものもあったわけだけど、時間感覚や歴史感覚をすっ飛ばして、幼児的な「面白がり」みたいな感覚に特化していく感じが、小山田周辺にはあった気はするよね。どんどんレコード買って、歴史や文脈よりも、それらをガジェット＝オモチャとして面白がってる感じ。そういう流れの結実としての側面が、97年の『ファンタズマ』にはある。ビーチボーイズ[160]やエイフェックス・ツイン[161]など、さまざまなソースが参照されながら、意味の曖昧な言葉が繋げられて、そこはかとないセンチメンタルな感覚に覆われた世界。当時本人も発言していたと思うんだけど、『69／96』が中学生なら、『ファンタズマ』は小学生まで戻った、っていう。ただこれって、相対主義とは異なる角度から、80年代的な態度を延長させる在り方だったという気もするのね。政治性や歴史から離脱し、まるで小学生のような、コドモのような、純粋消費者として振る舞うこと。コーネリアスはそういう態度をポップミュージックの形で作品化していたところがあったと思う。で、そういう在り方を共有していた人は少なくなかったと思うんだよね。

パンス　時間感覚や歴史感覚を飛ばす「モンド」のような、文脈の並び変え／語り直しをどう見るか。少なくとも「すでに作り上げられた」正史に対するカウンターという面はあったわけで、そこをすべて幼児的な戯れとして解釈するのは、大まかにみると正解、細かくみ

159 **モンド・ブーム**　従来では軽視されていた映画や音楽の中にある独特の風味に面白さを見出し、再評価する行為が90年代に前面化。日本ではGazette4・著『モンド・ミュージック』シリーズなどを通して広く知られるように。

160 **ビーチボーイズ**　1961年結成。『ペット・サウンズ』以降のアプローチは、90年代のミュージシャンに与えた影響大。

161 **エイフェックス・ツイン**　リチャード・D・ジェイムスによる名義のひとつ。90年代にテクノの概念を大きく広げた。『リチャード・D・ジェイムス・アルバム』以降の音楽性はエレクトロニカやブレイクコアなどの流れの礎にもなっている。

るとズレがある、といったところかなと。公的な研究とは別に存在する、市井の人々の提示が溢れた時代でもあった。

僕らの作業にも回帰していく問いかもしれないね。いわば当時の逆をやろうとしている、みたいなところがある。歴史感覚を無理やりにでも導入するという。

小沢と小山田、ふたつに分かれた物語

コメカ　まあフリッパーズ・ギター～小沢健二、コーネリアスっていう存在は、90年代の日本のサブカルチャーのある部分を象徴するような存在だったわけだ。フリッパーズで示した相対主義的でシニカルな態度を、小沢健二は「本当のこと」への祈りを音楽化することで、コーネリアスはチャイルディッシュな快楽主義を音楽化することで、それぞれ乗り越えようとしたんだと思う。ただ、その後の日本のサブカルチャーは基本的にコーネリアスが選択したような方向へ傾いていった部分が大きいと思うんだ。ゼロ年代以降は、快楽主義的な志向が以前より前景化した部分があると思う。

パンス　小沢健二『Ｅｃｌｅｃｔｉｃ』がリリースされたのが２００２年。今でこそ評価が高いアルバムだけど、当時はひっそりと出たなという感じだった。菊地成孔さんが仔細に分析していたのを思い出すな。

快楽主義的なものが前景化してったというのは、具体的にはどのへんを指すのかな。

コメカ　匿名掲示板やSNS等のネットコミュニケーションもそうだし、あと、オタク的な文化のカジュアル化がそれを一番象徴してたんじゃないかと思ってるんだけど。社会や歴史や政治とは切り離された場所で、面白いもの・気持ちいいものを消費できればそれで良い、っていう態度の浸透というか。コーネリアスや渋谷系っていうのはオタク文化とは距離のあるものとし

てイメージされることが多いと思うんだけど、脱政治・脱文脈っていう側面では実はとても似ている。90年代末頃の日本で人気があったサブカル音楽って、音響派みたいなものも含めて、意味から逃れて快楽へ、っていうものが多かったよね。小沢健二はそういう流れとは別の文脈に行って、『Eclectic』に至るわけだけど。

パンス　『ファンタズマ』から『point』の時代には、音響派やポストロック、エレクトロニカといった音楽ジャンルが出てきた。ガジェット的なのを脱ぎ捨ててシンプルに気持ちよくなろうという志向が、世界的に進行していた。当初はオタク文化からはずいぶん遠いものかと思われたけど、徐々に近接していく。いま思うとみんな『動物化するポストモダン』[162]の直中だったのかもなと。日本以外でそのへんのジャンルだとちょっと異なっていて、9.11が突き刺さっているな、と思うけどね。ゴッド・スピード・ユー！ブラック・エンペラー[163]にしろ、ウィリアム・バシンスキー[164]にしろ、実際の社会状況を受けて加速したメランコリーを表現していたわけだけど。

小沢健二の話に戻ると、『Eclectic』は、当時の「音響派」的な快楽からは遠かった。その後は日本の状況からさらに遠ざかり、2005年にはチャベス大統領の話をしたりとか、むしろ海外の社会動向とリンクしちゃう。それが日本ではどう受け取られてたかというと——「なんかよく分からない」という感じだった記憶。

コメカ　ゼロ年代前半、コーネリアス『point』『SENSUOUS』が拍手喝采って感じで迎えられたのに対して、小沢健二『Eclectic』『毎日の環境学』は「?」って感じで受け止められてたよね。まあ、98年を境に小沢健二はメディア上から姿を消していて、単純に情報が少なかったってこともあるんだけど。小沢はゼロ年代の日本という、オタクカルチャー

162 **動物化するポストモダン**　東浩紀による2001年の著作。「物語消費からデータベース消費」を提示。以降サブカルチャー批評をやるにあたっては必須の1冊になったといってよいでしょう。

163 **ゴッド・スピード・ユー！ブラック・エンペラー**　70年代に活動していた日本の暴走族チームと、そのドキュメンタリー、から名前を取ったポスト・ロック・バンド。

164 **ウィリアム・バシンスキー**　作曲家・映像作家。9.11当日、ニューヨークに黒煙が上がっていく風景を自宅から撮影した作品「The Disintegration Loops」を2002年に公開。話題を呼んだ。

が覇権を握った社会からは離脱していて、反グローバリズム的な寓話である『うさぎ！』を執筆したり、『おばさんたちが案内する未来の世界』（僕は未見です）という自主製作映画の上映企画をクローズドな環境で行ったりと、政治／経済の問題に対する意識を作品化していた。でもコーネリアスは日本社会の中でひたすら脱政治的でミニマムかつハイクオリティな音楽作品を作り続けていて、対照的だったなって思う。

パンス　小沢健二の「日本社会臨床学会の学習会に出席」（2007年）みたいなニュースも、その頃はわりと冷笑的というか、距離あるな〜みたいな印象を持たれていた。ネガティブな意味で「政治にいっちゃったか」みたいに言う人もチラホラ見たな。それから10年ほど経った今はみんな「オザケン大好き！」みたいになってるので「え〜？」っていう気持ちが正直なくはない。ゼロ年代後半くらいは、政治的なものが忌避する対象っていうより、もはや在るかどうか分からないくらい希薄で、『うさぎ！』みたいにそういったイシューをパッと出されても、ほんのりとした違和感くらいしか出てこないくらい遠かったと思う。もちろんその頃にもカルチュラル・スタディーズとかデモとかいろいろあったんだけど、それはとりあえず置いといて、いわゆる普通に音楽好きな人たちの間ではそんな感じだったなと。そう考えるとここ数年で変わったな〜とあらためて。いろんな方向にね。音楽好きの人たちは（一部ですが）デモに行くし、小山田圭吾は「あなたがいるなら」でウェットな側面を覗かせてるし、小沢健二は90年代ノスタルジーを推してるし。

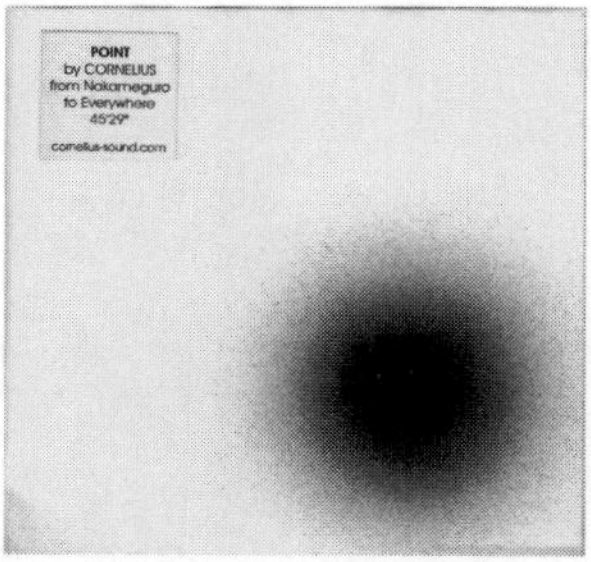

コーネリアス『point』（2001年10月24日発売）

コメカ　社会に対して意識的であろうとすると社会から離脱することになるっていう、アンビバレントな状態にあったのがゼロ年代の小沢健二だったとも言える。コーネリアスは90年代的な自意識過剰さを捨てて、コドモのように自分の感覚に潜っていくことでゼロ年代を日本の中で泳ぎ切ったと思うんだよね。相対主義の向こう側に快楽主義が待っていた

というか、80年代に育った若者たちにとってのひとつの答えがそこにあったというか……。そして、そういう態度を、ある意味でコーネリアスよりもさらに上手な形で体現したグループについて、次は話しましょう。

電気グルーヴ　諧謔・暴力・快楽

自意識溢れる野郎ども

パンス　電気グルーヴについては多くの人が語っているけど、実は「〜論」っぽいのは意外に少ないような。パッと思い浮かばない。と、僕からは見えるんだけど、どうですかね？

コメカ　彼らはこれまでのキャリアを通して、常に自分たち自身をものすごく冷静かつ客観的に見ているから。正面から論じることが意外に難しいというか、電気自身が語る電気グルーヴ像が一番的確な電気グルーヴ論になる、ってパターンがほとんどなんだよな。近年は「おもしろおじさん」みたいなキャラクター設定をつくっているけど、そういうセルフプロデュースが本当に上手い。老年になってからのビートたけしの自己キャラクター設定の上手さに匹敵すると思う（笑）。ピエール瀧の麻薬取締法違反による逮捕以降も、少なくとも現時点までの石野卓球によるセルフイメージ及び状況の管理の仕方は、ほぼ完璧に近いからね。電気グルーヴという存在が社会の中でどのように振る舞うべきなのかを、当の本人が一番よく理解している。

パンス　受け取る側も所与のものとして「そこにある」

認識になってるように思うのよね。それは彼らのパーソナリティだけでなく、周りの環境──ファンダムや、彼らを取り囲む文化表現によって巻き起こっていたのではないか、という気がしてる。そういう意味で「YMO環境」も同様だったんだろうけど。

コメカ　90年代に電気グルーヴが作り出した環境や物語というのは、フリッパーズ・ギターに匹敵するぐらい、日本のサブカルチャー史においてインパクトがあるものだったと言える。ただ、さっき言ったように近年の彼らはすごく上手くキャラクターをスイッチングしていったから、いま10代ぐらいの子にはあんまりかつての彼らの物語に実感が湧かないかもしれないけど。……でさ、電気グルーヴの軌跡というのは、鬱屈した自意識過剰の「オトコノコ」がどのように生きるか、という問題に関わる話だと思うんだよね。

パンス　「オトコノコ」か〜。もうちょい説明してほしいな。

コメカ　「N.O.」って曲の歌詞に「バカなヤングはとってもアクティブ　それを横目で舌ウチひとつ」ってフレーズがあるんだけど、90年代初頭にこういう感覚をコトバにしていたポップミュージシャンの代表格のひとつが、電気だったと思うのね。尾崎豊[165]的な「大人たちへの反抗」みたいな感覚じゃなくて、世間のマジョリティの雰囲気や陽気さに対する苛立ちを歌う感覚っていうか。マジョリティに属さないようなマイナーなインディバンドとかだと、もっと極端に過激な方向に行ってしまったりするんだけど、電気の言葉は普通の若者に届く形だった。で、どういう若者に届いたかと言うと、自意識を持て余した野郎どもだった、っていう。まあもちろん女性ファ

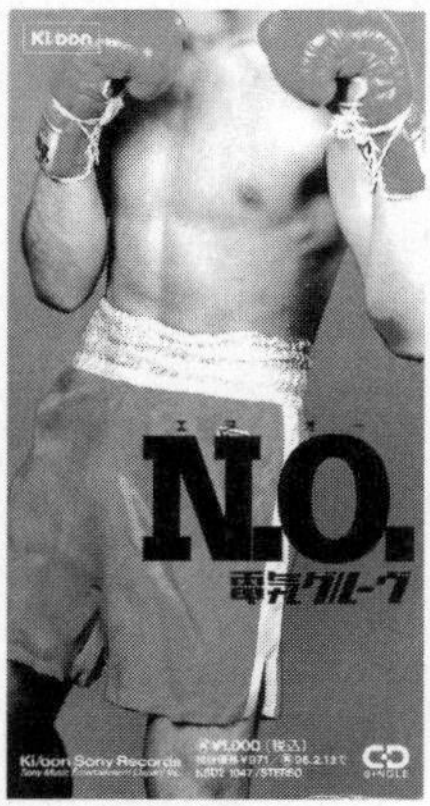

電気グルーヴ「N.O.」
(1994年2月2日発売)

165 **尾崎豊**
シンガーソングライター。1983年12月にデビュー。若者が社会(というか学校のような閉鎖的空間)に感じる苛立ちなどをストレートに表現し、圧倒的な支持を得ていた。1992年に26歳で死去。

ンを中心としたアイドル的な人気も持っていたわけだけど、鬱屈したモテない男たち……「オトコノコ」たちのヒーローになったところがあったというか。

パンス あー、やり切れない自意識みたいなのを歌うってのはTheピーズ[166]なんかもそうだったと思う。「N.O.」のもとになったタイトルは「無能の人」[167]だしね。1990年リリースのアルバム『662 BPM BY DG』収録。でも電気グルーヴ的にはNew Order的なアプローチだったわけだよね。あくまでもポジティブな転身の記録というか。それまでいたインディ・シーンが内包していた極端さを一旦置いといて、同時代に届く歌を作ったという流れだよね。

コメカ うん、電気は1989年結成で、「N.O.」は前身バンドの人生が解散した頃のことを歌った曲。人生は徹底的に無意味な歌詞を歌うグループで、代表曲の「オールナイトロング」は「金玉が右に寄っちゃったオールナイトロング」というワンフレーズしかほぼ歌詞が無い（笑）。いかにも80年代インディーズ的なナンセンス感覚のグループだった人生から電気グルーヴへの移行には、「N.O.」のような自意識や、「電気ビリビリ」のような攻撃性を備えたグループへの転身という側面があった。当たり前だけど当時はまだ2ちゃんねるのようなメディアも存在しなかったわけで、こういう「ホンネ」みたいなものを剥き出しにしたグループが登場してきたことにはインパクトがあったと思うんだよね。Theピーズとか、同時期のエレファントカシマシ[168]みたいなロックバンドに近い部分もあったと思う。

パンス 『生活』とかね。ある種、反時代的な志向があったと思う。Theピーズみたいなバンドもそうだし、同時期に生まれたマンガ表現がより分かりやすいと思う。新井英樹とか。バブル期のソフィスケートされた生活に反抗して、ゴリっとした、古典的な肉体性みた

166 **Theピーズ**
大木温之を中心とするロックバンド。1987年結成。やけっぱちな歌詞の感覚については、鶴見済の著書でも取り上げられていた。

167 **無能の人**
つげ義春によるマンガのタイトルでもある。竹中直人によって映画化もされ、いまも読み継がれる名作。

168 **エレファントカシマシ**
宮本浩次らによるバンド。1981年結成、1988年メジャーデビュー。パンスは中学時代「今宵の月のように」などでブレイクしたタイミングで知ったので、そこから過去作を聴いて荒々しさに驚いた。

いなものをフィーチャーする。ただまあ、電気グルーヴの場合、「N.O.」にいま言ったような側面を覗かせているけど、さらに複合的なアプローチをしていた。ロックバンドじゃなかったっていうのも大きいかなと思うけど。

コメカ　ちょうど電気が結成されてしばらくした頃が、バンドブームが終わりヒップホップやハウスが徐々に注目されるようになった時期だった。スタート時の電気はポップ・ウィル・イート・イットセルフ[169]や、マッドチェスター系のバンドに影響を受けたグループだったわけだけど、ここまで話してきたような世界観を、エレクトロニック／サンプリングサウンドの上で展開するグループは他にいなかった。そういう特異性や時流の追い風も相まって、彼らは91年にアルバム『フラッシュ・パパ』でメジャーデビューする。で、同じく91年に、「オールナイトニッポン[170]」のパーソナリティになるんだよね。この番組の存在が、それこそ「電気グルーヴ環境」みたいなものをつくっていくことになる……(笑)。

ホンネを吐き出すポップ・アイコン

コメカ　1991年4月にメジャーデビューアルバム『フラッシュ・パパ』がリリースされて、同年6月からオールナイトニッポン土曜2部のパーソナリティを務めることになる。この番組が、電気のイデオロギーをファンに啓蒙する場になっていく。端的に言うと、世を拗ねて鬱屈した男子たちの溜まり場みたいな世界がオールナイトでは展開されていたと言える。世間におけるメジャーなもの……たとえばウッチャンナンチャン[171]とか(笑)、健全で明るいものに対して毒づいて、露悪的な笑いのセンスを強調した世界観を提示していった。まあ直接的な影響元としては「ビートたけしのオールナイトニッポン」が大きかったんだろうけど。

169 **ポップ・ウィル・イート・イットセルフ**
1986年にイギリス・バーミンガムで結成されたロックバンド。初期はパンク的なサウンドだったが、ヒップホップやハウスを導入するようになる。電気グルーヴのインディーズ時代のアルバム『662 BPM BY DG』は、ポッピーズ初期のサウンドの丸パクリ。

170 **オールナイトニッポン**
1967年から、ニッポン放送をキー局として放送されている深夜ラジオ番組。

171 **ウッチャンナンチャン**
1984年結成のお笑いコンビ。90年代以降、欽ちゃん的なものを継承したのはこのコンビだと言える。ダウンタウン等と比較すると穏当でつまらないという批

パンス　そうなのか。僕はリアルタイムじゃなかったので、辛うじて当時を振り返る文献などで知るくらい。電気グルーヴのファンにとっては、この記憶は大きいみたいだよね。彼らの持つ強烈な面白さというのを僕は後年『メロン牧場』などで体験することになるのだけど、「オールナイトニッポン」は、リスナーをも巻き込んだ内容になっているのが興味深いなと。

コメカ　いや、僕ももちろんリアルタイムじゃなくて後追いだよ（笑）。まあリスナーや投稿者とのキャッチボールで番組を作っていくのはラジオの定石だけど、電気の場合はある意味で音楽作品以上に自分たちの思想をラジオで啓蒙してしまったところがあって、そこが普通のミュージシャンとちょっと違う。当時の電気の世界観は92年に発行された単行本『俺のカラダの筋肉はどれをとっても機械だぜ』[172]を読むとよく分かるんだけど、80年代サブカル的なセンスを、よりバッドテイスト化したようなところがあったと思う。『俺のカラダの〜』で石野が、「80年代に『ZELDA[173]好きです』って感じで黒服着ているような女がイヤだった」っていう趣旨の発言をしてるんだけど、80年代サブカルっぽい自意識過剰さに対する、近親憎悪的な感覚があったんだろうと思うのね。この感覚が、後年の電気が自意識を振り切って快楽主義的な態度を前面化することにも繋がっていく。あと、『俺のカラダの〜』には架空の読者投稿ページがあるんだけど、「ビックリハウス」[174]をアシッド化したような異様なものになっているのね。「ヘンタイよいこ」の「よいこ」の部分を過剰に削り落として、「ヘンタイ」の部分を拡大したような世界。電気にとってはその「よいこ」の部分に対する苛立ちがあったんだと思う。

パンス　『俺のカラダの筋肉はどれをとっても機械だぜ』のインタビューで「Billy」[175]とかの存在を知りました。収録されてるマンガの面子は根本敬、岡崎

判を多々浴びせられてきた彼らだが、バラエティ番組を作る際、出演者たちのポテンシャルを引き出す能力に、もっとも長けていたお笑い第三世代以降の芸人は、間違いなくウンナンだ。ウンナンが作り出すムードの中で伸び伸びと演じることで、自己の能力の開発に成功した芸人は本当に多い。

172 **俺のカラダの筋肉はどれをとっても機械だぜ**　アルバム『UFO』収録曲、かつ1992年刊行の単行本。どこを切り取っても切れ味抜群の笑いに満ちていて、きっとみんな夢中で読んだはず。

173 **ZELDA**　1979年結成のロックバンド。ポスト・パンク、エスノ、ファンク、レゲエまで取り入れた豊かなサウンドは、いま聴いても発見あり。

京子、天久聖一など。まあ「宝島」「NEWパンチザウルス」[176]あたりのセレクトにも通じるんだけど、80年代サブカルチャーを延長しつつ、90年代以降に現れた人も入ってるし、若干バッドテイスト寄りのセレクトで自分たちの「思想」を明確にしている。テクノポップやノイズをキャッチーに紹介しているのも、それまでニューウェイヴ周辺の音楽に抱かれてたイメージの更新って感じがするのよね。面白さで提示していくという。そもそもタイトル自体がディー・クルップス[177]だし。

コメカ　初期の電気グルーヴには、それこそ「YMO環境」的なものに対する親殺し的な姿勢があったと思うんだよ。自分たちも熱烈なYMOファンとしてスタートしてるんだけど、先述した「ヘンタイよいこ」的な世界に対する反発があったというか。YMOや「ビックリハウス」が展開していたある意味で軟弱な世界ではなく、自販機本やエクストリームなカルト本・エロ本から吸収したバッドテイスト感を何とか表の世界に対して提示しようとしてもがいていた感じというか。ホワイトハウス[178]が、スロッビング・グリッスル[179]やキャバレー・ヴォルテール[180]のような初期のインダストリアル・グループを軟弱だと揶揄していた感じに近いかもしれない（笑）。記号ゲームのようなサブカルチャーの世界に対して、愛憎半ばするところがあったんじゃないかと。電気も彼らなりのやり方で、80年代的なものを乗り越えようとしていたんだと思うのね。

パンス　「80年代はスカだった！」的批判を経て、では何が新しいものとして提示できるのかといったときに、それは80年代の都会的（かつ、軟弱ともいえる）「ヘンタイよいこ」的カルチャーと表裏一体で存在していたアンダーグラウンドな表現だった。それらは90年代後期の「悪趣味文化」的なところまで繋がっていく。初期の電気グルーヴは、それらがフレッシュなものとして受け入れられる土壌をつくる役割も果たしていた。

174 **ビックリハウス**
渋谷のタウン誌として1974年創刊。その後、読者投稿を中心とした誌面づくりで、80年代の尖った若者たちを惹き付けた。1985年休刊。

175 **Billy**
白夜書房より1981年創刊。小林小太郎、青山正明など、のちに「鬼畜系文化」を担う面々が編集に携わった。

176 **NEWパンチザウルス**
1988年に休刊した『平凡パンチ』が、コミック中心の誌面で復刊。赤塚不二夫、上村一夫、ジョージ秋山から岡崎京子まで豪華な執筆陣だったが、すぐに休刊。

177 **ディー・クルップス**
1980年に結成されたジャーマン・ニューウェイヴ・バン

一方で93年に復活したYMOのアルバム『テクノドン』が妙に薄味に思えてしまうあたりからも、この時期の転換を感じる。

コメカ　80年代的なプラスティックな感覚が、バブル崩壊のあたりからどんどん崩れていったというか。サブカルチャーの領域でも、セゾン文化的なセンスがどんどん退潮していく。だから90年代初頭に先端的だったサブカル音楽も……ヒップホップやレイヴカルチャー祭り、ミクスチャーロック[181]とかジャンク／スカムとかまで含めて、身体的なものが強調されたものが多かったよね。電気の世界観というのは、そういう身体の復権みたいな状況の中で、「ホンネ」みたいなものをぶちまける感覚を強く持っていた。ただ彼らの面白いところは、そういう暴力性やレイヴカルチャー等を志向して80年代的な記号ゲームみたいなものを乗り越えようとしながら、自分たち自身がサブカルスターとしてポップ・アイコン＝キャラクター化してしまったところなんだけど。その矛盾に、メジャーデビュー以降の電気は苦しめられていくことになる。

パンス　そもそも、電気グルーヴはテクノやその周縁のダンスミュージックを、J-POPに投入して啓蒙していたわけだよね。この連載にあたって聴き返しているけど、初期はマンチェ、ヒップホップ、『VITAMIN』『DRAGON』あたりからトランス[182]――みたいに、いろいろと同時代のムーブメントをハイブリッドに取り込んでいたんだなあ、とあらためて感嘆しているよ。そのかたわら、自身の世界観を提示するにあたって、ある種カルト・スター的な人気を獲得してしまう中、ソロが始まったり、『A』の頃には、ギミックを徐々に脱ぎ捨ててよりピュアに音楽を追求するようになっていく。それが90年代後半に差し掛かったあたりの状況ですね。

ド。初期はエレクトロニック・ボディ・ミュージックの先駆け的なサウンドを展開していたが、近年はインダストリアル・メタル的なサウンドに。

178 **ホワイトハウス**
80年代に活動したイギリスのノイズ・バンド。垂れ流しの雑音と咆哮で、パワー・エレクトロニクスと呼ばれるいちジャンルを築いた。

179 **スロッビング・グリッスル**
イギリスのアート集団クーム・トランスミッションズを前身として結成されたバンド。アートワークやパフォーマンス含め、ノイズ・インダストリアルの美学をいち早く標榜した。

180 **キャバレー・ヴォルテール**
バンド名はダダイズム発祥の地より。イギリスのインダスト

「80年代」を乗り越える

コメカ　初期の電気グルーヴの歩みというのは、アイドル的なポップキャラクターとして消費されながら、本人たちはテクノ／クラブミュージックというアンチ・ポップビジネスとして当時あったサブカルチャーへ過度に傾倒していくという、引き裂かれた状況にあった。80年代的な記号ビジネスの中で消費されながら、そのビジネスそのものを破壊しようとするダブルバインド。特に石野卓球は、90年代半ばにはそういう軋轢に対するストレスを強く溜めていた印象がある。後年のインタビューでも、『KARATEKA』あたりまでの、やんちゃな悪ガキテクノポップグループみたいなイメージがすごく嫌になって、もっとカウンターな存在になりたいともがいてた」みたいな発言をしていて。実際、『VITAMIN』前後から、バラエティっぽい仕事や役回りはピエール瀧に任せて、音楽制作そのものに大きく力を割くようになっていく。

パンス　テクノの日本での受け取られ方って、それまでのカウンターカルチャーみたいに明示的な形式こそ取らなかったものの、ポップミュージックへの強力なカウンターとして機能していた部分があったと思う。『ele-king』での紹介のされ方しかり、欧米で起こっているムーブメントと日本は地続きなんだ、っていう認識が持たれていたし。この熱狂的な雰囲気は、今あまり通じないかもしれない。当時は『テクノ専門学校』みたいに、メジャーな音楽ビジネスの中でもその勢いを取り入れる余地があった。そこと必ずしもイコールではないけれど、より思想／実践的な部分で、レイヴの出現もあった。

コメカ　レイヴカルチャーがポップビジネスへのカウンターとしてあった、みたいな歴史って、EDM全盛の現在だとすごく分かりにくい気がするね。要するに、

リアル・バンド。来日時ピテカントロプス・エレクトスでのパフォーマンスを収録したライブ盤もあり。

181 **ミクスチャーロック**　和製英語ジャンル。ヒップホップやファンク、レゲエを混ぜ合わせ、ロックフォーマットに落とし込んだサウンドスタイルを指す。

182 **トランス**　90年代前半、テクノから派生したジャーマントランス、ゴア・トランスなどが発展。うねったシンセやリズムパターンで音への没入を促す。日本ではギャル・ギャル男文化と融合し、サイバートランスとして定着。

ポップスがミュージシャンを神格化するキャラクタービジネスとしての側面を持つことに対して、テクノやクラブカルチャー／レイヴカルチャーは、音楽本位・オーディエンス主体の文化でありそこが画期的なんだ……という視点が当時はあった。で、卓球は90年代半ばぐらいに、「テクノと出会って、それまでのような『コンプレックスの裏返し』みたいな形でなく、素直な気持ちで音楽制作ができるようになった」っていう趣旨の話をしてるんだよね。自意識過剰さゆえに露悪的な歌詞を使ったり、メジャーな世界観を攻撃したりしていたのが、テクノやレイヴを通過することで、純粋な気持ちで音楽に向き合えるようになったと。このあたりで、80年代的なものを乗り越えた感があったんだろうなと思う。

パンス　音楽に付随する意味をできるだけ取っ払って、身体性にフォーカスすることができるようになったわけだよね。青山正明と石野卓球の対談で、当時の――まだ身体化されていない――オーディエンスに踊りを啓蒙する、といった発言があるように、日本のユースカルチャーにとって大きな変化だったのではと思うし、80年代的なものが完全に切れた瞬間だったかなと。ただまあフリークアウトして踊るような文化はその後も日本には根付かなかったけど。

コメカ　うん、政治性から離脱するために構築された80年代サブカルチャー的な環境に対するカウンターとして、電気グルーヴの動きや当時のレイヴカルチャー的なものがあったと言える……んだけど、結局政治はまだそこでは忘れられたままだった、ってのもポイントかなあと思う。無意識や快楽主義への没頭っていう方向で80年代の葬送が行われようとしていたというか、相対主義的な姿勢に対する検証や反省はそこに無かった気がするんだよね。そしてフリークアウト・ダンスみたいな文化が根付かなかったように、こういう方向はゼロ年代に入る頃に息切れしていく。

パンス　単純にクリミナル・ジャスティス・ビルのような抑圧が日本には存在していなかったし、95～96年くらいだと、政治的には凪いでいた時代だったといえるしね。政治改革的な動きが落ち着いて、自民党が与党に戻る。経済的には下落の一途を辿るけど、そこが速やかに意識されることもなかった。むしろクローズアップされていたのは、身体や心の問題。その中に快楽主義的なスタンスも位置する。鶴見済『人格改造マニュアル』[183]などがまさに、その渦中で自身の言説を作り出している例だね。

コメカ　政治を忘れて、記号ゲームに没頭する、みたいな80年代的な態度の行きつく果てが、結局はココロの問題に辿り着いちゃって、その突破口も快楽主義的な「無意識」への没頭になってしまう。日本におけるニューウェイヴからレイヴカルチャーへの流れってそういうニュアンスがあったと思うんだけど、石野卓球という人はそれをキャリア的にも象徴しているよね。新人類～90年代サブカル的な流れはこのあたりで臨界点を迎えるというか、これ以降力を失っていって、入れ替わるようにオタク的な文化が前景化してくる。そして、快楽主義的な態度という意味ではオタク文化の方が日本においては強度が高かったという。

パンス　実はそっちの快楽のほうがデカかった。そしてゼロ年代～現在にかけて、国内での（スクールカースト的な意味での）諸階層にも行き渡り、地理的にも世界中にオタク文化が広がっていく。「そんな日本スゴイ」と言いたいわけではないんですが、単純に身体を動かしたり変容させる感覚とはまた違った快楽の回路が支配的になったということだね。

コメカ　うん。ただそういう状況の中でも石野卓球はテクノを布教し続け、電気グルーヴもそれに伴って初期のオモロラップ的な路線をやめ、クラブミュージック

183 **人格改造マニュアル**
『完全自殺マニュアル』に続き、「自殺しなくても生きられる」ように、身体や脳にさまざまな介入を行うことで精神の安寧を得る方法をガイドした本。2019年現在だと信じられないが、本書がベストセラーになるほど、若者を中心に精神をチューニングすることへの関心が高まっていたのが90年代後期という時代。

的な色合いを強めていく。ただ、ヒットした「Shangri-La」を収録した『A』でそれまでより大きな役割を担うことになったメンバーである砂原良徳の世界は、卓球が志向したような身体性への志向や快楽主義とは違う可能性を持っていた。

無邪気な「虚構」

パンス　僕がいろいろと音楽を聴き始めたタイミングで『A』が出てるので、その頃のことはよく覚えてる。『ロッキング・オン・ジャパン』のインタビューを読んでたけど、そこでは『Orange』や『ドリル・キング・アンソロジー』にあった諧謔をほぼ取り払って、スッキリとリニューアルしました、成長を遂げた、的な語られ方だったな～と。お茶の間でも「Shangri-La」ガンガン流れてたし、「ポケットカウボーイ」も「コジコジ」[184]のエンディングテーマだったし。このアルバム自体は、砂原良徳がキーになっていたんだよね。

コメカ　『Orange』の後、バンドとして行き詰まっていた状況が、「Shangri-La」及び『A』を会心の一撃って感じでリリースして、創作的な意味でもセールス的な意味でも電気グルーヴが息を吹き返した、みたいに受け止められていた。それまでよりも石野・瀧・砂原の3人の個性がガッツリ混ざり合ったアルバムとして『A』はあって、たとえば以前のアルバムだったらここらへんは石野の音像、ここらへんは砂原の音像、みたいに感じられた境界線が、もっと曖昧になっている。バンド感が強いというか。ただ、全体を通したサンプリングベースの音作りや、サイケデリックな雰囲気は砂原のソロデビューアルバム『CROSSOVER』や、その時期のリミックスワークからの流れを感じさせる部分が大きい。ヒカシュー

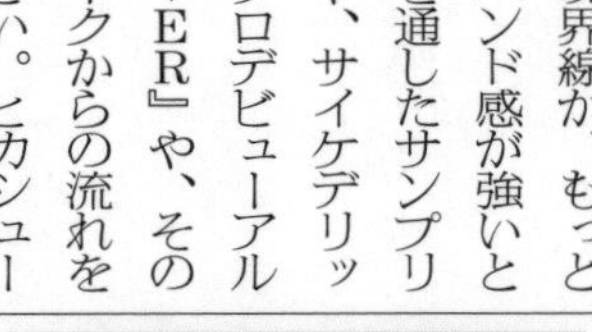

電気グルーヴ『A』（1997年5月14日発売）

184 **コジコジ**　さくらももこ作、当時ソニー・マガジンズから発行されていた『きみとぼく』に連載されていたマンガ。「ちびまる子ちゃん」のノリをメルヘン的な世界で展開。1997年10月から1999年9月にかけてTBSほかでテレビアニメ化。

「プヨプヨ」のリミックスとか、今聴いてもすごい。

パンス　サイケデリック感あるよね。といってもトランスではなくて、トリップ・ホップ的なアプローチによるサイケ。当時はデジタル・ロックなんて言葉もありました。

コメカ　まあこの時期、1997年前後って、ビッグビートみたいなものも含めて、ブレイクビーツ的な音楽性が流行ってた。で、ただ砂原の当時の世界っていうのは実はそれと似て非なるものというか、手法としてはブレイクビーツだったりヒップホップ的だったりするんだけど、肝心なのはその手法を使って「虚構」を組み立てようとしてるところだったと思うのね。その志向は『A』の構造を支えているし、コーネリアス『ファンタズマ』にも強い影響を与えている。で、それらのアルバムよりもはっきりと「虚構」の構築を明示的に志向したのが、1998年の「TOKYO UNDERGROUND AIRPORT」と『TAKE OFF AND LANDING』。

砂原良徳『TAKE OFF AND LANDING』
（1998年5月21日発売）

パンス　うんうん。新宿の地下に空港を建てる、というコンセプト。アルバム出たタイミングの「マーキー」[185]の特集とか読んだな〜。その記事自体がコンセプトを補強するような存在になっているというね。しかし「虚構」ではあるけど、大仰な物語をひとつのアルバムで表現してみた、っていうものではないと思う。設定だけがあるというか。

コメカ　そう、「物語」は無いのよ。コンセプトと設定だけがある。そして驚くべきは、『TAKE OFF〜』の頃の砂原にとっては、音楽

185 **マーキー**　創刊時はプログレ雑誌。1997年頃から渋谷系やその周縁の「音響派」アーティストも取り上げるようになり、TVODのふたりはリアルタイムで愛読していた。現在はアイドル雑誌に。

もそのコンセプト／設定の中の1アイテムとして想定されていたということ（笑）。コンセプト／設定としての「虚構」を作り出すことこそが当時の彼のソロ創作における重要事項だった。だから例えば「TOKYO UNDERGROUND AIRPORT」のジャケには、「乗り入れ航空会社」として16社の実在の航空会社のロゴが入っている。そこがフェイクのロゴだと、「虚構」の強度が弱くなる、という（笑）。究極の妄想というか、脱政治的な傾向がエクストリームな形になって結実したのが当時の砂原の世界じゃないかと思っていて。新人類的な系譜の中にあるサブカルチャーで、ここまで妄想的な表現ってあんまり思い当たらない。

パンス　サンプリング／カットアップ、みたいな思想って、椹木野衣『シミュレーショニズム』で唱えられたように、出てきた当初は乱雑に「盗んで」切り貼りされるものだったけど、こと日本の、東京の音楽においては、それが過剰に進化しちゃったってことじゃないかな。物語性を拒否するスタンスが、逆説的に「設定」が肥大化していく状況を招いたというか。特異な表現だったと思うし、あの頃にしか存在し得ないものになってしまったよね。で、その感覚をアートワークで担っていた常盤響の作品は、『広告批評』[186]での「TOKYO POP」特集で紹介されるようになる。それが90年代の終わり頃。

コメカ　サンプルを歴史や文脈から切断して、その貼りあわせで「虚構」を設定／構築する。90年代の日本のサブカルチャー環境は、そういう「盗用」みたいな所作に対して屈託が無さ過ぎたというか、欧米圏よりもずっと無邪気にそういうサンプリング／カットアップ行為ができてしまった、っていうかね。新人類的な「物語」の破壊志向が行きつくとこまで行ったことのひとつの結実として、「TOKYO UNDERGROUND AIRPORT」や『TAKE OFF AND LANDING』はあったと思う。「物語」が失われたあと、設定とコ

186 **広告批評**
79年に創刊された、その名の通り「広告」（テレビCMなど）を批評する雑誌。「TOKYO POP」特集号は99年発売のNO.226号。09年に休刊した。

ンセプトだけが「虚構」として残る……。だけど、こういう路線はゼロ年代に入って急速に衰退するんだよな。砂原もコーネリアスも、サンプリングコラージュ的な作風をやめる。まあ単純にサンプルの権利問題とかそういう側面もあっただろうけど、「虚構」を立ち上げることに魅力が無くなっていったというか、それに対する「現実」への信頼度が揺らいでいったところがあるんじゃないかと思ってて。

メイン／サブという緊張関係の解体

パンス　『A』がリリースされた1997年あたりが、日本社会の分水嶺になっていると僕は考えていて。ただこれは僕が物心つきはじめたタイミングでもあるから、切れ目のように認識しているフシもあると思うんだけど――。しかし実際、山一證券破綻とか、バブルの残り香が切れてしまって、本当に社会全体の停滞が、少しずつ予感され始めたのがこの時期になると思う。ミュージシャンのアプローチも、99年くらいから変わってくる。

コメカ　瀧と卓球が、

瀧　当時は、俺らも自分たちがやってることをメインストリームだと思ってなかったし。メインのカルチャーは、当時だと「じゅわいよ・くちゅーるマキ」[187]とかあったじゃん？

卓球　新宿ペペ4階ね？

って発言してるんだけどさ（笑）[188]。90年代前半頃までは、55年体制の終焉やバブル崩壊が、一般層にとってまだリアリティを持って体感されるに至ってなかったんだと思う。それこそ「じゅわいよ・くちゅーるマキ」とか、凡庸で穏当な「メインのカルチャー」、それはつまり戦後日本における大衆文化だと思うんだけ

187 **じゅわいよ・くちゅーるマキ**　宝石販売店。現在の運営会社は株式会社ジュエリー秋。幼少期に、この店のテレビCM（妙にヨーロピアンな世界観が強調されている）がよく流れていたことをコメカは記憶しております。

188 **発言してるんだけどさ（笑）。**　「CINRA.NET」2013年2月27日　電気グルーヴがサブカルチャーに残した爪あと（https://www.cinra.net/interview/2013/02/27/000000.php?page=3）

ど、そういうものに対する信頼感がまだ保たれてたんだと思うんだよね。現実に対する虚構を立ち上げるとき、措定される現実の現実感を支えるのは、そういう戦後文化だったんじゃないかと。そのあたりが本当に崩れ始めたのが90年代末だった。

パンス うん。たしかに「大衆文化」的な中心点の縮小が、その後現在まで続いている。

コメカ 90年代の電気グルーヴが「カウンター」たろうとしたのは、政治や社会問題に対してではなくて、当時の「大衆文化」を支えていたメディア環境に対してだった。その中で砂原良徳は、「カウンター」ではなく現実と別の「虚構」を立ち上げるやり方でオルタナティブを探っていた、と言えるんじゃないかと。で、ゼロ年代に入る頃からの電気グルーヴっていうのは、そういう環境がまた変化したことに対して敏感に反応し、対応していった。99年には砂原がバンドから脱退し、彼は01年に『LOVEBEAT』を発表してから、長い沈黙に入る。電気の方も00年に『VOXXX』を発表して、同じく活動を長期間停止することになる。「カウンター」たること、オルタナティブな「虚構」を立ち上げること、そういうやり方で対抗しようとした現実が崩れていったことで、90年代の頃のように創作に対する緊張感を保てなくなったんじゃないかと思うんだよね。

パンス なるほどー。ゼロ年代に入って、創作する側にとってもパラダイムが変わったと。カウンター的なパフォーマンスが成立しなくなると、求道的に「イイもの」を作っていくとか、そっちの方向性でいくしかなくなるしねえ。2007年くらいかな、大阪の街中を歩いてたらPerfume[189]の「チョコレイト・ディスコ」が爆音で流れてて、世情に疎くて知らなかったんだけど、パッと聴きの斬新さはないけど良い曲だな~とずっと口ずさんでたのを思い出した。

189 **Perfume** Perfumeが「テクノ・ポップ」という呼称で人気になった際、90年代に「テクノ」という言葉の是非を巡って各世代が激論を交わしていたのは一体何だったんだろうな……という感慨にふけってしまいました。

コメカ　小さな文化的コミュニティが乱立していったのがゼロ年代。インターネットがインフラ化していったのもその状況を支えていた。だから、80年代に構想されたポストモダン的な状況が現実化し始めたのがゼロ年代だったと言える。で、電気はその状況の中で、脱力し快楽主義的な色合いを強めることを選択したんだと思う。復帰作である2008年の『J-POP』は、明確なコンセプトを持たないエレクトロポップソング集という趣の作品で、タイトルの「J-POP」というフレーズは、かつての電気のように皮肉として銘打たれたものではなく、本当に「日本のポップス」として自分たちをカテゴライズする意図をもって名付けられたものだったんじゃないかと思う。

パンス　だと思うな〜。この時期の表現や行動様式を評して「ネタがベタになった」という形容があるけど、ベタで行くときに「王道で行きます！」って高らかにシフトチェンジするんじゃなくて、ソフト・ランディングして、これまでのファンも見離さず、今の時代にもきっちり浸透しちゃうのが彼らの優れた部分だと思う。

コメカ　大衆的なポップスとそれに対するカウンター、という構図が壊れた後、小さな共同体内で共有されるポップスというのが乱立する状態になってると思うんですよ。で、電気はそういう状況で機能する良質なポップスを提供する、というスタンスに軟着陸した。だから近年の作風はテックハウス[190]的というか、マイルドで快楽的な楽曲が多いよね。90年代の頃のような引きつった楽曲はほぼ無い。まあもちろん本人たちが高齢化したことも理由としてはあるわけだけど、かつてあれだけ反抗的なキャラクターを演じながら、徐々に快楽主義的な「変なおじさん」（笑）にギアチェンジしていけたのは本当にバランス感覚がすごいと思う。

190 **テックハウス**
ざっくり言うと、ハウスとテクノの中間にあるようなサウンドを指す。ハウス的なグルーヴ、BPM構造をテクノ的な音色で構成するようなイメージ。

パンス　最近の――例えばフレンズ[191]とかを見てると、楽曲自体はmihimaru GTやミスチルくらいの大衆性があるんだけど、あくまでもちょっとオシャレに小さくまとまろうとする志向があるように思う。肩の力が抜けているというか。そこを批判したいわけじゃなくて、そのマイルドさ、慎ましさが今のモードなのかなあと。
　そして、かつてのセンス・エリート対立とか、スタイル・ウォーズみたいなものは、時代が政治的にシリアスになってるがゆえに、より社会的な場で起こるようになっている。

コメカ　そうね、２０１０年代に入ってからは、政治や社会問題の水準での「戦い」が、良くも悪くも復活してきている。で、電気はその水準には頑なにコミットしないスタンスを続けていて、それはそれで一貫しているわけだ。80年代という時代に育てられた人たちの、ある種の着地点としてそういうスタンスがあるんだろうなと僕は思っている。ただ、僕らＴＶＯＤとしては、前述したような「戦い」とサブカルチャーとを接続したいと考えているんだけどね。だからこその、「ポスト・サブカル」なわけ。

191 **フレンズ**　15年結成のポップバンド。「神泉系バンド」を自称。

X JAPAN 90年代最強の記号

サンプリング・ミュージックとしての？

コメカ　90年代編に入ってからフリッパーズ・ギター、電気グルーヴときて、ここからはX。90年代当時って、いわゆる渋谷系とかクラブミュージックみたいな文化圏と、Xが起点となっているヴィジュアル系の文化圏の間にはすごく壁があったと思う。スタイル・ウォーズというか。近年はそういう壁がうすーくなってきてる気もするけど。

パンス　壁はめちゃくちゃあったと思う。僕はいちおう渋谷系みたいなのが好きだったから、嫌うっていうより、単純によく知らなかった。いまだに門外漢なんで勉強中。しかし思い起こせば、中学の学園祭のときにみんなLUNA SEAとかGLAYのコピーやってて、キーボード弾ける要員として担ぎ出されていた。そこでカルチャー・ジャミングが起こって（笑）、黒夢とか聴かされるようになるんだけど。98〜99年あたりは、ヴィジュアル系がポップミュージックのメインストリームに来ていて、一地方ではいわゆる「ジョック」的階層も聴くようになっていた時期でした。ただそれも時代の特異点で、ヴィジュアル系文化圏自体は連綿とした歴史がありますね。その起点として、取り急ぎXを位置づけたい。

コメカ　僕も中高生の頃は電気グルーヴからテクノが好きになって、有頂天[192]とか80年代ニューウェイヴを辿っていく、みたいな感じだったから、リアルタイムでヴィジュアル系にハマったりってのはなかったんだよなー。でもやっぱ当時（1998年前後）あちこちでヴィジュアルバンドの曲がかかってたから耳にはしてた。あと、hide[193]のソロは聴いてたなー。「Rocket Dive」とか、ヴィジュアルイメージもキッチュな感じですごく好きだった。で、ヴィジュアル系の文化圏についてなんだけど、起点としてXを置いておく史観っていうのはまあ分かりやすくはある。本当はXの登場前後にかなりいろいろなことが起こってるんだけど。渋谷系の起点にフリッパーズを置く強引さにちょっと近くなっちゃうんだけど（笑）。でもざっくり言うと、「80年代の後半にメタル／ハードコア／ゴス及びポジティブパンク[194]の交配が、日本のヤンキー的な感覚の下に行われた」っていうのがヴィジュアル系の起点と言うことがたぶんできて、その人脈的な中心点にXがあったと言い得ると思う。

パンス　そうそう。ヴィジュアル系の起点として、BUCK-TICK[195]はどうなんだとか、DEAD END[196]とか——と言われるとキリがなくなってしまうんだけど、コメカくんの言うその交配を象徴する存在としてXにしました。80年代中盤というのは、インディ・シーンではさまざまなジャンルが混交して未分化って感じだったんだけど、エクスタシー・レコードの立ち上げくらいから独特の志向が見えてくる。インディペンデントであそこまで大規模に展開させられた、そのモチベーションは何だったのか。

192 **有頂天**
1982年結成の日本のロックバンド。初期はコミックバンド的なサウンドとコント・芝居を織り交ぜたライブが特徴だったが、徐々にP-モデル的なニューウェイヴサウンドに移行する。80年代半ばのインディーズブームの中心バンドのひとつとなり、86年にシングル「BYE-BYE」、アルバム『ピース』でメジャーデビュー。その後91年に解散した。

193 **hide**
X JAPANのギタリストとして活動しながら、93年にソロデビュー。インダストリアルメタルやある種のオルタナティブロックをJ-POPに落とし込むという、ユニークで意欲的な活動を展開した。元キリング・ジョークのポール・レイヴン、元プロフェッショナルズのレイ・マクヴェ

コメカ　たしか80年代中盤頃の「フールズメイト」の何かの記事だったと思うんだけど、「インディーズのさまざまなジャンルのロックバンドたちがみんなで共闘していける場所をつくりたい。ただし、メタルは除く」みたいなことをインタビューで言ってる人がいたんだよ（笑）。70年代末のパンク・ニューウェイヴからスタートした日本の80年代インディロックのシーンの中で、メタルはオミットされていたところがある……というかまあ、ハードコアのバンドとニューウェイヴのバンドが一緒にやることはあっても、そこにメタルのバンドが参加することはほぼ無かったわけだよね。特に、メタルとハードコアは仲が悪かったって話はいろんな人がしてるよね。世間的には80年代ってジャパメタ[197]ブームでメタルがすごく人気があった時代なんだけど。ただXは、ハードコアのバンドとも接点を持っていた。その後のｈｉｄｅの活動にも言えるんだけど、ヴィジュアル系っていうのは複数シーンの要素をサンプリングして混ぜ合わせるっていう意味では、渋谷系的な特徴を持ってるんだよ（笑）。

X『VANISHING VISION』（1988年4月発売）

パンス　実際そうだと思う。ポジパンとかゴスが持っていた背景はわりと捨象され、表層を受け継ぎつつ、メタルと接続されて勢いがつくというか。その表層性が、音楽的な追求を重視する層から距離を置かれる要因にはなってたと思うんだけど、今はそういう諍いもあまり関係なくなってきてるし。渋谷系がそうであったように、すごくハイブリッドな音楽だと思います。

コメカ　音楽が歴史から切り離され、サンプリングネタとして記号化していく。ヴィジュアル系の

イと結成したバンドZilchでの録音も残している。98年に急逝。

194 **ポジティブパンク** セックス・ギャング・チルドレンやサザン・デス・カルトなど、イギリスの80年代のゴシック・ロックバンド群を総称した名称。ピストルズ等のオリジナルパンクのバンドたちのような、既存体制への否定的で攻撃的＝ネガティブな世界観は持っていなかったために付けられた名称らしい。おどろおどろしいゴスバンドたちなので、まったく「ポジティブ」な感じではないのだが……。

195 **BUCK-TICK** 1985年結成の日本のロックバンド。初期はBOØWYフォロワー的なビートバンドだったが、徐々に独自のダークかつポップなサウンドを獲得

音楽的フォーマットのデフォルトをつくったのは実はXじゃなくて、彼らのレーベル「エクスタシーレコード」からデビューしたLUNA SEAだとぼくは思ってるんだけど、LUNA SEAは本当に前出したメタル、ハードコア、ポジパンの要素がごった煮になっていて、それを歌謡曲構造でまとめ上げる、っていう音楽性なんだよね。そして一個一個の記号から歴史は捨象されている。80年代消費社会においてレコードいっぱい聴いて育った子どもたちのリアリティがそこにあるっていう意味では、ホントにフリッパーズとかと構造は変わらない。ただ、XやLUNA SEAの世界観というか物語性はヤンキー的に過剰なもので、そこがいわゆる日本のサブカルとは違うんだよな。

過剰な記号化と、軋んでいく「物語」

パンス 本書では矢沢永吉を皮切りにして、はっぴいえんどを省いて70年代初頭を語り始めたわけですが、90年代について語る上でも、フリッパーズと電気グルーヴ――渋谷系とテクノの時代でした、という内容にはしたくなかった。そんなわけでYOSHIKIのインタビューを読み込んだりしているわけですが（市川哲史『さよなら「ヴィジュアル系」』）、矢沢同様、破天荒なエピソードに満ちあふれているし、そこにヤンキー的な感性が見受けられる。Twitterなんかでネタにもされてるけど、レコーディングがしたくていきなりプレス工場に行っちゃうとか。その中で印象的だったのは、エクスタシー・レコードのときに「利益を全部、宣伝費に回してた」というところ。雑誌に広告を打ちまくって、そのぶんレコードが売れて、むしろ事務作業が大変になっていくという。

コメカ 80年代の日本のインディーズロックシーンというのは、資本に取り込まれない自主的自治の場を確保するっていう志向が、出発点としては一応あったわけ

していった。オルタナティブロックやEBM、エレクトロニカ等、様々な音楽的要素を導入していったことも特徴。ヴィジュアル系と呼称されることになるバンド群に大きな影響を与えている。

196 **DEAD END** 1984年結成。BUCK-TICKと並び、のちのヴィジュアル系の始祖的存在。メタルとニューウェイヴのハイブリッド的な音楽性を展開した。黒夢の清春やラルク・アン・シエルのHYDEなど、DEAD ENDからの影響を公言するミュージシャンも多い。ヴォーカル・MORRIEの多彩な音楽遍歴にも注目したい。

197 **ジャパメタブーム** ラウドネスや44マグナム、アースシェイカーなど、日本のヘヴィメタルバンドた

だよね。メタルがそういうインディーズシーンからオミットされていたことの一因には、メタルはパンクやニューウェイヴと違って「セルアウト」という概念が無く、むしろいかにビッグになるか、という世界観があったところもあると思ってて。85〜86年頃からのインディーズブーム及びその後のバンドブームに至る流れの中で、自主自立的なインディの理想というのは失われ資本化されていくんだけど、その中でもXはその動きを過剰に体現していく。当時のバラエティ番組「天才・たけしの元気が出るテレビ!!」出演まで含めて、自分たちがメディア上で記号化されていくことに対して異様に積極的だった。矢沢が70年代に自身を記号化していったことを、90年代に過剰にデフォルメして行っていたとも言える。例えばBOØWY[198]にしても、Xほど過剰な記号化は志向してなかったと思うんだよね。

パンス　Xの場合は、誤解を含めて自分たちが消費されていくのを恐れていなかったのかもしれない。ヴィジュアル系という呼称はX時代の「PSYCHEDELIC VIOLENCE CRIME OF VISUAL SHOCK」というキャッチが起源、という説があるけど、それ自体は外からラベリングされたものだよね。そこも「渋谷系」と同様なんだけど。V系と呼ばれることに対する反発は個々人でいろいろあったようだけど、YOSHIKI自身は別に「何とでも言え」という態度だったと。矢沢永吉よりさらに進んでるなと思うのが、ビッグになるにあたって、個人（バンド）対ファン、という観点だけじゃなくて、ラベリングと連動しながら周りのバンドも巻き込んで、タテ社会的な——「族」としてのシーンを作ってしまったことかな。

コメカ　70年代初頭と違って、ファンダムではなくバンド

市川哲史『さよなら「ヴィジュアル系」〜紅に染まったSLAVEたちに捧ぐ〜』（2008年5月9日発売）

ちが80年代に大きな人気を集めた状況を指す。80年代末期には終焉を迎える。

198 **BOØWY** 氷室京介、布袋寅泰を中心に1981年結成。80年代以降の「日本のロック」のひとつの雛形を、良くも悪くも作ってしまったバンド。布袋はモダンポップやニューウェイヴ、EBM等、欧米圏のロックに精通しており、洋楽紹介者としての側面もあった。1987年解散。

を集めてクルーを作れるぐらいに状況が変化していたというか、消費社会化が進行して、楽器を持てる人間が増えていたっていう（笑）。同時期のバンドブームっていうのは、ロックバンドをやるための機材を富裕層以外でも簡単に入手できるような社会状況になったことの反映でもあるから。ただ結果的に、Xほど記号化を徹底したバンドは90年代ヴィジュアル系バンドの中にはいなかったと思う。91年には期間限定でカップヌードルX味まで発売されている（笑）。自分たちがキャラクター化していくことを恐れていなかったというか、実際サブカル周りでYOSHIKIを面白がる風潮があったりするじゃない？　そうやってデフォルメされていくことも気にしてないっていうのはある意味無意識過剰というか、電気やフリッパーズとは違うし、そこがあったからこそ大メジャーになれたんだと思う。

パンス　カップヌードルは、日清パワーステーションでのライブで配られたりしてたそう。振る舞いが「バラエティ番組にも馴染む」ってことだよなあ。90年代は「HEY!HEY!HEY!MUSIC CHAMP」[199]なんかでお笑い芸人がミュージシャンをいじって、そこに対応する能力の高さが人気に繋がっていく、みたいな流れが形成されたわけだけど、彼らは先んじていたのかも。しかしそれらは戦略的に行われたというより、単純に天下取っていくっていう意志によってなされていたというところが面白い。

コメカ　マルコム・マクラーレン的な計算されたメディア戦略とはちょっと違うんだよね。X自体はそこまで深く考えずにけっこう行き当たりばったりでメディア上で振る舞っていたんじゃないかと思ってて、そこらへんはバンドマンのあんちゃんって感じが愛らしくもある。ただ、メジャーデビュー以降にYOSHIKIの体調悪化・TAIJIの脱退等もあってバンドとしての体制が崩れるに従って、過剰に記号化・キャラク

199 **HEY!HEY!HEY!MUSIC CHAMP**
94年から12年末までフジテレビで放送されていた、ダウンタウン司会の音楽番組。放送初期における、「音楽を知らないし、知ろうともしない」スタンスのダウンタウンが、キャラクターとしてのミュージシャンをいじり倒す構図は新しかったし、面白かった。

ター化されていったことの軋みも生まれていく。その中でひとつ大きな要素としてあったのがTOSHIの洗脳騒動で、そのあたりが90年代的というか、急激に自意識の問題が入ってきちゃうんだよな。結果的にそのことが解散に至る発端にもなってしまう。90年代半ばぐらいからのXって、そういう記号化から生まれた軋みそのものが「物語」化していくっていう、異様な状況になってたと思うんだよね。キャラクター化された彼らが崩壊していくことそのものが「物語」になる。hideの死も、そういう「物語」の中に位置づけられてしまう。

パンス いきなり90年代的な要素が入ってきちゃうんだよね。僕が中学生くらいの頃のXは、すでにそういったアクシデントを抱える存在になっていた。TOSHIも全国行脚してて、地元のTSUTAYAでアコギ持ってライブしてて、その写真が回ってくる……みたいなのを「ヤバい!」って感じで受け止めていた記憶。まあ破綻自体が物語として再構成されていくというのは、世界中のロックバンドをめぐるエピソードにもあるけれど、よりキャラクター化された状態で破綻が起きると、それを内包していく物語自体も過剰になる、という例になっていたと思う。復活→世界進出の流れも含めて。

少女文化的な視線と「ビリー・アイドルっぽい」感覚と

コメカ 97年をもってXは解散するんだけど、皮肉なことにこのあたりからヴィジュアル系というトライブそのものが、全国区でブーム化する。黒夢やGLAY、ラルク・アン・シエルを筆頭に、数々のバンドがヒットチャートにランクインし、メディア上にも大量に露出することになる。当時の状況構造だけ見ると60年代のGSブームに近かったんじゃないかと僕は思ってて。GSと同じように、少女文化的なところがあったと思うのね、ヴィジュアル系ブームって。作り手は男性なんだけど、表現されたものを見ると、少女の夢を形にしたようなところがある。ただGSと違ったのは、ヤンキー性が重要なファクターになっているところ。

バンス　SUGIZOははっきりと、楠本まき『KISS XXXX』[200]が『美しさ』をアドバイスしてくれた」と語っているね。ボウイに影響された少女マンガ家の描くゴシックなスタイルが取り入れられる。それまでは「VISUAL SHOCK」ではあったけど、耽美的な部分はクローズアップされてなかったから。90年代後半に、それがさまざまなバンドによって全面化する。幅もあるんだけどね。GLAYはほとんどミスチルのようなポップさを獲得していたし、一方でマリスミゼル[201]のような徹底さが浮上したりと。

コメカ　ヒットした頃のSHAZNA[202]のイメージの源泉は80年代ニューロマ[203]だし、cali≠gari[204]のようにアングラ・アウトサイダー的なイメージを持ったバンドも当時人気を集め始めていたり、ヴィジュアル系ブームの時期の内実というのは実際かなり多層的なものだったと思う。でも先述したように、80年代当時のヴィジュアル系の先駆けのバンドたち[205]、ガスタンクやDEAD END、トランスレコード[206]の諸バンドとかね、そういうバンドたちと違って、ヴィジュアル系ブーム期のバンドたちというのは、キャンディポップ的に全国区で消費されたわけですよ。その環境の下地を作ったのがXだったわけだけど。YOSHIKIはエクスタシー・サミットでウェディングドレスを着たりしてるんだけど、そのときの映像を観ると、客席の女性たちがYOSHIKIに向けていた視線が分かる感じがするんですよ。そういう類の視線を意識して表現の中に取り込んでいくというのを、キャンディポップ化されたヴィジュアル系バンドたちというのは意識的／無意識的にやっていた気がするんだ。それを極限まで美学として昇華したのがマリスミゼルで、反発してイメー

200 **KISSxxxx** 楠本まきによるマンガ。『週刊マーガレット』に連載。80年代末、ゴシック感覚を本格的に少女マンガに取り入れ、のちのヴィジュアル系的な美学の普及とも共鳴。同作のイメージ・アルバムには割礼、さかな、dip the flagなどが参加。

201 **マリスミゼル** 1992年結成のヴィジュアル系バンド。あまりにも過剰なヴィジュアル、演劇要素を取り入れたライブなど、「ヴィジュアル系」というアートフォームのひとつの極北を指し示したバンド。98年のシングル「月下の夜想曲」のPVがテレビで流れたのを観たときはマジで怖かった……（コメカ中学生時代）。

202 **SHAZNA** 1993年結成、1997年にメジャー

ジを切り替えていったのが黒夢……みたいな視点を僕は持ってるんだけど。

パンス　基本的にポップになっていたというのはあるね。黒夢はどう位置づければいいんだろう？

コメカ　黒夢はそもそもはゴシック的なイメージのバンドで、Sadie Sads[207]とかG-Schmitt[208]が好きだったらしいのね。だからヴィジュアル系の原イメージを形作ったバンドのひとつではあるんだけど、ヴィジュアル系ブームの頃には男っぽいパンクバンド的なヴィジュアルに切り替える。そこには先述したような「視線」を拒否する態度があった気がするんだ。キャンディポップ的なポップグループ、少女文化の仮託対象にはなりたくない、ロックバンドでいたい、みたいなね。小山田圭吾が当時、清春を「ビリー・アイドルっぽい」[209]って半ば冗談として評してて（笑）、いろんな意味で批評性の高い発言だなーって思った記憶がある。

パンス　面白いね。「Bad Speed Play」とかはいま聴くと愚直なパンクに聴こえる。個人的に振り返っても、当時のヤンキー入ったクラスの「オトコノコ」たちもこの曲で盛り上がっていた。ただ彼らのような存在は異質というか、基本的に少女文化だったという見立てになるのかな？　GSはかなりそうだったけど、ヴィジュアル系はアプローチの幅が広くて……。そこで生まれた表現は、どう後に繋がっているんだろう。

コメカ　ブームが去った後のゼロ年代以降も、ヴィジュアル系はコミュニティとして強固に存続し続けている。そのコミュニティの中にもものすごくいろんなバリエーションのバンドがいるんだけど、さっき言った「YOSHIKIのウェディングドレス姿に向けられる視線」のようなものは常に通奏低音のようにそのコミュニティの中に存在していると僕は思っていて。Xが具現化したヴィジュアル系の本質というのは音楽性

デビューしたヴィジュアル系バンド。メジャーデビュー時には一風堂「すみれSeptember Love」をカバーするなど、ゴシックではなくニューロマンティクス的なイメージで活動していたところに他バンドとの差異があった。

203 **80年代ニューロマ**　UKニューウェイヴシーンにおけるムーブメントのひとつ。ヴィサージやヒューマン・リーグ、デュラン・デュラン、スパンダー・バレエなど、華やかなメイク・ファッションでシンセポップを演奏していたバンドの一群を指した名称。デヴィッド・ボウイやロキシー・ミュージックの（あまり出来のよくない）子どもたちという感じ。80年代前半に大人気だった。

204 **cali≠gari**　1993年結成の

よりもむしろそこにあるんじゃないかとすら思う。それを僕は少女文化の一種だと考えてるんだけど、そういうコミュニティが救いになっている人というのは実はたくさんいると思うんだよね。ただ、今まで話してきたように歴史や政治みたいなものから切り離された記号のサンプリングで構成されている音楽トライブだから、そのあたりに危うさがある……とゼロ年代にずっと感じていた。

空洞化された「日本」をどう体現するか

パンス　90年代のサブカルチャー周辺で現れていたポップ・ミュージックは、フラットに蒐集する感覚（レア・グルーヴ）と、言語というよりは肉体や精神をクローズアップした傾向――「ビート」の時代というか、クラブミュージックを挙げてもフィッシュマンズでもいいと思うんだけど――という潮流があった、というのが、これまでフリッパーズ・ギターや電気グルーヴを挙げて示したかった部分です。それらのアプローチは90年代後半をもって一旦落ち着いてしまうわけですが、もうひとつ、ヴィジュアル系が内包する「少女からのまなざし」というものも存在したと。で、いずれにしろ共通しているのは、トライブごとの快楽性の追求が純化されていて、同時代の歴史や社会状況からの切り離しを強く志向するものであったと。そんな中、ヴィジュアル系はゼロ年代に入っても変容を遂げていたわけですが。

コメカ　渋谷系や日本のテクノがコミュニティとしては衰弱していってしまうのと対照的に、ヴィジュアル系はコミュニティとしてむしろ濃度を高めていった。ライブハウスを軸としたエコ・システムがコミュニティ内でちゃんと成立してたところが要因として大きいと思うんだけど。新しい若いお客さんが参加してくるサイクルがちゃんとできていたというか。その中で「少

ヴィジュアル系バンド。長いキャリアの中でメンバーも音楽性も変遷を辿っているが、日本のフォークや80年代ニューウェイヴ、エレクトロニカなど、さまざまな音楽的エレメントを混合した雑食性は活動の中に一貫して見られる特徴である。

205 **ガスタンク** 1983年結成。ハードコア・バンドとして活動を開始。ヴィジュアル系のミュージシャンにも影響を与えている。血が滾るような楽曲「ジェロニモ」はカラオケにも入っていて、年配の方が歌うのを何度か目撃したことがあります。

206 **トランスレコード** 北村昌士が1984年に設立したレーベル。YBO2、アサイラム、イル・ボーン、ルインズなどなど、ニューウェーヴやパンクの枠に嵌りきら

女からのまなざし」が表現を多様化させていったところがあると思うのね。たとえばゼロ年代にぼくが特に印象的だったのは、グルグル映畫館[210]や犬神サアカス團[211]のような、大正ロマンだったり寺山修司[212]、「ガロ」だったり、そういう和製ゴシックみたいな要素を導入したヴィジュアル系バンドの一群の存在。グルグル映畫館はあがた森魚と対バンしたりもしていた。そういうバンドたちも、単なるアングラじゃなくて、「少女からのまなざし」に晒されながら活動している状況が興味深かった。ただ、「日本」という記号を文脈から切り離して弄ぶことに繋がる要素もそこにはあったと思うのね。で、ちょっと話が前後するんだけど、99年にＹＯＳＨＩＫＩは「天皇陛下御即位十年をお祝いする国民祭典」において、自身作曲の「奉祝曲」を演奏してるんだよ。

パンス　当時、話題になっていたよね。で、小森陽一、石田英敬、代田智明、高橋哲哉らがこの行為に苦言を呈した「東大教員有志よりＹＯＳＨＩＫＩさん宛ての公開質問状」を読んだらメチャクチャ面白かった。ＧＬＡＹの20万人ライブを挙げて、そこに「動員の予感」を読み取ってるんだよね。このような力が「国体護持」のために使用される危険を訴えている。いま読むと、まだ牧歌的だったなというか、現状を見ると、多くの「無垢な若者」が動員されていることなどはなく、政治性から切断されて無関心な人が大多数で、少数の急進的な人々が導く革命のような形式で、全体主義が作られようとしている。これはなかなか予想できなかった。

　ＹＯＳＨＩＫＩ自身はこの頃「愛・地球博」の公式イメージソングも作ってて、国民的行事を素朴に祝うスタンスだったのね、と思う。しかし言い換えると、むしろその素朴さとか、大文字の文脈の切り離しが、現在のエクストリームな政治性をバックアップしている、というねじれがある。

ないバンドを多数リリース。

207 **Sadie Sads** 80年代半ばの日本に現れたポジティブ・パンク、ゴス系の代表的なバンド。メタルパーカッションを取り入れたサウンドが特徴だった。後期にはファンク色が強めに。

208 **G-Schmitt** 1983年結成の日本のポジティブ・パンク・バンド。美しいです。ボーカルのSYOKOは久石譲とのコラボレーション・ソロアルバムも残している。

209 **ビリー・アイドル** 1955年生まれ。イギリスのロックミュージシャン。1976年にパンクバンド「ジェネレーションX」を結成、78年にデビュー。バンド解散後に渡米しソロデビュー、成功を収める。笑っちゃうぐらいに分かりやす

コメカ　YOSHIKI本人は、本質としてはただのロックミュージシャンでありバンドマンのあんちゃんなんだと思うんだ。これは揶揄や批判ではなくて、そういう素朴さが本質にあったからこそ、あれだけ多くのファンに愛される存在になれたんだと思うのね。で、「奉祝曲」演奏についてなんだけど「そんなときにオファーをいただいたのが『天皇陛下御即位十年をお祝いする国民祭典』の奉祝曲の制作でした。天皇皇后両陛下の御前で演奏をするために、久しぶりに表舞台に立つことになったんですね。もちろん、それは天皇陛下、日本のための曲なのですが、自分自身の10年を振り返るきっかけにもなって。曲ができた時に『やはり僕は音楽でしか生きられない』と思えたんです」[213]と彼は発言してるのね。興味深いのは、彼は日本や天皇（現・上皇明仁）に対する思いを具体的に語るのではなく、それらのために作った楽曲が、自分自身の10年を振り返るきっかけになった、と語るわけ。天皇への具体的なコメントは持ち合わせていないけれど、時間軸として天皇制を意識することを彼はこの時に経験している。図らずも「X JAPAN」というバンド名を付けてしまったこともそうなんだけど、空洞化され記号化された「日本」をYOSHIKIは体現してしまっているところがある。ヴィジュアル系が「クールジャパン」文化のひとつとして語られることの象徴性がそこにあると思うのね。

パンス　天皇への意識と自分のキャリアが微妙に同期している。この「国体」と「神性」と「個人」がクロスしてしまう感覚というのは、たとえば昭和の終わりの「記帳」問題のときにも通じるものがあるし、現在に至るまで解釈しきれない問題として残っていると思う。90年代後期ってさまざまな場所で右傾化が叫ばれてて、それこそライムスターが幕末の志士の恰好でジャケに映るだけで新聞で取り上げられたりしてたわけだけど、実際にはまったく止まらず拡大する一方になってしまったよね。それは、苦言を呈する側にも問題があっ

く「不良」のイメージを戯画化したようなキャラクターで人気を集めていた。日本のアイドルグループBILLIE IDLE®の名前の元ネタ。

210 **グルグル映畫館** 1995年結成の日本のヴィジュアル系バンド。「昭和 エログロイノセンス」をコンセプトに、白塗りに学ラン姿という『田園に死す』的なビジュアルで活動。サウンドも歌謡ガレージパンクとでも言うようなユニークなものだった。2012年に「閉館」。ボーカルの天野鳶丸は2013年に亡くなっている。

211 **犬神サアカス團** 1994年結成の日本のロックバンド。マンガ雑誌「ガロ」の文通欄を通じて結成された。バンド名の元ネタである寺山修司や、日本のアングラや猟奇的ホラーをモチー

たのかもしれない。表層的な振る舞いだけを見て、政治性を脱したところに宿る政治性みたいなところまでは言及しきれなかったところがある。

その頃インターネットの掲示板でひっそりと展開していたネトウヨ=排外主義の萌芽が、広大な「政治的無関心層」まで浸透した。そんな時代の変化を読み取りながら活動しているミュージシャンがいる。その筆頭が、椎名林檎。

フにしたヘヴィロックサウンドを展開。

212 **寺山修司**
歌人・エッセイスト・劇団「天井桟敷」主宰。60〜70年代にかけての日本で、アンダーグラウンドな文化のイメージを形作った。『家出のすすめ』『書を捨てよ、町へ出よう』といった著書は、はぐれ者を自覚する若者にとっての心の指針に。

213 **彼は発言してるのね。**
「Forbes JAPAN」2017年3月18日 X JAPAN・YOSHIKIが語る起業家とアーティストの共通点（https://forbesjapan.com/articles/detail/15538）

1999—
—2010

第4章

ネオリベ、セカイ系、右傾化

椎名林檎 自意識と生存戦略

軽薄な「日本志向」

パンス 以前J-POPオンリーのDJをする機会があって、そこで椎名林檎「茜さす 帰路照らされど…」をかけたとき、フロアが「わーっ、最高!」って反応になったのが忘れられないんだよな。うれしかった(笑)。みんな普段はクラブミュージックを聴いている感じ。かつ僕らと同年代で、１９８０年代前半生まれ。この求心力は何なんだろうと考えてるところ。

一方でここ数年では、２０２０年東京オリンピックに際して「国民全員が組織委員会。そう考えるのが、和を重んじる日本らしい」(『朝日新聞』２０１７年７月14日付)と述べたり、ちょくちょくと出てくる「愛国ソング」の話題において代表格として認識されているふしもある。ただ、ひとくちにそれを「右傾化」と認識してしまうのには少し引っかかるところがあって。

コメカ 僕らみたいな80年代前半生まれの人間にとっては、共通体験としての椎名林檎の大ヒット、っていうのはあるよね。リアルタイムでのサブカルスターが初めて出てきた感じっつうか。渋谷系とかは少しだけ前の世代の人たちのものって感じだったから。んで、X JAPANでヴィジュアル系について話した時に触れたような、文脈から記号を切り離し、それらを寄せ集めて何かをつくるような態度……サンプリング主義的な態度ですね、椎名林檎はそういう態度を非常に上手くかつ無自覚にやっていた人ではないかと思っていて。デビュー当時からの文語体使用だったり、和風ビジュアルだったり、近年のオリンピック関連の発言だったり、そういう諸々の事象についても、本質的な問題としてあるのは右翼的なイデオロギーではなくて、そういうサンプリング的な軽薄さにあると思うんですよね。

パンス　そもそも「日本共産党」って書いてあるメガホンとか持って歌ってたし。「幸福論」のデビュー当時から『無罪モラトリアム』の頃は、あれ、川本真琴[214]みたいな感じのシンガー？　いや、しかしそれより禍々しいものを感じさせるな？　でもこれコスプレ感覚なのかな？　と、けっこう判断に迷いつつ受け止めてた。よく戸川純の系譜みたいに喩えられるけど、それより圧倒的に単純なデザインになっている。通底している文脈は「なんとなくオルタナっぽい」とか「新宿系[215]」とか、非常に軽薄なもの。しかし、楽曲はとても良いんだよね。見た目に感じたモヤモヤを越えるくらいメロディがキャッチー。で、結果よく聴くようになりました。

椎名林檎『無罪モラトリアム』
（1999年2月4日発売）

コメカ　実は戸川純と音楽的な接点はほぼ無いんだよね。キャラクターイメージだけで引き合いに出されることが多かったわけだけど、まあ日本っぽい記号を多用していたという点では確かに共通項は

214 **川本真琴**
１９９６年、岡村靖幸プロデュース曲「愛の才能」でデビューしたシンガーソングライター。天才だと思う。現在も活動中。

215 **新宿系**
椎名林檎「歌舞伎町の女王」リリースの際に付けられた形容。「渋谷系」に対しての「新宿系」という捉えられ方だったが、ジャンルといえるほどの規模があったわけではなく、渋谷系よりさらにフィクション感は強い。

216 **バージンブルース**
能吉利人作詞、桜井順作曲による、野坂昭如の曲。１９７１年にリリースされ、74年にはこの曲をモチーフとした藤田敏八監督による同名映画も制作されている。

ある。ただ、日本的記号を持ち出すとき、戸川純には諧謔や「あえて」それをやる、という悪意が感じられた（野坂昭如「バージンブルース」[216]カバーのビデオでは、国会議事堂をバックに戦争孤児風衣装で歌い踊っていたりする）のに対して、椎名林檎の表現にそういう感覚は感じられない。文語体使用にしても日章旗風デザインにしても、本気でかっこいいと思っているんだろうなーと感じさせる順接感（笑）みたいなものを感じる。アイロニカルじゃないんだよね。ただ、そういう記号をサンプリングする態度そのものは、さっきパンスくんが触れた川本真琴みたいな同時代のシンガーソングライターや、その少し前の渋谷系的な人々とは異なるものだった。アメリカやヨーロッパを参照するのではなく、和風なヴィジュアルをサンプリングするという態度そのものは、状況に対するカウンター性やアイロニーを帯びていた、というね。同時期に鳥肌実[217]みたいな存在も登場していて、この頃ちょっとしたひとつの流れがあったとも言えるんだけど。

パンス　輸入文化から、日本のノスタルジーみたいなものにシフトする傾向があった。「新宿系」みたいな形容には、70年代っぽい匂いを醸し出す効果もある。椎名林檎自身もフェイバリットに挙げていたナンバーガールも、それまでのロックにはあまりなかった和風のモチーフを盛んに使用してた。もっとはっきりと過去を志向した例だと、「昭和歌謡」[218]みたいな流れもね。エゴ・ラッピンとか。「くちばしにチェリー」が主題歌だったドラマ「私立探偵濱マイク」[219]は「傷だらけの天使」のイメージを衒いなく持ち込んでた。その監督である林海象的なセンスといえばよいのでしょうか、なんとなくノスタルジックなものをサンプリングしてスタイリッシュにまとめました、みたいな表現が一定のカッコ良さを持ってた時期が、90年代後半〜2001年くらいに一瞬存在してた。当時僕らが多感な中学生くらいだったので、その雰囲気をありありと思い出すことができる。

217 **鳥肌実**
お笑い芸人、俳優。1999年頃から演説スタイルで、右翼や新興宗教のタブーに触れまくる芸風を確立し人気を博す。ギャグとして受け止められていたが、2011年に在特会など排外主義団体の街宣に姿を見せるようになり、ネタからベタへ、ミイラ取りがミイラへ、という典型例を示す存在になってしまう。

218 **昭和歌謡**
「昭和の歌謡曲」そのものではなく、「昭和っぽさ」を醸し出した「現代の」歌謡曲／ポップス。

219 **私立探偵濱マイク**
林海象による映画シリーズ、および日本テレビ系で放送されていたドラマ。ドラマ版の主題歌はエゴ・ラッピン「くちばしにチェリー」。高校時

コメカ　「フォーク」的な記号を持ち出してからのサニーデイ・サービスとかね、90年代にも漠然とした「和モノ」志向ってのは復権しつつあったわけだけど、椎名林檎の存在感や商業的成功ってのはそういうサブカル的な流れの中で突出していたからね。ちなみに、椎名林檎のヒットと同時期、似たようなヴィジュアル志向でより病的な表現をやっていたcali≠gariみたいなヴィジュアル系バンドも存在したりする（音楽的にはほぼ接点はありませんが）。

ただ、さっきも話したように、椎名林檎の日本志向というのは、喪われた「日本的なるもの」への郷愁や反動的回帰ではないと思うんだ。フラットでプレーンな主体が、元来の文脈から切断された「日本的なるもの」の記号だけを寄せ集めた状態。思想的に体系だった右傾化を示しているなら分かりやすいんだけど、問題の本質がそういうところにはないから分かりづらくなっていると思う。

選び取れるのは記号だけ

パンス　X JAPANの項でも触れたように、2000年前後に「リベラルな評論家」が危惧していた右傾化は、「日本っぽい意匠／国家に回帰するような振る舞い」が急速に前面に押し出されていることから示唆されていたわけだけど、椎名林檎自身の「日本志向」は、小林よしのりや「つくる会」[220]に象徴されるような、同時代の新保守による反動的なアクションより、ずっと素朴なものだった。

コメカ　うん。素朴というか、漠然としてるんだよね。「日本的なるもの」への志向はその表現の端々に感じさせるんだけど、具体的にどういう「日本」がそこで想定されているのかが見えてこないし、本人がそれを体系だって表現したり語ったりするわけでもない。たとえば、朝日新聞による「媚びないおもてなしを　椎名林

代のパンスは過去の日本映画のコスプレ的な雰囲気にむず痒さを感じつつ家族で観ていた。エピソード毎に監督が代わり、青山真治の回が抽象度が高く、家族一同首をひねっていたのを記憶している。

220 **つくる会**　「新しい歴史教科書をつくる会」の略称。1996年設立。創立時のメンバーは西尾幹二、藤岡信勝、小林よしのりら。既存の歴史教科書は「自虐史観」に基づいていると主張し、新しい教科書作りを推進。2001年には作成した教科書が検定に合格。現在も活動中だが、団体内部での内紛や分裂も激しく、ややこしい。

檎さんが思う東京五輪」というインタビューで、日本の力の内訳は「例えば私たちが誇れる電車やバスの運行ダイヤの正確さをはじめとする『お待たせしない』精神」である、とか、クールジャパンは海外の人々にとって「ほうじ茶の喉越しや味わいに代表される、日本のすうーっとした、あの印象そのもの」として受け止められているんだ、といった発言をしてるんだけど、「日本」を語るときの語彙が抽象的で、具体性がない。土地があって地域史があって政治史があって……という具体的な「日本」の歴史への言及を椎名林檎が行っているのをほとんど見たことがない。にもかかわらず、「日本的なるもの」への言及頻度自体は多い……というのは、すごく不思議なことだなあと。

パンス　要するに、歴史が捨象されちゃってるのが問題なんだよ。それが古いレコードを掘る、とかだったら別に問題ない、というか別途可能性をクローズアップするような試みに成り得たけど、国家に向かったときにどうなるのかという。それまで積み上げられてた歴史がフラットになっちゃうと、新たな物語を代入することが容易になってしまう。穿った言い方になっちゃうけど、具体性も何もないフォーマットを作っておいて、あとから捏造を含めた「政治利用」が可能になるものを作り出している。本人の意図に関わらず。その傾向はヒキタクニオ原作・窪塚洋介主演『凶気の桜』[221]あたりからあったと思う。ただまあ、それもまだまだサブカルっぽいエンタメだった。本当に「政治的に」利用されるのは、ゼロ年代中盤以降、インターネット上での排外主義的言説まで待たなければならない。よりによってさらに過激なイシューに、こともあろうに一部の政治家が飛びついた。ネット上で増幅されたそれらが「支持母体」化していく。

コメカ　まあでもそれこそ本書

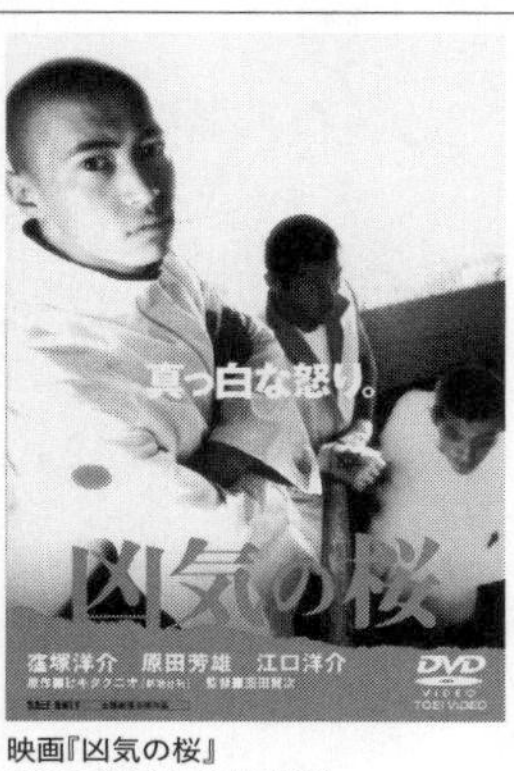

映画『凶気の桜』
（2002年10月19日公開）

221 **凶気の桜**
ヒキタクニオによる小説、またそれを原作に公開された映画。主演は窪塚洋介。秩序を失った日本を憂うナショナリストたちにより、暴力による浄化活動を描く。『時計じかけのオレンジ』的カウンター性が、この頃の日本だと右翼に転じるというパターン。しかしこの作品に触発されて社会が右傾化したとは言い難く、本格的な転機はインターネット上での隆盛以降。

でここまで触れてきたように、70年代以降の日本のサブカルって、歴史や文脈から解放され、記号の戯れの中にうずくまっていたい……みたいな志向を抱えていたわけで。70～80年代頃にはそういう志向の中でまだ共有されていた「屈託」みたいなものが、90年代頃から薄れてきて、椎名林檎あたりでほぼ無くなってしまった……みたいな見立てができると思う。「解放されたいがために歴史を切断した場所を選択した」というわけではない、「あらかじめ歴史から切断された場所に生まれ落ち、生き始めた」世代の登場。そこでは「日本的なるもの」もオモチャにできてしまうぐらい、歴史はもはやあらかじめ意識されるものではなくなってしまってた、というね。でも、そもそもそんな風に歴史的な記号をオモチャにできるぐらい平和な状況だった戦後日本という空間そのものが、世界的に見ても特異な状況にあったんだろうとは思うけどね。今やそういう幼さ、幼稚さこそが問題になる状況だけども。

パンス 歴史や文脈から解放されることは、実はその後、歴史を修正することを可能にするものだった。ついにその感覚が日本の中枢を担うことになってしまった、というのが現在。それをアシストしていく表現者も、ことオリンピック周辺を眺めればこれからも多く出てくるだろうね。

整理すると、文脈からの解放、記号的な集積をよしとした「平和な時代」が、90年代を極点として存在していた。で、その時代を生きた人々による物語性への回帰が、90年代後半から現出してくる。その時点ではもう、80年代のようにアイロニカルな態度を極める必要はなくなって、物語を作ろうとして周りを眺めたら、選び取れるものは記号しか残っていなかった、という。

「ぎゅっとしててね」と言える、ということ

コメカ ここまで、椎名林檎が「日本」のイメージを漠

然とサンプリングし続けていることについて話してきたけど、また別の側面で、彼女が作ってきた作品というか言葉には、ある主題があると思うのね。よく言われることではあると思うんだけど、「あなたはすぐに写真を撮りたがる　あたしは何時も其れを厭がるの　だって写真になっちゃえば　あたしが古くなるじゃない」(「ギブス」)とか、「天上天下繋ぐ花火哉　万代と刹那の出会ひ　忘るまじ我らの夏を」(「長く短い祭」)、「噫また不意に接近している淡い死の匂いでこの瞬間がなお一層　鮮明に映えている刻み込んでいる」(「NIPPON」)、みたいな歌詞に顕れているように、瞬間的なもの・刹那的なものに本質的な美しさを見出す、みたいな志向があるんだよね。ある意味スタンダードなロック的価値観=「It's better to burn out than it is to rust　錆びるより燃え尽きた方がいい」(ニール・ヤング「ヘイヘイ・マイマイ」[222])ではあるんだけど。宇多田ヒカルの「どんなに良くたって信じきれないね」(「光」)っていう世界観にも近いところがあると思うんだけど、宇多田の「テレビ消して　私のことだけを　見ていてよ」(「光」)という苦みに対して、「i 罠 B wiθU　此処に居てずっとずっとずっと明日のことは判らない　だからぎゅっとしていてねぎゅっとしていてね　ダーリン」(「ギブス」)みたいな「甘やかさ」が、椎名林檎の本質なんじゃないかなあと。

パンス　ヴィジュアルとして表出される彼女の姿や身につけるアイテムは表層的なんだけど、そこで歌われる主題には一貫性がある。刹那的だけど他者を振り払ってしまうわけではなくて、むしろ逆に依存しちゃう感じを覗かせる。そんなに入り組んでるわけじゃなくて、擬古文調を取り払えば普通にラブソング。当時中高生だった僕の周りでも、スクールカースト問わずみんな好意的に受け止めていた要因は、そこなんじゃないかなと思う。卒業間際に行ったカラオケでもギャルが「すべりだい」を歌っていた。自立とか孤独みたいなアプローチではなくて、結局、他者性に落ち着いてしまう

222 **ヘイヘイ・マイマイ**　79年のニール・ヤングのアルバム『ラスト・ネヴァー・スリープス』に収録。カート・コヴァーンがこの歌詞の一節を遺書に引用したことが有名。

あたりが普遍性を支えているというか、的確に空気を読んでいる感じがするんですよ。

コメカ　「他者」に対する強烈な不信みたいなものはこの人の作品からはあまり感じられない。不安はあっても不信は実はないというか。刹那的な美しさ以外に捉えられるものなど本質的には存在しないのだ、っていう屈託は感じさせるんだけど、そのことが孤独さへの自覚に回帰してくるわけではなくて、最終的に「他者」＝ダーリンに対して「ぎゅっとしててね」と言ってしまう。それもまた刹那でしかないわけだけど、でも「ぎゅっとしててね」「ここでキスして」って言えちゃうんだよね。「私の中にある価値観ってすごい普通だから、だからプロになっても大丈夫って思ったんです」って発言してるけど、実際この人が持ってる「他者」への甘さっていうのは、日本社会の中で「すごい普通」だと思う。優しい人だと思うんだけどね。椎名林檎って世間的なイメージに反してぜんぜん情念の人ではなくて、「愛してるって言わなきゃ殺す」（戸川純「好き好き大好き」）ではないわけだよ（笑）。

パンス　個人対個人、もしくは集団の中でも、上手く立ち回るということ。そこから逸脱してしまうレベルの自意識の表出は避ける。実際、日本の社会というのはそういう価値観が重宝されて動いているわけで、きちんと押さえた上で「普通」の価値観を体現している。でも見せ方としては、情念的なものやラディカルな雰囲気を散りばめて成立している。音楽やカルチャーだけじゃなくて、社会全体の話として、最大公約数的な層に受け入れられるよう、決してレールを踏み外さない、「地雷を踏まない」ようにしながら巧みにサバイブしていかなければならないというプレッシャーは、年々上がっている。

新自由主義体制下の歌謡曲

コメカ　80年代の戸川純が表現していたのは、女性の「不能感」だったのでは……っていう話をしましたけど、「少女たちの自意識の苦しさの仮託対象」に、ゼロ年代の椎名林檎は意外となり得なかったのではないか、という気がしていて。X JAPANの項で話したような少女文化的な側面というのが椎名林檎の表現にもあったと思うんだけど、それは擬古文体だったり和風ヴィジュアルだったり、ギミックの奇抜さ・可愛さに対する思い入れという形で成立してたと思うの。ゼロ年代当時、ああいうヴィジュアルやギミックを好む少女たちというのを僕は間近に見た記憶がある。でも先に話したように、椎名林檎の音楽／言葉の世界観というのは本人が言うように「すごい普通」＝スタンダードなものとして構築されていて、日本の大衆的ポップスとしてもきちんと機能するものになっている。さらに、その「すごい普通」の価値観の中には、他者への甘やかな信頼というものが内包されていると僕は思っていて、そこが戸川純とも違うところだし、もっというと、フェミニズム的なものとも違うところだと思ってるのね。個人として正しく世界から切断されることよりも、甘やかな集団性・共同性をどこかで求めている印象があって、そのことが「日本的なるもの」を漠然と彼女が志向することにも繋がっていると思う。

パンス　90年代のガーリー・カルチャー[223]は、こと日本において、当時それらが政治的な部分に接続されることはなかったけれど、「みんなカメラを持って自由に表現していい」みたいな、ゆるやかに個人主義的な志向の突破口にはなっていたと思う。「個人として正しく世界から切断」というその「正しさ」を

雑誌『スタジオ・ボイス　ヒロミックスが好き』1996年3月号

223 **ガーリー・カルチャー**　90年代、アメリカで起こった「ライオットガール」ムーヴメントをひとつの源流として、日本でも多くの女性作家が活躍した。当時、写真を中心に多ジャンルで起こった動きを海外の動向も含めて知るには、林央子『拡張するファッション』を参照のこと。

僕は判定する立場ではないけども、90年代の終わりに椎名林檎やDragon Ashが持ち出した他者や共同体への志向は、個人主義からの後退として捉えることができるし、違う局面の始まりでもあったんだと思う。その傾向の中のある部分が徐々に国家に向かっていくのも自然なことだった。

コメカ 「男と女」的な関係性に基づくものだけじゃないポップへの可能性ってのが、ガーリー・カルチャーとかライオットガール的な文化にはあったわけだけど。椎名林檎はある意味で「少女たちのカリスマ」と言っていい時期があったと思うんだ。ただ、そこで提示できた世界観はあまりオルタナティブなものではなくて、ギミック混じりに「ねえ　後生だから傍に置いてよ」(「とりこし苦労」)と歌ったりもしていた……っていうのは、けっこうデカいなーと。90年代ガーリー・カルチャー的な個人主義というのはやっぱり新自由主義的なものが徹底的に全面化する前の時代のもので、ゼロ年代の環境の中では椎名林檎のようなある種の過剰適応の作法の方が説得力があったんだろうなあと。

パンス 2004年のイラク日本人人質事件[224]で、拘束された人々の「自己責任」を問う声が上がっていたとき、初めて市民って怖えなあ、という認識をした。あの頃はメディアの論調も、ネット上での意見もバッシング一色だったから。小泉/竹中流の新自由主義的な発想、自己責任論[225]みたいな言説って、今でこそ歯止めをかけようとする動きがあるけれど、ゼロ年代前半には野放しにされていたから、今思い返すとけっこう過酷だったのかも。「過剰適応の作法」がヒートアップした結果、ここ10年ほどは「国」というか体制そのものにいかに適応していくかという態度も目立つようになった。その源流は、この頃にあったと思う。

コメカ そういう風にネオリベラリズムが全面化していく状況の中で、自意識を暴走させてくずおれるような

224 **イラク日本人人質事件**
イラク戦争以降に多発した、入国した日本人が現地の武装勢力に拉致された事件。2004年3月に起こった事件は、拉致された被害者に対するバッシングを生んだ。

225 **自己責任論**
2004年のイラク日本人人質事件の頃から盛んに唱えられるようになった単語。そのルーツを探るならば、松沢裕作『生きづらい明治社会』(岩波ジュニア新書)がおすすめ。すべてを個人の努力や過失といった問題に押し込め、社会的要因の可能性を見えなくさせるマジックワード。

こともなく、結果的に椎名林檎はきちんとビジネスを成立させていったと言える……まあ、大衆的なポップス／歌謡曲への志向というのがもともと素養としてあったりだとか、マスとの接点をきちんと作る才能があったってことですね。ただ、そうして辿り着いた現在において、ワールドカップだったりオリンピックだったり、国民的イベントに重用されるようになった彼女の振る舞い方って、かつては雰囲気で和風ヴィジュアルや日本的記号をオモチャにして遊んでいたのが、本当に国家と接続される機会を与えられて本人もそのことについてきちんと咀嚼し切れてない感じがしていて。ジョークが本当になっちゃったというか。ゼロ年代って言うのはそういう風に、反語やアイロニーがどんどん不成立になって、身も蓋も無く世界が「順接化」していく時代だったわけだけど……その中で当時ある意味で頭一つ抜けていた存在について、次項は話しましょう。

コミュニタリアニズムとネオリベラリズムの狭間で

主題への取り組み

コメカ　KREVAについて。個人的にはKICK THE CAN CREWやリップスライム[226]がメジャー化したあたりのタイミングで、90年代サブカル的な空気がシフトチェンジした印象を持った記憶があるのよね。雑誌「クイック・ジャパン」とかも空気感を変えていってたし。

パンス　「日本語ラップ」がお茶の間にもガンガン流れるようになったきっかけとして、それまでも「今夜はブギー・バック」[227]「DA.YO.NE」[228]とかあったけど、単発ではなく、なんとなく連続的な雰囲気というか「こういうカルチャー」ってのを打ち出していった存在としてDragon Ash[229]がいた。日本語ラップの現場にいた人もフィーチャリングしたり、「ストリート感」を醸し出す仕掛けがされていた。そんな中、よりライトな感触を持って出てきたのがKICK THE CAN CREWやリップスライムのヒットだった。

コメカ　Dragon Ashは『Viva La Revolution』って銘打ったりだとか、ロック的／カウンター的なイメージを打ち出そうとしてた感があったけど、KICK

226 **リップスライム**　1994年結成のヒップホップ・グループ。アルバム『Lip's Rhyme』でデビュー。2001年『STEPPER'S DELIGHT』以降は一気にメインストリームへ。KICK THE CAN CREWと並び、ヒップホップの大衆化に大きく貢献。

227 **今夜はブギー・バック**　小沢健二featuringスチャダラパーによる楽曲。1994年にリリース。同年リリースの「DA.YO.NE」と並び、日本で初めてお茶の間まで普及したラップ・ミュージック。

228 **DA.YO.NE**　EAST END×YURIによる楽曲。1994年リリース。大ヒットし、各地の方言による便乗ソングまで大量に登場。当時、本当に小学生までみんな

THE CAN CREWやリップスライムはよりスムーズにチャートに入っていった感があったよね。ファンキーグラマーユニット所属だから自然な流れではあったわけだけど。ただ、ライムスターら先輩格の人々と比べて、ナード感とかルサンチマンみたいなものをあまり感じさせないとこがＫＩＣＫやリップにはあったと思う。

パンス　１９９６年リリースのリップスライム「白日」は、ファーサイド的というか肩の力の抜けたトラックにモラトリアム満載のラップが乗った曲。それが２００１年『STEPPER'S DELIGHT』の頃にはより明朗快活なテイストになっている。今思うとそのあたりに分水嶺があったのかもしれない。

コメカ　ゼロ年代当時、なんかの記事でスチャダラパーが、ＫＩＣＫやリップは文化系的ではあるけど、派手な業界とも距離感を感じずに付き合えちゃうところが自分たちとは違う、みたいな発言をしてた記憶があるのよね。90年代っぽい暗さ・ダルさを歌うことから意識的に離れること自体が、ＫＩＣＫやリップみたいなグループのスタンスとしてあった感じはした。スチャダラはどうしてもずっとそういう「ダルい感じ」を手放さない感があるけども。

パンス　スチャダラパーは「ヒマの過ごし方」というタイトルで、自らの「ダルい」生活についてラップしていた。その後、ゼロ年代初頭のメジャーな日本語ラップ[230]では、より明確な向上心や、パーティ感を打ち出していく態度が中心になる。「上がってんの」（「マルシェ」）と問いかけることは、まさにその傾向をもっともシンプルに表している。

コメカ　「意味」や「主題」に取り組むことを（良くも悪くも）恐れない表現が90年代末〜ゼロ年代初頭あたりに同時多発的に出てきた、っていう。当時大塚英志が

知ってた、この曲。

229 **Dragon Ash** ミクスチャー・ロックバンド。1999年アルバム『Viva La Revolution』が大ヒット。ストリート・カルチャーに紐づいた雰囲気を出しながらチャートに現れた点が新しかった。当時パンスが通っていた中学校では、ヤンキーはLUNA SEAなどメジャーなヴィジュアル系、ヤンキーではないけど陽性の男子たちはDragon Ashの「陽はまたのぼりくりかえす」をコピーするという区分けがなされていた。

230 **ゼロ年代初頭のメジャーな日本語ラップ** リップスライムやKICK THE CAN CREWはもちろん、「さんピンCAMP」以降に出てきたNITRO MICROPHONE UNDER

宮藤官九郎[231]について、「前向きで健全な主題を持ち込んできたこと」を評価していたけども、松尾スズキ[232]や堤幸彦[233]みたいな世代の作家から宮藤への移行と、スチャダラや電気みたいな世代からKICKやリップへの移行ってのもちょっと同時代的だったよね。「主題」を掲げることそのものに疑問を呈したり、「意味」が持つ抑圧性を無効化しようとしたりしていたのが70~90年代のサブカルにおけるある種スタンダードな態度だったんだけど、椎名林檎の項でも話したように、そういう屈託みたいなものがこの頃から喪われていく。

パンス うん。日本語ラップにおいてはその移行が早い段階で行われていたと思う。というか、スチャダラパーの『5th WHEEL 2 the COACH』[234]あたりで終了したのではないかな。その頃のスチャダラパーやブッダブランドに見られたような言語実験みたいな時期も経て、サクッと「主題」に取りかかれる段階に入った。単純に素直になった、といった方が近いのかな。

そして僕は「好きだけど、なんか完全に馴染めないな……」みたいな思いをすることになる。後に宮藤官九郎とかが出てきたときも、似たような印象を受けたな。

コメカ うん、「バカなヤングはとってもアクティヴそれを横目で舌ウチひとつ」的な感覚が、ゼロ年代にどんどん後退していった感はあったよ。で、さっき話したような「主題」の回帰みたいな状況と同時に、ネオリベラリズム的な世界観というのがどんどん前景化してきたのがゼロ年代だったわけですが、ポップスの世界でそういうネオリベラリズム性を体現したようなところがKREVAにはあったと思うんだよね。

レペゼン自分

パンス ネオリベラリズム性を体現、というのは興味深いね。昨今では「ネオリベ」というと、とにかく悪の

GROUNDや各人のソロもオリコンチャートに乗っていたのが1999~2002年頃。

231 **宮藤官九郎** 1970年生まれの日本の脚本家、俳優、ミュージシャン、その他諸々。91年に劇団大人計画に入団。2000年に『池袋ウエストゲートパーク』で連続ドラマの脚本を初めて手掛ける。その後の活躍は言わずもがな。ゼロ年代初頭、『木更津キャッツアイ』等の作品で、90年代的な暗くシニカルな感覚に対するカウンターをいち早く打ったと言える。

232 **松尾スズキ** 1962年生まれの日本の劇作家、演出家、俳優、その他諸々。88年に劇団大人計画を設立。「笑い」を表現の核に置きながら、社会でタブー化され

象徴みたいな単語になってしまっているフシもあるので、ここで日本の状況を軽くおさらいしてみます。新自由主義（ネオリベラリズム）的な政策は、80年代・中曽根政権のときから始まってた。電話・鉄道の民営化。この頃ミルトン・フリードマンは日銀の顧問もやってる。次の流れが90年代後半、橋本政権の「金融ビッグバン」での銀行改革、そして2001年からの小泉・竹中改革による数々の規制緩和はよく知られるところ。

これらの事実を背景として注視したいのは、政策としての規制緩和の流れに、当時の人々が「心情的な面で」乗っかっていったというところ。大雑把に言うと、緩和されるということはより個人に対する保護が薄くなるわけだけど、その風潮を多くの人が「改革」として捉え、ポジティブな流れとして受け止めていた結果、小泉政権時からの「自己責任論」の要因となっているように思える。この頃とKICK THE CAN CREW～KREVAソロへの流れと時代的には合致していますが、ではどのような連動を見せていたのか。

コメカ　もちろん、KREVA自身が新自由主義的な政治／経済の流れを意識していたわけではないと思うんだけど。ただ、結果的に彼の言葉の世界がそういう状況とシンクロしていた感じがして、そこが面白いと思っていて。2007年に「アグレッシ部」という曲をリリースしてるんだけど、サビのフレーズで、「今日は俺が俺の味方　広い世界ただ一人になろうが　オレは決めた　そうだアグレッシブ」って歌詞があるんだ。他人でもコミュニティでも神でもなく、自分自身が自分の一番の味方である、っていう思想をこんなにはっきり打ち出したミュージシャンって当時あんまり他にいなかったと思うのよ。社会という水準ではなく個人という水準が重視されている。そしてその上で、当時サブカルチャーの領域で流行していたセカイ系的な母体回帰幻想ではなくて、リバタリアン的な能動性＝アグレッシブさが志向されているんだよね。当時のITベンチャー系のビジネスマンたちとも世界観がか

ている人間の暗部や弱さを描くことを通して、90年代における日本の物語作家の最重要人物のひとりとなった。

233 **堤幸彦**
1955年生まれの演出家、映画監督。『ケイゾク』『池袋ウエストゲートパーク』『TRICK』等のテレビドラマにおいて斬新な演出を展開し、評価を得た。

234 **5th WHEEL 2 the COACH**
1995年にリリースされたスチャダラパーのアルバム。日常系のリリックとドープなトラックが交錯した1枚。「サマージャム'95」はいまも毎年夏に歌い継がれる曲。

なり近い気がする。

パンス　アグレッシブに自分のやりたいことをやりまくって、勝ち上がっていく。とはいっても高度経済成長期のモーレツ熱血社員みたいなものとは異なってて、頭が良さそうな感じでクールに遂行するのを良しとする、という美学が生まれた時代だと思う。ひろゆき[235]（2ちゃんねる）も、発言はまったりとしているけど、頭脳派で成功してる人ってイメージを纏ってた。もっとも露骨な例だとホリエモン[236]か。KREVAソロ以降の動きにも近いものがあると思う。同時期の日本語ラップ・コミュニティから頭ひとつ抜けて、自分自身を打ち出し始めた。

コメカ　彼はヒップホップにも日本語ラップコミュニティにももちろん深い愛情を持っていると思うんだけど、ソロデビュー以降の動き方は敢えてそこへの帰属感を消していくものだった。例えばこのインタビュー[237]で「それこそオリコンの上位にいるような人たちと同じステージに立つとか、自分が求められてない場所でライブするとか、そういう経験が必要だと思うんですよね。あの時に感じる、何とも言えない無力感。それを経験すると自分に必要なものが見えてくると思うんですよ」って発言してるけど、これはコミュニティの外側に個人として出ていくべきだ、というスタンス表明だからね。「とにかく自分がラップしたら売れるだろうって思ってました。『100万枚は余裕だろう』って(笑)。だから気持ちに迷いはなかった。大学に行って、卒業が近くなってきた時にも、親には『せっかくいい大学行ったんだから、就職したほうがいいんじゃないの?』って言われたんですけど」「ただ、親の気持ちはすごくわかるんだけど、俺としては、ラップしたほうが間違いなく儲かるし、絶対いけるからって言ってました」って発言もしていて。社会に対してアクションしたいとか、コミュニティを形成したいとかじゃなくて、ここまではっきりとビジネスを意識しな

235 **ひろゆき**　西村博之。1976年生まれ。1999年に匿名掲示板「2ちゃんねる」を開設。彼の考え方や行動が日本のインターネット文化の象徴のように見られていた。当時の雰囲気を知るには井上トシユキと神宮前.org『2ちゃんねる宣言 挑発するメディア』（文藝春秋）がおすすめ。

236 **ホリエモン**　堀江貴文。1972年生まれ。元ライブドア代表取締役社長。ITバブル時代の顔としてゼロ年代に持てはやされたり、地に落ちたりしていた。現在もタフに活動中。

237 **このインタビュー**　「CINRA.NET」2015年2月27日 ヒップホップの挑戦者、KREVAが語る「悔しさばかり覚えてる」(https://www.cinra.net/

がら日本のヒップホップの世界に入っていったというのが面白いと思うのよ。

パンス　「絶対いけるから」と言っていた頃は、今のようにラップ・ミュージックが日本に普及していなかった時代だったと思うとグッとくるよね。90年代から活動していた人たちにはさまざまなタイプがいるけれど、それぞれ日本にシーンを定着させたい！　と思って奮闘していた点では、わりと一致していたんじゃないかな。ただし、サクっと芸能界の中心にいっちゃう人はいなかった。２０００年にYOU THE ROCK[238]や日本語ラップの代表選手が連続して「テレフォンショッキング」に出てた[239]のを思い出すなあ。メジャーなフィールドにも出ていくけど、フェイクにはならない、という矜持も抱える人が多かったから、メジャーになった存在はDISされたり――といった軋轢も数多く生まれた。もちろんそれもヒップホップのゲーム的な側面とも言えるのだけど。ＫＲＥＶＡはそういう構造から抜け出ようとして、個人単位での行動になったのかもしれない。

コメカ　「今日は俺が俺の味方　広い世界ただ一人になろうが　オレは決めた　そうだアグレッシブ」という姿勢で「１００万枚は余裕だろう」と考えるＫＲＥＶＡのカッコよさが支持されたことと、格差社会化していく状況の中でライブドアやサイバーエージェントみたいなITベンチャー企業が成りあがり注目を集めたことは、やっぱり同時代性はあったと思う。で、ヒップホップに限らず、さまざまな文化がそれぞれ小さなタコツボ的コミュニティと化していったのは、情報環境的な要因だけでなく、そういう格差社会の中で個々が自意識や身を守る術として選択されたところもあると思うのね。拠り所や居場所を確保する必要があったというか。ＫＲＥＶＡはそういう選択をしなかった。自力でサバイブしメイクマネーする方向にいったわけだね。それを僕はネオリベラリズム的だっ

interview/201502-kreva?page=4）

238 **YOU THE ROCK**　ラッパー。1971年生まれ。日本語ラップ草創期からシーンを牽引し、90年代後半にはお茶の間にも登場するように。パンスは『クイック・ジャパン』15号のインタビューを読み、子ども心に熱い気持ちになっていた。

239 **日本語ラップの代表選手が連続して「テレフォンショッキング」に出てた**　2000年「笑っていいとも！」内「テレフォンショッキング」に3日連続でラッパーが登場。Zeebra→ラッパ我リヤ→YOU THE ROCKの順。

たなと思っていて。で、それと真逆の方向から「個人」主義な志向を見せた人が日本語ラップの世界にいて……ECDですね。

「下がってる側」からの視点

パンス　『STUDIO VOICE』2002年6月号の特集「ヒップホップ・サイエンス」でのECDのコラムに『上がってんの?下がってんの?』下がってちゃ悪いんか?」という一節があって、僕はシビれたね……。そこに、少なからず社会との連動が感じられたから。2001年、森喜朗が支持率を落とし続けるなか出てきた小泉純一郎に対して、国民的な熱狂が巻き起こる。その一方で、ネグリ/ハート『帝国』[240]が翻訳され、反グローバリゼーション的な思想が紹介されるような状況もあった。

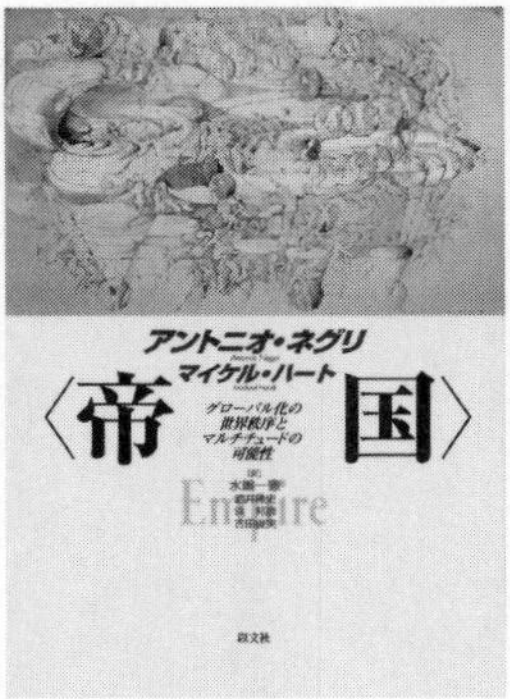

アントニオ・ネグリ／マイケル・ハート
『〈帝国〉グローバル化の世界秩序とマルチチュードの可能性』
(2003年1月23日、翻訳版刊行)

ECDはその動きの渦中で、BBS[241]で議論をしたり、サウンド・デモに参加していた。

コメカ　ECDも、ゼロ年代以降はいわゆるヒップホップ・コミュニティからは離脱していく。ただ、同じように「個人」というタームで動いていくにしても、KREVAのようなリバタリアン的な動き方とはまったく対極の、プレカリアート的なものを体現したようなところが彼にはあったと思う。KREVAが「上がってる」視点から、ECDが「下がってる」視点から、新自由主義が全面化する時代のリアリティを体現していたというか。

2010年代以降にも彼らがそれぞれ非常に大きな支持を得たのは、ゼロ年代的な「コミュニティへのひきこもり」を、それぞれの

240 **ネグリ／ハート『帝国』**
アントニオ・ネグリ、マイケル・ハートの共著。2000年刊行。現在の世界を、グローバル資本主義が拡大し国民国家の概念を越えた、新たな「帝国」として規定。それらに抵抗するための術として、有象無象の群衆による「マルチチュード」が唱えられる。

241 **BBS**
電子掲示板。複数人でコメントをつけ合い、交流や議論が行われるインターネット上の場。2000年前後には、2ちゃんねるなどの巨大掲示板のほか、webサイトにつけられたBBSなどでも活発なやり取りが行われていた。

やり方で避けたからだと思う。

パンス 「下がってる」側からの視点。ECD『失点 in the park』に収録されている「貧者の行進」のリリックはこんな感じ。「貧者の行進バッタバッタ／倒れる仲間にはビンタビンタ／丈夫な赤ちゃん出産出産／ドクタードクター名医無免許」。日本社会の行く末を予見するようだけど、それを告発するというよりは、淡々と「頼れない―かつ―抑圧的な社会」を描写していくような詞だと僕は捉えている。どうやって生き残るか、という問いがリアリティを持つ時代に突入した。

コメカ 「小さな政府」的な政策がどんどんと推進されるにつれて、「社会」という水準が人々の間でひどく頼りないものとして認識されるようになっていく。

ECD『失点 in the park』
（2008年10月17日発売）

かつてサッチャー[242]が言った「社会など存在しない！そこには個々の男たち、女たち、家族がいるだけであり、そして政府は人々を通してしか何も成し得ない、人々はまず（自分が上手くいかないことを社会のせいにせず）自分自身を省みるべきだ」という世界観が、ゼロ年代の日本にも順調に定着していった。今の自己責任論の蔓延はそういう文脈の中にある。ゼロ年代の10年で、戦後民主主義という価値観は本当に崩壊してしまった。「焼け跡」に至る炎上がそこかしこで起きていたというか。ゼロ年代以降のECDは結果的に、そういう日本社会の状況を描き出す表現者になってしまったと思ってて。

パンス 少し90年代に戻して考えると、「90年代的なダルさ」をアナーキズムや「オルタナティブ・ウェイ・オブ・ライフ」的なところまで展開させていった「だめ連」[243]のような存在もいて、「素人の乱」[244]な

242 **サッチャー** マーガレット・サッチャー。1979年、イギリス史上初の女性首相に就任。新自由主義的な政策の断行により、経済を回復させるいっぽうで、それまでの労働組合の勢力を減退させ、格差を拡大させた。

243 **だめ連** 神長恒一とペペ長谷川を中心とした集団。1997年『現代思想』に取り上げられ知られるように。社会運動にも積極的に参加するが、アクティヴィズムというより「だめ」であることを標榜した点が画期的。

244 **素人の乱** 松本哉が高円寺にオープンさせたリサイクルショップ。この店舗を中心に、地域に独自のコミュニティを築く。

ども経て後年のプレカリアート[245]のような運動とも繋がっている。一方で当時の企業社会の中では自己啓発[246]的なものが現れていた。経済がシュリンクしていく中で、企業戦士的な生き方に活路を見出すことが難しくなってきたのも要因としてあったんだと思うんだけど、自分で自分をエンパワメントする、という流れは、ゼロ年代にはさらに激しくなっていて、それが「知らない他者」に向けられたときに、自己責任論のような噴出となる。

コメカ KREVAのセカンドアルバム『愛・自分博』(このタイトルもすごいんだけど)に入ってる「国民的行事」って曲に「やるぞ やるぞ やるぞ 俺はやるぞ 春も夏も ほらみな Let's go 秋も冬も 下げんなテンション」ってリリックがあって(笑)。もちろんここにはユーモアがあるんだけども、今度は「下がってんの?」じゃなくて「下げんな」って言ってるんだよね(笑)。まあ「ひとりじゃ無理 楽に仲間に相談し」っていうパートもあるんだけど。ただやっぱり、自己啓発的・セルフエンパワメント的な感覚が充満している。ECDが携えていた「(90年代よりはるかに切実な)ダルさ」とホント対極。他にもたとえば「イッサイガッサイ」っていう曲では「今年は何かしたくて毎日二人はソワソワしてる」って歌っているんだけど、それもやっぱりスチャダラパー「サマージャム'95」やZeebra「真っ昼間」みたいな「ダルさ」ととても距離があるなあと思うんだよね。とにかくこの人の世界観ってハイパーアクティブなんだよ。

KREVA『愛・自分博』(2006年2月1日発売)

パンス ラップのスキルの高さ、という側面もあるよね。とにかく自己が確立していて、ハイクオリティでテンションが高い。イケメン性といえばいいの

245 **プレカリアート** 1990年代以降に唱えられるようになった、不安定な雇用状態に置かれた人々。日本では2007年頃から非正規雇用の問題が本格的に取り上げられるようになり、この語の他にも「ワーキングプア」「下流」といったキーワードが流行。

246 **自己啓発** 自分自身の意思により、意識を変容させ、より大きな充実、高い能力を得ようとすること。およびその方法。90年代以降、民間での「自己啓発セミナー」が盛んに行われた。

かな。アイドルというニュアンスとも少し違うんだよな。ロックバンドのフロントマンがソロになったときのような存在感が近いかもしれない。そういう意味で、ラップそのものでもありつつ「ラップから遠く離れて」な立ち位置になっているんじゃないかな。

自閉するセカイ

コメカ　KREVAのハイパーアクティブなキャラクターが持つ「強さ」に惹かれた人がとても多かったってのは、ゼロ年代のひとつの側面を象徴しているなあと思うんだよね。強迫的に自己肯定していくような在り方が、ひとつのスタイルとして魅力を持った。新自由主義が全面化していく世界の中では、自己啓発的に自分をエンパワメントしないと鬱になってしまう……みたいな恐怖心がそこにあったんじゃないかという気すらする。ただ同時に、当時のアンダーグラウンドのヒップホップは、それとはまた対極の世界を描いていた側面があるんじゃないかと思うんだけど。

パンス　2004年頃からは、郊外や各地方からのラップ・ミュージックが大量に現れた。彼らが新しかったのは、それまでのメジャー／マイナーみたいな対立構造から距離を取って、身のまわりで起こるシリアスな状況を（無頼派的な演出込みで）記述するのに専念している、というところだった。「素面でBAD TRIP　どうせ途方くれたって処方箋もねー　素面でBAD TRIP　火葬場棺桶のなかで何も残らねー」（SEEDA[247]「BAD TRIP」）全体的にノワール的な表現なんだよね。それの躁転したバージョンが、湘南乃風[248]以降のジャパニーズ・レゲエになると思ってる。こっちはアウトロー的なコミュニティというより、最近の言葉だとマイルドヤンキーのような、より地域に根ざした共同性を持って、今でも安定した人気がある。「夜な夜な呼び出され土曜日に海が見えるコンビニ　缶コー

247 **SEEDA**
1980年生まれのラッパー。2006年からリリースされたDJ ISSOとのMIX CDシリーズ『CONCRETE GREEN』は、無名のMCを多数紹介する役割を果たした。2020年、アルバム『花と雨』を原案とした同名映画が公開。

248 **湘南乃風**
ゼロ年代にジャパレゲ（ジャパニーズ・レゲエ）を定着させた4人組。2001年結成。現在でも根強い人気を誇る。

ヒーを飲み頑固にあのときの夢どこに」（湘南乃風 feat. MOOMIN「応援歌」）。

コメカ たとえば、1999年にファーストアルバムを発表したTHA BLUE HERBは、「東京対札幌」みたいな構図を描いてみせた。「TOKYO OSAKA BIG City Dream だがそこまでだ 今本命がエントリー 北から頂く」（「COAST 2 COAST 2」）。2000年頃には、地方で声を上げるときの在り方としてそういう構図が非常に説得力を持ち得たと思うんだけど。でも今パンスくんが話してたようなフェーズからは、地方や郊外というものが徐々に都市との対比の中で捉えられるものではなくなっていって、それそのものの中で自閉したセカイとして、パフォーマンスする人々にも受け手側にも感じられるようになっていったんじゃないかな。KREVAは地元江戸川区をレペゼンする意志を持ってはいても、それを自身の活動の表立ったアイデンティティにはしなかったわけで。KREVAの存在と地方のシーンの在り方とは、すごく対比的な構図になってたんじゃないだろうか。

パンス 2004年に六本木ヒルズが建って、そこにラグジュアリーな生活をしてる人たちが住む。分かりやすくバビロンっぽいものが出来上がっていくと同時に、「東京憧れ」というか、田舎から出てきて一発当てようといったスタンスが減ってきたんじゃないかな。そんな中、打ち棄てられた郊外を描くフランスの映画『憎しみ』のように、社会の下層で「やることがない」状態を描く、富田克也『国道20号線』[249]のような表現も出てきたことも見逃せない。

で、ゼロ年代にはもう一方で重要な流れがあった。現実と完全に切り離された「セカイ」を描く表現。

コメカ 「社会など存在しない」という世界観を「強者」が導入すると、ネオリベ・リバタリアン的なスタンスの人間になる。「社会」という中間項をスルーして、

249 **国道20号線** 『サウダーヂ』などで知られる富田克也監督・「空族」制作による2007年の映画。地方に住むアウトローの崩壊した日常を描く。

個人としてガンガンビジネスしまっせ、自由を謳歌しまっせ〜っていうね。KREVAはポップミュージックの世界の中で「強者」になれた存在だったと思う。で、それに対して「弱者」がそれを導入した場合どうなるか。ゼロ年代に入ってから、高橋しん『最終兵器彼女』や新海誠『ほしのこえ』等の作品が、セカイ系という呼称と共に人気を集めるようになった。よく言われる定義では、「個人・社会・国家」という3領域のうち、「社会」という領域を捨象した世界観が、セカイ系と呼ばれるような作品群には共通している。個人の自意識と国家の命運がダイレクトに接続されてしまうような物語が展開する、というね。先駆的なセカイ系作品である1995年の『新世紀エヴァンゲリオン』は、まさにそういう物語構造になっていた。で、このセカイ系的な問題って、先述したような「社会など存在しない」という時代における「弱者」の問題だったんだろうと僕は解釈してて。地方のラップシーンにおける語り手たちというのは、それが小さな自閉的な世界でしかなかったとしても、内在しそれを描写し得る社会を持っていたと思うのね。彼らは社会的に見たら「弱者」だったかもしれないけど、それでもそういう社会をまだ肌で感じることができた／感じざるを得なかったはず。でもじゃあ、そういう場所すら持ち得ない「弱者」たちは、果たしてどんな言葉を語っていたのか。セカイ系的な言葉は、そういう類の「弱者」たちの言葉になっていたのではないかと思うんだよね。ゼロ年代において、マイルドヤンキー的な地方の社会からも疎外されるオタクたちが、オタク文化の中でそういう言葉を小説やマンガ、アニメ等の領域で、繰り返し語り、表現し、消費していたのではないかと。で、じゃあポップミュージックの領域でそういう表現がどこにあったのかというと……という話をしたくて。次は、バンプ・オブ・チキンについて。

バンプ・オブ・チキン

セカイ系J-ROCK

「貧しい」イノセンス

コメカ　バンプ・オブ・チキンはゼロ年代の日本のロックシーンで強烈に存在感があったバンドのひとつだと思うんですが、彼らの存在が日本のロック史の分水嶺になっているのではないかと思っていて。端的に言うと、90年代までのサブカルチャーをいろいろ追っかけてた人でも、バンプ以降のいわゆる邦楽ロックの状況はよくわからない……みたいな人がけっこう多いんじゃないかと。

パンス　僕がまさにそう。スーパーカー[250]、ナンバーガール[251]などは聴いてたけど、それ以降に何が起こってたのかが掴めなくなってしまった。2003年に東京に出てきて周りの環境が変わったってのもあるけど、バンプ・オブ・チキンの人気は遥か遠くの出来事のようだった。一体どんな変化が起こっていたんだろう？

コメカ　バンプ・オブ・チキンは、1999年にアルバム『FLAME VEIN』でインディーズデビューしている。デビュー時点での音楽性はまあ90年代的なオルタナティヴ・ロックと言っていいと思うんだけど、まずひとつ、僕が思っていることがあって。ボーカル藤

250 **スーパーカー**　1995年結成のロックバンド。シングル「cream soda」で1997年メジャーデビュー。2005年解散。後期はエレクトロニカ的なアプローチも。くるりやナンバーガールとともに、90年代末に日本のロックシーンにひとつの画期をつくったバンドだと思う。

251 **ナンバーガール**　向井秀徳を中心とするロックバンド。1995年結成。ピクシーズなど海外のオルタナティヴ・ロックを日本的に解釈。後期にはポスト・パンク／ダブ的な要素が強調されていた。2002年に解散したが、2019年再結成。

原基央の「声」が、小山田圭吾以来の「日本のロックの少年性」の更新だったと思うんだよ。

パンス　「声」から入るか！　小山田圭吾以来というのは分かるけど、日本のロックにそのような系譜があるということ？

コメカ　小山田のあの少年のような「声」がなければ、フリッパーズ・ギターはあれほど美しくイノセンスを表現することはできなかったはず。90年代にはフリッパーズエピゴーネンもいろいろ現れて、少年声の象徴と言えば小山田声！　みたいなムードがあったと思うんだよね（笑）。青年声は桜井和寿で（笑）。でね、そういう少年的な「声」の在り方を更新したのが、藤原なんじゃないかと。実際それ以降、藤原のボーカルスタイルを踏まえたRADWIMPSや米津玄師らのような存在が、「イノセントな少年」というイメージをまとったミュージシャンとして活躍していく。バンプの登場以降は、藤原の「声」が、ロックシーンにおける少年的な「声」の象徴・参照点になったんじゃないだろうか。ただ、フリッパーズの少年性が、かつて菊地成孔が評したような「子役的」なアンファンテリブル性だったとして、バンプのそれは質が異なる。もっとザラついているというか、語弊を恐れずに言うと「貧しさ」を感じさせる声なんだ。それこそ孤児的なヒリついた感覚が、藤原の声にはある。先述した彼らのインディデビュー盤は楽曲も演奏も本当に稚拙なんだけど、「声」の説得力と個性は既に確立されている。90年代の「豊かな」イノセンスとは異なる、ゼロ年代の「貧しい」イノセンスを、彼らはそのデビュー時に、リアリティを持って表現し始めたのではないかと。

パンス　同じ少年だけど、居場所が違う。文化的背景も違う。いまイン

バンプ・オブ・チキン『THE LIVING DEAD』
（2004年4月28日発売）

ディーズ2枚目の『THE LIVING DEAD』の歌詞を読みながら聴いてたけど、コンセプト・アルバムで、曲単位で寓話的な世界を描いている。「〜があって、〜になった」といった感じで単線的に物語が進んで、完結するような構造になっている。これはフリッパーズや、その他90年代のポップミュージックとはずいぶん趣を異にするなーと思った。このアプローチの違いからも浮かび上がるものがあるかしら。

コメカ フリッパーズも、1stアルバムではけっこう単線的な物語を持つ歌詞を書いている。「僕のレッド・シューズ物語」とかね。ただ、作品世界が徐々に自意識に覆われてくるというか、ラストアルバムでは曲単位での物語性はほぼ無くなって、断片的で混沌とした歌詞になっていく。まあ90年代のオルタナティブロックの歌詞というのは総じて「自意識の閉塞」みたいなものが主題になっているものが多くて、それこそ代表的なもので言えば、ニルヴァーナ「スメルズ・ライク・ティーンスピリット」とかレディオヘッド「クリープ」とかがありますね。ただ、その手の「自意識の混乱」みたいな方向性というのは最終的に袋小路に辿り着いてバーンアウトする、みたいな結論に至るケースが多いというか。フリッパーズの解散とか、カート・コバーンの自殺とかは、そういうものだったと思うんだよ。バンプは先述したように、音楽的には90年代オルタナの影響下にあるんだけど、歌詞の世界はそういう自意識の混沌みたいなものとはちょっと違うんだよね。同時期のオルタナ的なバンドであるsyrup16g[252]等とは、そのあたりが違う。

パンス バーンアウトすることを「伝説」として消費する、というところまで含めて90年代オルタナの美学はあった。しかしその一連の流れにバンプは当てはまっていないよね。「貧しさ」という形容はもっともで、90年代的な基準で捉えようとすると、イノセントなんだけどずいぶんと単調なものになっている。オルタナ

252 **syrup16g**
96年結成の日本のロックバンド。ナーバスかつペシミスティックな詞世界を、オルタナティブ・ロックサウンドに乗せて歌う。08年に解散したが、14年に再結成。

ティブ・ロックを背景としつつ、それとは違うものになっているとすれば、別の表現形式が彼らに影響を与えているということになるんじゃないか。それが何なのか。

コメカ　先述した声の話にちょっと戻すと、藤原の声は少年的ではあるけれど、小山田のような甘やかさが無い。少しハスキーがかっていて、ヒリヒリした印象を残す。フリッパーズの作品が豊かな良家の子弟というイメージを持っているとすると、貧しい孤児のようなイメージを彼らの作品世界に僕は感じる。加えて、バンプ・オブ・チキンというバンドに僕が感じる「貧しさ」というのは、つまるところ20世紀的な意味での文化的教養の欠如という意味での「貧しさ」ともイコールなのね。

パンス　20世紀的な意味での文化的教養の欠如……というと、具体的にはどういうこと？

コメカ　分かりやすく言うと、フリッパーズあたりまでのサブカルチャーの作り手が持っていたセゾン文化的なものの残滓が、バンプにはまったく感じられない。80年代的・セゾン文化的な「豊かさ」[253]というものは、サニーデイ・サービスあたりまではいろんなものを経由して受け継がれていっていたところがあると思うんだ。日本でオルタナティブロックのリスナーになるというのも、どこかでそういう「豊かさ」に接続される機会を持ち得る行為だったはずだと思うんだけど、バンプ・オブ・チキンはそういう系譜や回路の中にはいない。ただ、たとえばバンドブームの頃にたくさんいた無教養な有象無象のバンドたちのように、「文化的バックグラウンドを素朴に欠いている」というのとも、彼らの在り方は違う。

パンス　バンプにはまた別のバックボーンがあるということかな。

253 **80年代的・セゾン文化的な「豊かさ」**　端的に言ってしまえば、資本に担保された「環境」が、大衆に文化や知へのアクセス権を開いていく、というセゾン文化的な構造が不成立になっていったのが、90～00年代の流れだったのだと思う。

コメカ そうだね、彼らは世代的に体験したテレビゲームやアニメ等の、（20世紀的な教養主義を重視する人々から見れば）チープな、「貧しい」サブカルチャーから、自分たちなりに何かを吸収して、作品を作り始めたところがあると思うんだ。オルタナティブロックという表現形式をとりながらも、それとはルーツを異にする表現から吸収した要素があると思う。「貧しい」少年たちが、手元にある文化から何かを学んで自分たちなりの表現を作り始めた……という側面が、バンプの登場にはあったのではないかと。

「豊かさ」＝記号の集積

コメカ ここでちょっと、バンプ登場に至るまでの日本のロックの話を、前提としてしておきたいんだけど。バンプがインディデビューしたのは1999年。90年代の終わり。ちょうどこの頃から、「都市的なサブカルチャー」みたいなものが力を失っていく状況があったと思っていて。僕ははっぴいえんど周辺やYMO、渋谷系の系譜にあるような文化を「都市的なサブカルチャー」と考えているんだけど、その特徴がどこにあったかと言うと、表現内部やその消費環境の中に、大量の情報の引用やコラージュを孕んでいる、という部分だったと思うのね。そういう情報処理行為そのものに価値が置かれていた。その都市的な情報量の多さそのものを、「豊かさ」として理解する状況があったと思うんですよ。

パンス インターネット以前の時代に、豊富な文化資本は雑誌、レコード店、映画館などを媒介として「都市で／中産階級以上の層がゲットできる」ものとして蓄積・消費されていた。その一連の動きが「都市的なサブカルチャー」と言えるでしょう。自分たちもその圏内にいたと思ってる。というか、なんとなく最後の残り香を嗅いでいた感じ。

コメカ　うん、僕らはその最後の残像を体験した世代だと思う。90年代のサブカルチャーを担った人たちの多くは、80年代の消費社会的な環境の中で育って、そこでさまざまな文化資本に触れて自らの表現を始めた人たちだった。膨大な情報量を抱えて、それを自在に引用・コラージュする「豊かな」在り方。それこそたとえばフリッパーズみたいな人たちは、そういう在り方をナチュラルにセルフ・アイデンティティにしていた。でも、「失われた20年」の最初の10年を経過し、80年代的な重力が弱まったことで、そういう都市的な文化エリートの存在や表現が徐々に理解されにくくなっていった。

パンス　文化エリートというと「音楽を聴きまくっている人」が作る音楽——渋谷系などがイメージされるけど、小説やマンガ、イラストなど、さまざまな表現を引用して、自分たちの世界観を作るバンドは彼ら以外にもたくさんいたよね。

コメカ　うん。たとえば渋谷系とは違うフィールドにいたバンドでも、江戸川乱歩や中原中也を引用した筋肉少女帯や、アメリカン・カルチャーをコラージュしたような世界観を持っていたブランキー・ジェット・シティ[254]とか、とにかくただそのままストレートに自意識や物語を歌うのではなく、そういうサンプリング的な感覚を1回経由する、みたいな方法論を用いる人々は多かった。ヴィジュアル系バンドの多くも、ゴスやメタルの無作為な引用の集積だったし。まあたとえばアニメ『新世紀エヴァンゲリオン』に象徴されているけど、そういう情報量の多さそのものが90年代サブカルチャーの特徴だったと言える。これはやっぱり、80年代に

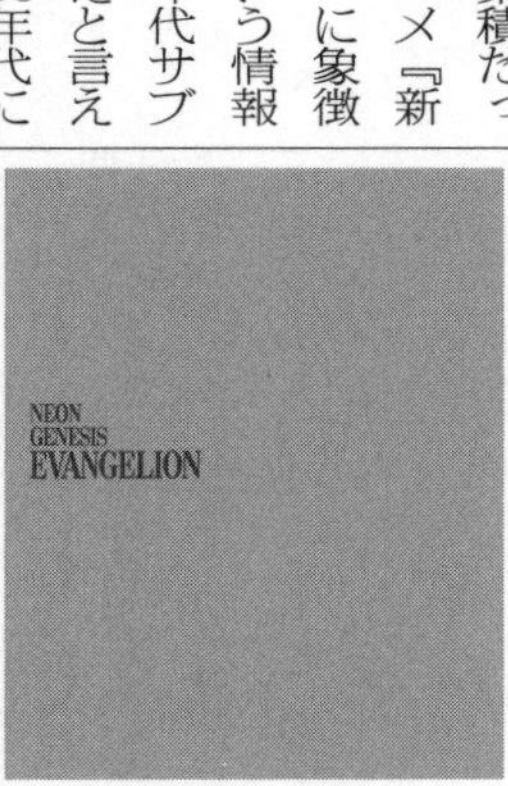

アニメ『新世紀エヴァンゲリオン』（1995年10月4日〜1996年3月27日、テレビ東京系列で放送）

254 **ブランキー・ジェット・シティ**　87年結成、00年に解散した日本のロックバンド。ブランキー・ジェット・シティというバンド名そのものが架空の都市としてボーカル／ギターの浅井健一にはイメージされており、楽曲内でその都市の物語が、アメリカ的な記号を多用しながら歌われていた。

消費社会的な環境が用意されたことで、そこで育った子どもたちがそれまでよりさまざまな文化にアクセスすることができるようになったから、っていう理由があると思う。

パンス 『新世紀エヴァンゲリオン』[255]のアニメ版最終2話についてはあまりにも有名だけど、「情報が多過ぎる」のを読み解くことが作品の魅力で、それらがあまりに増殖した末に破綻してしまうことすら、スリリングなものとして消費されていた。しかしその作品に影響を受けながらも、情報過多の混迷を抜け出そうとする存在が現れる。自身の作品に『金字塔』というタイトルをつけて。

コメカ そう、バンプ・オブ・チキンのインディデビューに先駆けること2年、1997年に中村一義がメジャーデビューする。彼が発表したアルバム『金字塔』は、ビートルズやバッドフィンガーのような60~70年代ロックの引用に満ちていたけど、フリッパーズのような衒学性とも、筋肉少女帯のような諧謔性とも遠い世界観を持っていた。「本当のこと言えたんで、気分いいなあ。」(「魔法を信じ続けるかい?」)。90年代のバンドたちがストレートに本質的なことを歌うことがどうしてもできずに、一度迂回してサンプリング的な表現をせざるを得なかった状況を変えるような真っすぐさが彼の表現にはあった。意志の在り方としてもっとも近かったのは小沢健二の表現だったと思うんだけど、重要なのは中村の表現はもっと目線が低かったということ。「あぁ、全てが人並みに、うまくいきますように。」(「永遠なるもの」)。80~90年代サブカル的な世界観からは、この歌詞は出てこない。「人並み」であることに対して「祈り」を捧げているわけですよ。ロスジェネ的なリアリティが表現の中に立ち現れてきている。引用の集積の中で戯れる感覚とは違う

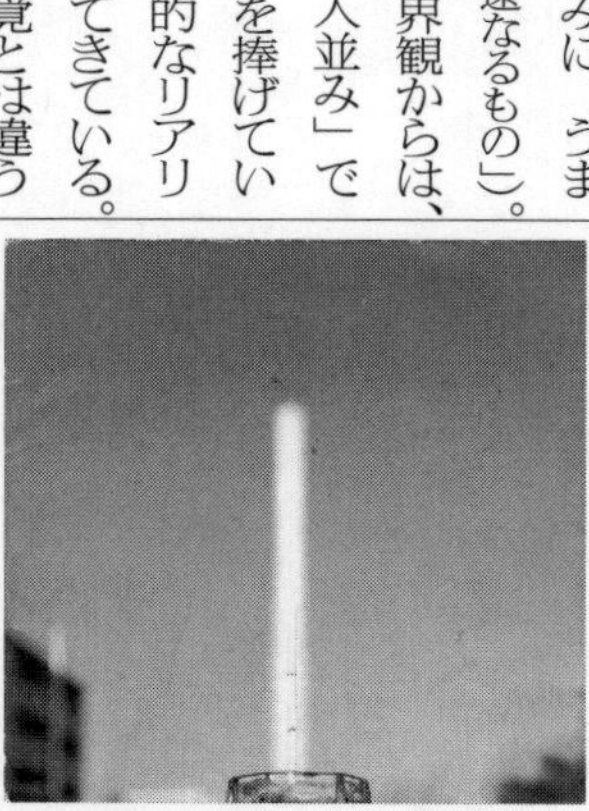
中村一義『金字塔』(1997年6月18日発売)

255 **『新世紀エヴァンゲリオン』のアニメ版最終2話** テレビ版の最終2話は、それまでのストーリーを無視するかのように碇シンジらの内面を描写した映像に覆われ、物議を醸した。

ものが生まれてきたということ。

パンス　デビュー当時は「ロッキング・オン・ジャパン」[256]で大プッシュされてて、ストレートさが新しい～！　っていう紹介のされ方だった。当時はローファイ以降の、自宅録音で作品を作るのが等身大の表現で新鮮という考え方もあって、その究極の理想形のように聴かれてた側面もあったと思う。また、いとうせいこうは彼の歌詞の乗せ方に、桑田佳祐以降の画期を見出していた（「待っていたその男　中村一義」『クイック・ジャパン』Vol.17）――いろんな方面から過剰に評価されてしまった存在だったよね。

コメカ　そう。正直、彼はデビュー時に、90年代的な状況を変える変革者として過剰に扱われてしまったところがある。実際それだけの強度を持つ表現だったとは思うんだけど、あまりにもデビュー時の彼を物語化する言説が氾濫し過ぎて、その後ミュージシャンとしてフラットに活動していくことが難しくなってしまった気はするね。そのために、バンド１００ｓを組んだりしたんだとは思うんだけど。

パンス　たしかにね。あと、彼の登場と同時期に「98年世代」と言われているナンバーガールやくるり、スーパーカーといったバンドたちがデビューする。

コメカ　うん。彼らもポスト渋谷系的な情報量の多さは持っていたんだけど、歌詞の世界で「主題」みたいなものを持ち出すことに抵抗が無い人たちだったと思うんですよ。ポストモダン的な解体志向、つまり、「主題」や「物語」を避け、むしろそれらを破壊しようとするような志向が無かった。くるり「東京」における（戯画的なまでに）フォーキーなセンチメンタリズムや、ナンバーガール「透明少女」における青年マンガ的な世界観のように、ストレートに自意識を語ることを解禁したというか。それに少しだけ先行していたのがサ

256 **ロッキング・オン・ジャパン**　ロッキング・オン発行、日本のロック・ポップスを紹介する雑誌として１９８６年に創刊。創刊号の表紙は佐野元春。「２万字インタビュー」などでアーティストのパーソナリティに踏み込むスタイルを重要視し、独自の音楽評論の潮流を生み出した。

ニーデイ・サービスだったと思うんだけど、後続の世代は直截的に自意識を語ることにどんどん屈託が無くなっていく。同時期に宮藤官九郎が『木更津キャッツアイ』等で、健全に「主題」を語ることを恐れない表現をやり始めたことと同時代性があると思う。宮藤ももちろん80〜90年代の記号の引用を多用するんだけど、素直に物語を語ることに躊躇が無かった。

でね、ここまで話してきたことが、バンプが登場するまでの前史としてあると僕は考えていて。記号の集積の中で戯れるという「豊かさ」を消費しつつも、徐々にその環境が失われていった90年代。そしてその混迷を抜けて、低い目線から「本当のこと」を歌おうとした中村一義という存在。ただ、中村の表現にはやはり東京的＝都市的な屈託が含まれていて、誰にでも届く形式にはなっていなかった。スチャダラパーと糸井重里『MOTHER』[257]に影響を受けたという中村の独特な歌詞は、簡単に読み解けるような構造になっていなかったからね。そのあたりを突き抜けた存在がバンプだったと僕は解釈してるんだ。

「物語」が回帰する

パンス 90年代までのバンドだと、個人的にも、参照点がある程度理解できる。ああ、この音楽とか小説が好きなんだな、などなど。だけどバンプ・オブ・チキンになると、何に影響を受けてたのかが推測できなくなってしまう。僕の知らないものがそこにはあるのではないか、という。

コメカ 先ほど、中村一義の世界観の中にあった「目線の低さ」について話したけど、バンプの作品にもそういう感覚があると思うのね。デビュー盤『FLAME VEIN』の1曲目、藤原基央が16歳のときに書いた「ガラスのブルース」という曲には、「ああ僕はいつか空にきらめく星になる　ああその日まで精いっぱい歌を

257 **MOTHER**
糸井重里がゲームデザインを手がけたRPGシリーズ。コメカは小学生の頃に『MOTHER2』をプレイし、本当に好きだった。登場人物たちのセリフ回しがいかにも糸井的なレトリックになっており、中村はその言葉の扱い方に影響を受けたと思われる。

唄う」「あぁボクの前にくらやみがたちこめても　あぁボクはAlways 精いっぱいウタヲウタウ」という歌詞があるんだけど、これも90年代的な感覚の中では出てこないフレーズ……というか、あまりにもストレート過ぎて歌えないフレーズだと思うんですよ。中村が真っすぐな世界観を変則的なレトリックで歌ったのに比して、藤原基央は真っすぐな世界観を真っすぐに歌ってしまっていた。曲中の「ガラスの眼をした猫」の台詞と思しき部分の歌詞には「昨日よりマシなメシが食えたなら　今日はいい日だったと空を見上げて笑い飛ばしてやる」ってフレーズもあるんだけど、ここには異様に健全な「目線の低さ」がある。この曲はまだ若い頃に書かれただけあって稚拙な出来映えなんだけど、藤原の作家的な主題性が非常に分かりやすく集約されていて。必ず終わりと別れが来る限りある生の時間を、出来得る限り力強く生きよう、というような主題性ですね。自意識の混沌の向こう側に行こうとする意志の在り方には中村との同時代性を感じるんだけど、もっとシンプルに分かりやすい形になってるんだよ。このベタさ・素朴さが、バンプが広く届く理由になってたと思うんだよね。

パンス　何もひねらない状態のまま提出されているんだね。ここだけ抜き出されると凡百のJ‐POPとも変わらないように見えてしまうのだけど、ロックバンドとしても求心力のある存在だよね。

コメカ　本書で何度も引き合いに出してるけど、電気グルーヴ「N.O.」の「話すコトバはとってもポジティブ　思う脳ミソホントはネガティブ　バカなヤングはとってもアクティブ　それを横目で舌ウチひとつ」という斜に構えた歌詞が、90年代的なサブカル感覚を非常によく反映したものだったと僕は思ってるんですが、バンプ・オブ・チキンの世界観の中にはそういうヒネた視線が無い。ただ「凡百のJ‐POP」ともバンプが違うのは、彼らがイノセンスを表現・体現する存在として（今現在も）消費されているところだと思うんだよね。「芸能」を担う歌手、としてではなく、イノセンスを象徴するロックスターとしてシーンの中に存在し続けている。単なるJ-POPシンガー、歌謡曲歌手の消費のされ方とはそこが異なる。イノセンスをストレートに表現してしまう存在が、そのままに受け容れられ続けているというのはすごいことだよ。しかも、本人たちもそういうイノセンスの表現に飽きたり挫折したりすることなく、それを20年近く継続できてしまっている。90年代においては、ブルーハーツはハイロウズになってナンセンス志向を強め、尾崎豊は紆余曲折の末に亡くなってしまったわけだから。

パンス　ブルーハーツや尾崎豊は、実はポリティカルな音楽だよね。対象が「大人」とかメチャクチャぼやけているだけで。しかしいわゆる「政治的な音楽」とは違って、左派的なロジックで反抗するのではなく、自らのイノセントさを曝け出すことで広く若者に受け容れられた。

　イノセントである、という点においてバンプ・オブ・チキンにも共通するものがあるけれど、バンプの歌詞に社会性は感じられない。ここに90年代初頭までとゼロ年代以降の違いがあるのかも。ファンタジックな世界とイノセンスだけが残っている。

コメカ　実際、バンプの歌詞の世界や、ミュージシャンとしての彼らの発言・行動の中には、社会性を感じさせる要素はほぼ無いと思う。そのあたりは、同じようにスタジアムバンドとして機能するMr.Childrenとも違う。そしてひとつ思うのはね、バンプのメンバーは90年代のコンピュータゲーム、特にロールプレイングゲームの熱心なファンなんだよね。RPGは90年代のサブカルチャーの中で、ベタな「物語」を供給する装置として機能した。たとえば[258]『ドラゴンクエスト』にしても『ファイナルファンタジー』にしても、小説や映画として考えたら非常にベタなビルドゥングス・

258 **『ドラゴンクエスト』にしても『ファイナルファンタジー』にしても**
『ドラゴンクエスト』初作は86年、『ファイナルファンタジー』初作は87年発表。ファミコンからスーパーファミコンにハードが移行していく中で両作品ともシリーズを重ね、キラーコンテンツ化していく。

ロマンを、ゲームプレイヤーにプレイ・体験させ感動させることに成功していた。バンプの歌詞には物語構造が導入されたものが少なくないけれど、そういうゲームプレイによる「物語」へのトレーニングがあったせいで、割と屈託なくそれがやれたんじゃないのかと僕は思っていて。起承転結の構造に対して抵抗感が無かったんじゃないかと思うんだよね。同じようにイノセンスを抱えた存在としてのフリッパーズが80年代のポストモダン志向の消費環境の中で育っていたことと対照的だなあと。小沢健二が「物語」を語ろうとするとき、それはメタ的な視線＝クールな相対化をいったん踏まえた上で語られていたと思うんだけど、藤原基央は「物語」の語り手としてもっと素朴というか、ベタに「物語」を信じている節がある。

パンス　80年代後半から90年代って、テレビゲームが大衆に膾炙してた。まさに僕が小学校の頃は周りみんながやってる環境で育ったんだけど、自分自身はゲーム買ってもらえなかったんで、友人関係の中を生き抜くのが本当に大変だった（笑）。あの頃が一番辛かったかもしれないな。ＲＰＧにおける物語を特徴づけるものはなんなのかしら。

コメカ　『ドラゴンクエストⅣ』や『ファイナルファンタジーⅥ』のように、群像劇的な構造を導入した作品もあったりはしたけれど、90年代の家庭用ゲーム機のＲＰＧの大半は、ベタで単線的な物語構造を持っていたと言ってしまっていいと思う。コンピュータゲームというのは、「鑑賞者」ではなく「プレイヤー」として取り組むものなので、ユーザーをいかに「ベタ」に没入させて「プレイヤー」として熱中させるかが重要になる。バンプの作品世界にも、そういう類の「ベタ」な没入への志向を感じるんだよね。「なんちゃって」というような茶化しを受け付けないというか、作品世界における「物語」やバンプ・オブ・チキンという存在そのものに対して、メタレベルから介入することを許さない感じがある。ファンの人たちも、彼らの存在や作品をイノセントで不可侵なものとして眺めている感じがするんだよ。バンプを消費するユーザーたちには、いわゆるジャーナリズム的な視線や批評的介入は求められていないというか、バンプの「物語」を再強化する言説こそが求められているんじゃないかと思う。90年代にはまだ辛うじてジャーナリズム的な視線も保っていたロッキング・オンの言説が、煽りと惹句による「物語化」だけに特化していった流れとも、バンプの歴史はシンクロしている気がするんだよね（笑）。

パンス　批評性を失ってでも物語の強度を上げていく方向に舵を切った、と。

コメカ　うん。あとここが重要だと思うんだけど、バンプは音源において常に冗談みたいなギャグっぽいシークレットトラックを入れていて、これが自分たちや作品世界に対するセルフガス抜きとして機能していると思うんだよね。シリアスすぎる作品世界を異化する機能が、外部ではなく内部においてあらかじめ用意されてしまっている。もちろん彼ら自身の動機としては、単なるバンド内の遊びとして始めたシークレットトラックだったんだろうとは思うんだけど。ただ、こういうガス抜き装置をあらかじめ自分たち自身で用意できてしまうと、外部からの批評的介入をますます必要としなくなってしまうと思うんだよね。批評的介入というのは対象に対するツッコミであるわけだけど、他人にツッコまれる前に、自分たちの世界観の楽屋落ち的パロディを自分たち自身で用意してしまうような感覚があるというかね。

パンス　なるほど、介入される前に自分たちで先回りしておく、みたいなことか。

コメカ　そうそう。で、シンプルでストレートな世界観、社会性なきイノセンス、RPGのようにベタな「物語」

への没入。こういったバンプの特徴が実現してるのは、メタレベルを意識せずにベタにその世界に熱中できる構造だと思う。90年代のサブカルっていうのは、斜に構えて自意識過剰な、自他へのツッコミ過剰の世界観を持ったものが大半だったわけだよ。フリッパーズがイノセンスを表現するときにも、そういうメタレベルからのツッコミは手放せないものとしてあった。でも、バンプに至っては「メタ」という水準が消えてしまっていると思うんだよね。で、このことが「貧しさ」という問題に、ひいては「なぜ日本のロックにおいて社会的な視座が拒否されがちなのか」という問題に繋がっていくと僕は思ってるんだよね。

切実に求められる「ベタ」さ

パンス　最近「若者は現状維持志向で、政治的なことに無関心です」みたいな記事がちょくちょく出て、そのたびにリベラルな大人が嘆いたり怒ったりする光景をよく見かけるけど、別に今始まったことでもないだろうと思っちゃう。僕らが若者だった頃だって同じだった。むしろ社会問題の話題とか、今より少なかったよね。でも今思うとその頃に、より社会とは切れた趣味に没入できる環境が整えられていた。ロックもその流れと無縁ではなかったことを、バンプ・オブ・チキンは示しているのかも。

コメカ　バンプの世界はメタレベルを意識せずに、その表現にベタに没入できる構造を持っている。ギターロックバンドとして世代の近いアジアン・カンフー・ジェネレーション[259]が、「さよならロストジェネレイション」[260]という楽曲でストレートに自分たちのロスジェネとしての世代感覚を歌ったり、フロントマンの後藤正文が政治や社会の問題への言及を繰り返しているのと対照的。ただ、バンプ自身もそのファンたちも、そういう社会性からの切断・作品世界へのベタな没入を、

259 **アジアン・カンフー・ジェネレーション**
1996年結成の日本のロックバンド。ウィーザーやイースタンユース、ナンバーガール等の90年代オルタナティブロックの影響から出発し、ゼロ年代のいわゆる「下北ギターロック」的なサウンドの典型を生み出したバンドのひとつだと思う。ボーカル／ギターの後藤正文は、社会・政治に対する発言も積極的に行っている。

260 **さよならロストジェネレイション**
10年のアルバム『マジックディスク』収録。日本のロックシーンでは、これぐらいの「社会性」が歌詞に導入されただけでも異色作になってしまうということ自体が、あらためて再考されるべき事柄だと思う。

ある種の切実さを持って志向しているのだろうとは思う。社会に接続されることへ大きな苦痛があるからこそ、政治性の無い表現にのめり込むことを必要としているんだろうなと。

パンス　彼らを責めたいわけじゃなくて、こんな時代だからこそ必要な表現のひとつなのかなと捉えてる。今はより過酷な状況というか、アーティストが社会に対して発言したときの反動が可視化されるようになっちゃった。

コメカ　政治性やイズムが持つ集団的な抑圧・暴力から距離を置いて、個人的な在り方を重視し、イズム先行ではない個人性を起点にした社会的繋がりを志向する、という。70年代以降の日本のサブカルも、60年代に前景化した政治的暴力・抑圧から距離を置くために、アイロニーや記号遊びみたいなさまざまな方法論に手を出していて、それはここまで本書で追ってきたとおり。ざっくりおさらいすると、矢沢永吉や沢田研二らが消費社会における記号的商品化を先駆的に体現し、80年代にはその手段を上手く活用したYMOやビートたけしがメディア・ヒーローになっていく。その流れは90年代に加速していき、いつしかあまりにも過剰に政治や社会とサブカルチャーとの乖離・切断が進行してしまった、という認識を僕らはしている。

パンス　そうだね。

コメカ　バンプもそういう流れの果てにある存在だと思うんだけど、社会性からの離脱志向が、もはやアイロニカルではなくベタに行われるようになっている。でね、アジカン「さよならロストジェネレイション」でも「何もないな　嗚呼…何もないさ」と欠乏感・喪失感がベタに歌われるわけだけど、「いつの間にか閉じ込められたのは言葉とこころの檻　自意識に埋もれて僕たちは内側だけを愛でているようだ」という客観性を持とうとしているところで、20世紀的な教養主義への志向が良くも悪くも彼らにはあると感じる。教養主義的な在り方や客観性の獲得への志向を感じさせないバンプの表現こそ本質的な意味で欠乏感があるというか、「貧しい」とやはり思う。ただ、徹底的に社会性やメタレベルの視点を排除したバンプの「貧しい」リアリティにはやはり強烈な説得力があるんだよね。そこに嘘が無いからこそ大きな支持を得たんだと思う。

パンス　この頃の日本のロックでは、銀杏BOYZのような表現も出てきたよね。彼らはバンプ・オブ・チキンとはまた別の方向性でベタを志向していたのかなと思うんだけど。

コメカ　ただ、銀杏BOYZのベタさというのは、メタレベルを実際には把握できてしまう自分のモヤモヤとした感情を振り切るために、あえて選択されていたものって感じがするんだよな。たとえば「なんて悪意に満ちた平和なんだろう」では「あなたの正義がコンドーム着けたまま　可愛いあの娘の×××に突き刺さる　国際貿易センタービルの65階に突き刺さる　日本代表ゴールネットに突き刺さる」と歌われていて、現実の世界や社会の多重性が一応意識されているんだけど、それは結局「ああ　なんて悪意に満ちた平和なんだろう」というセンチメンタリズムに回収されてしまう。社会の多重性＝メタレベルを意識しているにもかかわらず、「僕は世界から仲間外れさ　手首切っちまう　ポアされちまう」という割と安直な不能感に陥るばかりで、冷静な客観性の獲得には向かおうとしない。その代わりに、性愛的なものに過剰に没入することによって不能感を乗り越えようとする志向が銀杏BOYZにはあったと思う。峯田和伸は性愛的なものにも本当は強い不信感を抱えていたと思うんだけど、信じられるベタさを獲得するためにあえてそこに向かって突進する、っていう。「僕にとって君はセーラー服を着た天使」という歌詞を持つ「あの娘に1ミリでもちょっかいかけたら殺す」という曲のタイトルが象徴するように、偶像化された異性への信仰が過剰になり過ぎて暴力化するその爆発力そのものを、彼らは表現の推進力にしていた。そういう妄想をホモソーシャルの中で純粋培養する感じというかね。その在り方はバンプとは対照的なものだった気がするな。バンプはベタさを「あえて」選択していたわけじゃないと思うし、銀杏的なホモソ感もバンプには感じられない。

パンス　なるほどね。このやり取りをする中で「ぽあだむ」の歌詞をあらためて読んで驚いてしまった。震災直後の（東京の）雰囲気[261]をこれほどまでに言葉にしていたとは、と。

コメカ　「ぽあだむ」は2014年に発表された曲だけど、震災のときの東京の雰囲気を本当にうまく詞に昇華していると思う。ただ、やっぱり限界も感じるというか、「80円マックのコーヒー！　反政府主義のデモ行進！」「僕の部屋は僕を守るけど　僕をひとりぼっちにもするよね？」という言葉には、さっき話したような社会との距離感が最終的にセンチメンタリズムに回収されてしまうナイーブさをやっぱり感じるんだよね。「いっぱいあれ出しちゃいそうなの　がまんしてるルルルー　こぼれたらキッスしてね　苦いディストーションファズ　涙は似合わないぜ　男の子だから」というように、結局は性愛的なものに帰着点を見出してしまうというか……。90年代以降の「男の子」の在り方の限界というかね。

パンス　「男の子」の在り方については、当時提出された問題は特に解決しないまま現在まで来ちゃってると思うんで、そのあたりを考えていきたい。次は、星野源について。

261 **震災直後の（東京の）雰囲気**
当時は状況に対するモヤモヤとヤケになる気持ちが同居していて、パンスはまさにこの曲と同じような気分になっていました。

第5章

2011―2019

「孤児」たちの時代へ

星野源

「煩悶青年」への回答

「サブカル男子」の文脈

パンス　さて、最終章は2010年代──「テン年代」に入っていこうかと。つまりほぼ「現在」の話をすることになりそう。そこでまずは、歌手かつ俳優としても活躍している星野源について。「サブカル男子」みたいなものって結局なんなんだ!?　というか今も存在するのか!?　ということを考えるにあたって重要な存在かもと思って。

コメカ　「サブカル男子」みたいに形容される在り方っていうのはつまるところ、ある傾向を持った自意識の在り様のことだと僕は解釈してる。電気グルーヴの項でも話した、「鬱屈とした自意識過剰の『オトコノコ』がどのように生きるか」っていう問題に対する、ひとつの回答が「サブカル男子」的なライフスタイルだと思う。いつの時代も若者は「私とは何か?」っていう問題に悩むわけだけど、70年代以降、政治的な問題が後景化し消費社会的な環境が前景化してくると、政治や社会、歴史とは切断された場所で「私」を考える、という構図が一般化してしまう。そうなると、「周囲の他人と自分との差異はどこにあるのか?」という自意識のレベルでばかり「私」を考えてしまうケースが増えるわけだよ。男性というジェンダーを自認した上でそういう自意識のレベルにばかり執着するのが「サブカル男子」的な在り方で、しかもそこには世間のマジョリティに対する「拗ねた」感覚がある。だから、「バカなヤングはとってもアクティブ それを横目で舌ウチひとつ」という歌詞を電気グルーヴが歌ったことは非常に示唆的なわけ。周囲の他人を「バカなヤング」と措定して、そいつらと自分は違うんだ! という自意識を持つわけね。そして、この曲が発表された90年代は、筋肉少女帯や伊集院光などなど、「サブカル男子」の参照点・手引きになるような存在が続々登場した時代だった。

パンス サブカル男子の手引き、というのはイイ表現だね。メインストリームとされる人々に「横目で舌打ち」するような男性にとってのガイドラインが、90年代にはたくさんあった。

男性性についての語りについては、ゼロ年代に入ると、扱うテーマもみうらじゅん×伊集院光『D.T.』[262]のように、より露骨になってきた。彼らのガイドによって育った人たちが、いま大人になっているという状況なんだよな。さらにこの頃は「モテ/非モテ」のように、もはやセンチメンタリズムからも遠く離れた、具体的な格差のように自分たちを語る言葉も氾濫した。

いずれにしろ、性愛を軸にした議論のようでいて、その裏で問われているのは自意識——アイデンティティをどう獲得するかということだった。

コメカ みうらじゅん、筋肉少女帯、電気グルーヴ、伊集院光……こういうサブカルチャー・ヒーローたちが90年代に取り組んでいたのは、「オトコノコ」が、80年代的な消費の差異化ゲームとは異なるやり方で自意

262 **D.T.**
02年発表。「心が童貞」である男たちを「童貞力を持つ男たち」として定義し、肯定しようとした1冊。「心が童貞」って何……? という話ではあるのだが……。

識を形づくるための作法の探求だったと思うんだよね。

みうらじゅんは、80年代に「ギョーカイ」的な振る舞いをしていた当時、自分自身に違和感を感じていた、という旨の述懐をしていたけど、バブル期には「ギョーカイ」的な「イケてる／イケてない」の差異をきっちり押さえることが、至上命題として、本気で人々の間に共有されていた。そこからこぼれ落ちると「ダサい」という烙印を押されてしまう。ただ、90年代に入ってバブルが崩壊した頃からは、先述した彼らのような、消費の差異化ゲームにはノらずに別の形で自意識を考えようとする志向の作家たちが、サブカルユーザーの支持を得るようになってくる。だからみうらじゅんは、80年代的な価値観では「ダサい」とされていた、70年代フォークのような長髪に髪型を戻したわけで。

パンス　で、それ自体が新しいモードとして受け入れられた。

コメカ　みうらも含めて先述した彼らは、「非モテ」的な男子のルサンチマンを主題にすることが多かったんだよね。もちろん、具体的なそれぞれの表現の仕方には違いがあるんだけど、テーマとしては近いものを共有していた。大槻ケンヂ『グミ・チョコレート・パイン』[263]とかはその典型として分かりやすい。「モテるやつムカつく！」とか、「童貞であることを肯定しよう！」とか、拗ねた男子の内面を「ホンネ」として吐露・主張することで消費の差異化ゲームをひっくり返そう、みたいな方法論を志向してた人が多かったと思うんだよね。そういう形での男子の自意識の在り方を肯定していたというか。

パンス　消費が後退してくにつれて、語るべき対象が「自分が何のアイテムを持っているか」から、単純に自分の話になる。その際もっとも語りや

大槻ケンヂ『グミ・チョコレート・パイン』
（1999年7月12日発売）

263 **グミ・チョコレート・パイン**　大槻ケンヂによる半自伝的小説。友だちがほとんどいない高校生活を送っていたコメカは、学校の図書館でひとり胸を熱くしながら、本書を読んでいました。

すい展開が、自分自身には何が欠落しているのか→異性なんじゃないか、みたいになりがちで。持ってるアイテムが少なくなると、マッチョイズムが肥大しがちになる。で、気取らなくてもいい、ダサくてもむしろ「ホンネ」をぶちまける方が正しい、といった価値観が定着していく。それがちょうど政治におけるバックラッシュ現象と並行して進んでいたのも興味深い。

コメカ　「イケてる／イケてない」みたいな差異化ゲームを放棄するっていうのは、消費社会が強制してくるコードを拒絶する、っていう態度としてはポジティブなところがあったと思うんですよ。DCブランド[264]着て雑誌「ホットドッグ・プレス」[265]読んで、クリスマスイブには赤プリ[266]（赤坂プリンスホテル）おさえて……みたいに、なんでもかんでもマニュアルどおりに行動しなきゃ嗤われるようなバブル期の若者ノリが生んでた抑圧ってハンパなかっただろうと思うし。でも「オトコノコ」たちは、それを放棄した先でも結局「モテ／非モテ」という問題系に囚われていた、っていうことだと思うんですよね。消費の差異化ゲームからは降りていても、自分と他者を「モテか非モテか」という水準で差異化する、いわば「異性愛としての恋愛の差異化ゲーム」からは降りられていなかった。そして、「非モテ」というタームの中で「オトコノコ」たちがホモソーシャル化していってしまう。その流れは前項で話した、ゼロ年代の銀杏BOYZあたりまで続いていたと思ってて。

パンス　銀杏BOYZについては触れておかないといけない。

コメカ　銀杏の在り方は「非モテ」系ホモソーシャルのある種の完成形というか、偶像化された女性像への憧れ（と、その裏返しとしての「生身」の女性への嫌悪）を共通項にして、「非モテ」的なルサンチマンと妄想を男同士で共有して結束する、というスタイルですよね。

---

264 **DCブランド**
コムデギャルソン、ワイズ、イッセイミヤケなどのデザイナーズブランド、パーソンズなどのキャラクターズブランドが、80年代に人気を博した。

265 **ホットドック・プレス**
79年に創刊された情報誌。大学生男子向けのデートマニュアル、恋愛マニュアルとして読まれていた。

266 **赤プリ（赤坂プリンスホテル）**
55年開業、11年に閉鎖されたホテル。バブル期にはトレンディスポットとなり、一世を風靡した。

「駆け抜けて性春」の中でYUKIが「わたしはまぼろしなの　あなたの夢の中にいるの　触れれば消えてしまうの　それでもわたしを抱きしめてほしいの」と歌うパートがあるんだけど、そういう「まぼろし」としての女性への妄想が、銀杏的な世界観を根底で支えている。これは本田透[267]『電波男』とかにも共通する世界観だと僕は思ってて。ゼロ年代にこういう「非モテ」的な自意識で自己防衛するサブカル男子的な在り方が、スタイル化されたところがあると思う。

で、ここまでの話を前提としてようやく星野源についての話を始めようと思うんだけど（笑）。僕は今現在の星野の在り方が非常に重要なものだと思っていて。彼の在り方は、先述したような銀杏BOYZ的……というか、峯田和伸的な在り方にまで辿り着いたサブカル男子の在り方を、さらに更新したものだと考えてるのね。ただ、彼の在り方は同時に、「サブカル男子的なもの」の終わりも意味していると思っている。

更新される「男性性」

パンス　峯田和伸的な在り方、というのがゼロ年代のサブカルチャーを席巻していた。異性を「まぼろし」として捉えるような世界観。しかしその流れはここ数年で後退しているのではないか。後退した次の状況を象徴するような存在として星野源がいるのではないか。では実際、どこがどうアップデートされていったのか、というのを考えていきたい。彼自身にも旧来の「男子」的な屈託はあると思うのだけど。

コメカ　星野源のソロ・キャリア初期の楽曲に「ばらばら」という曲があるんだけど、星野源の作家的な主題性が、この曲に集約されてるのね。「世界はひとつじゃない　ああ　そのまま　重なりあって　ぼくらはひとつになれない　そのまま　どこかにいこう」。たとえばアルバム『POP VIRUS』収録の「肌」とかも含め、

267 **本田透『電波男』** 現実＝三次元の世界では恋愛に至上の価値が持たされており、モテない男は恋愛弱者の立場に追いやられる。彼らは二次元の世界で萌えと純愛を生きることで三次元の世界における不吉な抑圧から逃れるべきだ……という旨の主張がなされた。05年発表。

彼の作品では繰り返しこの「ひとつになれない」という主題が反復される。で、銀杏BOYZ「駆け抜けて性春」にも、こういう「ひとつになれない」感覚というのは描かれていて、それが「触れれば消えてしまうの」という「まぼろし」の女性の歌声になるわけですよ。ただ、銀杏BOYZはそれを童貞的なルサンチマンの逆ギレ的爆発として描いていたわけだけど、星野の場合ちょっとニュアンスが違う。

パンス　同じ不安やルサンチマンから出発しているけど、受け止め方に違いがあるのかな。星野源には肯定的な側面がある。静かに「ひとつになれない」状態を認めていく。言い方を変えると、もともとあった屈託をソフトランディングさせている。

コメカ　星野のファーストアルバム『ばかのうた』では、「キッチン」や「茶碗」のように、生活にフォーカスを当てた楽曲が多いのね。彼の最初のエッセイ集のタイトルも『そして生活はつづく』なんだけど。その本の中で、母親に「毎日の地味な生活を大事にしないでしょあんた」と指摘されて、「私は生活が嫌いだったのだ。できれば現実的な生活なんか見たくない。ただ仕事を頑張っていれば自分は変われるんだと思い込もうとしていた」と思い至る場面があるんだ。ワーカホリックな非日常に現実逃避し続けていた自分を反省し、「つまらない毎日の生活をおもしろがること」をエッセイのテーマに置く、と書いている。ただ単に生活の些末な部分、ミニマムな部分に着目することが目的化しているわけではなくて、そういうすごく健全な主題が意識されているところが面白くて。「あなたがこの世界に一緒に生きてくれるのなら　死んでもかまわない　あなたのために」みたいなドラ

星野源『POP VIRUS』(2018年12月19日発売)

マティックな志向とは違うものが提示されている（笑）。妄想的な世界に安易に没頭するのではなく、自分がそれまで捨象していた世界に対して努力してよく目を凝らしていく、という感覚が初期の星野の世界にはあって。

パンス　ふむふむ。SAKEROCKの音楽には、細野晴臣以降、連綿と続くエキゾ～妄想的な志向[268]があるけれど、ソロになってからはそこから徐々に脱しようとしてる。音楽的には完全に捨てているわけではないんだけど。しかし精神性というか――「趣味の良さ」で構築された世界から外に出ようとする意思が感じられる。岡崎京子のマンガにある「昭和っぽい花瓶が家にある」ことに対する苛立ち、みたいな感覚とは無縁になっていく。

コメカ　「ぼくらはひとつになれない」という世界観は、銀杏がやったように妄想的なルサンチマンにもなり得るんだけど、星野は生活の細部に目を凝らすような志向を通して、それをちょっと違うものに変質させていったと言えるんじゃないかと思う。「くだらないの中に」という曲には「髪の毛の匂いを嗅ぎあって　くさいなあってふざけあったり　くだらないの中に愛が　人は笑うように生きる」というフレーズがあるんだけど、ここには日常性を介して、互いに「ばらばら」であるままで日々を過ごす・人生を生きていくためにはどうしたらいいか、という探求心があると思うのね。「触れれば消えてしまう」存在としてではない他者、「髪の毛の匂い」を嗅ぎ合える他者としての、愛する相手っていう。

パンス　地に足をつけてると。

コメカ　エッセイを読んでいても、星野は不安神経症的というか、いろんなことがつい気になってしまう、みたいなことを繰り返す人なんだけど、そのことが結果

268 **エキゾ～妄想的な志向**
70年代の細野による『トロピカルダンディー』『泰安洋行』『はらいそ』の「トロピカル3部作」は、マーティン・デニー的なエキゾチカミュージックからの影響が色濃い。欧米圏の音楽家が非西欧をイメージしてつくりあげた音世界を、70年代の日本のミュージシャンとしての細野がさらに自己解釈＝妄想する、という多重にフィクショナルな世界が展開されたのだった。

的に、特定の妄想の世界にどっぷり浸り込むことから彼を救った気がするんだよね。「ひとつになれない」感覚をサブカル男子的な志向で形にするとどうしても独りよがりなロマンティシズムに陥りがちなんだけど、星野はそういうときにも「くだらない」ことがついフッと頭によぎってしまって、ナルシシズムに没頭しきれないような感覚を持っている。下ネタを繰り返し発言するのも、そういう要素を自分の表現の中に入れていかないとムズムズするところがあるんだろうなあと思う。

パンス　なるほどね。妄想を構築させて肥大させるわけでもなく、ボンヤリとセンスの良い雰囲気に向かうわけでもない。生活を記述し、生身の他者に向き合うことについて考えることで、もうひとつの選択肢が浮かび上がってくると。

コメカ　エッセイ集『よみがえる変態』の「夏休み」というテキストで、「寂しさは友達である。絶望はたまに逢う親友である。そして不安は表現をする者としての自分の親であり、日々の栄養でもある。不安はご飯だ」という記述があるんだけど、この人は「ひとり」であることの寂しさを、自分自身で必死に手なずけようとしてるところがあって。これがもっとセカイ系的な志向だと、偶像崇拝＝少女信仰みたいな感じで、自分を完全肯定してくれる異性への全面依存みたいな形で「寂しさ」を解決しようとしてしまう。大概のサブカル男子はそうなりがちなんだけど。星野はそこからは脱している。ただね、さっき下ネタについての話を出したけど、彼が少女信仰的な在り方から離れることができているのは、男性中心主義的な下ネタ・エロネタの力に頼っているところも大きいと僕は思っていて。それが、[269]2018年の紅白でおげんさんが発言したようなジェンダーフリー的な志向との対立《コンフリクト》を起こしている。

[269] **2018年の紅白で～**
番組内で「おげんさんって、白組と紅組、どっちなの？」と尋ねられ、「どっちなんだろう。おげんさんは男でも女でもないから……」「紅白もこれからね、紅組も白組も性別関係なく、混合チームでいけばいいと思う」と発言。

下ネタの「機能」

パンス　星野源が下ネタ好きというのはよく語られるエピソードだね。現状それらは、彼のパーソナリティを表すものとしてわりと肯定的に捉えられている。なんとなく自明のものになっている、これらの状況について考えていきたい。

コメカ　星野はエッセイやラジオの中で下ネタを口にすることが多くて、小学生的なウンコ・チンコ話から、オナニーやアダルトビデオの話題までまあいろいろなんだけど、下ネタと言っても総じて「男子」的な目線からのものに限られるんだよね。彼はたとえば小沢健二とか、渋谷系的なキャラクターの系譜になぞらえられることも多いけど、渋谷系には基本的に下ネタは無いんでね（笑）。そういう意味でも、銀杏BOYZ的なキャラクターの「次」の存在としての側面があるわけですが。ただ、さっき言ったみたいに、彼が言うところの「エロ」というのはあくまでヘテロな「男子」のそれだと思うんだよね。少なくとも、彼はヘテロ男性が想像するような形以外での「エロ」には、さほど関心を持っていないんじゃないかと思う。「ぼくらはひとつになれない」ということ、つまり「ひとり」であるということと格闘し、そのことをより深く理解していこうとする姿勢を見せながらも、エロティシズムへの向き合い方はかなり素朴というか、「男子」的な視点を素直に自己肯定しちゃってるところがある。

パンス　ふーむ、でも問題はそこに内在してるんじゃないのかな。

コメカ　あとねえ、これもエッセイでの記述なんだけど、「長い年月、地球が生まれ人類が誕生し、男尊女卑の苦しい時代を経て、女性は男性をうまく騙すという能力を手に入れた。それは悪い意味では決してなく、生きていく前向きな能力としての進化だ。そしてその能力は普通に考えて、特にセックスの時に発揮されただろう。この世の女性は、すべて遺伝子レベルでその能力が組み込まれているのではないか」とか書いてるんだけど、無茶苦茶でしょうコレ（笑）。冗談のつもりなのかもしれないけど、まあ普通に偏見による差別だよ。この世の女性には、男性を上手く騙すという能力が遺伝子レベルで組み込まれている……って、それこそジェンダーについてちゃんと理解しようという気がある人間なら、こんなヒドい発言はしないと思うんだよなあ。もちろん、これを書いたときと今現在では、彼の中でもいろんなことが変わっているだろうけど。

パンス　今も昔もこういうニュアンスの発言をする男性はいるよなあ。

コメカ　まあね。で、同時に彼は自身が好むアダルトビデオについて、「暴力的でない」「女優が楽しそうであ

る」というのが条件であり、「俺は嘘が観たい」、つまりプロフェッショナルな女優の性的演技によって騙されたい、っていう趣旨の話も書いてるんだけど。これもね、一見優しさのある視点のように見えるけど、要するに女性側がセックスを通して経験する内面の問題を直視したくない、っていうことでもあると思うんだよ。女性は「遺伝子レベル」で組み込まれた能力を使って（笑）、気持ち良く俺を騙しておいてくれ、と。星野が銀杏的・セカイ系的な女性崇拝志向に陥らなかったのは、こういう風に女性をどこかコミュニケーション不能な存在として想定しているところがあるからなんじゃないか、という気がするんだよね。依存的な全面肯定を求めない代わりに、コミュニケーション可能性についてあらかじめ諦めてるところがあるというか。ただまあ同時にそのことが、「ぼくらはひとつになれない」という世界観も星野に与えたんだろうなとも思うけど。

バンス　渋谷系的なキャラクターの延長でもあり、大人計画のメンバーでもあり。まあ「サブカル」と言ったときにパッと思いつくイメージのど真ん中から出てきた存在といっていいでしょう。渋谷系と呼ばれるミュージシャンが下ネタをガンガン開陳することはなかったけど、サブカルの中には、下ネタの披露を自分の個性とする流れはずっとあった。彼のエッセイなんかは、その要素を受け継いでいるわけだね。きちんと読んだら雑な分析なんだけど、放言して、楽しい読み物にしてしまう。彼個人というより、その系譜って何なんだ、ってところも検証していきたい。

個人的な経験から語ると、最近、下ネタをバンバン言って盛り上がるようなところに行ったことがなくて。特に若い人の間ではそういうコミュニティの在り方が減退しているように思えるんだけど、星野源のエッセイなどにまだ息づいているのを見ると、そんなことないのかな?

コメカ　かつての日本のサブカルチャーというのは、政治に対する情熱が文化に向かったところから発生した部分があったわけだよね。80年代にサブカル環境のゲームマスターのひとりになった糸井重里も、大学生の頃には学生運動に身を投じて[270]、本人曰く5回も逮捕されている。で、みうらじゅんがかつて、80年代当時の糸井は自分ら若い衆に気前良くソープで奢ってくれたりした……みたいな述懐を確かしていたと思うんだけど、初期のサブカルの現場にも、そういう女人禁制的なノリというか、男同士のホモソーシャルなノリは強くあったんじゃないかと思う。たとえば連合赤軍事件の中に男性中心主義的な抑圧性があったように、政治的な情熱が文化志向に転化された後も、そういうマッチョイズムというのは個々の現場に残存していたんじゃないかと。たとえば岡田斗司夫や唐沢俊一らに代表されるような第一世代のオタクたちだったり、かつての「別冊宝島」や「映画秘宝」周辺の人々には、マッチョなノリがあるよね。本書で扱ってきた人で言えば、

270 **糸井重里も、大学生のころには〜**
法政大学在籍中、中核派に所属し活動。

たけし軍団にしてもそう（笑）。

パンス　ホモソーシャルの基本とは何かを押さえておこう。それはつまり「男に対する最大の評価は、同性の男から『おぬし、できるな』と賞賛を浴びることではないだろうか。」（上野千鶴子『女ぎらい―ニッポンのミソジニー』）ということ。一番象徴的なのは「軍隊」だけど、その真逆ともいえる平和なコミュニティ――文科系集団――の中にも存在する。先ほどの引用で考えていったら、サブカル男子の多くは身に覚えがあるんじゃないかな。と言ってる自分も例外ではない。

コメカ　まあ、僕もそうだな……。ただまあ、時代が下るごとにそういうノリは変質していったとは言えて、たとえば筋肉少女帯や電気グルーヴのような90年代のサブカル・ヒーローたちになってくると、自分たちのマッチョイズムに対するセルフ・ツッコミの要素も強くなってくる。ただそれでも、「非モテ」的な男子のルサンチマンを主題にする、っていうことからは逃れ得ていなかったというか。たとえば電気グルーヴの「モテたくて…」[271]にしても、「モテ」に関する自意識をギャグにはしているものの、それを笑って消し飛ばしてしまうことが目的だったわけではなくて、そういう屈託や屈折を「男子」同士で共有して盛り上がるノリを発生させることにこそ意図があったと思う。近年ようやくジェンダー多様性理解の必要性が少しずつ社会に共有されてきて、「男子」的なネタ共有のコミュニケーションが他者を傷つけることも、人々に認知され始めた感はあるけどね。

パンス　伊藤公雄『「男らしさ」のゆくえ』（1993年）は、吉田満、小島信夫から『北斗の拳』、柳沢きみおまで取り上げて、戦後の社会変化の中で「男らしくあらねばならない」という概念がどう残存／変化してきたのか、ということを取り上げている。しかしここに、今語ってるような「サブカル」は入っていない。実は

271 **「モテたくて…」**　「モテたいっすね　でも金ないじゃないっスか　千円ぐらいじゃモテないっスよ　外とか出るのもダルいじゃないっスか」というような歌詞が延々と続く楽曲。

既存の「男らしさ」からは距離を取りたいな〜と思いつつ文化に耽溺していた「サブカル」な男たちの中でも、下ネタとか性癖を共有し合うことでマッチョイズムを延長させていた——ということは、もっと語られていいのかなと思う。

コメカ　星野は一見、そういう下ネタの共有によるホモソーシャルへの志向が無さそうに見える人なんだけど。ただ、バナナマンのラジオで日村へのバースデイ・ソングを歌ったときに、「変な風俗で　性病うつされる」みたいな歌詞を歌っててさ、こういう笑いのノリって、やっぱ「男子」同士の目線によって生み出されてると思うのよ。風俗嬢側の視点はオミットされるわけだからさ。ただこういうタイプの下ネタギャグって、男同士の結束を高めるツールとしてすごく機能するんだよね。他にもエッセイの中で「『エロの元祖』こと生身の女性のすばらしさ」とか言ってて、こういう物言いもやっぱ「男子」側の目線からの言葉だよね。「生身の女性」は「男子」からの目線によって、「エロの元祖」として客体化されてしまう。星野はこういう「男子」的な目線を肯定的に扱っているんだと思うんだけど、それとおげんさんのジェンダーフリー的な発言の間には、やっぱり矛盾《コンフリクト》があるようにぼくは思っちゃうんですよ。

パンス　ラジオでは典型的な猥談をしてて、国民的番組の舞台ではダイバーシティを匂わせるというのは、ちょっとズルいかな。まあ星野源に限った話じゃなくて、そういう「なんとなくリベラル」を標榜して新しさアピール、みたいな傾向は昨今よく見かける。現状が閉塞しているのも事実だけど、その改革を求めるような言葉もまたボンヤリしていたり、やたら上から目線で据わりの悪いものになってしまったり。そごう・西武の広告が話題になったけど[272]、ああいうトンチンカンな表現がこれからも出てきそう。

[272] そごう・西武の広告が話題になったけど
2019年1月、安藤サクラがパイをぶつけられている写真に「女の時代、なんていらない?」と題した広告が登場。企業側としては女性差別的な社会へのメッセージを込めたとのことだが、伝わりづらく不快感のある広告イメージだという意見が上がり、炎上した。革新的な表現をしたつもりが受け手の感覚と折り合わず、物議を醸すという現象は、これに限らず頻発している。

コメカ ジェンダーフリーやダイバーシティを志向した発言をすることが「アリバイ作り」みたいになってしまったらマズいと思ってて。もちろんそういう志向が広がっていくことは重要なんだけど、ただ言うだけだったら簡単なんだよね。自分自身がそういうジェンダー的なコミュニケーションにおいてどういうコミットの仕方をしてるのかをよく考える必要があるし、そのためのツールになる言葉こそが共有されるべきだと思う。

で、あとこれも言うまでもないことなんだけど、性欲持ってたりエロに関心があったりすることが悪いことなわけないんですよ。エロティシズムって人間性においてめちゃくちゃ重要な要素だから。ただこれについても、自分のエロ志向が一体どういうものなのかを知るためのプロセスはできるだけあった方がいいと思うわけ。

パンス 自分を掘っていくことは重要だね。辛いけど。そうせずに時代の潮流に乗っかってるだけだと、どこかで矛盾が生まれてくる。

コメカ そうだね。さっきも言ったけど、星野は「ひとり」であるという孤独の問題についてはかなり踏み込んで思考していると思うんだけど、エロについては淡泊すぎるんじゃないかなあと。自分のことを変態だ、って彼はよく言うけど、アウトプットしてるエロ志向は別に全然変態じゃないと思うんだよね。石野卓球とかの方がよっぽど複雑なエロへの関心を提示してると思う（笑）。自分のエロ志向をただなんとなく肯定するだけじゃなくて、それを客観的に考えてみる必要はあると思うんだよな。

あと、僕はさっき星野のアダルトビデオに対する考え方について、「プロフェッショナルな女優の性的演技によって騙されたい」みたいな志向がある、っていう言い方をしたけれど、彼は仕事や表現全般について、プロフェッショナリズムというものに可能性を見ているところがある。近年見せている「芸能界」的なものへの志向も、その範疇にあるものだと思う。

「エゴ」を消していく

パンス プロフェッショナリズム的な志向ね。もともとウェルメイドな表現への志向はあったけど、さらに大衆のものになろうとしているというか。菊地成孔が星野源を評して「植木等[273]の遺伝子」と書いてたけど、なるほどなと。ただし単純な昭和ノスタルジーの表現とも違うんだよね。大文字の「芸能」に対する憧憬があるのかな、と思うんだけど。

コメカ 星野は『いのちの車窓から』のあとがきで、「こと文章においては『これを伝えることによって、こう思われたい』という自己承認欲求に基づいたエゴやナルシシズムの過剰提供が生まれやすく、音楽もそうですが、表現や伝えたいという想いには不純物が付きまといます。それらと戦い、限りなく削ぎ落すことは素人には難しく、プロ中のプロにしかできないことなんだと、いろんな本を読むようになった今、思うようになりました」と書いてるのね。これは文筆に限らず、表現に関する彼の近年の志向全般に関わる話だと思う。エゴやナルシシズム、つまり「自意識」の表出でしかない表現とは異なるものを目指す、という。彼が「芸能」というものに対して見出しているのは昭和的なものへのノスタルジーではもちろんなく、「自意識」を削ぎ落とし振り切り得る可能性なんだと思うんだ。音楽的にも、フォーク的だったりエキゾ的だったりする側面よりも、ポップスやブラックミュージックに正面から向かい合う側面が、どんどん大きくなってきてるよね。エンターテイメント

星野源『いのちの車窓から』
（2017年3月30日発売）

273 **植木等**
26年生まれ、07年没のミュージシャン・俳優・コメディアン。クレージーキャッツのメンバーとして人気を博す。日本のサブカルには「植木等憧れ」みたいな文脈があって、たとえば初期の所ジョージのキャラクターはまんま植木の「無責任男」の模倣だった。

であることやポップであることに、ガチで取り組んでいる。

パンス　自意識をこじらせることを乗り越えるために、プロフェッショナリズムを称揚する。真っ当な在り方だな、と納得してしまいそうになるんだけど、ちょっと難しい部分がある。徳富蘇峰[274]による明治~大正期の分類に当てはめちゃえば「煩悶青年」から「成功青年」に移り変わりました！　ということで、なんだろうな、男性的な感覚の外には出ていないんじゃないかと思う。で、言うまでもないことだけど、芸能界でプロになる、ということは、旧態依然とした場所で頑張ります！　という意思表明でもある。お茶の間という現状を追認しないといけない。ただまあNHKでYMOと共演したりする姿を見てると、YMOがお茶の間にやってくる異化効果みたいなものが現在成立するかどうかはよく分からないけど、とりあえずなんだか複雑な立ち位置でやってるな~とも思うけど。

コメカ　ただ、それこそまあ、おげんさんが紅白で「紅白もこれからね、紅組も白組も性別関係なく、混合チームでいけばいいと思う」と言ったような形で、既存の芸能界的なシステムをメンテナンスしたいという意志は星野にはあるとは思うのよ。別に過去のシステムをただ追認するようなつもりは無いと思う。でも、星野はかつてアダルトビデオについて、「俺は嘘が観たい」と言ったわけですよ。プロフェッショナルな女優の性的演技によって騙されたい、と。僕はそのことについて「一見優しさのある視点のように見えるけど、要するに女性側がセックスを通して経験する内面の問題を直視したくない、っていうことでもあると思う」と言ったけど、こういう水準では結局、星野はある意味で一貫してしまっているというか、今でも変わってない気がするんだよね。

パンス　厳しいなあ。

274 **徳富蘇峰**
明治から昭和中期にかけて活動した評論家。『大正の青年と帝国の前途』において、当時の青年を「模範青年」「成功青年」「煩悶青年」「耽溺青年」「無色青年」の5つのタイプに分類している。

コメカ　プロフェッショナリズムによって「自意識」を消していくことは、自意識過剰な「オトコノコ」＝サブカル男性たちにとっては、成熟の方法論としてあり得ると思うんだ。ただ、たとえば既存の芸能界はそのシステムの中でたくさんの演者を喰い物にしてきた側面が確実にあるわけで。近年においても、女性アイドルたちに対する搾取の問題はやっぱり実際にあると僕は思ってる。ＡＶ女優に対しても、男たちはプロとして「嘘」を観せてくれることを望むだろうけど、そのときその女優の「内面」はプロフェッショナリズムの名の下に捨象され、「無かったこと」にされる。プロ論的な志向は果たして、芸能界やアダルトビデオ業界のような「システム」に対して批判力を持ち得るのかが、僕には疑問なんだよね。それはやっぱり、「オトコノコ」たちが自分たち自身のために見出した着地点でしかない気がする。

パンス　そこで一気に切り捨てるというのはどうなんだろう。コメカくんの言う「内面」もコメカくん視点でしょ。しかしまあそういう構造自体が結局男性性を補完するものになっているというのには頷けるけど。プロフェッショナリズムを讃えることには常に危うさがあると。

コメカ　僕は星野の在り方に対して、ゼロ年代的なサブカル男子の在り方をさらに更新したものであり、同時にそういうサブカル男子的な在り方そのものの終わりを意味してもいる、と言ったけど、それは彼がこういう着地点にゴールしてしまうことを指している。サブカル男子たちはそういう「自意識」を削ぎ落としたプロフェッショナリズムに辿り着いて安息することができるかもしれないけれど、現実にあるたくさんのジェンダー的な立ち位置を考えたとき、そういうやり方は結局のところ、「男性」が持たされている力に頼ったものなんじゃないのか？　と思う。

パンス 銀杏BOYZの次の局面、としてある種の中庸さとか、プロであることの重要性、みたいなところまで辿り着いたけれど、それだけだと越えられないものがある。というのが、「オトコノコ」端的に言うとジェンダーの問題なんだよね。そしていま、数多くの齟齬が、具体的な問題として噴出している。カルチャーの面でそれがもっとも顕著に起こっているのが、アイドルにまつわる事象だったりもする。

コメカ 80年代以降の日本のアイドル文化というのは、たとえば歌唱力とかダンスの技術とか、そういう演者自身の芸能的能力によってのみ評価が決まる世界ではない。むしろ、そのタレントがいかに「キャラクター」として成立するかの方が重要な世界であるわけだよね。星野が敬意を表しているのは80年代以前の「芸能」の世界＝プロフェッショナリズムの世界だと思うんだけど、80年代以降の「芸能」の世界は、それこそアイドル文化に代表されるように、ノン・プロフェッショナル＝素人の世界としてある。かつて糸井重里や「ビックリハウス」がセッティングしたような、具体的な能力をさほど持っていない素人でもそのシステムの中では「キャラクター」化できるような環境としての側面を、80年代以降の芸能界は発展させてきた。素人による表現というのは本来主体的なDIYカルチャーにもなり得るわけだけど、芸能界というシステムの上でそれをやる場合、どうしてもその環境を管理するゲームマスターが設定したルールに従わざるを得なくなる。そのルールの中で、はたしてどんな搾取が行われているのか／いたのか？ というのが、近年俎上に上ってきている問題だと思うんだよね。星野は自らの芸能的体力によって、自意識を削ぎ落とした「キャラクター」に自発的になろうとしてるのかもしれないけど、現実に今の芸能界では、ゲームマスターのルール設定の中で「キャラクター」に「される」タレントがほとんどだと思うんだよ……ということで、次は秋元康。

秋元康

ポスト戦後のゲームマスター

原体験としての70年代

パンス　秋元康がテン年代に大きな存在感を持った男であることは間違いない。もうひとり大きな存在感——というか、ずいぶん長い間（2012年12月～2019年12月現在）首相に君臨し続けている安倍晋三[275]という男もいて、2014年にふたりは「産経新聞」で「新春対談」してますが、まあそういった話は置いといて、AKB以前にも長いキャリアを持ち、活動の内容も追い切れないくらい多岐に渡ってる人物でもあり、まずは活動初期からじっくり追っていきたい。

コメカ　秋元康は1958年生まれ。世代としては、新人類・オタク第一世代にあたる人なんだよな。70年代に思春期・青年期をおくり、80年代に世に出ていった世代。自伝的な小説『さらば、メルセデス』では、吉田拓郎のファンである自分が、友達とバンドを組んではっぴいえんどのコピーをして、南沙織[276]似の少女に恋をして……みたいな物語が展開する（笑）。たとえば

275 **安倍晋三**
2019年10月時点での日本の総理大臣。本書の本文では（アーティストでもないので）「置いといて」しまったが、2010年代以降の日本社会全体の精神性に大きな影響を及ぼした「キャラクター」として、別に数章設けてもいいくらいの存在。端的に言えば、戦後日本の徒花。

276 **南沙織**
1954年生まれのアイドル。1971年、「17歳」でデビュー。日本におけるアイドル第1号と称されることが多い。

大塚英志や江口寿史[277]が述懐するような70年代の景色と、同じような風景を見て育った人なんだなというのがよく分かる。新人類・オタク第一世代には70年代的なセンチメンタリズムみたいなものを内包している人が多いと思うんだけど、秋元の文章や歌詞にもそれが強くあって、ギョーカイ的なイメージとは裏腹に、割とガチでそういう情感をこの人は好きなんだろうなと思う。

パンス　1985年『新人類図鑑』に秋元康は登場してる。当時、従来とは違った価値観や規範を持った世代として「新人類」っていう呼称があったんですね。ちなみに同じ本（『新人類図鑑』下巻）に登場しているのは平田オリザ[278]、西和彦[279]、藤原ヒロシ[280]……など。このインタビューでも言ってるのは「（自分たちの世代は）まず、戦争は当然知らない。その次に、学生運動を知らない。その次に、グループサウンズを知らない……受け手側だったわけで、あのお祭りさわぎに参加できなかったんです」と。まあ、こういうのもよくある言い回しなんだけど、確かにその「お祭り騒ぎ」の後の世代には、センチメンタリズムしか残んなかったと思うんだよね。70年代後期のニューミュージック――さだまさしでも松山千春でもいいんだけど――を聴けば分かるとおり。

コメカ　政治性を失って、原サブカル的なものが登場してくる70年代の過ごし方として、秋元の在り方はそんなに特殊なものではなかったと思うんだよね。東京で育って、それなりに文化にも興味を持っている少年としては割とよくあるパターンだったというか。ただ彼が面白いのは、それまでの若者文化にあったカウンターカルチャー的な要素に関心を持っていた節が全然感じられないとこなんだよ

秋元康『さらば、メルセデス』（1988年10月発売）

277 **江口寿史**
1956年生まれのマンガ家・イラストレーター。70年代末に『すすめ!!パイレーツ』でギャグマンガのニューウェイヴとして注目を集める。80年代を通してどんどん画風が洗練され、90年代以降はイラストレーターとしての仕事がメインに。『ひのまる劇場』等で展開されたゴジラや「あしたのジョー」のパロディマンガは、80年代的な気分を非常によく映し出していると思う。

278 **平田オリザ**
1962年生まれの劇作家、演出家。1983年、劇団「青年団」を旗揚げ。日常的な話し言葉による舞台演出理論である「現代口語演劇理論」を展開し、青年団においてその理論を実践、「静かな演劇」と称される潮流を90年代において生み

な。だって、このインタビューで語っているように「東大から大蔵省に入りたいと思っていました」っていう中学生だったみたいだからね（笑）。他にも、中学受験に失敗したことを「半ズボンの挫折」とコピーライター的に形容したりしてるんだけど。彼の、子ども時代からのこういう官僚志向的なところはけっこう重要なポイントだと思う。元来がそういう資質の人で、だからカウンター的なフォークソングよりも、ニューミュージック的なセンチメンタリズムの方が普通に肌に合ったんじゃないかね。『さらば、メルセデス』でもね、具体的にどんな風に自分が吉田拓郎を好きだったか、っていうのはほとんど描かれないんだよね。放送作家になってから、ニッポン放送の入り口で偶然見かけた拓郎が、サングラスをかけた姿で取り巻きに囲まれてカッコよかった、あれが自分の憧れた拓郎だ、みたいな記述しかない。むしろ、好きになった女の子がレッド・ツェッペリン、ディープ・パープル、ピンク・フロイドみたいな海外のロックバンドをフェイバリットに挙げるのを聞いて、自分が拓郎好きとは言い出せなかった……みたいな自意識の描写があって、そこが面白かったりする。

パンス　時代の流れの中に吉田拓郎を位置づける、みたいな意志はないんだね。これが村上龍『69』だったら、くどくどと時代背景を説明したりするわけだけど。先の『新人類図鑑』での発言にもあるとおり、盛り上がった時代の「その後」を生きるにあたっての選択だったと思うし、そういう視点の欠如って、秋元康に限らず現在までずっと続いてる問題だと言える。しかし同時代のニューアカみたいに、前の世代に対してカウンターを打ち出していく、という感じでもないんだよな。

コメカ　また『さらば、メルセデス』での描写についてなんだけど、秋元は1983年の伊武雅刀[281]の企画モノシングル「子供達を責めないで」で歌詞を書いてるのね。これはサミー・デイヴィスJr.「Don't blame

出した。

279 **西和彦**　株式会社アスキー出版の創業者。1956年生まれ。2001年には2ちゃんねるに対抗する電子掲示板「1ch.tv」を立ち上げている。

280 **藤原ヒロシ**　1964年生まれのミュージシャン、デザイナー。活動全体を通して、ストリート・カルチャーの数々を日本に紹介した第一人者。

281 **伊武雅刀**　1949年生まれの俳優。現在に至るまで様々なドラマや映画で活躍しているが、小林克也、桑原茂一らとのプロジェクト「スネークマンショー」での活動が日本サブカル史においてはとても重要。

the children」の日本語版カバーで、原曲は、非行少年たちが犯罪に走る原因は私たち大人にもある、みたいな趣旨の歌詞なんだけど。でも、秋元が書いた日本語版歌詞は「私は子供が嫌いだ」とか「私は子供に生まれないでよかったと胸をなで下ろしています」とか、伊武雅刀が子どもっぽく子どもたちを責める、っていう妙なものになってるんだ。で、秋元はこの歌詞を「僕の好きな北山修さんの『戦争を知らない子供たち』[282]を意識した、小学校の頃の僕への鎮魂歌だった」って述懐してるんだよ。「戦争を知らない子供たち」を意識してたんだ？ っていうさ。小学生の頃の自分が「まだ、世間のことなんて、これっぽっちもわかっていないのに、わかっていると勘違いしていた、井の中の早熟なかわず」だったと感じていて、そういう過去の自分に贈る「メッセージ」として歌詞を書いた、ということらしいんだよ。ある種のメッセージ・ソングというわけだ。

伊武雅刀「子供達を責めないで」
（1983年8月25日発売）

パンス なんだか複雑だな。

コメカ このエピソードはいろんな意味で示唆的というか、ジローズ「戦争を知らない子供たち」みたいな、素朴かつセンチメンタルな戦後民主主義的世界観が、秋元という人にも原体験としてまずあるわけだよね。そういう素朴さを「私は子供が嫌いだ」と衒いのある歌詞でひっくり返す「子供達を責めないで」のようなトリッキーさを武器にして、秋元は80年代という時代の寵児になっていったわけだ。（江口寿史が80年代の作品でよくやっていたような）前体験としての70年代以前に対するアイロニカルな読み替えの作法を身につけていたという意味で、秋元も80年代サブカル的な手法の体現者だったと言える。かつ、そこ

282 **戦争を知らない子供たち**
ジローズによるシングル。1970年発売。作詞は元ザ・フォーク・クルセダーズの北山修。

で（アイロニーを込めて）「メッセージ」を贈る相手というのは、社会や政治ではなくて、「半ズボンの挫折」をした子ども時代の自分だったわけ。「戦争を知らない子供たち」に薄まっていても辛うじてあった社会性・政治性の部分は完全に捨象されて、個人的な物語にのみ焦点が絞られている。メッセージ・ソングという反戦フォーク的な志向が、ニューミュージック時代における脱政治化を経て、80年代を仕掛けた秋元という人によってアイロニカルかつ個人的なものに書き換えられたという歴史はけっこう重要だと思う（秋元康と同学年の年齢である小西康陽も、わざわざ「メッセージ・ソング」と題した1996年のピチカート・ファイヴの楽曲で、とても個人的でプライベートな「メッセージ」を書きつけていたね）。

　でも、こういう秋元の志向や技術は、80年代において異様に効力を発揮するようになっていく。

「かなえてあげたい」のヤバさ

パンス　いわば秋元康の前にあったもの、前史が彼本人にどのような影響を与えていて、どう読み替えが行われていったのか、という話をしたね。言わずもがな、80年代は「オールナイトフジ」、おニャン子クラブ[283]、とんねるず——など、秋元康の仕事が大きな潮流を生み出した時代。消費社会の爛熟、バブルに突入、みたいな一般的なイメージはあるけれども、実際に当時の彼が何を考えていたのか、『35m/mの原稿用紙』などを紐解いて考えてみたい。

コメカ　『35m/mの原稿用紙』はとんねるずやチェッカーズ[284]、おニャン子クラブ各メンバーなどなど、いろんなタレントについて秋元が「メンズノンノ」で書いていたエッセイをまとめた本なんだけど、妙にセンチメンタルでポエムっぽい文章が延々と続くんだよな。

283 **おニャン子クラブ**　1985年に放送開始されたテレビ番組「夕やけニャンニャン」（フジテレビ）に出演していた女子高生たちによって構成されたアイドルグループ。プロフェッショナルではない素人を番組を通してアイドル化し大人気に。メンバーのソロ楽曲や「うしろゆびさされ組」など派生ユニットも多数展開された。87年、番組の終了と共に解散。

284 **チェッカーズ**　1980年結成のロックバンド。1983年「ギザギザハートの子守唄」でデビュー。デビュー前は本格志向のドゥーワップ／ロックンロールバンドだったが、オールディーズ風味のアイドルロックバンドとして売り出された。

86年から87年にかけて書かれたテキストなので、おニャン子でのヒットや作詞家活動等で彼がノリまくってた時期だね。この本に収録された秋元のインタビューで、「おニャン子ブームのときでも、僕はその中で冷静に見ていたと思うんだ。火を起こして、あおいで、熱くなれ、もっと熱くなれとやりながらもね。それはね、クサイ言い方になるけど、僕は相手の気持ちがすごくわかるのよ。何を僕に望んでいるか、わかるのよ。だから、それに対しては、かなえてあげたいと思うわけなんだ」って発言してるんだけど、秋元はこういう側面において、良くも悪くも一貫している。客観的視座を持って状況をセッティングし、その状況の中で熱狂する人々の欲望を把握しながら、その欲望をさらに盛り上げ焚きつける。で、ややこしいのは、そういう「人々の欲望」に対する秋元の距離感の取り方で。その「欲望」に彼は自分自身を同化させることはできないんだけど、そういう「欲望」が盛り上がっていく状況そのものはたぶん本気で愛しているんだよね。だから、「かなえてあげたい」という言葉になるんじゃないかと思うんだけど。そのあたりのセンチメンタリズムやピュアさが逆にヤバいと思うんだ。

パンス　80年代って芸能界やアイドルを取り巻く状況をメタな情報として見るような批評がとても盛んだったけど、そのど真ん中にいたと言える秋元康自身は、それほど「批評っぽい」語りをしていない。消費文化の渦中でマーケティング的に処理してるんだけど、妙にアーティスティックというか、「何かを生み出す／かなえてあげる」立場として自分を位置づけている。仕掛けてそれが盛り上がっていく状態にロマンを見出している。突き放しているようで、「相手の気持ちがすごくわかる」といって妙に寄り添っていく態度に「この人なんなんだ?」って思

秋元康『35m／mの原稿用紙。』
（1988年1月1日発売）

うんだけど、そこに前時代の残滓があるのかも。

コメカ　80年代における秋元は「黒幕」のように語られがちだけど、少なくとも残されたテキストを読む限りでは、当時の彼自身が自己規定していた「秋元康」という存在は、タレントたちと共に仕事をし、遊び、動き回る男、みたいなイメージなんだよな。メタレベルに立つ「プロデューサー」的なイメージに自分を収斂させていくことを、妙に嫌っている節がある。だからこの人、世間でイメージされるような、「状況をコントロールすることそのものに快楽を感じている人」ではないと思うんだよね。あとね、80年代に残してるテキストは、どれも雰囲気モノというか、「何かを言っているようで実際は何も言っていない」ものばっかりなんだよ。「エネルギーが、すごい加速度で走っているのが、この芸能界なんだ」とか「スターが紅茶に砂糖を何杯入れるかというディテールよりも、なぜ輝いているのかの方が、僕には、興味があるんだよ」とかさ（笑）。レトリックだけで、表層を流していくような言葉ばっかりなんだよね。まあもちろんそういう時代だったってのもあるんだけど、ただ秋元はそういう80年代的な行き当たりばったりのハッタリ、面白主義的な態度をとることがものすごく上手かった。そういう口八丁手八丁をものすごく的確に処理していっていた。しかも、そこで胸に秘めているのは70年代的なセンチメンタリズムであるという。今現在に至るまで、彼のそういう態度そのものは変わってない気がするんだよな。

パンス　80年代の糸井重里くらいまでは、面白主義で突っ走ることに対する衒いというか、前の時代に対するカウンター的な機能があった。吉本隆明が言うところの「重層的な非決定」[285]みたいなスローガンに象徴されるような明確な意志があったというか。秋元康もその延長上にはいるけれど、「重層的な非決定」なんてわざわざもう言わないというか、単にサクサクと仕事

285 **重層的な非決定**　吉本隆明の著書『重層的な非決定へ』。1985年刊行。ギャルソンやビートたけしなども論じながら、重点を置かず――「非決定的に」すべての対象を受け取る、という態度で、80年代の時代精神を的確に示した。

をこなしている人になっちゃってる。前も話したかもだけど、実は80年代というのも84～85年くらいの段階でこのような断絶があると。それともう一方で、この時代には少女文化、ひいては女性による表現が急速に消費されている。アイドルからマンガまで。そこに男性たちがどういう解釈を行ってきたか、秋元康はどんな視点で語り状況を作ってきたかという問題がある。

コメカ 良くも悪くも、衒いなく素直にそういう面白主義的な志向を選択しちゃってるんだよな。政治性からの変節・屈託みたいなプロセスは少なくとも秋元には無い。秋元は自身を特集した２００７年の「情熱大陸」で、高田馬場で見かけた学生たちが、終電前に全力疾走で駅に向かって走っている光景を見て、自分はもうそういう体験をすることはないのだな、と思って涙が出た、という旨の話をしてるんだけど、実際のところそういうセンチメンタリズムしか、この人には「語れること」が実はないんだと思う。秋元の少年少女に対する視線というのは根本的にそういう類のもので。ただねえ、さっき話したように、この人にはいくつになってもそういう観点で少年少女たちと「併走」しようとする厚かましさがあるんだよ。かつてのおニャン子クラブにしても、秋元という人間は彼女たちにとって本質的にどういう存在だったのか？ っていう問題があると思う。『35ｍ／ｍの原稿用紙。』でのおニャン子メンバーたちに対する記述の仕方も、仕事の先輩なのか、プロデューサーなのか、兄なのか、恋愛対象なのか、なんだかよくわからない語り口なわけ。秋元は近年のＡＫＢグループに至るまで、少女たちに状況を与え、言葉を語らせる行いを繰り返してきたわけだけど、そのとき彼自身の「主体」は一体どこに、どんな風にあったのか？ という問題がある。

秋元康という「主体」と、その責任

パンス　「高田馬場で全力疾走する学生たちを見て涙が出る」秋元康、というエピソードもそうだし、「クラブ活動後に髪の毛ぼさぼさで制服のまま走りこんできて、汗をかいて座っているような子がいい」という発言もあった（秋元康×田原総一朗[286]『AKB48の戦略！』）。やたらと「全力疾走」にこだわってるんだけど。「素人」がスターダムにのし上がる、というのは秋元康に限らず80年代以降のメディアにおけるひとつのキーワードだと思うんだけど、完全にプロではない、力の抜けたラフな状態ではなくて、ラフなんだけど必死なアプローチ――「全力疾走」を求めてしまうところが気になるんだよな。それを見守ってる秋元康自身、もしくはオーディエンスという存在が前提になってる。

コメカ　自分自身が全力疾走するのではなくて、全力疾走する少年少女を見つめている、みたいな秋元の視点の在り方が気色悪いな〜といつも思うんだけど（笑）。彼はおニャン子クラブにしてもAKB48にしても、「少女たちを見つめる視線」をいかに作りあげるか、という仕事をしてきたわけだよね。アイドルとしての少女たちの「消費のされ方」をプロデュースしてきた。俳優やミュージシャンのようなアクターとしてではなく、放送作家という裏方業からキャリアをスタートさせた人だから、「他人をいかに演出するか」という作業が彼の仕事の主軸になる。ただ、たとえば「ひょうきん族」やとんねるずがテレビ業界の楽屋落ち的なネタを多用したように、80年代という時代においては、演者よりも裏方の方にスポットが当たる機会も多かった。そういう状況の中で、秋元も業界における新世代の旗手のような扱われ方をしたわけだけど。ただ、そうやって秋元の名前が前面に出てくるようになっても、この人は自身の内面吐露的な自己表現の方向には行かなかったんだよね。

286 **田原総一朗**　1934年生まれ。東京12チャンネルのディレクターから、ジャーナリストへ。1987年以降は「朝まで生テレビ！」の司会者として、エンタメ性の高い討論番組を作り出す。

パンス　「作詞家」なのにねえ。

コメカ　一応はセルフ・アイデンティティの置きどころとして見出したっぽい「作詞家」という仕事についても、そのキャリアの中で自身の作家的な自意識や内面を形作っていく方向には行かなかった。そして彼は業界の大御所になって以降も、「ピカソになりたい広告代理店マン」とか「詐欺師」みたいな自己認識をしているアピールをするわけね。自分は作家ではなく、広告屋に過ぎないんだと。ただ、そうは言いながらも、いい歳をして「高田馬場で全力疾走する学生たちを見て涙が出る」みたいな妙にピュアなセンチメンタリズムは内包している。社会レベルにおいては冷徹な広告屋だが、個人レベルでは思春期的なセンチメンタリズムに囚われている、という。こういう人が少年少女の「消費のされ方」をプロデュースするとき、どういう倫理観がそこにあるんだろうな、と思うのね。ＡＫＢのメンバーに秋元は「先生」と呼ばれていて、秋元自身も彼女たちのことを「娘」だと思っているという旨の発言がある。おニャン子のときは「兄」ぐらいだったタレントとの距離感が、当たり前だけど時間とともに変化しているわけだよね。行使できる力も、持たされる責任も大きくなっている。

パンス　方法論にも違いが出てきてるね。

コメカ　そう。素人の女の子のラフさを垣間見せることで成立していたおニャン子のときと違って、ＡＫＢ48というのはそれこそ少女たちに「全力疾走」させる環境を作ることで成立している。今の秋元は「娘」たちに「全力疾走」させる男であるわけだ。僕はそこにどうにも気色悪さを感じるというか、冷徹な広告屋として自分が用意したシステムの上で「娘」たちが「全力疾走」しているのを見て涙する、みたいな奇妙な男の姿を感じてしまう。ビジネスへの意志とセンチメンタルな感傷がそこにあることはよく分かるけど、「娘」と呼ぶような少女たちの実存に対して秋元がどう考え向き合っているのかはよく分からない。彼女たちの人生に対してリアルタイムに力を行使している以上、そこに倫理的に向き合う責任が彼にはやっぱりあると思うんだけど。

パンス　田原総一朗による「秋元康が仕掛けてると分かると、みんな引いちゃうんじゃないの？」という質問には、「場を作っただけ。その場で彼女たちが格闘し成長していく過程を、僕がコントロールしたわけではない」と答えている。マーケティングとか仕掛けの話に関しては饒舌だけど、実際にプロデュースされる側に対しては距離を置きたがる。しかし完全に突き放してるわけでもないんだよなあ。先生みたいにも振る舞ってるんだけど、だからといって別にマウンティングしまくっているとも言えないし。一体どういうことなのか。

コメカ　少なくともＡＫＢグループに関しては、確かに秋元康ひとりが完全に制御しているような代物ではない。実際、彼が言うように「場を作っただけ」、つまりＡＫＢというシステムを秋元が作っただけであって、ソーシャルメディア上でのコミュニケーション等も含めたその活動を通してＡＫＢの個々のメンバーのキャラクターが形成されていくプロセス全体は、秋元にも制御不可能なものだったと思う。たださっきも言ったけど、そういうシステム＝環境作成に携わることに対する彼の倫理というのはどういうものなんだ？　と思うわけ。「主体」としてそのシステムの形成に関わる秋元康という人間は現実にやっぱりいるわけでしょ、当たり前だけど。ＡＫＢというシステム＝環境は自然の生成物ではないんだから。「場を作っただけ」で、その「場」に参加したプレイヤーたちがどうなろうが、それは基本的に自分にとってはコントロール不可能なものなんです、みたいな物言いって、まあ端的に言って無責任だよね。AKBグループに関するトラブルにおいて秋元が主体的に説明や謝罪をしないのは、結局そういう考え方が背景にあるからなんじゃないのか。AKBにおいては秋元もシステム＝環境の調整者でありながら同時にひとりのプレイヤーでしかない、つまりAKBは秋元個人がコントロールし得るものではない、みたいな物言いが、結果的に秋元を免罪してしまっている。都合のいいときにはセンチメンタルに涙するけど、トラブルが起きたときには自分はただの広告屋に過ぎない、と居直る処世術を感じるんだよ。

パンス 環境を管理する主体の問題というのは、主にゼロ年代以降、WEBサービスやらについて語るときに出てくる話だったけど、わりと近いのかな。数年前には、AKB48などをそういう観点から批評する方法論もあった。「宗教」そのものなんて評する人もいるけど、興味深いのは、そこにグルとしての秋元康が鎮座してる、みたいな図じゃなくて、実際にステージにいる女性たちに崇高さを見出しちゃったりしてて、どうも奇妙な部分がある。

コメカ 彼は人々の「他者を見つめる視線」を敏感に感じ取り、そこにある欲望を盛り上げる。日常の世界の中での「他者を見つめる視線」は、それこそたとえば恋愛における片想いのセンチメンタリズムであったりするわけだけど、それが消費文化においてはビジネスに化ける。アイドルカルチャーというのはそういう視線のやりとりを商売にしたものだから。AKBはそれまでのテレビ時代のアイドルと違って、ソーシャルメディア時代の双方向性的な環境に対応したアイドルなんだ、みたいな物言いがあるけれど、確かに今現在の情報環境の中で「他者を見つめる視線」をいかに扱うかという問題に対して秋元が提案したシステムは、ビジネスとしてはベストアンサーだったと思う。劇場展開や総選挙等のシステムを通して、メンバーたちを見つめる視線の熱量をユーザーたちはどんどん過剰なものにしていったわけだよね。今の時代に「他者を見つめる視線」の熱量を増幅させることに一番成功したのが秋元だった。でも何度も繰り返すけど、そうやって人々の「視線」を増幅させたことについて、秋元は倫理的な責任を負わなくてよいのか？　という問題があると思うんだ。

「ダダ漏れ」の無責任さ

パンス　最近、テン年代ワーストランキングを頭のなかで作ってる。とりあえず順不同でまず思い浮かんだのが、２０１２年末、新宿を通りかかったら安倍晋三が総裁選にあたって演説してるところに出くわしたことかな。あの頃は支持者による日の丸がたなびいてて、「終わりの始まり」感がすごかった。まあそれはいいとして、もうひとつは、峯岸みなみさんが丸刈りの状態で謝罪動画をアップした事件。無論炎上していたけど、一体何が起きているんだ!?　って感じだった。当時も言及されていたけど、その姿からはナチスを連想してしまったし、どういう力学でこんな罰を与える流れになったのか。そしてそこに集まる、自分も含めた「視線」。視線を向けた後、この状況を自明のものとして受け入れないといけないのかという恐怖があった。翻って今考えてみて、ＡＫＢやそのファンたちによる相互的コミュニティみたいなものが出来ているのは事実だろうけど、そこで生じた違反者にあそこまで強い罰を加えるようなら、そんなコミュニティ要らないんだけど……って思っちゃうんだよなあ。

コメカ　峯岸が写真週刊誌に自身の恋愛スキャンダルが掲載されたことを受けて、頭を丸刈りにした上での謝罪映像をYouTubeに流した件。強制されたものではなく自らの意志で坊主頭になった、という説明だったんだけど、その姿で泣きながらグループ残留を請う姿はショッキングなものだった。坊主頭になることを強制されたのかされなかったのか、実際のところは分からない。ただ、女性が頭を丸刈りにして謝罪する姿を人々がメディア越しに眺める状況が立ち現れてしまったわけだ。そのことについて秋元は2013年にライムスター[287]の宇多丸からインタビューを受けていて、AKBというシステムが大きなものになってしまったために、そこで行われる行動が世間の衆目に晒される状況になっている、とか、峯岸は自身の「気合い」の表明としてやったことが、AKBに対しての負荷を生む結果になってしまい気に病んでいるだろう、とか、そういう旨の発言をしてるのね。でも基本的な論調が他人事っぽいというか、自身の責任については「僕がその場にいたら止めたでしょうね」とか言うわけだよ。AKBというのは彼曰く「ダダ漏れ」のシステム(SNS等を通じてメンバー個々人が発信する情報を運営側が完全管理しない、など)であると。だから彼の語り方には、峯岸がああいう謝罪をしたこと、それが人々の「視線」を集めること、そういうプロセス全体に、自分は最終的な責を負っていないというニュアンスがあって。すべてをコントロールすることなんて不可能なんだよ、という弁解めいたニュアンスが、先のインタビューにはある。「ダダ漏れ」の環境を用意しただけだ、「場を作っただけ」だ、という。ただね、どう考えてもこの峯岸の問題や、AKBというシステムに関する状況作成の責任が、秋元に大きくあることは間違いないよ。その上で彼のように振る舞うことが、たとえば日本以外の他の国でも成立するだろうか? という。

パンス どういうプロセスで起こったのかは分からないままだけど、山岳ベース事件を連想しちゃったんだよね。ある特定の空間で「総括」するという行為が無限に延長されて、そこにはルールがない。で結果が出たわけだけど、そこの総責任者が「いや、その場にいなかったし、なんか大変だったんだろう」みたいに言ってスルーできるというのはどうなんだという。そう

287 **ライムスター** ラップグループ。1993年『俺に言わせりゃ』でデビュー。日本語ラップ黎明期にクラシックとなる楽曲「耳ヲ貸スベキ」「B-BOYイズム」などを送り出す。メンバーの宇多丸はラジオ・パーソナリティとしても活動。

やって責任を回避できるシステムを作ったたっていうのはすごいよね。でもこれ、システムを作ったというか、要するに「社会に丸投げしている」ってことなんじゃないか。結局あのような行為があって、そこに「視線」を送ってしまった者がどう受け止めるか。「こういうものなんだ」って社会が受け入れちゃったら、責任者が問題をスルーできるシステムは完成するわけだよね。

コメカ　峯岸がファンに向けてＡＫＢ残留を請う映像を、ＳＭＡＰが自分たちの解散騒動で「世間をお騒がせ」したことを謝罪する映像を、社会全体で眺める状況があった。言うまでもないことなんだけど、ＡＫＢやＳＭＡＰのようなタレントたちが生業の場としている芸能界というものは、必ずしもフェアな構造にはなっていない。カネや利権など、さまざまな危ういファクターが折り重なって出来上がっている。秋元康が用意する環境も、ジャニー喜多川やメリー喜多川が用意した環境も、フェアなシステムであるとは言い得ない部分を含んでいた。たとえばＡＫＢにおける事実上の恋愛禁止強制は典型的な例で、アイドルというビジネスおよびその環境が、そこで労働者として働くタレントたちにとって本質的にはフェアなものではないことは分かり切ったことだと思う。そういう任意の芸能的環境内部で謎の謝罪やメッセージが生産され、社会に向けてそれが発信されることに対する倫理的判断を、この社会に住む人々は主体的に行おうとしない。少女が坊主頭で泣きながら謝る映像が、成人男性5人が自分たちの芸能活動の進退についての在り方をなぜか「世間」に謝る映像が、朝晩のテレビで当たり前のように流されることを、この社会の人々はなんとなく受け入れ消費してしまった。社会における公共性という水準で物事の是非を判断するのではなくて、その都度顔を出してくる任意のシステム（芸能界や芸能事務所・企業という環境）の内部のロジックや問題を、ただただ追認するという在り方。対象を消費する作法しか共有されていなくて、それが自分自身の立ち位置といかに関係するのか、という向き合い方がそこにはない。

パンス　なんでも政治につなげるなって怒られちゃいそうだけど、結局そういう精神構造が現状の政治体制の暴走に繋がっちゃってるんですよ！　しかしまあ主体的に判断できないというのは別に国民の資質が低下してるっていうより、そういう構造が長年に渡って形成されてきたんだなということで。この状態が維持されたまま海外に輸出されたりするとどうなるのか、というのは気になる。ＢＴＳ[288]×秋元康騒動も記憶に新しいけど。ただし「そんなんでは海外じゃ通用しないぞ！」というのも微妙に違ってて、ＡＫＢ48も韓国でもともと人気あるし、いまは韓国×日本のグループPRODUCE48もいるし。つまり、いまアジアや欧米で高まりつつある社会意識があって、そこと秋元康的なものが衝突する例もあるし、受け容れられる側面もある。一方で日本は遅れを取っているってことかな。

コメカ　ただひとつ言えるのは、80年代以降の日本の消費社会的環境の中で出来上がった成果としてＡＫＢグループのようなものがある、ということ。その環境の管理人は、どのような眼差しがその環境への参加者に注がれようとも、責任者としての責を問われずに常に免罪される。「ダダ漏れ」の環境の中で「全力疾走」した人間がどうなろうと、それはその人間の自己責任の問題でしかない、という。そしてそこで生まれた暴力や抑圧がどのような形で発露しようとも、社会はそれを公共性の視座から判断することは無く、ひたすらにエンターテイメントとして眼差し消費する。秋元はある意味で究極の、「日本のサブカル」を作りあげたんだと思う。さっきパンスくんが言ったように、エンターテイメントのみならず、政治に対しても日本社会はこういった主体性の無い向き合い方しかできなくなっている。じゃあ、そうではないオルタナティブなやり方は果たしてあるのか……という問題を、大森靖子について語りながら考えます。

288 **ＢＴＳ**
「防弾少年団」。韓国のアイドルグループ。２０１８年、『LOVE YOURSELF 轉 'Tear'』リリース、アジア圏出身者として初めてビルボード２００で１位となる。

大森靖子

たったひとりのあなたに届けるということ

「避難所」を突き破る

コメカ　本書の最後に大森靖子について話したいんだけど、ぼくはこの人を、２０１０年代に登場した表現者の中でもっとも重要な人のひとりであると思っていて。それこそ秋元康がやっていることの対極にあるような表現や活動をしている人だと思うんだ。

パンス　実のところ今まで僕はあまり知らなかったのだけど、コメカくんの熱意に押されていろいろと聴いたり、インタビューを読んだりしてるところ。秋元康について、責任者であることを問われないシステムを作り上げた、日本社会のある種の象徴として捉えてきたわけだけど、そういう状況になってしまった今、オルタナティブってどうやって出してけばいいのか分からない、と僕は頭を抱えてしまいそうになっちゃう。大森靖子は、そこを担える存在であるということなんだね。

コメカ　秋元康的な在り方というのは、ある意味ホントに究極の「日本のサブカル」だと思うのね。消費社会的な環境の管理人を務めながら、自分の中にある男性的なセンチメンタリズムに浸る。そして、その環境の中で人々の互いへの眼差しがどのように暴走しようとも、自分は「場を作っただけ」だから、その状況に対する本質的な責任は無いんだ……という構え方をする。結局、自分の「主体」も他人の「主体」も本気で考えようとしていない。どこかニヒリスティックなところがある。

　大森靖子はそういう在り方とは真逆のことをやろうとしていると、僕は思ってて。最果タヒ[289]と共につくった『かけがえのないマグマ 大森靖子激白』という本の中に、「私は、きみの言葉に、態度に、ちゃんと傷つくよ」という記述があるんだけど、ひとりひとりの人間の実存というものを、自分に向けられる悪意ある眼差しひとつひとつの向こう側にちゃんと見出そうとしていることに、僕は誠実さを感じるんですよ。悪意を単なる大きなひとつの集合体として捉えてルサンチマンに逃げ込むのではなく、無数の悪意の向こう側に数えきれないそれぞれの「主体」があることを正面から見つめて、それらに向かい合う。

パンス　このSNS時代にそれをやるってえらい大変そうだね。おおよそすべてが「友敵理論」になっちゃうじゃない。暴力的なものも、何か大きなまとまりのように捉えられてしまいがちだし、そう考えちゃった方が楽というのもある。ここで言うルサンチマンとは、たとえばどんなものだろう？　過去のサブカル的なものを指しているのかな。

コメカ　そうだね、なんて言えばいいのか……。たとえば、大槻ケンヂが90年代にやっていた仕事というのは、個人としての自分が上手く

大森靖子／最果タヒ
『かけがえのないマグマ
大森靖子激白』（2016年1月29日発売）

289 **最果タヒ**　1986年生まれの詩人。2007年に第一詩集『グッドモーニング』を発表以降、『夜空はいつでも最高密度の青色だ』などの詩集、『かわいいだけじゃない私たちの、かわいいだけの平凡。』などの小説、デジタルテクノロジーで詩作品を表現する「詩句ハック」など、様々な形で作品を発表、大きな評価を得ている。

相対することができない大きなもの（たくさんの悪意だったり世間だったり）に対していかに向かい合うか、という試行錯誤だったと思うのね。彼自身は安易に自己正当化せずに、社会との自分なりの対峙の仕方を考え続けている人だと思うんだけど（筋肉少女帯「戦え！何を!? 人生を！」）、そのファンやフォロワーの中には、「世間に馴染めない自分」というキャラクターを安易にセルフ・アイデンティティにして、ルサンチマンの中にこもるような選択をしてしまった人も多かったんじゃないかと思うの。サブカルは、そういう人たちの避難所として機能するところが良くも悪くもあって、大槻はその避難所におけるカリスマだったし、そういう人たちに対しての優しさを持っていた。それはとても大切な仕事だったとも思う。

パンス　いわゆるファンダムと演者との関係とも少し違って、ファンの持つ精神性まで演者が意識して動くような、独特な関係性があるよね。

コメカ　そうそう。でも、大森靖子が今現在引き受けているものは、それこそかつて大槻がやったような役割に近いところがあると思うんだけど、彼女はもっとハードコアというか、徹底してるんだ。もっともっと本質的な意味で強くなれ、というメッセージを発信し続けてると思うのね。ルサンチマンの中に逃げ込み隠れて生きる必要なんてない、あなたはあなた自身でいいんだ、と。「クソでもブスでも世界を変えたい」（「ドグマ・マグマ」）という歌詞があるんだけど、日本のサブカル的な小さな空間、小さな避難所の中に逃げ込むんじゃなくて、「本当に人を救う気」（筋肉少女帯「機械」[290]）でいるわけですよ。彼女なりのやり方で、世界を変えようとしている。サブカルという避難所はやっぱり消費社会的環境が可能にするものであって、大槻のようにそこで身を削りながら人々を護る人間もいるけど、それこそ秋元康みたいな人は、そういう避難所を官僚的な処理能力で管理してしまうわけ。そし

290 **機械**
96年のアルバム『キラキラと輝くもの』収録。このアルバムには大槻の、ライ麦畑のキャッチャーとして生きてしまう自分への葛藤と気迫が詰まっている。

て大森靖子は、そういう避難所的な場所をぶち壊してでも、もっと「本当のこと」を語ろうとしている人だと思うのね。

パンス 大槻ケンヂはなんというか、啓蒙的。自分が好きだった過去のカルチャーを編集して「世間に馴染めない」多くのファンたちに道筋を与えようとした、と同時に自分自身も折り合いをつけていこうとしていたと。しかしここで、ルサンチマンというのは越えないといけないものなのか？ という問いが出てくる。もっと強くあらねばいけない、「本質」を見出さなければいけない、というのはなぜなのか。そこには、90年代から現在にかけて変化した社会の中で、必要とされる状況になってきているということなのかな。そして、その先にはどんなヴィジョンがあるのか。

コメカ ルサンチマンの中にこもるようなサブカル的態度というのは、自己防衛のための戦略だと思うんだよ。社会から疎外されている感覚を、自虐的な態度を通して自分のアイデンティティに変換することで、本当に自意識が崩壊してしまうことを避けるための戦略。そこにはある種の切実さがあったともちろん思うんだけど、でも結局は歴史や政治から離れた場所で展開されていた出来事、つまり消費社会化した環境の中で、自意識レベルでの闘争の中で起きていた出来事でしかなかった、とも思うんだ。

パンス まあねえ。

コメカ 大槻のバンド特撮の「ヨギナクサレ」[291]という曲の歌詞に、

まぁしゃーないな人生こんなもんだね（思う）
妥協点見つけても生きてきゃそこそこだね（思う）
そういうもんじゃない？（違う）
そうかな？（絶対）
ちがうか！（違う）

291 「ヨギナクサレ」 01年のアルバム『Agitator』収録。アジテートではあるが、それは政治的アジではないわけだ。

ちがうぜ！（絶対）

　というフレーズがあるのね。大槻はルサンチマンに逃げ込む在り方を安直に称揚してたわけではもちろんなくて、こういう生のエモーションを肯定していた。ただ、90年代〜ゼロ年代にかけては、どうしてもこういうエモーションは、政治的には無色透明な形でしか発することができない状況があったわけだよ。

パンス　政治的なものっていうのはどのへんを指すのかな。

コメカ　「ヨギナクサレ」の歌詞では「アジテーション」「シュプレヒコール」「ゲバルト」等のフレーズが持ち出され、ＭＶでは日本の学生運動のイメージが使われている（ついでに、頭脳警察の「ふざけるんじゃねえよ動物じゃねえんだ」という言葉も引用されている）。だけど、そういった政治的な記号はすべて脱臭されてサンプリングされているだけで、特撮の表現そのものは政治性を帯びていない。闘争的な自意識だけが聴き手に伝わるものになっている。

　対して、大森靖子は別に直接的に政治的な言葉を使ったり持ち出したりしているわけじゃないんだけど、２０１０年代の日本の社会的現実の中で誠実に表現した結果、自意識を超えて、結果的に社会や政治にまで抵触する表現ができてしまっていると僕は思っていて。サブカル的な記号化の力を喰い破るものがあるというか。

政治的ではない政治性

パンス　特撮「ヨギナクサレ」の歌詞やＭＶには、日本の学生運動で使われてたような言葉が散りばめられていた。何かエネルギッシュなものを現出させるための表象的な引用と言えるけど、頭脳警察を引用することで、歴史的な文脈がなんとか押さえられているんじゃないかな。単純に、そこからかつての歴史を辿る入口は作られていると思う。しかし、たとえば「赤軍派に感化される必要はない」（ナンバーガール「NAM-AMI-DABUTZ」[292]）から、赤軍派について調べていく、みたいなのは難しいんじゃないかな。文脈が抜けて、アイコンのみになっていった。これはその影響下にある椎名林檎においてもそうで、もはやそこで選択されるのは右っぽくても左っぽくてもよくなっていく。――みたいな状況が作られたことが、昨今の「政治的な言葉」を導入するポップスの問題に繋がっていくんだろうなと考えている。

　いっぽう大森靖子は、そういうアイコンをバンバン出していくというスタンスではないよね。だからといって、表象ではない明確なプロテスト――「政治的なことを唱える」存在でもない。しかしそれでも帯びている政治性というのは何なのか!?　ってところを検証していきたい。

コメカ　銀杏ＢＯＹＺのＤＶＤ作品のタイトル及び楽曲タイトルに、「僕たちは世界を変えることができない」っていうのがあるんだけど。峯田和伸自身はこのフレーズを何となく無意識に思いついたみたいなんだけど、このタイトルって、オトコノコ的な不能感とそこからの逆ギレ的暴走、みたいな銀杏の表現の在り方をすごくよく象徴しているなーと僕は思っていて。バンプ・オブ・チキンや星野源の項でも話したけど、銀杏ＢＯＹＺの活動というのも、歴史や社会・政治から切断された存在が、エモーションを失わずに生きるためにはどうしたらいいのか、っていう試行錯誤みたいなところがあったと思うんだよ。そこで選択された方法論が、性愛への過剰な没入や異性の偶像化だったり、ホモソー

銀杏BOYZ
『僕たちは世界を変えることができない』
（2007年4月11日発売）

[292] NAM-AMI-DABUTZ
02年のアルバム『NAM-HEAVY METALLIC』収録。ポップグループやギャング・オブ・フォーからの影響を含みつつ、ただそれらのバンドが有していた政治性はやはりオミットされている。

シャル的な関係性から発生する妄想的なエネルギーだったりしたわけよね。

パンス　このテーマは今までの話の中にずっと通底してるね。

コメカ　大槻ケンヂが取り組んだ「オトコノコの自意識」みたいな問題系は、ゼロ年代の峯田にとってはより不可能性を増した問題になっていったというか、「童貞フォーク少年、高円寺にて爆死寸前」的な、表面張力ギリギリの切羽詰まったものになっていったと言える。で、大森靖子も銀杏ＢＯＹＺに非常に大きな影響を受けている表現者だけど、彼女はその影響をあくまで「自分自身の身体」で咀嚼し直していると思うのね。彼女が「女の身体」というものを通して社会的に生かされている中で作り出している言葉や音というのは、大槻ケンヂ～峯田和伸的な取り組みに影響を受けながらも、彼らよりもさらに社会との軋みが大きいものになっていると思うんだ。そして、僕がなぜ彼女の表現が結果的に政治的なところまでリーチしていると考えているかというと、そのあたりに理由があるんだよ。

パンス　ふーむ、「咀嚼し直している」というのは具体的にどういうことなんだろう。まずジェンダーの相違というのはあるけれども。

コメカ　この社会の中では、「女」として眼差される身体というものがある。その身体の持ち主自身の性自認の在り方を無視した、ある意味暴力的な形で、人間は他者を「女」として眼差すことが往々にしてあるよね。そして大森靖子もまた、「女」として眼差される身体とともに生きてきた表現者であるわけだ。大森は峯田と一緒に銀杏の「駆け抜けて性春」をライブで演奏したことがあるんだけど、そこで原曲ではＹＵＫＩが歌っていた「わたしはまぼろしなの　あなたの夢の中にいるの　触れれば消えてしまうの　それでもわたしを抱きしめてほしいの」というパートを、「わたしは幻じゃなくて実体だし、わたしの人生を生きてここまで来たから絶対夢なんかじゃない歌い方でどす黒く歌ってやる!」と思って歌った、と発言してるのね。実際その映像を観ると、大森のボーカルには原曲のYUKIのドリーミーな雰囲気は無くて、歌い手自身の苦痛を感じさせるようなヒリついたものになっている。でね、僕は、峯田が「女性」を偶像化して祈りを捧げたこの曲に対して、こういうボーカルで返答した大森の在り方に、峯田がたくさんの楽曲で示してきたメッセージに対して「人間として」ガチで返答しようとする、彼女の気迫を感じるのね。

パンス　うーん。

コメカ　峯田の祈り方ははっきり言って「オトコノコ」の身勝手なものなんだけど、その祈りの強度や切実さがたくさんの人を救ってきたことは間違いなくて、大森もそのうちのひとりだったと思う。でも、大森は「女性」として眼差される身体を持った人間であるわけで。峯田が「女性」を眼差す自身の視線の中に込めた祈りを、大森は正面から受け止めて逆照射している。そして、大森のその逆照射は、峯田や峯田のような人々を断罪するものではなくて、救済するものになっていると思うんだ。まぼろしの「女性」に対して祈る爆死寸前の童貞フォーク少年に、「女性」を生きさせられている生身の人間が、力強くレスポンスを返している。あらゆる者は「人間」であって、あなたもわたしもまぼろしではない、わたしもあなたも、自分自身のままで十二分に美しいのだ、というような肯定的な意味合いが、ここには生まれていると思うんだよ。銀杏にただ憧れるのではなくて、自分自身の身体でそれを咀嚼するというのは、そういうこと。

パンス　なるほどなあ。バトルするんじゃなくて、峯田和伸、そしてそのオーディエンスが持っている思考の様式とのコールアンドレスポンスになってるんだね。このインタビュー[293]でも発言してるけど、騒いでる子どもに怒鳴るおっさんに遭遇するくだり。事態が発生したらその場にいたおばあちゃんもおっさんに賛同したり、おっさんの連れの女性に揶揄されるところまで含めての地獄な状況を捉えている。この（日本）社会は地獄である。そして闇（病み）を抱えている、ということに対して極めて真っ当に対峙しようとしているよね。いま多くの人は、こういう状況をネタにするか、なかったことにするか、怒り狂うかしかできなくて、まあその反応自体をことさら責めるつもりはないんだけど、状況に対峙して曲に落とし込めてる人は少ないんじゃないかな。イ・ラン[294]さんの発言や行動にも通じるものがあるなと思った。韓国だと「ヘルチョソン[295]」という流行語がある。日本にもネット上の「中世ジャップランド」とかあるけど、あんまりメジャーな単語じゃない。日本人ってまだ自分の社会に対する期待値、正常性バイアスが高い。地獄はそこかしこにあるのに。

コメカ　今の日本社会って、その中で生きている人間が「現実に向かい合う」ことが、とても難しい状況だと思うのね。特に、日本社会の中にある抑圧性や機能不全を正面から捉えて更新していくことがすごく難しくなってしまっている。国家として衰退していってしまっていることを誰もが意識しているからこそ、その衰退を認めたくないばかりに正常性バイアスが高くなり過ぎて、「日本スゴイ」みたいなサプリメント的慰撫言説や、家父長制的な抑圧性へのバックラッシュによって人々が無理やり安定性を維持しようとしている状況がある。本当はもう崩壊が近いことに気づいているんだけど、だからこそ猛烈なバックラッシュに走ってしまう、という悪循環。ただ、大森靖子のように、そういう私たちのボロボロの「現実」を、そのままに当事者として生きて表現する人間もいるわけだよ。政治的な言葉やレトリックを脱臭して記号化していくかつてのサブカル的な方向性とは違っていて、当事者と

293 **このインタビュー**
「エンタメウィーク」2018年7月19日［インタビュー］〝超歌手〟大森靖子、新譜で孤独、闇、死を可愛く表現　彼女が訴えかけたい本音とは？（https://ent.smt.docomo.ne.jp/article/1028370）

294 **イ・ラン**
韓国出身のシンガーソングライター。86年生まれ。06年に音楽活動を開始、11年にシングル「よく知らないくせに」でデビュー。17年に発表した2ndアルバム『神様ごっこ』は第14回韓国大衆音楽賞最優秀フォーク楽曲賞を受賞。イラストレーター、エッセイスト、映像作家としても活躍している。

295 **ヘルチョソン**
ヘル＝地獄、チョソン＝朝鮮、の意。韓国社会の生きづらさを、韓国の若者たちが自嘲

してのリアリティを言葉で積み重ねていくことで、この国の政治的な現実を結果的に抉り出してしまっている。

パンス そこまで言うかね。

コメカ しかも彼女はメジャーデビュー以降、「モテたいモテたい女子力ピンクと　ゆめゆめかわいいピンク色が　どうして一緒じゃないのよ　あーあ」（「マジックミラー」）、「目が覚めたら　あたしはジャパニーズ神様なのに化粧をしないと　外にも出れない　不便なからだ　革命途中よ　どーしてくれるの」（「ドグマ・マグマ」）みたいに、遠くまで届く平易なレトリックで本質的なことを歌おうとしている。遠くまで届けようとしているということは、諦めていないということなんですよ。社会が崩壊しそうでも、たとえ焼け跡のような世界になっても、それでも他人とともに生きていくぞ、という気概があるということ。だからさっきの銀杏BOYZの話でも、彼女は「駆け抜けて性春」を男性中心主義的な表現として単純に断罪するのではなく、そこに「女性」を生きさせられている自分の側から誠心誠意レスポンスを返して、どこまでも生身の人間として峯田に対しても銀杏に対しても聴き手に対しても、無限にコミュニケーションを続けていく意志を表明したんだと僕は解釈している。大森の凄さというのは、そういう風にあらゆることに当事者的に向かい合う「気迫」にあって。それはたとえばアイドルという存在をどのように彼女が愛しているかということにも顕れていると思うんだ。

自分が自分を見る視線を信じる

パンス 大森靖子が持つアイドルへの視点という話が出たけど、実際にアイドルグループも始めているんだね。ＺＯＣ（Zone Out of Control）という名前や、自

的に表現したスラング。

身の立場を「共犯者」として位置付けるあたりがとても興味深い。Zoneとはどこなのか、Controlとは何を示すのか。秋元康との比較で考えてみると面白そう。

コメカ　秋元康というか、AKBグループがアイドルの「キャラクター」を半自動生成するシステムだとしたら、大森靖子というかZOCは、それと正反対のものになるんじゃないかと僕は勝手に思ってるんだけどさ。

パンス　AKBグループの場合、まずそのシステムに入って、奮闘することによってキャラクターが生み出される、みたいなスタイルを作り上げてる。それとはまったく違うものになってるってことかね。

大森靖子『クソカワPARTY』
（ZOC「GIRL'S GIRL」収録：2018年7月10日発売）

コメカ　まずざっくりと説明しておくと、この会話の中で僕らは「キャラクター」って言葉を、社会やメディアの中でその人間が持つイメージ、みたいな意味で使っています。アイドルやタレントはまさに芸能界というメディアの中で「キャラクター」化されて活動するわけだけど、一般人でも、たとえばクラスの中で喧嘩が強ければジャイアンキャラにされたり、太っていたらキレンジャーキャラにされたりみたいなことってあるでしょ。メディアでも一般社会でも、そのコミュニティ内の関係性によって、個々人の「キャラクター」が決まってくるってことが往々にしてある。

パンス　あらゆるコミュニティの中で発生しがちだねえ。

コメカ　で、たとえばアイドルにしても、普通のグループだとせいぜいメンバー内5～6人の関係性の中で「キャラクター」が決まっていくわけだけど（イメージカラー赤は誰が担当して……みたいなね）、AKBは大量に人員がいるので、当然ながら相関関係も複雑化する。しかもそういう関係性が、総選挙みたいなシステムやソーシャルメディア等を介してどんどん過剰にドライブされていく、っていう構造があったわけだ。宇野常寛[296]のように、そこを評価する論者も多かった。AKBというゲームをプレイするアイドルたちは、そのゲームプレイの中で半自動的に「キャラクター」を発生させていくことになる、と。面白い「キャラクター」が複雑な関係性やゲームシステムの中で生み出されていく、というビジョンですね。

パンス　関係性の中からキャラクターが生まれて、ファンはそこに「ハマって」追いかけてく。追う側もその中に介入できると。

コメカ　で、僕は大森靖子はAKBも含めたアイドルカルチャーに深い敬意を持ちながらも、これまでのそれよりさらにオルタナティブなイメージを提出しようとしてると思うんですね。「GIRL'S GIRL」という曲に、「ダウンタウン歩けない　ダウンタイムやるせない　性　警戒しないでBOY　整形　指さされGIRL」「自撮りとリアル別人のあの娘も　アイプチしてたらクセで二重になりました　テヘペロってモデルも　戦ってるんだ何が悪い」っていうフレーズがあるんだ。「整形」「自撮りとリアル別人」、つまりセルフイメージ＝「キャラクター」を、他者との関係性からではなく完全に自分自身の手と意志でつくりだす少女の姿がここにはある。「GIRL'S GIRL」なわけ。これが、さっき話したAKB的なシステムが「キャラクター」を生成していく構図と真逆の光景を描いていると思うのね。

パンス　押し付けられる「キャラクター」に対抗するに

296 **宇野常寛**
1978年生まれの評論家。2008年に単行本を発表した『ゼロ年代の想像力』で、90年代的な世界観を引きずっていた当時のサブカルシーンにカウンターを仕掛け、大きな注目を集めた。『リトル・ピープルの時代』『母性のディストピア』など著書多数。

あたって、自然体でいいんだ＝ナチュラル志向でいく、というやり方があるけど、そこも違うわけだね。自撮りでも何でもどんどん加工していけばいい、自分をコントロールするのは自分。そこを推し進めていくところに強さがある。

コメカ　実生活だろうがメディア上だろうが、社会＝相関関係の中で生きていると、その関係性が自分に与えてくる「キャラクター」から逃れることはとても難しい。学校のクラスの中で、意に沿わない「キャラクター」を押し付けられて、不本意ながらその「キャラクター」を生きざるを得ない……みたいな経験は誰にでもあると思うんだけど、つまりそういうこと。AKBみたいなシステムは、そういう相関関係を極端に増幅する装置として機能することで面白い「キャラクター」の発生を狙ったわけだけど、このシステムは関係性の網の目に徹底的に覆いつくされ、それが無限増殖していく構造を持っている。大森がやっていることは、そういうシステムに対する反逆に、結果的になっていると思うんだよね。関係性と、それが生み出す「キャラクター」から逃れることは誰にもできない、どんな人間もそれを生きるしかない（なので、そこで面白い「キャラクター」を身につけられるように上手に振舞うことが重要になってくる）、という世界の捉え方に対して喧嘩を売っている。

パンス　そうなんだ。

コメカ　「私は私が認めた私を認めさせたい　何が悪い」、つまり、コミュニティ内部の関係性が自分に与えてくる「キャラクター」を受け入れるのではなく、「私が認めた私」＝自分自身の手でつくり上げた「私」の「キャラクター」をコミュニティ、ひいては社会に対して認めさせるぞ、という反抗。しかも重要なのは、そのときの手段が「キャラクター」という概念そのものから降りる＝関係性や社会から降りる、というナチュラル志向・実存本位の方向ではなくて、完全に自分の意志で「キャラクター」を作り出して、闘争的に社会に乗り込んでいく、という志向であること。ナチュラル志向の人たちからしたら「整形」や「自撮りとリアル別人」は忌むべきものに映るだろうけど、彼女がそれを肯定することにはこういう文脈があると思う。

パンス　キャラがあって、いじったりいじられたり。そういうコミュニケーションに嫌気が差すと、孤独になっちゃう。孤独をこじらせながら自意識を膨らませて何か別の方向にいったりするスタイルなら以前からあったけど、孤独を抱えつつ真っ向から乗り込んでやるという方法論なんだね。まあ「政治的でない政治性」と言ったけど、期せずして、具体的な政治や社会問題の話というよりもっと原初的な、この日本社会の中でどう動いてやるかという意思表明になってる。

コメカ　関係性から退却してセカイ系的なメランコリーに引き籠る方向とも、関係性に覆いつくされた世界の中でリバタリアン的なプレイヤーとしてフル回転しようとする方向とも、大森の志向は違う。セルフイメージ＝「キャラクター」を自分自身で作り上げてその「キャラクター」と共に世界に攻め込んでいく、という在り方。それを「痛い」だの「空気読め」だの揶揄する人たちは、他人からの眼差しが自分自身の存在より優位にあるという考え方を受け入れてしまっている。自分が自分を見る視線より、他者が自分を見る視線を優先してるわけ（まあこれが、日本社会というか日本の「世間」のデフォルトなんだけど）。大森の表現や活動は、そうではなくてまず第一に個人としての自分が自分自身を見る視線を信じろ！　というメッセージになっていると思う。自分が見たい自分＝「キャラクター」を、自分自身の手で作り出せ！　というメッセージになっていると思うんだよ。大森自身がそれを実行しているわけだけど、ZOCをやるに到って、彼女はそれを方法論として人々と共有しようとしている。本当に世界を変えようとしているんだよね。

「私が認めた私」たちの関係性

パンス　多くの場合、キャラクターというものは周りに与えられる＝社会的に規定されるものとして存在しているけど、それは自分の力で書き換えることができると。で、コメカくんが言っていた「(それによって)世界を変えようとしている」というのはどういうことなのか、もっと詰めていきましょうか。

コメカ　自分の「キャラクター」を自分自身で作り出すという志向を、大森はこれまで自身の表現や活動の中で表明してきたと思うんだけど、それを今度は方法論として他人と共有し始めていると思うんだよね。ZOCのコンセプトは「孤独を孤立させない」というものなんだけど、これはグループ内の関係性で「キャラクター」を作り出すのではなく、「孤独」な「キャラクター」同士がいかに共生できるか？　という問題意識なんだろうと僕は解釈している。グループに参加するメンバーや、それを観る観客たちと、大森はそういう共生のための方法論や技術を共有しようとしているんじゃないかと思うのね。自分のイデオロギーを共有するコミュニティを作るんじゃなくて、他人に対して方法論や技術を手渡していくことで、それぞれの「私が認めた私」同士が関係性を結べるようになることを目指しているというか。

パンス　アイドルに限らずとも、インターネット上なかでは常に自分が「晒されている」感覚を持っている人は多いんじゃないかな。不特定多数から「見られている」自分を作っていくというか。ただし見る側が抑圧的になって自分との齟齬が生じた場合、だんだんストレスになってきちゃう。そこを突破するためにアイデアを共有していこうと。世界を変える、っていうのは、つまりそんな抑圧を吹き飛ばしていこう、武装していこうってことだね。

コメカ 「本当に怖いのは孤独じゃない 断絶 運命も主義も違うのはもうわかっている それでも 話をしよう そのために立っている」(「ZOC実験室」)、つまり、自己改変した先に招いてはいけないものは「孤独」ではなく「断絶」だと。「断絶」を乗り越えるためにこそ自己を書き換える、というね。そこがたとえばかつてのセルフ・チューニング的な言説……90年代の頃の鶴見済とかね、『人格改造マニュアル』的なものとの違いじゃないかと思うんですよ。世界の変わらなさを諦めて自分を変える、のではなくて、世界の中でコミュニケーションをとるためにこそ自分を変える。

パンス 結局、本書で取り上げた時代全体――ここ数十年間って、「自分がどうあるか」という結論に収斂しがちなんだよね。90年代の鶴見済の場合だと、超管理社会――身体を統制する学校教育なんかへの抵抗のススメまでは唱えられてるんだけど、あくまでもそれはひとりでサバイブするものとしてあって、そのために自分をチューニングしろ、っていう考え方だった。

で、今もなお当時の鶴見済よりさらに俗っぽいレベルで、自己責任、自己啓発――「世界を変えたいなら自分が変われ」みたいな思考は溢れている。そういうことじゃないんだと、そろそろ言ってかないといけないと思うんだけど。自分が変わりつつ、どう社会に切り込んでいくかということを考えていかないと。

コメカ 「GIRL'S GIRL」的な在り方、「かわいいは正義に殴られた私が いまにみてろと無理矢理つくった このかわいいは剥がれない 絶対誰にも剥がせない」「他人の承認欲求否定して てめえの平穏守ってんなよ 私は私が認めた私を認めさせたい 何が悪い」というスタンスの中には、「私が認めた私」までで止まるのではなくて、それをさらに「認めさせたい」

という意志がある。自意識をセルフ・チューニングして世界の見方を変える、のではなくて、自己を改変し肯定した上でさらに、それを「認めさせたい」＝社会に切り込んでいく、という姿勢がここにはある。自己の書き換えに留まらず、共同性が持つ抑圧そのものをねじ伏せようとしているというか。

パンス　消費社会化が進んだ80～90年代だと、趣味嗜好によってアイデンティティが確立できた（～が好きな私）。その多層化するアイデンティティに疲れた人が、大きなものへの信仰に走った。それがオウム真理教みたいな形で顕在化したりして。いっぽうで現在は、小さな集団に閉じるカルチャーがたくさんある中で、Ｔｗｉｔｔｅｒなんかのプラットフォーム上では、とにかく「上からかぶせていく」っていうか、シニシズムのチキンレースみたいになっている。先に挙がった「承認欲求の否定」なんかもそう。否定してる人にも承認欲求があったり、それをさらに解釈したり……。で、そんな無限のやり取りの中で解決していないものというのは無数にあって、それらは驚くほど前近代のままだったりして。そこに切り込む、「認めさせる」動きが徐々に出てきてるってことかな。

コメカ　あらかじめ用意された共同性に参加するしかない、そこで自分に与えられる「キャラクター」を受け容れるしかない……みたいな諦観が広がっているからこそ、コミュニケーションにおけるシニシズムが蔓延する。そこで与えられる「キャラクター」に甘んじられない人間は、身の程知らずのバカだ、みたいなね。抑圧的な関係性に対しての諦めが、文化のレベルでも政治のレベルでもどんどん強くなっているというか。そういう状況の中で、大森靖子のように「無理矢理」にでも自分の「キャラクター」を自分自身の手で作りだして行動する人間は、それこそ「空気を読め」みたいなシニカルな視線を浴びせられがちだけど、それぐらい強引にでもこの状況を突き破らない限り、社会の閉塞感は今後増す一方だと思う。そういう意味で、僕は大森のような表現者が日本のサブカルチャーのシーンから出てきていることに希望を感じているんだよね。どういう出自の人間だろうが、どういう性自認の人間だろうが、自分が思う自分のカタチ＝「キャラクター」を追求して、それを社会に表明していいんですよ。空気なんて読まなくていいし、覆いかぶさってくる冷笑やマウントは破り捨てればいい。大森のような人も出てきているから、サブカルチャーにもまだ可能性はあると僕は思えているんです。

エピローグ

誰もが「キャラクター」になっていく

パンス　さて最後は、なぜ我々はミュージシャンを中心に、70年代から現代にかけての流れを追ってみたのか、という話をしていきたいと思います。各年代ごとに、フックとなるであろう個人（またはバンド）を採り上げながら語っていったね。

コメカ　うん。まあ僕らがやったことって、メディア上で「キャラクター」化されたミュージシャンたちの活動の軌跡の中に「物語」を見出すことで、それぞれの時代の文化的な精神史を描く……みたいなことだったと思うのよ。で、重要なのは、そこで俎上に載せたのは、ミュージシャンたちの個人的・プライベートな水準の在り方ではなくて、メディア上で「キャラクター」化された在り方だ、ってところで。

パンス　個人ないしはバンドに対してどう切り込むかというときに、対象の内面を読み込む、という方法論は、こと音楽批評において盛んだった部分だね。しかし、それを取り巻くメディア、ひいては社会というものを参照しながら分析していくことで、ちょっと違うことができるんじゃないか、というのは考えてた。メディア上に登場した「キャラクター」は、どう消費され、どのような社会の影響下で発生していたのか、という。

コメカ　何がしかのメディア環境によって実存をデフォルメされることで、人は「キャラクター」になる。この連載で取り上げたミュージシャンたちも、70年代以降の日本のメディア環境の中で「キャラクター」化されていったわけだ。でね……そういう「キャラクター」化の舞台となった日本のサブカルチャー的メディア環境の在り方が節目を迎えつつあると僕らは感じているから、「ポスト・サブカル」というタイトルを掲げたわけですね。そういう類の環境がいまや終焉を迎えつつあり、そうなると必然的に、その環境で形作られてきたような「キャラクター」や「物語」も成立しなくなっていく。僕らが好きだったようなサブカルチャー的な「キャラクター」が成立し難くなっていくわけだ。

パンス　僕個人的には、キャラクターや物語を消費することに対しては、もう興味がないんだよ。時代状況だけがすべて。彼らを媒介として「なんでこうなったのか」というところが気になっているということ。（実在の人物の）キャラクター消費ということに関しては、それこそ大正時代くらいからあった。雑誌メディアがすでに成熟していたから。谷崎潤一郎と佐藤春夫の「細君譲渡事件」なんかも、ゴシップ的に消費されていた。ヤバいやつが一波乱起こすのを見守る、という構図だね。70年代からゼロ年代くらいにかけて――つまり、「サブカル」的なものが爛熟していた時代というのは、それが極めて加速していたんだと思う。いまはカリスマ的な存在が生まれづらくなっているぶん、それこそ全員が――SNS上などで、キャラクター化を迫られているともいえる。1人1アカウント、もしくは複数アカウントで。僕も「パンス」とか名乗ってるしね。その状態をどう捉えていけばいいのか。

コメカ　人々がメディア環境を外側から眺めて、そこで動き回る「キャラクター」たちを消費する……という構図が不成立になってきてるんだけど、それは「キャラクター」化を促すようなメディア環境が消滅することを意味しない。インターネットが普及したことで、一般の人々の生活領域そのものがメディア環境として機能するようになっちゃってるから、誰もがその中で「キャラクター」化を経験してしまう、ってことよね。でね、そういう状況を無視して例えば大文字の社会や政治についてだけ考えちゃうと、見落としてしまうものがあるんじゃないかと思うんだよね。例えば「音楽に政治を持ち込むな」みたいに言いたがる人とかもさ、ポップミュージックやサブカルチャーが政治とは切断された場所にあった時期、それこそさっきパンスくんが言っていた70年代〜ゼロ年代ごろのサブカル感覚に留まってるんじゃないかと思うんだよね。でも実際は、そういう風にある程度各領域が切り分けられてた時期は既に終わっている。

パンス　インターネットによって双方向になってしまった、というのがいちばんデカい。伝えられたものに対して、自分たちも何か言って拡散することができる。そこでいま発生しているのは割と地獄っぽい状態——バズりとクソリプの応酬、という側面が大きいんだけど、少なくとも何か言える環境だけは用意されている、ということを確認しておきたい。僕らが最初に対談を始めた動機というのも、「音楽に政治を持ち込むな」みたいなムードに対してちょっと言っておきたいぞ、ってことだった。「持ち込むな」という精神構造というのは、あるメディアから一方向に提供される情報を「眺める」、ひとつの自然現象のようなものとして享受する、という態度が身についていて、そこに他からのノイズが入ったときに動揺が生まれているということだね。いちアーティストの発言が政治的に問題があるのではないか、という問いに対して、いやそれはメディア上で当初リリースされた段階においては存在しない問題である↓問題ではない。という回路を辿る、と。しかし、どのような態度を取ろうと、現在の環境下において双方向的な流れを止めることはできない。

コメカ　メディア環境やそこで動き回る「キャラクター」たちを「眺める」のが70年代〜ゼロ年代あたりまでのサブカル的状況における消費者たちの態度だとしたら、その「ポスト」としての今現在及びこれからの状況は、誰もがメディアに飲み込まれ動き回る「キャラクター」にされてしまう状況である、と。発信者と消費者の区分がなし崩し的に崩れていってしまうっていうね。

でね、僕個人としては、まだ「キャラクター」や「物語」というものに強く関心を持ってるんだよね。それは良くも悪くも人を動かし影響を与えるものだとやっぱり思うから。その志向の違いが、僕らふたりの持ち味の違いでもあるんだけど（笑）。

ポスト・サブカル焼け跡派

パンス　いずれにしろかつてあったものが「焼け跡」になりつつある中で、どうするかという問いを投げかけていきたい。ただその回答として、過去の表現を捨て去って「マジメになりましょう」「コンプライアンスを遵守しましょう」で終わりというのはどうなんだろうと思うけどな。個別の案件について議論は尽くされるべき、というのは前提としてね。

コメカ　まあ僕も、「サブカルはマジメになりましょう」とは思ってないんだけど、「遊びの時間が終わる」みたいな感覚は正直あるな。かつてあったものがサブカルチャー的なメディア空間、つまり政治や「世間」から切断された遊び場みたいなものだったとするなら、それは確実に焼け跡化して失われつつある。例えばさ、そういう空間に出自を持つ存在の中でも特に稀有なクレバーさを持っていた電気グルーヴという「キャラクター」ですら、ピエール瀧の逮捕によって、「世間」の中での抑圧や相互闘争に巻き込まれることになってしまった。遊びの時間にとどまり続けることが難しくなってしまったというか……。「世間」の厳罰主義的な志向がより強くなってるってのも確かにあるだろうけど、それこそその中を生きる誰もが「キャラクター」化してしまったことで、「ちょっと一言よろしいかしら」的に（笑）あらゆる「キャラクター」たちがいっちょ噛みしたがる状況が、現状の原因のひとつである気もするけどね。個人として何かを考えたり発言したりするより先に、自分が周囲に認識されている「キャラクター」に即したいっちょ噛みを脊髄反射的にやってしまう。焼け跡の中で「キャラクター」たちがひたすら相互衝突を繰り返してるような状況（笑）。

パンス　何でみんなあんなにクソリプチャレンジできるのか不思議なんだが、やってしまうんだよ。そういう環境になってしまった。世間に依拠した「群衆」の立場から、当事者までいっちょ噛みできてしまうから大変なことになってるという。70年代以降のサブカルを取り巻いていた精神性──というのを本書では分析していったわけだけど、最初はスノッブな遊びだったかもしれない。それらはインターネットでの立ち振る舞いに薄く受け継がれて、多くの人が手にするようになった。反復され続ける中でより希釈され続けているというのが現在だと思う。当人たちは「面白いことを言っている」と自己認識している。それは確かに自分をキャラ付けしようとする試みでもあるのかもしれないけど、もはや焼畑農業のようにも見える。焼け跡から焼畑になってしまったが（笑）、さてそんな状況下でどうするかという……。

コメカ　焼け跡ってのはつまり、「戦後」の終わりみたいな状況を僕らはイメージしてたと思うんだけど。それも、輝かしい「ポスト・戦後」が訪れるわけではなくて、焦土化し焼け跡化した社会がやってくる……というね。サブカルチャー的な余剰空間みたいなものが消えてしまうのも、その一環というか。つまるところ、「戦後」という状況が曲がりなりにも一応担保していた公共性が失われてしまうことに、もう歯止めは利かないだろう、という現状認識ですね。そして厄介なのは、その焼け跡の中では、かつてのサブカル空間で行われていたような「人間のキャラクター化」が、ネットを介して無限に反復され続けているというか。僕らがここまで話してきたのは、70年代に編み出されたサブカル的「キャラクター」化の作法が、ある意味で陳腐化し大衆化していった軌跡であるとも言える。

パンス　うんうん。だから「すべてが焼け落ち消えてしまった、空虚な状況……」みたいなのとはまた違ったイメージを持ってる。本書のタイトル『ポスト・サブカル焼け跡派』は野坂昭如インスパイアなんだけど、実際に「焼け跡」があった敗戦直後というのは、飢えと戦争の記憶の中で、むき出しの欲望が氾濫し、降って湧いたような「民主化」が訪れた時代。坂口安吾でもいいし、山田参助のマンガ『あれよ星屑』を読んでいただければ。いまにムリヤリ置き換えるならば、有象無象の「なんか言いたい」人々の欲望が衝突しまくる中で、現実の社会問題が押し寄せてきてる、みたいな。

コメカ　だから、焼け跡になっても結局「終わらない」んだよな。むしろ、焼け跡の中で「キャラクター」たちは今後も増え続けるし、それらの相互衝突は起き続ける。でね、この現状の中では、それこそ大森靖子の項で話したような、「自分が自分を眺める視線を信じる」ような態度が重要になってくるんじゃないかと僕は思ってて。そうやって自分で自分をエンパワメントしていくことで、焼け跡に立ち上がりつつある「美しい国」の幻想物語を叩き壊す（笑）。「キャラクター」というのは往々にして他人の視線に媒介されてつくり上げられるもので、かつ誰もが「キャラクター」にならざるを得ないのがいまの状況なんだけど、だからこそ自分の視線を信じて「キャラクター」をつくり上げることがオルタナティブになり得るというか。社会状況が焼け跡化しても、70年代以降続いてきたサブカル的な流れ、つまり、人間の「キャラクター」化を介したコミュニケーションやストーリーテリングが消滅するわけではない。むしろそれがバッドな形で反復され、拡大され続ける。だからこそこれまでの流れを確認し、今後について考えることが必要だと僕らは考えたわけです。そういう意味での『ポスト・サブカル焼け跡派』。そうしてやって来る2020年代を、いかにして生き延びるか。僕らも自分たちなりに「キャラクター」化しながら（笑）、行動し、考え、話し続けようと思っています。「キャラクター」たちの相互闘争から降りてしまうのでもなく、ただひたすら他人の視線に動かされ続ける「キャラクター」に成りきってしまうのでもなく。焼け跡の中で「キャラクター」として闘うことを受け入れながら、個人としての自分自身に立脚した「キャラクター」をつくり上げること。そういうやり方のための試行錯誤を、これからも続けていければ、と！

焼け跡から見た風景——あとがきにかえて

パンス（TVOD）

おととしの5月、韓国・ソウルのクラブ／オルタナティヴ・スペースである「新都市 - Seendosi」でDJをする機会があった。僕の出番のあとがタイガーディスコという韓国のDJで、序盤は韓国と日本のシティ・ポップ的な音楽、徐々にディミトリ・フロム・パリのようなディスコ・ハウスでビルドアップしていき、K - POPなども織り交ぜながら、最終的に「魂のルフラン」がかかってフロアが大爆発。という光景に衝撃を受け、それ以来、韓国のアンダーグラウンド・カルチャーに夢中になり、いまに至っている。

「新都市」の屋上にはベンチがあり、真夜中にそこでゆっくり休んでいると、お客さんたちが英語や日本語で話しかけてくれた。僕の見た目からか「あなたはオタクですか?」と聞かれて、答えに窮する。うーん、オタク的ともいえるし、平仮名表記の「おたく」かもしれない。いやサブカルでもある……などといった日本の複雑な文脈はいったん置いといて話をしていたら、韓国でも『新世紀エヴァンゲリオン』はみんなの大好きな作品で、さっき「魂のルフラン」がかかって最高だったという。そうか、当たり前のことながら、海外でも日本のサブカルチャーは人々の心の拠り所になっているんだよなあ、と実感したのだった。ただしその事実から「日本スゴイ」「クールジャパン」といった結論を見出すだけでは意味がない。むしろ、同じ作品でも、それが消費される場所の歴史的条件は国によって異なるという事実のほうが、僕には興味深い。韓国では長らく日本文化を輸入することが禁じられていた。90年代後半から徐々に解禁されて、いまでは山本直樹や五十嵐大介のマンガも翻訳されて読むことができる。解禁前であっても、みんな工夫を凝らして日本のCDを聴いていたという。僕そしてTVODと同年代（1984年生まれ前後）の韓国の人々には、幼少期の記憶としてそんな状況がある。

80年代中頃のソウルで生活する女子高生たちを描いた『SUNNY』という青春映画がある。ラジオで流れるアイドルに夢中になったり、街中で民主化デモに巻き込まれたりと、当時の社会が活き活きと描かれた物語だ。この映画を「90年代後期の日本社会」に置き換えた、大根仁監督によるリメイク版が去年上映された。当然、コギャルたちの物語となる。原作だと主人公の兄は民主化運動に身を捧げる青年だ。いっぽう日本版では、主人公の兄は『エヴァンゲリオン』にハマっているオタクとして描かれている。どちらも「切迫した思いを抱えた若者」という設定だが、日本の90年代だとこうなる、という事実を痛感させられた。その是非を問いたいわけではなく、ただ歴史的事実があるということを。韓国では戦後、長期にわたる民主化運動があった。80〜90年代においてそれは徐々に達成され、その後もさらに紆余曲折ありつつ、いまはかつて運動を担った世代による、革新路線の政権になっている。日本では震災や原発事故のあと、政治参加への意識が高まり、韓国のスタンスを見習わなければいけないという意見もチラホラ見かけるが、そもそも生きてきた背景が違い過ぎる。1987年前後——日本がバブルに突入していた時代に若者だった世代が、いまの韓国の中枢を担っている。同じ年代の日本人が、政治や文化の現場でいまどんな振る舞いをしているか想像してみれば、その相違が分かるはずだ。

諸外国と比べて「なんで日本はこうなってしまったんだ」と嘆くのがネット上の常套句となっている。その「なんで」についてひたすら考えた記録が、本書『ポスト・サブカル焼け跡派』だ。日本のサブカルチャー史と、その中にいたプレイヤーの活動・受容のされ方を通して、戦後日本（70年代以降の『ポスト戦後社会』）がどう変化していったのか、コメカくんとふたりで語り合ってきた。大まかな設計図だけはあったものの、細かな流れについては連載の中でどんどん作っていくというやり方はとてもスリリングだった。ここでは、対談では触れなかった部分などを中心に、スピンオフを作るような意気込みで「なんだったのか」書き記しておきたい。

「政治的支配、経済的搾取、社会的差別だけが日本の現代社会の骨格を支えているのではない。生活の管理化、教育の統制化、文化の画一化、思想の受動化、要するにすべての局面におけるおしきせ性がその骨格を支えている。そのおしきせ性に異を唱えることは、めぐりめぐって自分の生活設計に不利になるという構造がしつらえられている。」

去年101歳で逝去した社会学者、日高六郎『戦後思想を考える』からの引用である。初版が1980年に刊行されているというところがポイントだ。日本が大量消費社会に突入する、まさにそのとき残された言葉は、現在においてもまったく古びていないどころか、むしろここに挙げられた要素すべてがより強化された状態になっている。日高氏のように戦後の民主化をじかに見てきた知識人にとって、1980年前後は危機的な時代だった。経済優位の社会であることはもちろん、軍事大国化や右傾化へのおそれなど、いまに連なる問題が現れ、安保法制の支持が不支持を初めて上回ったのがこの頃だ。社会への関心がひとつの曲がり角を迎えたのだった。

しかし、その時点で完全に無抵抗となってしまったのか。より詳細に見てみれば、例えば、対談では取り上げなかったが、80年代には尾崎豊がいた。もはや存在感がなくなって久しいが、彼は当時の校内暴力に象徴される――管理教育・管理社会への反発というテーマを掲げて、大きな支持を得ていた。そんな彼を真似たようなポエムを書き残していたのがオウム真理教の井上嘉浩だったというのも有名なエピソードだ。世界観の多くをチープなサブカルチャーで構築してきた信徒たちは、1995年に日本社会の破壊を最悪な形で試み、結果、社会からの徹底的な制裁を受ける。得体の知れないテロリズムに対して日本は、管理社会の強化と異質なものの排除で対応した。そして十数年後には、官民挙げての排外主義が巻き起こり、いまや、別のカルトによって制圧されたような状態になってしまった。

抵抗は封じられているのか。ちょうどこれを書いている前日に消費増税が施行され、テレビではカウントダウンをしていた。増税を笑顔で待つ人々の姿は世界的にもなかなか見ることのできない光景だろう。そういえば少し前には元号が変わるときにカウントダウンしていた。このテンションでいけば、憲法が改正される際にも当然カウントダウンが行われるだろう。かつて丸山眞男は、東京裁判での被告人の供述に対し、人的要因で起こった「戦争」というものをあたかも天災のように捉えていると分析した。カウントダウンという行為は天災に備える儀礼のようだ。オウム真理教の幹部たちの処刑が一日に何人も執行され、テレビが一人ひとりの名前を読み上げていたのは、去年の出来事だ。あれも背筋の凍るような儀礼を見せつけられた気分だった。

封じられているとはいえ、まだ余地はある。ここ十数年来の社会運動は、Ｔｗｉｔｔｅｒをおもなプラットフォームとして巻き起こってきた。毎日のようにＴｗｉｔｔｅｒを開き、ニュースを確認する。報道される内容は酷くなるいっぽうである。ＳＮＳの多くは、起こった問題を拡散させるには最良のツールだが、議論はこんがらがってしまいがちだ。しかも最近では1日、ときには半日単位でニュースが飛び込んできて、少し目を離していると何が起きていたのかさっぱり分からないといった状態になっていることが多い。かくして注目されるのは、思考の如何を問わず、バズに最適化されたスローガンのような言葉ばかりになっている。よく「分断が起こる」ことが危惧されるが、そもそも情報が消費される速度が早すぎるのでそんな決定的な分断など起きていないというのが僕の見方である。ラストベルトと民主党支持のニューヨーカーのような分断など起きていない。ここにいるみんな文科系じゃないか。と毒づきたくなることもある。

本書では、70年代までのカウンターカルチャーの可能性は徐々に追求されなくなっていき、パーソナルな自意識が残り、それらは社会との接続を拒否する、という大まかなヴィジョンを描いている。ただこちらも細かく見ていくと、60年代すなわちカウンター期の時点ですでに自意識バリバリだったというのが日本における特殊性だったりもする。第一次羽田事件でのアジ演説に「機動隊の前にわれわれの実存をさらすんだ」という一節がある。闘うことで社会を変革するというより、自らの主体性を獲得するほうが優先されているのは、60年代全共闘によってすでに現れていたのだった。

「自意識」とは何か。対談の中では自明であるかのように繰り出されてしまったが、再度定義づけるならば、とりあえず「近代以降、共同体から個人として切り離された人々によるアイデンティティ獲得への意思」といったところだ。

ここで再び日高六郎『戦後思想を考える』を引くと、戦前から現在にいたる日本人の意識の変化を「滅私奉公」から「滅公奉私」へ、という言葉で説明している。「滅私奉公」とは言うまでもなく、軍国主義時代の道徳である。いっぽうでそんな時代が終わったあとの「滅公奉私」は「闇市の倫理」とも言い換えられている。むりやり翻訳するならば、坂口安吾ではないが、勝手にサバイブしていくぜということだ。しかし、高度経済成長を経てサバイブの必要がなくなってくると、「私とは」という問題だけが残る。ＴＶＯＤ風に解釈するならばここに「自意識」が当てはまるだろう。そしてさきほどのアジ演説のあたりが境目となり、その後のサブカルチャーが「自意識の主戦場」になっていったという図式を描きたい。

そこには常に男性による自意識とホモソーシャルという問題がつきまとっている。対談の後半ではその話題ばかりになってしまい、同時期に起こった社会的な事象との関連がうまく結べなかったのだが、ホモソーシャル自体が現時点においてもっとも厄介で重い課題でもあるのもまた事実だ。パク・チャヌク監督『お嬢さん』は、韓国から放たれた、これら諸問題への回答のような内容だった。日本統治時代の朝鮮半島が舞台で、江戸川乱歩的なイメージに彩られた屋敷に住む、親日派の貴族が出てくる（『親日／反日』という単語は、日本だとただの好き嫌いのような感覚で使われているが、韓国においては『植民地時代に日本に協力的だった人物と、その後の軍政期も含めて帝国主義的な思想を受け継ぐ末裔』が『親日派』である）。彼は日本好きで春画のコレクターであり、女性を屋敷に住まわせ、お気に入りの官能小説を朗読させ、同好の男たちと一緒に鑑賞する趣味を持っている。この設定から、ミステリ的な展開を経て、女性たちによる男たちへの復讐が成し遂げられる。最終的に男たち同士は絶望的な「趣味の追求」に耽溺する。ホモソーシャルを戯画化し、さらにその象徴として「日本」が存在するという設定に衝撃を受けると同時に、いま、このスケール感で物語を生み出し得る日本人が果たしているのだろうか、とも考えてしまった。

ちなみに同じくパク・チャヌク監督『オールド・ボーイ』の原作は、土屋ガロン・嶺岸信明による日本のマンガである。最初に触れたように、日本のサブカルチャーをもとにアジアから表現される作品が軽く日本を超えていくことは、これから当たり前のように起こるだろう。僕はそれが楽しみなので、日本国内が「焼け野原」でもわりと構わないと思っているフシがある。昨今のカルチャーにまつわる騒動を見る限り、日本は再び「滅私奉公」か「滅公奉私」の選択を迫られているともいえる。前者は論外だが、後者をやるならサバイブするしかない。焼け野原からそんな人たちが現れることには期待したい。

最後に、ウーンウーンと唸りながら（比喩ではなく、ふたりで新宿の安酒場で呑んで話してると本当に唸っている）議論の果てにコメカが繰り出す斬新かつクリアな見立ては、本書の大きな推進力になってくれた。まさか30過ぎて、学生時代のように頭をひねったりする試みに手を出すとは思わなかったが、それが出来たのもコメカあってのことである。これから年齢を重ねても相変わらずの調子で続けていきたい。

貴重な機会を与えてくださった百万年書房・北尾修一氏にも感謝しています。僕もコメカも氏の編集する書籍を思春期の頃からずっと読んできたので、お声がけ頂いたときはふたりで目を丸くしたものでした。僕らはいまでも北尾氏の編集する本の空間に生きていて、そこから言葉を発していると思っています。

そしてTVODのトークショウや動画やラジオなどの活動に参加してくれるみなさん、日頃一緒にクラブやライブハウスで遊ぶ中でさまざまな論点を与えてくれる友達全員、すっかり報道規制のかかったテレビを見ながらブーブー社会に文句を垂れている僕にいつも的確な指摘をくれる妻に謝辞を捧げたい。本当は『キミドリ』の内ジャケにあるように、名前やバンド名を列挙していきたいのだけど、ページ数が大幅に増えてしまいそうなので、これにてご容赦ください。それでは。

令和元年12月28日

1969—2019

年表・サブカルチャーと社会の50年

政治・社会・経済の動き

1月 ●6日 沖縄いのちを守る県民共闘会議、B52撤去を求め2・4ゼネスト実施を決定→2月1日 中止決定 ●18日 東大闘争：機動隊が**東大安田講堂の封鎖解除**に出動→19日 解除 ●18日 お茶の水で「**カルチェラタン**」**闘争**発生

2月 ●14日 原研で技術者5名が「死の灰」に被曝する事故発生

3月 ●2日 ダマンスキー島事件：中ソ、珍宝島で武力衝突 ●5日 べ平連など、ベトナム反戦と反安保のための6月行動委員会結成 ●10日 佐藤栄作首相、沖縄の施政権返還につき「核抜き・基地本土並み」の条件で交渉すると声明 ●13日 東京都立武蔵丘高校卒業式で生徒が式場占拠、機動隊導入で排除→**高校の卒業式粉砕闘争**全国に拡大 ●29日 救援連絡センター発足

4月 ●14日 中国共産党9全大会：林彪を毛沢東の後継者に決定 ●15日 熊本で水俣病を告発する会結成 ●28日 沖縄デー：社共総評による統一集会→新左翼セクト、銀座・有楽町一帯を占拠→警視庁、中核派に破防法適用

5月 ●3日 自主憲法制定国民会議結成：会長＝岸信介 ●23日 政府、初の「**公害白書**」発表 ●26日 東名高速道路が全通

6月 ●25日 熊本・水俣病を告発する会『告発』創刊 ●30日 自民党、初めて靖国神社法案を国会に提出→審議未了

7月 ●13日 東京都議会議員選挙：自民党、第1党に復活 ●20日 アメリカ・アポロ11号、初の月面着陸に成功 ●26日 **機動隊、新宿西口フォーク集会を排除**

8月 ●3日 大学の運営に関する臨時措置法案、抜き打ち採決・成立

9月 ●1日 OECD、日本の国際収支黒字定着を指摘、自由化促進を迫る ●2日 物価安定政策会議、経済成長より物価抑制優先で意見一致 ●4日 共産同「**赤軍派**」**結成大会** ●18日 芝浦工大で、埼玉大生が**内ゲバ**で死亡：初の内ゲバ殺人

10月 ●10日 べ平連・新左翼、安保粉砕・佐藤訪米阻止統一行動 ●21日 国際反戦デー：新宿に「自警団」結成される

11月 ●5日 山梨県大菩薩峠「福ちゃん荘」で武装訓練中の赤軍派53名逮捕 ●17日 佐藤栄作首相訪米 ●21日 佐藤・ニクソン共同声明発表→安保堅持・1972年に沖縄施政権返還・韓国と台湾の安全重視など ●26日 政府与党、コメの生産調整（減反）方針を協議

12月 ●15日 米軍、沖縄からのメースB撤去を発表 ●17日 文部省、大学紛争白書を発表：紛争大学の合計、124校 ●27日 **第32回衆議院議員選挙**：自民・公明・共産が伸張、社会党が50議席減少→自民288、社会90、公明47、民社31、共産14 ●30日 IMF増資決定：日本の新出資額は第5位、任命理事国に昇格

サブカルチャーと思想

1月 ■さいとうたかをプロ「ゴルゴ13」 ■高石事務所、会員制の「アングラ・レコード・クラブ（URC）」設立 ■状況劇場「腰巻お仙　振袖火事の巻」新宿中央公園で無許可公演→唐十郎ら逮捕 ■石牟礼道子『苦海浄土』

2月 ■カルメン・マキ「時には母のない子のように」でデビュー ■東京べ平連、新宿西口広場に登場、反戦フォーク集会を行う ■URC、第1回会員配布：『高田渡／五つの赤い風船』

3月 ■ザ・ゴールデン・カップス『ブルース・メッセージ』 ■寺山修司、東京・渋谷に「天井桟敷館」オープン：デザイン＝粟津潔

4月 ■加藤和彦「僕のおもちゃ箱」でソロデビュー ■『ニューミュージックマガジン』創刊 ■エレックレコード発足 ■三島由紀夫『文化防衛論』 ■倉橋由美子『スミヤキストQの冒険』 ■平岡正明『ジャズ宣言』

6月 ■URC第3回会員配布：『休みの国／岡林信康リサイタル』 ■稲垣足穂『ヴァニラとマニラ』 ■この頃、警察による「フーテン狩り」相次ぐ

7月 ■機動隊、新宿西口フォーク集会を排除 ■若松孝二監督『処女ゲバゲバ』公開 ■足立正生監督『女学生ゲリラ』公開 ■『新宿プレイマップ』（新都心新宿PR委員会）創刊 ■山下洋輔トリオ『DANCING古事記』

8月 ■岡林信康『わたしを断罪せよ』 ■五つの赤い風船『おとぎばなし』 ■反戦のための万国博（ハンパク）開催 ■中津川「第1回全日本フォーク・ジャンボリー」開催

9月 ■松本俊夫監督『薔薇の葬列』公開 ■ミッキー吉野ら「第1回10円コンサート」日比谷野音で開催 ■反戦自衛官・小西誠『アンチ安保』創刊→11月1日 逮捕 ■真崎守「はみだし野郎の子守唄」

10月 ■TBS「8時だョ！全員集合」放送開始 ■日本テレビ「巨泉・前武ゲバゲバ90分」放送開始 ■ジャックス『ジャックスの奇蹟』 ■ソニー＝ベータ規格、松下電器＝VHS規格、それぞれ家庭用ビデオを発表 ■エイプリル・フール『エイプリル・フール』リリース、解散

11月 ■早川義夫『かっこいいことはなんてかっこ悪いんだろう』 ■池袋に「パルコ」開店 ■石原慎太郎『スパルタ教育 強い子どもに育てる本』：ベストセラーに ■石子順造ほか『現代漫画論集』

12月 ■沢田研二、1stソロアルバム『ジュリー』 ■ロック・ミュージカル「ヘアー」日本版、渋谷東横劇場で上演 ■日本コロムビアにアルファ・レーベル設立

1月 ●14日 第三次佐藤栄作内閣成立

2月 ●3日 日本政府、核拡散防止条約に調印 ●9日 厚生省、LSDを麻薬に指定 ●11日 東大宇宙航空研、国産初の人工衛星「おおすみ」打ち上げに成功

3月 ●14日 大阪・千里で日本万国博覧会開催～9月13日 ●18日 カンボジアでクーデタ、シアヌーク失脚 ●20日 国鉄、再建計画推進のため**生産性向上運動（マル生運動）**開始 ●23日 江田社会党書記長「新江田ビジョン」提出 ●31日 **よど号ハイジャック事件**：日航機よど号が赤軍派に乗っ取られ、韓国・金浦空港に着陸

4月 ●19日 日中覚書貿易協定調印：周恩来首相、日本の軍国主義復活を警戒

5月 ●1日 米軍・南ベトナム政府軍、カンボジア領内に越境侵攻・北爆再開 ●12日「ぷりんす号」シージャック事件

6月 ●23日 総評と社共、安保条約廃棄宣言全国統一行動：全国で77万4000名参加 ●23日 日米安保条約、自動延長

7月 ●7日 共産党大会：宮本顕治委員長・不破哲三書記局長を選出 ●7日 盧溝橋事件33年・日帝のアジア再侵略阻止人民集会：華青闘による「**7・7告発**」 ●14日 閣議、日本の呼称を「ニッポン」に統一 ●18日 東京都杉並区で高校生40人余、光化学スモッグによりグラウンドで倒れる

8月 ●2日 東京の銀座・新宿・池袋・浅草で**歩行者天国**開始 ●4日 中核派、革マル派学生の海老原俊夫をリンチ殺害→革マル派「報復宣言」 ●22日 自動販売機が全国で100万台を突破 ●25日 閣議、第3次資本自由化措置決定

9月 ●7日 厚生省、整腸剤キノホルムの販売・使用中止を通達 ●11日 日生協・主婦連など、カラーテレビの不買を提起 ●30日 千葉県三里塚、第3次強制測量阻止闘争～10月1日

10月 ●1日 国勢調査：日本の人口→1億372万人 ●12日 東大で公害自主講座「公害原論」開始 ●14日 国鉄、観光キャンペーン「**ディスカバー・ジャパン**」開始 ●20日 政府、初の「防衛白書」公表 ●25日 チリ大統領選：アジェンデ当選、人民連合政府樹立

11月 ●14日 **リブ討論会**「**性差別への告発**」

12月 ●2日 社会党大会：成田知巳委員長・石橋政嗣書記長を選出 ●18日 京浜安保共闘、上赤塚交番を襲撃：活動家1名が射殺される ●20日 コザ暴動：沖縄・コザ市で暴動発生

1月 ■藤子不二雄「ドラえもん」 ■『週刊アンポ』創刊：編集人＝小田実 ■ミュージカル「ヘアー」日本版、大麻事件によって中止 ■沼正三『家畜人ヤプー』

3月 ■寺山修司呼びかけ「あしたのジョー」力石徹の告別式 ■RCサクセション「宝くじは買わない」でデビュー ■多木浩二・中平卓馬・森山大道ら『まずたしからしさの世界をすてろ』 ■ジョージ秋山「銭ゲバ」

4月 ■頭脳警察、神田共立講堂でコンサート、正式デビュー ■山上たつひこ「光る風」

5月 ■森崎和江『闘いとエロス』 ■赤瀬川原平『オブジェを持った無産者』

6月 ■岡林信康『見るまえに跳べ』：バックははっぴいえんど ■『新宿プレイマップ』座談会で、内田裕也が大瀧詠一に日本語ロックへの不快感を表明

8月 ■はっぴいえんど『はっぴいえんど』 ■赤瀬川原平「櫻画報」『朝日ジャーナル』連載開始

9月 ■ジョージ秋山「アシュラ」『少年マガジン』 ■小池一夫・小島剛夕「子連れ狼」『漫画アクション』

10月 ■石子順造『現代マンガの思想』 ■植草甚一『ぼくは散歩と雑学がすき』 ■古谷三敏「ダメおやじ」『少年サンデー』

11月 ■三島由紀夫、東京・市ヶ谷の自衛隊内で決起を呼びかけ、割腹自殺、享年45 ■吐痙唾舐汰伽藍沙箱『溶け出したガラス箱』

12月 ■フラワー・トラヴェリン・バンド、カナダ・トロントに出発

冬 ■『季刊サブ』創刊：特集「ヒッピー・ラディカル・エレガンス〈花と革命〉」

1月 ●8日 ヨルダン政府軍、パレスチナ・ゲリラを攻撃

2月 ●13日 地婦連、再版商品の不買運動開始 ●17日 京浜安保共闘、栃木県真岡市の銃砲店で猟銃11丁を強奪 ●22日 千葉県三里塚で第1次強制代執行：逮捕者461名、負傷者1427名〜3月6日 ■積水化学工業がユニット住宅「セキスイハイム」発売

3月 ●3日 アメリカ、フリーダム・ボールト作戦：沖縄・韓国・米本土を結ぶ軍事演習 ●26日 東京電力福島第一原発1号機、運転開始 ●26日 **多摩ニュータウン**の入居開始

4月 ●11日 第7回統一地方選挙：東京都知事に美濃部亮吉再選、大阪府知事に社共推薦の黒田了一が初当選 ●16日 天皇・皇后、初めて広島の原爆慰霊碑に参拝、献花

5月 ●14日 群馬県で連続女性殺人事件容疑の大久保清が逮捕 ●25日 産業構造審議会「七〇年代の通産政策」中間答申発表

6月 ●13日 ニューヨークタイムズ紙、ペンタゴン機密文書を入手・公開 ●27日 **第9回参議院議員選挙**：自民62、社会39、公明10、民社6、共産6

7月 ●1日 環境庁が発足 ●15日 革命左派・共産同赤軍派が合同し、**連合赤軍結成** ●20日 日本**マクドナルド**1号店、銀座三越内にオープン

8月 ●3日 民社党大会：委員長に春日一幸を選出 ●6日 佐藤首相、現職首相として初めて広島の平和式典に出席 ●15日 ニクソン米大統領、金とドルの交換一時停止、ドル防衛策発表→**ドル＝ショック** ●21日 第1回リブ合宿、長野県飯山で開催〜24日 ●22日 赤衛軍事件：陸上自衛隊朝霞駐屯地で自衛官が刺殺される

9月 ●8日 中国／共産党副主席・林彪、クーデターに失敗→13日 逃亡中に墜落死 ●27日 天皇・皇后、欧州7か国訪問に出発〜10月14日 →イギリス・オランダで抗議行動発生 ●28日 東大宇宙航空研究所、国産初の科学衛星「しんせい」打ち上げ成功 ●28日 美濃部東京都知事、ごみ処理の危機を訴え

10月 ●8日 和歌山県・那智勝浦町議会、関西電力の原発誘致反対を決議 ●9日 防衛庁、沖縄軍用地使用料を6・5倍に引き上げることを決定 ●10日 NHK総合テレビ、全カラー化

11月 ●14日 中核派による渋谷暴動事件：機動隊員1名死亡 ●24日 NEC・東芝、沖電気・三菱電機が各々提携に合意→業界が3グループ化

12月 ●6日 韓国／朴正熙大統領、国家非常事態宣言 ●6日 水俣病患者ら、東京・チッソ本社で座り込み開始〜1973年7月12日 ●18日 土田警視庁警務部長宅で小包爆弾テロ発生 ●19日 大蔵省、基準外国為替相場を1ドル＝308円に変更告示 ●24日 新宿伊勢丹前の派出所横でクリスマス・ツリー爆弾が爆発

1月 ■ザ・タイガース、日本武道館で解散コンサート ■藤子不二雄『毛沢東伝』『漫画サンデー』

2月 ■『フォーク・リポート』冬の号、猥褻文書として押収、裁判に発展

3月 ■第1回「MOJO WEST」京大西部講堂：PYGがライブ・デビュー ■「朝日ジャーナル」特集「ミニコミ'71—奔流する地下水」 ■亜紀書房編集部・編『性差別への告発』 ■宇井純『公害原論』 ■北山修『戦争を知らない子供たち』 ■永山則夫『無知の涙』 ■滝田修『ならずもの暴力宣言』

4月 ■TBS「帰ってきたウルトラマン」 ■NET「仮面ライダー」放送開始 ■PYG、デビューシングル「花・太陽・雨」 ■ミッキー・カーチス＆サムライ『河童』 ■フラワー・トラヴェリン・バンド『SATORI』

5月 ■第1回「春一番コンサート」天王寺野外音楽堂 ■高野悦子『二十歳の原点』 ■松本零士「男おいどん」 ■水木しげる「ヒットラー」

6月 ■高田渡『ごあいさつ』 ■加川良『教訓』 ■集英社『non・no』創刊

7月 ■坂野義光監督『ゴジラ対ヘドラ』公開 ■『プレイガイドジャーナル』創刊

8月 ■日本初の大型ロック・イベント「箱根アフロディーテ」芦ノ湖畔で開催 ■PYG、1stアルバム『PYG!』 ■「日本幻野祭」三里塚：空港建設反対闘争の一環として開催 ■野坂昭如『てろてろ』 ■赤瀬川原平『櫻画報永久保存版』

9月 ■「遊」創刊：編集長＝松岡正剛 ■日本初のゲイ雑誌「薔薇族」創刊 ■太田竜『辺境最深部に向って退却せよ!』

10月 ■加藤和彦『スーパー・ガス』 ■松田政男『風景の死滅』

11月 ■遠藤賢司『満足できるかな』 ■よしだたくろう『人間なんて』 ■はっぴいえんど『風街ろまん』 ■日活ロマンポルノ第1作『団地妻昼下りの情事』公開

12月 ■津村喬『戦略とスタイル』

1972

1月 ●7日 千葉のチッソ五井工場で、労組員が水俣病患者らに暴行→カメラマンのユージン・スミス重傷 ●24日 横井庄一元軍曹、敗戦後27年ぶりにグアム島密林から救出→2月2日 帰国

2月 ●3日 第11回冬季オリンピック札幌大会開幕〜13日 ●19日 **浅間山荘事件**：軽井沢で連合赤軍5人が人質をとり山荘に籠城 ●21日 ニクソン米大統領、中国訪問〜28日

3月 ●7日 **山岳ベース事件**発覚→群馬県下で、リンチで殺された連合赤軍メンバーの死体が発見〜13日までに12人 ●18日 保坂展人、東京・麹町中学に内申書裁判を提起 ●21日 通産省、PCBの生産・使用禁止を関係業界に通達

4月 ●27日 反戦自衛官5名、自衛隊沖縄配備等に反対声明→5月4日 全員懲戒免職に

5月 ●5日 **第1回ウーマン・リブ大会** ●7日 ストリッパーの一条さゆり、公然わいせつ容疑で逮捕 ●15日 沖縄の施政権が返還、沖縄県本土復帰 ●26日 閣議、初の「環境白書」を了承 ●30日 日本赤軍3名、テルアビブ空港で銃乱射、26名死亡

6月 ●11日 田中角栄通産相、政権構想の柱として「日本列島改造論」発表 ●14日 **中ピ連**（中絶禁止法に反対しピル解禁を要求する女性解放連合）結成 ●17日 アメリカ／**ウォーターゲート事件**発覚 ●17日 佐藤栄作首相、退陣表明→田中角栄・福田赳夫・大平正芳・三木武夫が出馬：**三角大福戦争**

7月 ●7日 **第1次田中角栄内閣成立**：官房長官＝二階堂進

8月 ●7日 田中首相の私的諮問機関「日本列島改造問題懇談会」初会合

9月 ●5日 ミュンヘン・オリンピック選手村で、パレスチナ・ゲリラがイスラエル選手を殺害 ●14日 政府、青森県むつ小川原開発計画を了承：列島改造、最初の計画 ●25日 田中首相、中国訪問→29日 日中両国首相、共同声明に調印、日中国交樹立 ●30日 リブ新宿センター開所

10月 ●9日 政府、第4次防衛力整備計画を正式決定 ●28日 中国からパンダのランランとカンカンが上野動物園に到着→11月5日 初公開 ■リブ・グループ、優生保護法改正に反対する全国同時デモ

11月 ●8日 革マル派、早大生川口大三郎を殺害→内ゲバ激化

12月 ●10日 **第33回衆議院議員総選挙**：社会党復調、共産党躍進→自民271、社会118、共産38、公明29、民社19、無所属14 ●21日 東西ドイツ、関係正常化基本条約調印 ●22日 第2次田中角栄内閣成立

1月 ■警視庁、日活ロマンポルノ『恋の狩人』など3本をわいせつとして日活本社を捜査・押収 ■面白半分「月刊面白半分」創刊

2月 ■RCサクセション『初期のRCサクセション』 ■横尾忠則、ニューヨーク近代美術館で個展 ■柄谷行人『畏怖する人間』

3月 ■若松孝二監督『天使の恍惚』公開 ■本多勝一『中国の旅』 ■萩尾望都「ポーの一族」 ■上村一夫『同棲時代』「漫画アクション」

4月 ■三上寛『ひらく夢などあるじゃなし』 ■あがた森魚「赤色エレジー」 ■池田理代子「ベルサイユのばら」 ■斎藤次郎作・真崎守画「共犯幻想」 ■石牟礼道子・編『わが死民─水俣病闘争』 ■田中美津『いのちの女たちへ』

5月 ■ヒッピー・コミューン情報誌「名前のない新聞」創刊 ■楳図かずお「漂流教室」 ■中原弓彦（小林信彦）『日本の喜劇人』

6月 ■雑誌「面白半分」『四畳半襖の下張』を全文掲載、わいせつの疑いで発禁に ■いんなあとりっぷ社「いんなあとりっぷ」創刊 ■永井豪「デビルマン」 ■永島慎二『フーテン』

7月 ■中央大学の学生たちにより、情報誌「ぴあ」創刊 ■日本テレビ「太陽にほえろ!」放送開始 ■藤原新也『印度放浪』 ■山上たつひこ「喜劇新思想大系」

8月 ■キャロル、川崎で結成 ■「ロッキング・オン」創刊

9月 ■キャロル、フジテレビ「リブ・ヤング!」に出演 ■金延幸子『み空』 ■小沢昭一『小沢昭一雑談大会』 ■奥崎謙三『ヤマザキ、天皇を撃て!』

10月 ■赤塚不二夫「まんがNO.1」（フジオ・プロ）創刊 ■ニッポン放送「欽ちゃんのドンといってみよう!」放送開始 ■ミッキー・カーチス、「リブ・ヤング!」に出演したキャロルをスカウト ■「リブニュースこの道ひとすじ」創刊

11月 ■大瀧詠一『大瀧詠一』 ■原田正純『水俣病』 ■草森紳一『江戸のデザイン』

1月 ●1日 連合赤軍リーダー森恒夫、東京拘置所で自殺 ●8日 タイ/チェンマイ警察、玉本敏雄を人身売買容疑で逮捕、国外追放 ●27日 ベトナム和平協定調印

2月 ●5日 東京・渋谷駅のコインロッカーで嬰児の死体発見→以後、各地で続発 ●10日 東京外国為替市場、ドル売り殺到で閉鎖 ●12日 アメリカ、ドル切り下げなどの対外経済政策を発表→スミソニアン体制崩壊 ●14日 大蔵省、**為替相場を変動相場制に移行**

3月 ●13日 **上尾事件**：国鉄高崎線上尾駅で順法闘争に反発した乗客が暴動 ●26日 優生保護法改正案国会再提出阻止のため、リブ活動家250名が厚生省前に座り込み

4月 ●4日 最高裁、刑法の尊属殺人規定を違憲と判決 ●10日 田中角栄首相、小選挙区制採用を表明 ●24日 **首都圏国電暴動**：新宿駅など28駅で通勤客らが暴動 ●25日 最高裁、公務員の争議行為禁止を合憲と判決

5月 ●1日 建設省、車いすのための道づくりを通達 ●15日 総評・社会党、共産党、公明党ほか、小選挙区制粉砕全国統一行動 ●19日 東京都江東区議会、埋立地への杉並区のゴミ搬入拒否を決議→ゴミ戦争

6月 ●11日 東京湾の魚介類から暫定基準値以上のPCB検出 ●22日 米ソ、核戦争防止協定に調印 ●22日 自民党、衆院委員会で筑波大学法・防衛庁設置法・自衛隊法改正を強行採決

7月 ●17日 中川一郎・石原慎太郎ら自民党タカ派議員、青嵐会を結成 ●20日 丸岡修を含むパレスチナ・アラブゲリラ5人、日航機をアムステルダム上空でハイジャック ●25日 資源エネルギー庁設置→9月7日「エネルギー白書」発表

8月 ●8日 金大中事件：韓国元大統領候補・金大中、KCIAにより東京で拉致

10月 ●6日 第4次中東戦争勃発 ●25日 メジャーとサウジアラビア、原油供給量10%削減を通告→**第1次石油危機**発生 ●28日 革新に転じた宮崎辰雄、神戸市長に再選→6大都市首長がすべて革新に

11月 ●2日 金大中事件：日韓両政府、政治的決着で合意 ●2日 関東・関西でトイレットペーパー買いだめのパニック起こる ●25日 田中角栄改造内閣成立：蔵相=福田赳夫、積極財政から引き締めへ

12月 ●10日 三木武夫副総理、石油危機打開の政府特使として中東を訪問 ●22日 国民生活安定緊急措置法・石油需給適正化法公布・施行

1月 ■深作欣二監督『仁義なき戦い』公開 ■キャラメル・ママ結成 ■PYG、「初めての涙/お前と俺」 ■『現代思想』(青土社)創刊

2月 ■はっぴいえんど『HAPPY END』 ■キャロル「ロックンロール・カーニバル」出演

3月 ■キャロル、1stアルバム『ルイジアンナ』 ■「ロッキング・オン」全国配本を開始 ■小松左京『日本沈没』 ■中平卓馬『なぜ、植物図鑑か』 ■大島弓子「ミモザ館でつかまえて」

5月 ■サディスティック・ミカ・バンド『サディスティック・ミカ・バンド』 ■「西武劇場」オープン：初の公演は、武満徹企画・構成「MUSIC TODAY」 ■細野晴臣『HOSONO HOUSE』 ■見田宗介「まなざしの地獄」『展望』 ■鶴見俊輔『漫画の戦後思想』 ■竹中労・平岡正明『水滸伝 窮民革命のための序説』

6月 ■渋谷宇田川町に「パルコ」本館オープン ■キャロル「ファンキー・モンキー・ベイビー」 ■村八分『ライブ』 ■J・A・シーザー『国境巡礼歌』 ■中沢啓治「はだしのゲン」 ■「終末から」(筑摩書房)創刊

7月 ■奥多摩で「第2回人間と宇宙の祭り」開催：「部族」「ゼロ次元」「福生コミュニティ」など参加 ■伊藤銀次、高円寺「ムーヴィン」で山下達郎の自主制作盤を聴く ■内田栄一作・旭丘光志画「噫日本共産党五〇年伝」『週刊プレイボーイ』連載19回で中断

8月 ■キャロル、2ndアルバム『ファンキー・モンキー・ベイビー』 ■「ワンダーランド」(晶文社)創刊：編集=植草甚一 ■大友克洋「銃声」でデビュー

9月 ■「CITY—ラスト・タイム・アラウンド」文京公会堂で開催 ■「ローリングストーン日本版」創刊 ■つのだじろう『恐怖新聞』「少年チャンピオン」

10月 ■はちみつぱい『センチメンタル通り』

11月 ■荒井由実『ひこうき雲』 ■つかこうへい作「熱海殺人事件」上演 ■「正論」創刊 ■「ワンダーランド」が「宝島」に改称 ■五島勉『ノストラダムスの大予言』 ■手塚治虫「ブラック・ジャック」

12月 ■井上陽水『氷の世界』 ■「季刊トランソニック」創刊：高橋悠治・武満徹・一柳慧ら参加 ■鎌田慧『自動車絶望工場』 ■紙不足で新聞・雑誌の頁が減る

1月 ●7日 田中首相、東南アジア5か国訪問に出発→日本の経済進出への反発おこる ●26日 **べ平連、解散集会**

2月 ●13日 ソ連／作家ソルジェニーツィンを国外追放 ●19日 公正取引委員会、石油連盟と石油元売り12社を独禁法違反容疑で告発

3月 ●12日 小野田寛郎元少尉、フィリピンのルバング島から30年ぶりに帰国

4月 ●1日 筑波大学が開校 ●7日 蜷川虎三、京都府知事に当選：全国初の7選→1978年、引退 ●11日 春闘で空前の交通スト、600万人参加、国鉄初の全面運休→13日 収拾 ●20日 モナ＝リザ展、東京で開催：150万人が来場 ●27日 ファミリーレストラン「デニーズ」1号店、上大岡にオープン

5月 ●18日 日本消費者連盟結成 ●24日 土光敏夫、経団連会長に就任 ●25日 自民党、靖国神社法案を衆院本会議で単独可決→参院で廃案 ■セブン-イレブン、江東区に第1号店オープン

6月 ●6日 電源三法公布：原発立地地域に地域振興の交付金 ●26日 国土庁設置

7月 ●7日 **第10回参議院議員選挙**：7議席差で保革伯仲、企業ぐるみ選挙が問題化 ●11日 国電新宿駅などで初の「禁煙タイム」実施 ●12日 三木武夫副総理、首相の政治姿勢を批判して辞任

8月 ●8日 ニクソン米大統領、**ウォーターゲート事件**で辞任：後継は副大統領のフォードに ●14日 **東アジア反日武装戦線**、昭和天皇を暗殺する「虹作戦」未遂に ●28日 神奈川県平塚市の団地で、ピアノの騒音がもとで母子3人が刺殺される ●30日 東アジア反日武装戦線、東京・丸の内の三菱重工ビルを爆破：死者8人、重軽傷者285人

9月 ●1日 原子力船むつ、放射能漏れ発見→帰港反対運動のため、10月15日まで漂流 ●13日 産業構造審議会「わが国の産業構造を知識集約型へ転換する」ことを提唱

10月 ●8日 佐藤栄作、ノーベル平和賞受賞決定 ●22日 社会党、**立花隆「田中角栄研究」**をもとに首相の金脈を国会追及 ●23日 丸山千里、国際ガン学会で「丸山ワクチン」発表

11月 ●18日 フォード米大統領、現職大統領として初の来日→19日 天皇と会見 ●23日 フォード米大統領、ソ連訪問→24日 SALTⅡに関する共同声明発表 ●26日 田中角栄首相、閣議で辞意表明→後継総裁選出で、大平正芳・福田赳夫が対立

12月 ●9日 **三木武夫内閣成立**：副総理＝福田赳夫、蔵相＝大平正芳 ●18日 岡山県水島コンビナートで、重油4万キロリットルの流出事故 ●26日 三木首相、資産を公開：「クリーン三木」を打ち出す ●28日 共産党と創価学会、松本清張の仲介で相互不干渉など10年間の合意協定

■経済実質成長率、マイナス0・5%、「狂乱物価」流行語に、スタグフレーションが問題化

1月 ■ジョージ秋山「浮浪雲」 ■超能力でスプーンを曲げる関口少年がテレビに登場

2月 ■海援隊「母に捧げるバラード」大ヒット ■殿山泰司『三文役者あなあきい伝』

3月 ■ザ・ドリフターズに志村けんが加入 ■この頃、各地でストリーキングが流行 ■ユリ・ゲラー来日、テレビ出演→超能力ブーム ■長谷川義太郎、ファイヤー通りに「文化屋雑貨店」オープン ■なだいなだ『権威と権力』 ■松下竜一『暗闇の思想を』 ■東アジア反日武装戦線狼班『腹腹時計』地下出版：爆弾製造法やゲリラ戦法などの教程本

4月 ■山口冨士夫『ひまつぶし』 ■マジカル・パワー・マコ『マジカル・パワー』

5月 ■萩尾望都「トーマの心臓」

6月 ■龍村仁監督、キャロル主演映画『キャロル』アートシアター新宿文化で上映 ■『花とゆめ』(白泉社)創刊 ■『GORO』(小学館)創刊

7月 ■サディスティック・ミカ・バンドとキャロル、関東・東北・関西・九州ツアー ■津村喬『メディアの政治』 ■中岡俊哉『恐怖の心霊写真』：心霊写真ブーム

8月 ■「ワン・ステップ・フェスティバル」郡山・開成山公園で開催 ■冨田勲『月の光』 ■釜共闘・山谷現闘委編集委員会・編『やられたらやりかえせ！』

9月 ■外道『外道』 ■西岸良平「三丁目の夕日」

10月 ■よみうりテレビ・日本テレビでアニメ「宇宙戦艦ヤマト」放映開始 ■山上たつひこ「がきデカ」連載開始

11月 ■サディスティック・ミカ・バンド『黒船』 ■ゲイ雑誌『さぶ』(サン出版)創刊 ■高橋悠治『ことばをもって音をたちきれ』 ■足立正生『映画への戦略』

12月 ■寺山修司監督『田園に死す』公開 ■舘ひろしをリーダーに、原宿でバイクチーム「クールス」結成

1975

1月 ●5日 環境庁、乱開発により、純粋自然は国土の2割と発表 ●8日 福井県美浜原子力発電所2号機、放射能漏れで運転中止

■完全失業者が100万人を突破

3月 ●6日 スケバンなどが急増→警察庁、初の「**非行少女白書**」を報告 ●9日 自民党、大阪で「政経文化パーティ」開催：新形式の党資金集め ●10日 山陽新幹線、岡山ー博多間が開業 ●14日 革マル派、本多延嘉中核派書記長を殺害→内ゲバが全面化 ●24日 集団就職列車の運行が終了

4月 ●13日 第8回統一地方選挙：美濃部都知事が3選、共産党単独推薦の黒田大阪府知事が再選 ●13日 レバノン内戦勃発 ●17日 カンボジア、クメール・ルージュがプノンペン占領 ●30日 南ベトナム、サイゴン政府が降伏→ベトナム民族解放戦争が終結

5月 ●19日 東アジア反日武装戦線メンバー、一斉逮捕

6月 ●8日 神奈川県鎌倉の七里ヶ浜で、暴走族600人が乱闘 ●10日 佐賀県玄海原子力発電所で、放射能漏れ発生 ●14日 警視庁、初の**暴走族全国一斉取り締まりを開始** ●16日 三木首相、佐藤栄作元首相の国民葬で右翼に暴行を受ける

7月 ●15日 公職選挙法・政治資金規正法各改正公布、1976年1月1日施行 ●17日 **皇太子夫妻が沖縄訪問**：ひめゆりの塔前で火炎瓶を投げつけられる ●19日 沖縄海洋博開催～1976年1月18日 ●20日 初の自民党議員訪朝団、北朝鮮訪問～27日 ●24日 政府、**金大中事件**は最終決着と表明 ●29日 政府・自民党、独禁法改正の見送りを決定、三木首相の改革プランも挫折

8月 ●2日 三木首相訪米→6日 韓国の安全が朝鮮半島の安全に緊要との共同声明発表 ●4日 **クアラルンプール事件**：日本赤軍が米・スウェーデン両大使館を占拠 ●15日 三木首相、現職首相として戦後初めて、終戦記念日に靖国神社参拝：「私人の資格」

9月 ●17日 政府、第4次不況対策を決定：公共事業費に8000億円追加 ●29日 **国際婦人年をきっかけとして行動を起こす女たちの会**、ハウス食品の「ワタシ作る人、ボク食べる人」CMに抗議→10月27日 中止 ●30日 天皇・皇后、初の訪米、フォード米大統領と会見

10月 ●31日 天皇、初の公式記者会見で「原爆投下は戦争中のことでやむを得ない」と発言

11月 ●15日 第1回先進国首脳会議（サミット）、フランス・ランブイエ城で開催 ●22日 国土庁「過疎白書」発表 ●26日 公労協など「**スト権スト**」に突入→国鉄は全線史上最長の192時間運休

12月 ●7日 フォード米大統領、日米協調の「新太平洋ドクトリン」発表

この年 ■大学生が200万人を突破、紅茶キノコが爆発的流行

1月 ■渋谷公園通りのタウン情報誌として「ビックリハウス」創刊 ■吾妻ひでお「やけくそ天使」

2月 ■荒井由美「ルージュの伝言」 ■「幻影城」（絃映社）創刊 ■柄谷行人『意味という病』 ■菅孝行『天皇論ノート』 ■村上泰亮『産業社会の病理』 ■横塚晃一『母よ！殺すな』

3月 ■キャロル解散コンサートツアー始まる：ゲストにダウン・タウン・ブギウギ・バンドほか ■友部正人『誰もぼくの絵を描けないだろう』（CBS・ソニー）：坂本龍一参加 ■サンリオ「ハローキティ」発売 ■市川浩『精神としての身体』

4月 ■天井桟敷、東京・高円寺付近で街頭劇「ノック」上演

5月 ■山口昌男『文化と両義性』（岩波書店） ■ソニー、ベータマックスの家庭用ビデオテープレコーダ1号機「SL－6300」を発売

6月 ■ラジオ関東「大瀧詠一のゴー・ゴー・ナイアガラ」放送開始 ■「JJ」（光文社）、「週刊就職情報」（日本リクルートセンター）創刊

7月 ■「エピステーメー」（朝日出版社）創刊

8月 ■坂本龍一・土取利行『ディスアポイントメント・ハテルマ』

9月 ■矢沢永吉、ソロ1stアルバム『I LOVE YOU,OK』 ■クールス「紫のハイウェイ／あの娘はステディ・ガール」でバンドデビュー ■「シティロード」（エコー企画）創刊 ■池袋に「西武美術館」開館、「リブロ池袋本店」オープン

10月 ■ムーンライダーズ、荻窪ロフトでデビューライブ ■鈴木邦男『腹腹時計と〈狼〉』（三一書房） ■どおくまんプロ『嗚呼!! 花の応援団』（漫画アクション）

11月 ■久保田麻琴と夕焼け楽団『ハワイ・チャンプルー』 ■森田童子『グッドバイ』 ■ティン・パン・アレー『キャラメル・ママ』 ■南青山にレコード店「パイド・パイパー・ハウス」開店

12月 ■渋谷宇田川町に「パルコ・パート2」オープン ■沢田研二『いくつかの場面』 ■渋谷にライブハウス「屋根裏」オープン ■第1回「コミック・マーケット」開催 ■『宝島』マリファナ経験に関する読者アンケートを掲載

この年 ■山崎眞行がブティック「クリームソーダ」をオープン

1月 ●27日 春日一幸民社党委員長、衆院で1933年の「共産党スパイ査問事件」を追及

2月 ●4日 米上院の公聴会で、ロッキード社の国外への巨額の工作資金が問題化 ●6日 野党4党、衆院予算委でロッキード問題の追及開始 ●24日 東京地検、ロッキード事件の強制捜査を開始 ●26日 東京地裁、最後の立川基地内土地明け渡し請求訴訟で和解成立、砂川訴訟が終了

3月 ●2日 東アジア反日武装戦線、北海道庁を爆破：死者2人、重軽傷者95人 ●4日 東京地検、児玉誉士夫を臨床取り調べ→13日 脱税容疑で起訴 ●10日 韓国／ソウル地検、金大中らを政府転覆煽動首謀者として逮捕

4月 ●5日 中国／第1次天安門事件：北京で群衆と軍警察が衝突 ●7日 中国／華国鋒が新首相に就任、鄧小平副主席が解任 ●20日 国労・動労・私鉄48時間スト

5月 ●1日 農林水産業など例外4業種を除き、資本自由化が完了 ●13日 「**三木おろし**」工作が表面化→7か月におよぶ党内抗争に発展

6月 ●13日 沖縄県知事選：革新の平良幸市が当選 ●15日 民法改正：離婚後の姓の自由が認められる ●25日 河野洋平ら、**新自由クラブ**結成

7月 ●2日 南北ベトナムが統一、ベトナム社会主義共和国樹立 ●8日 日米安保協議委員会、日米防衛協力小委員会の設置を決定 ●27日 東京地検、ロッキード事件で**田中角栄前首相を逮捕**

8月 ●19日 三木首相の退陣を要求する自民党6派、挙党体制確立協議会を結成 ■新幹線「こだま」に禁煙車が登場

9月 ●9日 中国／毛沢東共産党主席が死去、享年82 ●14日 総理府統計局、総人口の8・1％が65歳以上と発表

10月 ●8日 原子力委員会、放射性廃棄物処理の基本方針決定 ●29日 政府、1977年度以降の「防衛計画の大綱」決定 ■中国／江青が逮捕、四人組事件が公表

11月 ●2日 民主党カーター、アメリカ合衆国大統領に当選 ●5日 政府、毎年度の防衛費をGNPの1％以内とすることを決定 ●10日 天皇在位50年記念式典開催

12月 ●5日 **第34回衆議院議員総選挙**：自民党敗北、衆院委員長の与党独占が18年ぶりに崩れる→自民249、社会123、公明55、民社29、共産17、新自ク17、無所属21 ●10日 ソ連、200カイリ漁業専管水域設定を布告 ●24日 三木武夫内閣総辞職、**福田赳夫内閣成立**

1月 ■TBS「クイズダービー」放送開始：司会＝大橋巨泉 ■鈴木慶一とムーンライダーズ『火の玉ボーイ』 ■美内すずえ「ガラスの仮面」 ■和田慎二「スケバン刑事」 ■高橋悠治『音楽のおしえ』（晶文社）

2月 ■野村秋介×鈴木邦男「反共右翼からの脱却」『現代の眼』 ■竹宮惠子「風と木の詩」

3月 ■山下達郎・伊藤銀次・大瀧詠一『ナイアガラ・トライアングルVol.1』 ■日高六郎ら学者・文化人「週刊ピーナッツ」創刊 ■『ROCK MAGAZINE』創刊：編集長＝阿木譲

4月 ■シュガー・ベイブ、解散 ■RCサクセション『シングルマン』 ■桑原茂一・小林克也・伊武雅刀、ラジオ大阪で番組「スネークマンショー」開始 ■『別冊宝島』刊行開始：創刊号「全都市カタログ」 ■『地球ロマン』創刊 ■『植草甚一スクラップ・ブック』刊行開始 ■地方・小出版流通センター発足 ■楳図かずお「まことちゃん」 ■東京地裁「四畳半襖の下張」をわいせつ文書と判断、野坂昭如らに有罪判決

5月 ■原宿に「ビームス」1号店オープン ■『本の雑誌』（本の雑誌社）創刊 ■森崎和江『からゆきさん』

6月 ■矢沢永吉『A Day』 ■近田春夫＆ハルヲフォン『COME ON LET'S GO』 ■エレックレコード倒産

7月 ■クールス『ロックン・ロール・エンジェルス』 ■細野晴臣『泰安洋行』 ■矢野顕子『JAPANESE GIRL』 ■湯村輝彦・糸井重里『さよならペンギン』 ■別冊宝島2『新版 道具としての英語』（JICC出版局） ■田村紀雄・編『ミニコミの論理』 ■村上龍『限りなく透明に近いブルー』 ■小林よしのり「東大一直線」

8月 ■ピンク・レディー「ペッパー警部」でレコードデビュー ■『POPEYE』（平凡出版）創刊

9月 ■『STUDIO VOICE』創刊 ■山崎正和『不機嫌の時代』

10月 ■山止たつひこ「こちら葛飾区亀有公園前派出所」 ■大島渚監督『愛のコリーダ』 ■長谷川和彦監督『青春の殺人者』公開 ■大瀧詠一『ゴー！ゴー！ナイアガラ』 ■山下達郎『サーカス・タウン』 ■日本ビクター、VHSビデオデッキを発売 ■平野悠、新宿ロフトをオープン

11月 ■堺屋太一『団塊の世代』 ■丸山眞男『戦中と戦後の間』

1月 ●4日 国鉄品川駅付近に毒入りのコーラが放置され、飲んだ2人が死亡 ●10日 警視庁、23年ぶりに**覚せい剤取締本部**を設置 ●29日「社会党の任務と課題」発表：党体質の改善を提言

3月 ●8日 アメリカで日本製カラーテレビの輸入急増が問題化 ●26日 江田三郎社会党前副委員長、社会主義協会と対立し離党

4月 ●24日 動力炉・核燃料開発事業団が自主開発した高速増殖実験炉「常陽」が臨界 ●26日 **革新自由連合**発足：代表＝中山千夏、青島幸男ら

5月 ●2日 領海法・漁業水域暫定措置法公布：日本も200カイリに ●2日 国立大学共通1次試験のための大学入試センター発足 ●8日 三里塚芝山連合空港反対同盟など3700人が鉄塔撤去に抗議、機動隊と衝突 ●22日 江田三郎が急死、後継に江田五月 ●26日 宮本顕治共産党委員長「革新統一戦線」を提唱：社会党に共産党との共闘を迫る ■6大都市でタクシー料金値上げ：東京の基本料金330円

6月 ●3日 衆院本会議、独占禁止法改正案が可決・成立

7月 ●10日 **第11回参議院議員選挙**：自民党は相対的安定へ ●10日 東京都議会議員選挙：与野党が逆転 ●10日 公明・民社両党、連合政府樹立を目的とした合意書に調印 ●23日 文部省、小中学校の指導要領改正：「君が代」を国歌と規定、問題化

8月 ●3日 14年ぶりに、原水協・原水禁の統一大会開催 ●18日 中国／「四つの近代化」明記の新党規約を発表

9月 ●27日 社会党大会：新しい流れの会の楢崎弥之助・田英夫・秦豊が離党 ●28日 飛鳥田一雄横浜市長、社会党委員長選に不出馬を表明 ●28日 日本赤軍、日航機をハイジャックしダッカに強制着陸

10月 ●4日 税制調査会、一般消費税の導入を提言 ●7日 ソ連／新憲法を採択・発効：完全軍縮、人権・自由を重視 ●24日 大阪で、全国初のサラ金被害者の会結成

11月 ●1日 大蔵省、10月末現在の外貨準備高を史上最高の195億7700万ドルと発表 ●4日 閣議、第3次全国総合開発計画を決定 ●28日 民社党大会：佐々木良作委員長・塚本三郎書記長を選出 ●30日 米軍立川基地、32年ぶりに全面返還

12月 ●13日 社会党大会：飛鳥田一雄委員長・多賀谷真稔書記長を選出 ●21日 防衛二法の改正案成立

1月 ■「ソシオロゴス」創刊 ■松本零士「宇宙海賊キャプテンハーロック」

2月 ■ムーンライダーズ『ムーンライダーズ』

3月 ■タモリ『タモリ』 ■吉田美奈子『Twilight Zone』 ■真木悠介『現代社会の存立構造』

4月 ■矢沢永吉『ドアを開けろ』 ■山下洋輔ら「第1回冷し中華祭り」開催 ■『思想の科学』「主題・日常意識としての天皇制」

5月 ■山下達郎『SPACY』 ■「月刊OUT」（みのり書房）創刊 ■「コロコロコミック」（小学館）創刊 ■鴨川つばめ「マカロニほうれん荘」 ■三田誠広『僕って何』 ■真木悠介『気流の鳴る音』 ■蓮實重彥『反＝日本語論』

6月 ■石川セリ『気まぐれ』 ■横尾忠則『インドへ』 ■岸田秀『ものぐさ精神分析』 ■吉本隆明『初期歌謡論』 ■中島梓『文学の輪郭』

7月 ■代々木公園横に、歩行者天国開設 ■大貫妙子『Sunshower』 ■大林宣彦監督『HOUSE ハウス』公開 ■「ウイークエンドスーパー」（セルフ出版）創刊

8月 ■ジョー山中、大麻取締法違反容疑で逮捕 ■パンタ＆HAL結成 ■『愛のコリーダ』（三一書房）著者の大島渚ら、わいせつ文書図画販売で起訴

9月 ■白黒テレビの放送が停止 ■井上陽水・内田裕也ら、芸能界で大麻所持による逮捕が続出 ■島尾敏雄『死の棘』

10月 ■「バラエティ」（角川書店）創刊 ■江口寿史「すすめ!! パイレーツ」 ■「ザ・メディテーション」創刊 ■赤塚不二夫ほか「面白グループ」公演

11月 ■柳ジョージ＋Nadjaバンド『祭ばやしが聞こえる』 ■喜納昌吉＆チャンプルーズ『喜納昌吉＆チャンプルーズ』 ■いしいひさいち『バイトくん』 ■藤子不二雄「まんが道」

1978

1月 ●10日 総理府、初の「婦人白書」発表 ●14日 早稲田大で学費値上げ反対スト発生

2月 ●6日 三里塚、横堀要塞鉄塔が強制撤去される ●18日 嫌煙権確立をめざす人びとの会結成

3月 ●3日 日米犯罪人引渡条約、全面改正調印 ●15日 東京教育大学、閉学式 ●26日 社会市民連合と社会党離党者で、**社会民主連合**結成：代表＝田英夫 ●26日 三里塚芝山連合、成田空港管制塔に乱入し、機器を破壊、開港延期に ●30日 通産省、自動車の輸出を450万台以内に自主規制方針

4月 ●6日 東京・池袋に「サンシャイン60」オープン ●9日 京都府知事選挙：林田悠紀夫当選、28年間の革新府政が終わる

5月 ●9日 日本安楽死協会理事会「安楽死法」の要綱案を決定 ●12日「新東京国際空港の安全確保に関する緊急措置法案」（成田新法）可決・成立 ●20日 **新東京国際空港（成田空港）開港式** ●23日 中道革新勢力結集をめざす超党派政策集団「21世紀クラブ」発足

6月 ●12日 宮城県沖地震発生 ●14日 元号法制化促進国会議員連盟結成

7月 ●5日 農林省を改組、農林水産省発足 ●16日 ボン・サミット開催：日本、7％の経済成長を公約 ●18日 元号法制化実現国民会議結成 ●19日 栗栖統幕議長、記者会見で緊急時の自衛隊の超法規的行動はあり得ると言明 ●27日 福田首相、閣議で「有事立法研究の促進」を改めて指示 ●30日 沖縄で交通方式が変更：自動車が左車線に

8月 ●12日 北京で**日中平和友好条約**調印 ●15日 **福田首相「内閣総理大臣」と記帳して靖国神社参拝**

9月 ●5日 アメリカ・エジプト・イスラエル首脳、キャンプ・デーヴィッド会談 ●19日 日本基督教団、総会で「元号法制化」に反対声明 ●21日 防衛庁、基本見解「防衛庁における有事法制の研究について」発表

10月 ●4日 原子力安全委員会が発足 ●11日 総評など、元号法制化反対連絡会議結成 ●12日 警視庁、サラ金など貸金業初の実態調査結果を発表 ●17日 政府「昭和」後の元号問題につき、従来の内閣告示方式から、法制化での存続方針に変更 ●17日 靖国神社「A級戦犯」14名を合祀 ●23日 中国・鄧小平副首相が来日、日中平和友好条約批准書交換式、天皇と会見 ●31日 東京外国為替市場、1ドル＝175円50銭の最高値

11月 ●1日 米下院フレーザー委員会、金大中事件をKCIAの犯行と断定 ●9日 ガイアナ、「人民寺院」集団自決事件 ●11日 無限連鎖講（ネズミ講）防止法公布 ●27日 第4回日米安保協議委員会「日米防衛協力のための指針（ガイドライン）」決定

12月 ●1日 自民党第35回臨時大会：大平正芳総裁を選出 ●4日 東京外国為替市場、円急落、1ドル＝203円40銭 ●7日 大平正芳を首相に指名 ●15日 米中、国交正常化を発表

この年 ■郊外レストラン（すかいらーく、ロイヤルホスト、デニーズなど）が盛況

1月 ■TBS「ザ・ベストテン」放送開始 ■「プチセブン」（小学館）創刊 ■江藤淳「戦後の文学は破産の危機」『毎日新聞』

2月 ■黒木和雄監督『原子力戦争 Lost Love』公開 ■蓮實重彥『フーコー・ドゥルーズ・デリダ』

3月 ■矢沢永吉「時間よ止まれ」 ■大竹竹則が「ブティック竹の子」オープン ■立花隆『日本共産党の研究 上』 ■「はんげんぱつ新聞」創刊

4月 ■ダウン・タウン・ブギウギ・バンド『曾根崎心中』 ■クールス・ロカビリー・クラブ『THE COOL』 ■細野晴臣＆イエロー・マジック・バンド『はらいそ』 ■フリクション、S-KEN、渋谷屋根裏でライブデビュー

5月 ■S-KENスタジオがオープン：「パンク仕掛け99％」開催 ■大島弓子「綿の国星」

6月 ■タイトー「スペースインベーダー」発表 ■矢沢永吉『ゴールドラッシュ』 ■サザンオールスターズ「勝手にシンドバッド」でデビュー ■高橋ユキヒロ『Saravah!』 ■近田春夫＆ハルヲフォン『電撃的東京』 ■網野善彦『無縁・公界・楽』 ■吉田秋生「カリフォルニア物語」

7月 ■矢沢永吉、著書『成りあがり―矢沢永吉激論集』（小学館） ■大西巨人『神聖喜劇』 ■「カイエ」（冬樹社）創刊 ■「アニメージュ」（徳間書店）創刊 ■筑摩書房、会社更生法の適用申請

8月 ■日本テレビ、第1回「24時間テレビ 愛は地球を救う」放送 ■「月刊OUT」特集「吾妻ひでおのメロウな世界」 ■石井隆『天使のはらわた』 ■センター街に喫茶「ナイロン100％」オープン

9月 ■八重洲ブックセンターがオープン ■フジテレビ系アニメ「銀河鉄道999」放送開始 ■『ぶ〜け』（集英社）創刊 ■細野晴臣＆横尾忠則『COCHIN MOON』 ■ミラーズ「衝撃X」（ゴジラ）自主制作

10月 ■「ラフォーレ原宿」オープン ■YMO、ライブデビュー ■坂本龍一『千のナイフ』 ■鮎川誠／シーナ・ロケット「涙のハイウェイ」でデビュー

11月 ■ツービート、芳林堂書店高田馬場店で初の漫才リサイタル「マラソンギャグデスマッチ」：主催＝高信太郎 ■松任谷由実『流線形'80』 ■YMO『イエロー・マジック・オーケストラ』 ■橋本治『桃尻娘』 ■魔夜峰央「パタリロ」

12月 ■吾妻ひでお「不条理日記」『別冊奇想天外』 ■いしいひさいち『がんばれ!! タブチくん!! 1』

1月 ●11日 中小出版社80余、再販制廃止に反対し出版流通対策協議会結成 ●13日 初の国公立大学共通1次試験実施 ●16日 イラン国王がエジプトに亡命→2月1日 ホメイニ師、イラン帰国：イラン革命 ●17日 国際石油資本、対日原油供給の削減通告：イラン革命による**第2次石油危機** ●26日 大阪・三菱銀行北畠支店に猟銃強盗、支店長ら4人射殺、40人を人質に籠城

2月 ●2日 政府、元号法案国会提出 ●17日 中越戦争勃発～3月16日

3月 ●4日 韓国／金大中らによる「民主救国宣言」 ●9日 中立労連と新産別で、全国労働組合総連合結成 ●26日 イスラエルとエジプト、平和条約調印 ●28日 アメリカ／スリーマイル島原子力発電所で放射能漏れ事故発生

■西ドイツ／緑の人びと（緑の党）結成

4月 ●8日 第9回統一地方選挙：各党「地方の時代」の政策理念を掲げる ●19日 東條英機など、A級戦犯14人がひそかに靖国神社に合祀されていたことが判明

5月 ●2日 大平首相、カーター米大統領と経済摩擦について協議 ●4日 イギリス／保守党のサッチャー政権成立 ●8日 福岡県の高校教師、卒業式でジャズ調の「君が代」を演奏し、免職となる ●27日 ガソリンスタンド、日曜・祝日全面休業を実施

6月 ●6日 **元号法案、参院可決**：元号が法制化→12日 公布 ●18日 米ソ、SALTⅡに調印 ●28日 第5回先進国首脳会議（東京サミット）開催：各国別の石油輸入抑制目標を決定

7月 ●17日 防衛庁、中期業務見積もりを決定

8月 ●3日 経済審議会、新経済社会7カ年計画答申 ●6日 社会党内の自主管理研究会議、党の綱領的文書「日本における社会主義への道」を批判

9月 ●26日 大平首相、一般消費税の導入を断念

10月 ●7日 **第35回衆議院議員総選挙**：自民党、衆院での「安定多数」確保に失敗→自民248、社会107、公明57、共産39、民社35、新自ク4、社民連2、無所属19 ●15日 宮本顕治共産党委員長、社会党の右傾化を批判、社会党の公明党への接近姿勢を牽制 ●26日 韓国／朴正熙大統領暗殺

11月 ●4日 イラン／米大使館占拠事件発生 ●9日 第2次大平正芳内閣成立：官房長官＝伊東正義 ●26日 新自由クラブの河野代表辞任、代表代行田川誠一

12月 ●12日 韓国／粛軍クーデタ：全斗煥将軍が全権掌握 ●15日 共産党代表団訪ソ（～25日）17日 宮本・ブレジネフ会談 ●21日 衆院本会議、財政再建に関する決議案を採択：一般消費税反対 ●24日 アフガニスタンにソ連軍侵攻

1月 ■遠藤賢司『東京ワッショイ』 ■「ぱふ」創刊

2月 ■蓮實重彦『映像の詩学』 ■「夜想」（ペヨトル工房）創刊

3月 ■インベーダーゲームが流行 ■パンタ＆HAL『マラッカ』 ■クールス・ロカビリー・クラブ『New York City, N.Y.』 ■江戸＆じゃがたら、上馬ガソリンアレイでライブデビュー ■「関西ニューウェイヴ」渋谷屋根裏：アーント・サリー、INU、ウルトラビデ、SSが出演 ■「X-magazine Jam」創刊 ■『噂の真相』（噂の真相）創刊

4月 ■テレビ朝日系アニメ「機動戦士ガンダム」放送開始 ■Var-i-ous『東京ニューウェイヴ'79』『東京ROCKERS』 ■矢野顕子『東京は夜の7時』 ■見田宗介『現代社会の社会意識』

5月 ■近田春夫『天然の美』 ■アーント・サリー『アーント・サリー』 ■別冊宝島13『マンガ論争!』 ■天野祐吉『広告批評』（マドラ出版）創刊

6月 ■矢沢永吉『KISS ME PLEASE』 ■南佳孝『SPEAK LOW』 ■山本晋也監督『下落合焼とりムービー』公開 ■『ヤングジャンプ』（集英社）創刊 ■村上春樹『風の歌を聴け』 ■エズラ・ヴォーゲル『ジャパン・アズ・ナンバーワン』 ■ザ・ブルース臨時増刊号『レゲエ・ブック』

7月 ■ソニー「ウォークマン」発売 ■「Hot-Dog PRESS」（講談社）創刊 ■みなもと太郎『風雲児たち』 ■笠井潔『バイバイ、エンジェル』

8月 ■鷺巣詩郎『EYES』（徳間） ■P・モデル『イン・ア・モデル・ルーム』 ■村上泰亮・公文俊平・佐藤誠三郎『文明としてのイエ社会』

9月 ■『地球の歩き方』（ダイヤモンド社）創刊 ■YMO『ソリッド・ステイト・サヴァイヴァー』

10月 ■関西テレビ「誰がカバやねんロックンロールショー」放送開始 ■加藤和彦『パパ・ヘミングウェイ』 ■ヒカシュー「20世紀の終りに」でデビュー ■長谷川和彦監督『太陽を盗んだ男』公開：主演＝沢田研二 ■堀江邦夫『原発ジプシー』 ■平岡正明『山口百恵は菩薩である』 ■『ムー』（学習研究社）創刊

11月 ■リザード『リザード』 ■プラスチックス「ロボット／コピー」でデビュー ■西武百貨店、「スタジオ200」オープン ■蓮實重彦『表層批評宣言』

12月 ■松任谷由実『悲しいほどお天気』 ■宮崎駿監督『ルパン三世 カリオストロの城』公開 ■上野昂志『現代文化の境界線』 ■栗本慎一郎『経済人類学』 ■評論家・植草甚一が死去

1月
●8日 経済同友会「21世紀への産業構造ビジョンを求めて」 ●10日 社会・公明両党、連合政権構想で正式合意 ●22日 共産党書記局長・不破哲三『赤旗』で社・公合意を批判 ●25日 イスラエル軍、シナイ半島から3分の2撤退

2月
●19日 閣議、国鉄再建措置法政府案決定→国労、反対声明、鉄労は受け入れ声明 ●24日 成田空港反対同盟、空港公団による切り崩し工作に反対して、風船・凧などで飛行妨害行動 ●26日 海上自衛隊、環太平洋合同演習（リムパック）初参加

3月
●6日 自民党・浜田幸一議員のラスベガス賭博事件発覚→4月11日 議員辞職 ●14日 全国規模で初のホワイトデーを開催

4月
■都市銀行6行、現金自動預け払い機のオンライン提携化開始 ●1日 多賀谷社会党書記長『社会新報』で共産党への反論を開始 ●2日 自民党「スパイ防止法案」要綱了承 ●25日 銀座の道路脇で、トラック運転手が現金1億円が入った風呂敷包みを拾得

5月
●18日 韓国／光州市のデモが全市を占拠、全土に非常戒厳令 ●19日 衆議院解散（ハプニング解散） ●21日 水俣病患者、国・熊本県に賠償請求訴訟 ●22日 飛鳥田一雄社会党委員長「非武装中立」棚上げを表明 ●24日 JOC総会、**モスクワ五輪不参加を決定** ●24日 共産党委員長・宮本顕治「民主連合政府の当面の中心政策」を発表 ●27日 韓国／戒厳軍が光州市に突入、武力制圧→光州事件

6月
●12日 大平正芳首相、心筋梗塞で急死→内閣総辞職：首相臨時代理＝伊東正義 ●18日 アメリカ上院、日本車輸入に関わる「自動車問題決議案」可決 ●22日 **衆参両院同時選挙**：自民党の圧勝に終わる

7月
●3日 「イエスの方舟」教祖の千石剛賢、女性多数との2年の集団失踪から出現し、逮捕 ●17日 **鈴木善幸内閣成立**：外相＝伊東正義

8月
●15日 鈴木内閣の閣僚18人、一斉に靖国神社を参拝 ●19日 新宿西口バス放火事件：6人焼死、19人重軽傷 ●27日 奥野誠亮法相「自主憲法制定への議論が国民の間から出るのは望ましい」と発言 ●27日 韓国／全斗煥大統領就任

10月
●23日 自民党田中派による木曜クラブ発足：会長＝二階堂進

11月
●17日 伊東正義外相、ECとの貿易摩擦問題について「豪雨型輸出」回避に努めると声明 ●29日 金属バット両親殺害事件：川崎で2浪中の予備校生、両親を金属バットで撲殺

12月
●12日 日米防衛首脳定期協議：アメリカ、日本の防衛力増強を強く要請

1月
■沢田研二「TOKIO」 ■RCサクセション「雨あがりの夜空に」 ■大友克洋『童夢』 ■鳥山明『Dr.スランプ』

2月
■ヒカシュー『ヒカシュー』 ■YMO『公的抑圧』 ■アナーキー『アナーキー』 ■別冊宝島16『精神世界マップ』

3月
■村上春樹『1973年のピンボール』 ■矢沢永吉「THIS IS A SONG FOR COCA-COLA」 ■EPO『DOWN TOWN』 ■佐野元春「アンジェリーナ」でデビュー ■坂本龍一・Phew「終曲／うらはら」

4月
■フジテレビ「THE MANZAI」放送開始 ■日本テレビ「お笑いスター誕生!!」放送開始 ■任天堂「ゲーム&ウオッチ」発売 ■松田聖子「裸足の季節」でデビュー ■フリクション『軋轢』：プロデュース＝坂本龍一 ■セゾングループ、「リブロポート」設立 ■『マンガ奇想天外』（奇想天外社）、『漫金超』（チャンネルゼロ）創刊

5月
■山下達郎「RIDE ON TIME」 ■遠藤賢司『宇宙防衛軍』 ■石井聰亙監督『狂い咲きサンダーロード』公開

6月
■ジューシィ・フルーツ「ジェニーはご機嫌ななめ」 ■YMO『増殖』 ■「吉祥寺市街戦」吉祥寺マイナーで開催→山本政志監督『聖テロリズム』上映、財団法人じゃがたら出演 ■ツービート『ツービートのわッ毒ガスだ』 ■タモリ・松岡正剛『愛の傾向と対策』 ■糸井重里＋湯村輝彦『情熱のペンギンごはん』 ■「ヤングマガジン」（講談社）創刊

7月
■「BRUTUS」（平凡出版）創刊

8月
■米沢嘉博『戦後SFマンガ史』 ■内田善美「空の色ににている」

9月
■坂本龍一『B-2 UNIT』 ■山口百恵『蒼い時』

10月
■フジテレビ系「笑ってる場合ですよ!」放送開始→ツービート出演 ■矢野顕子『ごはんができたよ』 ■ハルメンズ『ハルメンズの近代体操』 ■村上龍『コインロッカー・ベイビーズ』 ■玉村豊男『料理の四面体』

11月
■大森一樹監督『ヒポクラテスたち』公開 ■ルースターズ『THE ROOSTERS』 ■糸井重里『ヘンタイよいこ新聞』『ビックリハウス』

12月
■糸井重里『ペンギニズム』で歌手デビュー ■YMO日本武道館公演 ■「無印良品」販売開始 ■田中康夫「なんとなく、クリスタル」 ■下森真澄・宮村裕子『ANO・ANO－スーパー・ギャルの告白メッセージ』 ■西成彦『個体化する欲望』 ■日高六郎『戦後思想を考える』

1981

1月 ●6日 外国為替市場、1ドル＝200円台を突破 ●6日 政府、2月7日を「北方領土の日」と決定 ●8日 鈴木首相、ASEAN5カ国訪問に出発〜20日 ●20日 アメリカ／レーガン大統領就任

2月 ●23日 ローマ教皇ヨハネ＝パウロ2世来日

3月 ●2日 **中国残留日本人孤児**47人、初の正式来日→26人の身元が判明 ●11日 国鉄経営再建特別措置法施行令公布：赤字ローカル線77を廃止 ●16日 第2次臨時行政調査会、初会合：会長＝土光敏夫前経団連会長 ●20日 神戸ポートアイランド博覧会開催〜9月15日 ●24日 最高裁、日産自動車の男女定年差別を違法無効と判決 ●25日 朝日新聞世論調査で、**安保条約評価が初めて過半数に**

4月 ●8日 防衛庁「防衛研究」を鈴木首相に提出 ●18日 日本原子力発電敦賀発電所で、高度の放射能漏れ発見 ■この頃、ノーパン喫茶が急増

5月 ●1日 乗用車対米輸出自主規制、168万台で合意 ●8日 ワシントンで鈴木首相・レーガン米大統領会談：共同声明に「同盟関係」、シーレーン防衛を明記 ●10日 フランス／社会党ミッテラン、大統領に当選 ●15日 鈴木首相、閣議で日米共同声明の「同盟関係」の内容は軍事的側面を含まないとの判断を示す ●17日 ライシャワー元駐日大使、核搭載の米艦船が日本に寄港していると発言

6月 ●8日 通産省、テクノポリス建設候補地を決定 ●11日 新食糧管理法公布：自主流通米を認知 ●15日 パリ警視庁、オランダ人女性留学生殺害暴行容疑で日本人留学生を逮捕

7月 ●10日 **第2次臨時行政調査会、「小さな政府」を目指す第1次答申**

8月 ●6日 広島原爆記念日、原爆ドーム横で抗議の「ダイ・イン」行われる ●8日 アメリカ／中性子爆弾の製造開始を発表 ●15日 鈴木内閣の全閣僚、靖国神社参拝 ●20日 東京で日韓外相会談：韓国側、総額60億ドルの政府借款を日本側に正式要請

9月 ●5日 三和銀行大阪茨木支店で、オンラインシステム悪用による詐欺が発覚 ●27日 生活クラブ生協、社会運動研究センター設立

10月 ●2日 レーガン米大統領、核戦力強化計画発表 ●10日 ヨーロッパ各地で反核集会・デモが続く ●28日 ロッキード裁判丸紅ルート公判：榎本被告の前夫人による「蜂の一刺し」発言が話題に ●29日 社会党中央執行委員会「80年代の内外情勢の展望と社会党の路線」採択

11月 ●27日 行革関連特例法案成立 ●30日 鈴木首相、租税特別措置の見直しなど、事実上の増税指示

12月 ●15日 北炭夕張炭鉱、会社更生法適用を申請→1982年10月9日 閉山 ●16日 最高裁、伊丹空港公害訴訟判決：飛行差し止めと将来補償を棄却 ●20日 社会党委員長選挙：飛鳥田一雄委員長を選出

1月 ■「ビートたけしのオールナイトニッポン」放送開始 ■三浦雅士『私という現象』（冬樹社） ■細川周平『音楽の記号論』（朝日出版社）

2月 ■プラスチックス『ウェルカム・バック』 ■スネークマンショー『急いで口で吸え』

3月 ■劇場版アニメーション『機動戦士ガンダム』公開 ■大瀧詠一『A LONG VACATION』 ■YMO『BGM』 ■INU『メシ喰うな！』 ■「タワーレコード」渋谷店オープン

4月 ■テレビ朝日「ベストヒットUSA」放送開始 ■高橋陽一「キャプテン翼」 ■一条ゆかり『有閑倶楽部』 ■財団法人じゃがたら「LAST TANGO IN JUKU」 ■青山正明、ミニコミ『突然変異』創刊 ■栗本慎一郎『パンツをはいたサル』 ■筒井康隆『虚人たち』

5月 ■矢野顕子『ただいま。』 ■ゲルニカ結成 ■フジテレビ「オレたちひょうきん族」放送開始

6月 ■松武秀樹（LOGIC SYSTEM）『Logic』 ■Phew『Phew』

7月 ■井筒和幸監督『ガキ帝国』公開 ■丸山圭三郎『ソシュールの思想』

8月 ■細川周平『ウォークマンの修辞学』 ■『マリファナ・ナウ』（第三書館） ■矢沢永吉『YAZAWA』 ■イモ欽トリオ「ハイスクールララバイ」でデビュー ■「天国注射の昼」日比谷野外音楽堂：財団法人じゃがたら出演

9月 ■鈴木清順監督『陽炎座』公開 ■「渋谷パルコ・パート3」オープン ■「写真時代」（白夜書房）創刊：編集長＝末井昭 ■南伸坊『さる業界の人々』

10月 ■坂本龍一『左うでの夢』 ■スネークマンショー『死ぬのは嫌だ、恐い。戦争反対！』 ■写真週刊誌「FOCUS」（新潮社）創刊 ■江口寿史『ストップ!!ひばりくん』

11月 ■白竜『光州City』自主制作で発売 ■YMO『テクノデリック』 ■「Olive」（平凡出版）「popeye」増刊として創刊 ■「ダカーポ」（平凡出版）創刊 ■ホイチョイ・プロダクションズ「気まぐれコンセプト」 ■今村仁司『労働のオントロギー』 ■真木悠介『時間の比較社会学』

12月 ■ザ・スターリン『trash』 ■相米慎二監督『セーラー服と機関銃』公開 ■『地球の歩き方 インド・ネパール』発売 ■グルジェフ『注目すべき人々との出会い』日本版刊行 ■ライアル・ワトソン『生命潮流』 ■高橋源一郎『さようなら、ギャングたち』 ■広瀬隆『東京に原発を！』

1月 ●29日 大型店問題懇談会→大型店出店は当面抑制と結論 ●30日 経済対策閣僚会議、非関税障壁改善策・市場開放問題苦情処理推進本部設置を決定

2月 ●8日 東京・千代田区**ホテル・ニュージャパンで大規模火災**発生、32名死亡 ●9日 日航旅客機、羽田着陸直前に「**逆噴射**」で墜落、24名死亡 ●10日 臨調第2次答申：許認可の整理合理化など ●15日 東京・町田中学で、教師が果物ナイフで生徒を刺す

4月 ●12日 私鉄大手8社、賃上げ交渉妥結：春闘史上、初めて交通ストを回避 ●13日 政府、8月15日を「戦没者を追悼し平和を祈念する日」と決定

5月 ●6日 富士通、日本語ワープロ「マイ・オアシス」発売 ●6日 行革推進全国フォーラム結成 ●20日 イギリス軍、フォークランド上陸作戦開始→フォークランド戦争～7月12日停戦 ●28日 政府、215品目の関税率引き下げなどの市場開放措置決定 ●31日 国民運動推進連絡会議、非核署名が2753万9116人と発表→国連に提出

6月 ●6日 第二回国連軍縮特別総会（SSDII）とレーガン米大統領訪欧に合わせ、ヨーロッパ各地で反核・反戦集会 ●9日 鈴木首相、国連軍縮特別総会で、核軍縮などの平和三原則を提言 ●11日 経済審議会長期展望委員会「2000年の日本」発表 ●12日 ニューヨークで反核デモ・平和集会、100万人 ●23日 東北新幹線開業 ●26日 新聞各紙、教科書検定結果を報道、問題化

7月 ●6日 **中国政府、日本の教科書検定に抗議** 8月3日 韓国政府抗議 ●19日 第3回国際捕鯨委員会総会→23日 捕鯨の1985年全面禁止を決定 ●23日 九州北西部・山口県に豪雨 ●30日 臨調第三回答申：国鉄・電電・専売3公社の分割民営化、「増税なき財政再建」を提起

8月 ●17日 老人保険法公布：70歳以上の医療費無料を廃止 ●24日 改正公職選挙法公布：参議院全国区を比例代表制に

11月 ●10日 「日本有事」を想定した日米実戦共同演習「ヤマト82」東富士演習場で実施 ●10日 ソ連／ブレジネフ共産党書記長死去 12日 アンドロポフ共産党書記長就任 ●15日 上越新幹線開業 ●15日 鈴木義幸内閣総辞職 ●24日 派閥間の調停不成立による自民党総裁候補決定選挙が開票、テレビ中継→1位=中曽根康弘、2位=河本敏夫、3位=安倍晋太郎、4位=中川一郎 ●27日 **中曽根康弘内閣発足**：官房長官=後藤田正晴

12月 ●6日 東京地裁、コンピュータのプログラムは著作物にあたると判決 ●7日 政府、国鉄再建対策推進本部の設置を決定 ●20日 参議院に無党派クラブ結成：代表=美濃部亮吉・青島幸男・中山千夏ほか ●23日 電電公社「テレホンカード」発売

1月 ■「核戦争の危機を訴える文学者の声明」発表 ■高野文子『絶対安全剃刀』 ■矢作俊彦・大友克洋『気分はもう戦争』

2月 ■忌野清志郎＋坂本龍一「い・け・な・いルージュ・マジック」 ■巻上公一『民族の祭典』：戸川純参加 ■宮崎駿「風の谷のナウシカ」連載開始

3月 ■BOØWY『MORAL』 ■佐野元春・杉真理・大滝詠一『ナイアガラトライアングルVol.2』 ■石井聰亙監督『爆裂都市』公開 ■原宿にクラブ「ピテカントロプス・エレクトス」オープン：代表=桑原茂一 ■ラフォーレミュージアム原宿オープン

4月 ■NHK教育「YOU」放送開始：司会=糸井重里、音楽=坂本龍一 ■楳図かずお「わたしは真悟」 ■『日本国憲法』（小学館）

5月 ■佐野元春『SOMEDAY』 ■細野晴臣『PHILHARMONY』 ■立花ハジメ『H』 ■暗黒大陸じゃがたら『南蛮渡来』 ■『大語海―ビックリハウス版・国語事典』 ■いがらしみきお『ネ暗トピア』

6月 ■新宿ディスコ殺人事件発生 ■佐藤博『awakening』 ■ゲルニカ『改造への躍動』 ■映画製作会社、ディレクターズ・カンパニー結成 ■SFマンガ誌「WINGS」（新書館）創刊

7月 ■池野恋「ときめきトゥナイト」 ■スクーターズ『娘ごころはスクーターズ』 ■山崎眞行『クリーム・ソーダ物語 50年代原子爆弾ブック』 ■カセットマガジン「TRA」創刊 ■中森明夫ら『東京おとなクラブ』創刊 ■丸尾末広『薔薇色ノ怪物』

8月 ■CDプレーヤー発表 ■「COMIC BOX」（ふゅーじょんぷろだくと）創刊

9月 ■島森路子『糸井重里の冒険』『広告批評』 ■玖保キリコ「シニカル・ヒステリー・アワー」

10月 ■TBS系「超時空要塞マクロス」放送開始 ■フジテレビ「森田一義アワー 笑っていいとも！」放送開始 ■テレビ朝日「タモリ倶楽部」放送開始 ■村上春樹『羊をめぐる冒険』 ■嵐山光三郎『ABC文体 鼻毛のミツアミ』 ■上野千鶴子『セクシィ・ギャルの大研究』

11月 ■下北沢に「本多劇場」オープン ■MELON『DO YOU LIKE JAPAN?』 ■「トワイライトゾーン」創刊 ■唐十郎『佐川君からの手紙』 ■林真理子『ルンルンを買っておうちに帰ろう』

12月 ■「漫画ブリッコ」（白夜書房）創刊 ■大友克洋「AKIRA」連載開始 ■吉本隆明『「反核」異論』 ■「六本木インクスティック」オープン

1月 ●9日 自民党・中川一郎が自殺 ●11日 中曽根首相、韓国訪問：経済協力と教科書問題に決着 ●17日 中曽根首相、アメリカ訪問 18日 レーガン大統領に「日本は運命共同体」と説明 ●19日 中曽根首相「**日本列島不沈空母化**」発言、問題に ●24日 中曽根首相、施政方針演説「戦後史の大きな転換点」強調 ●26日 ロッキード裁判：田中角栄に懲役5年の求刑

2月 ●12日 横浜市で**浮浪者連続襲撃事件**発生→神奈川県警、少年ら10人を逮捕 ●15日 町田市、中学教師が生徒を刺傷 ●28日 臨調第4次答申：行政改革推進委員会設置を提言 ■セブン-イレブン、POSを全店に設置

3月 ●8日 レーガン米大統領、ソ連を「悪の帝国」と演説 ●13日 80の女性団体、優生保護法改悪に反対する集会 ●23日 レーガン大統領「スターウォーズ計画」発表

4月 ●3日 米巡航ミサイルに反対、英・西ドイツ・イタリア・オランダで反核デモ ●10日 第10回統一地方選挙：北海道・福岡に革新知事が誕生 ●15日 東京ディズニーランド開業

5月 ●8日 サラリーマン新党結成 ●16日 高度技術工業集積地域開発促進法公布：テクノポリス育成を目指す ●19日 大蔵省、中期国債の銀行窓口販売を認可 ●24日 政府、行革大綱を決定：71特殊法人の整理と141件の許認可整理 ●26日 日本海中部地震：震源秋田沖、M7.7

6月 ●13日 「戸塚ヨットスクール」校長が傷害致死容疑で逮捕 ●14日 首相の私的諮問機関として「文化と教育に関する懇談会」発足 ●18日 中曽根首相、国有地の有効利用の検討を大蔵省に指示→地価高騰の引き金に ●26日 **第13回参議院議員選挙**：自民68、社会22、公明14、共産7、民社6、新自ク2、サラリーマン新党2

7月 ●18日 厚生省、エイズの実態調査に研究班設置

9月 ●1日 ソ連空軍機、大韓航空機を撃墜 ●19日 衆院予算委「石橋・中曽根論争」→「非武装中立」をめぐる議論

10月 ●3日 三宅島大噴火発生 ●9日 ラングーン事件：ビルマ、ラングーンで韓国官僚を狙った爆弾テロ ●12日 **ロッキード事件**一審判決：田中角栄元首相に懲役4年・追徴金5億円 ●14日 東北大で初の「試験管ベビー」誕生 ●15日 西ドイツで「反核行動週間」各地で100万人以上が参加 ●25日 アメリカ海兵隊、グレナダに侵攻

11月 ●10日 小包包装用品を使った「ゆうパック」開始

12月 ●8日 警視庁、愛人バンク「夕ぐれ族」摘発 ●18日 **第37回衆議院議員総選挙**：自民250、社会112、公明58、民社38、共産26、新自ク8、社民連3、無所属16 ●20日 社会党・石橋委員長、自衛隊を「違憲・合法」と規定 ●27日 第2次中曽根康弘内閣成立

1月 ■日本テレビ「スーパージョッキー」放送開始 ■タコ『タコ』

2月 ■相米慎二監督『ションベン・ライダー』公開 ■「スクランブルPHOTO」（スクランブル社）創刊 ■山本哲士・編『経済セックスとジェンダー』 ■藤原新也『メメント・モリ』

3月 ■りんたろう監督『幻魔大戦』公開 ■浅田彰「差異化のパラノイア」『広告批評』 ■磯田光一『戦後史の空間』

4月 ■フジテレビ、深夜番組「オールナイトフジ」放送開始 ■「糸井重里広告問答」『広告批評』 ■戸田徹『マルクス葬送』 ■ザ・スターリン『虫』 ■この頃「EP-4 5・21」ステッカーが出現

5月 ■YMO『浮気なぼくら』 ■暗黒大陸じゃがたら『家族百景』 ■EP-4『マルチレベル・ホラーキー』 ■寺山修司が死去、享年47 ■大島渚監督『戦場のメリークリスマス』公開

6月 ■森田芳光監督『家族ゲーム』公開 ■泉昌之『かっこいいスキヤキ』 ■S-KEN『PiN-HEAD』、新宿ツバキハウスでパーティ ■『漫画ブリッコ』→岡崎京子の作品掲載、中森明夫『「おたく」の研究』掲載

7月 ■TBS「笑ってポン！」放送開始：構成＝景山民夫、出演＝ビートたけしほか ■任天堂『ファミリーコンピュータ』発売 ■大林宣彦監督『時をかける少女』公開 ■天井桟敷、解散 ■わたせせいぞう『ハートカクテル』

8月 ■島田雅彦『優しいサヨクのための嬉遊曲』 ■「天国注射の昼」日比谷野外音楽堂 ■「東京ニポニーズナイト」新宿ツバキハウス ■山崎眞行、ブティック「ピンクドラゴン」オープン

9月 ■浅田彰『構造と力』 ■川崎徹『川崎徹は万病に効くか？』 ■遠藤ミチロウ、ソノシート・マガジン『ING,O!』創刊

10月 ■平凡出版、マガジンハウスに社名変更 ■雁屋哲作・花咲アキラ画「美味しんぼ」 ■新井素子『……絶句』

11月 ■尾崎豊『十七歳の地図』 ■ホイチョイ・プロダクションズ『見栄講座』 ■中沢新一『チベットのモーツァルト』 ■青木やよひ・編『フェミニズムの宇宙』 ■シネ・ヴィヴァン六本木、オープン ■江戸アケミが入院

12月 ■「アニエスベー」日本支社設立 ■YMO、日本武道館での本ツアー最終公演をもって「散開」

1月　●5日 中曽根首相、首相として初の靖国神社新春参拝　●26日 中曽根首相、自民党第43回大会で「戦後政治の総決算」を表明

2月　■『週刊文春』「疑惑の銃弾」掲載→「**ロス疑惑**」騒動始まる　●1日 米国防省、戦略防衛構想（SDI）トマホーク年内配備を発表　●1日 首相、教育革新のため臨時教育審議会（臨教審）設置を指示　●12日 社会党、自衛隊の「違憲合法論」を1984年度運動方針に盛り込むことを決定

3月　●18日 江崎グリコの江崎勝久社長の誘拐事件発生→21日 江崎社長、自力で脱出　●23日 中曽根首相訪中：中国首脳に日本の対中経済協力の拡大を約束

4月　●1日 国鉄の赤字ローカル線に代わる**第3セクター**「三陸鉄道」開業　●13日 自民党総務会、靖国神社公式参拝を合憲とする党見解を決定

5月　●8日 ソ連、ロサンゼルス・オリンピックのボイコットを発表　●15日 自民党の安全保障調査会、防衛費のGNP1%枠見直しの検討に着手　●15日 環太平洋合同演習（リムパック84）開始：日・米・加・豪・ニュージーランド参加　●25日 国籍法・戸籍法改正公布：父母両系血統主義採用

6月　●14日 横浜地裁、指紋押捺拒否のアメリカ人女性に、罰金1万円の判決

7月　●1日 総理府と行政管理庁が統合、総務庁発足：長官＝後藤田正晴　●4日 安倍晋太郎外相、外務省に中国・韓国人の名前の現地読み採用を指示　●27日 電気事業連合会、青森県と六ヶ所村に、核燃料サイクル施設立地を正式に申入れ

8月　●8日 **臨時教育審議会設置法公布**：会長＝岡本道雄以下25人　●20日 NHKと民放、韓国閣僚の名前を現地音読み・カタカナ表記に変更　●21日 臨時教育審議会設置　●24日 警視庁「投資ジャーナル」グループを証券取引法違反容疑で摘発

9月　●6日 全斗煥韓国大統領が来日→天皇「両国の間に不幸な過去」と表明　●12日 グリコ事件犯人「かい人21面相」が、森永製菓も脅迫　●14日 長野県西部地震発生

10月　●7日 **グリコ・森永事件**：大阪のスーパーなどで青酸入りの森永製品発見　●27日 自民党副総裁・二階堂進、党実力者会談で党改革を要求　●28日 自民党実力者会談により、中曽根康弘首相再選が決定→幹事長＝金丸信、総務会長＝宮澤喜一、政調会長＝藤尾正行　●31日 第2次中曽根康弘内閣、新自由クラブとの連立を継続して改造再スタート

11月　●1日 新札発行：1万円＝福沢諭吉、5千円＝新渡戸稲造、千円＝夏目漱石　●16日 世田谷電話局近くの地下通信ケーブルで火災発生、8万9000回線が不通に

12月　●15日 社会党、原発政策で既存施設の容認を決定　●18日 首相の私的諮問機関「平和問題研究会」、防衛費のGNP1%枠撤廃を促す最終報告書提出　●25日 電電公社民営化三法公布　1985年4月1日 施行

1月　■戸川純『玉姫様』　■村上泰亮『新中間大衆の時代』

2月　■国会で少女雑誌の性記事が問題に　■押井守監督『うる星やつら2 ビューティフル・ドリーマー』公開　■スネークマンショー、VHS『楽しいテレビ』：監督＝桑原茂一、脚本＝宮沢章夫、桑原茂一、伊武雅刀　■鶴見俊輔『戦後日本の大衆文化史』

3月　■宮崎駿監督『風の谷のナウシカ』公開　■浅田彰『逃走論』　■遠藤みちろう、カセットブック『ベトナム伝説』

4月　■「チケットぴあ」営業開始　■戸川純、「笑っていいとも！」火曜の準レギュラーに～9月　■筑紫哲也「若者たちの神々」連載開始　■戸川純とヤプーズ『裏玉姫』

5月　■桑原茂一・宮沢章夫ら、ドラマンス結成　■北野武『たけしくん、ハイ！』　■山崎正和『柔らかい個人主義の誕生』　■笠井潔『テロルの現象学』

6月　■ナム・ジュン・パイク、高橋悠治、坂本龍一、細野晴臣らとピテカントロプスでパフォーマンス　■石井聰亙監督『逆噴射家族』公開　■「銀星倶楽部」（ペヨトル工房）創刊　■「GS たのしい知識」（冬樹社）創刊：編集＝浅田彰・伊藤俊治・四方田犬彦　■桐山襲『パルチザン伝説』　■北村信彦、ブランド〝ヒステリックグラマー〟をスタート

7月　■新宿に「まんがの森」1号店オープン　■西武百貨店「サッちゃんの恐竜展」　■浅田彰・どくとる梅津バンド『1Q84』（ペヨトル工房）　■「ピテカントロプス・エレクトス」閉店　■吉本隆明『マス・イメージ論』　■粉川哲夫『ニューメディアの逆説』　■西部邁『生まじめな戯れ』　■渡辺和博『金魂巻』

8月　■「アトミック・カフェ・フェスティバル」日比谷野外音楽堂　■「BH」（パルコ出版局）創刊　■Var-ious『ハードコア不法集会』

9月　■吉本隆明、コム・デ・ギャルソンを着て「an・an」に登場→埴谷雄高と論争　■高杉弾『メディアになりたい』　■山崎浩一『なぜなにキーワード図鑑』　■『週刊本』（朝日出版社）創刊　■戸川純『樹液すする、私は虫の女』

10月　■坂本龍一『音楽図鑑』

11月　■「FRIDAY」（講談社）創刊→「F・F戦争」始まる　■岡田あーみん「お父さんは心配症」　■月刊宝島編集部『戸川純の気持ち』

12月　■別冊宝島44『わかりたいあなたのための現代思想・入門』

1月
●26日 山口組組長・竹中正久ら3人、一和会系組員に射殺される→以後、抗争が激化
●27日 竹下登を中心に「創政会」発足が表面化

2月
●6日 法務省、在日外国人の指紋押捺制度を見直し ●11日 中曽根首相「建国記念の日を祝う会」主催の式典に、首相として戦後初の出席 ●13日 **風俗営業法改正施行**：ノーパン喫茶が消滅 ●26日 経団連、関税撤廃の拡大・残存輸入制限27品目の自由化等提言 ●27日 田中角栄元首相が入院、政界に動揺

3月
●11日 ゴルバチョフ、ソ連共産党書記長に就任 ●10日 青函トンネルが貫通 ●17日 筑波研究学園都市で国際科学技術博覧会開催 ●22日 厚生省エイズ調査検討委員会、日本の患者第1号確認を発表

4月
●1日 **NTT・日本たばこ産業株式会社発足** ●9日 経済対策閣僚会議、**日米通商摩擦に対する市場開放アクションプログラム**決定 ●18日 核燃料サイクル施設立地基本協定調印 ●24日 国民年金法改正、年金一元化

5月
●5日 警視庁、少年相談室や少年センターで「いじめ相談コーナー」開設 ●17日 **男女雇用機会均等法成立** ●31日 自民党、公職選挙法改正案を衆院に提出

6月
●6日 自民党、**国家秘密法**（**スパイ防止法**）**案**を議員立法として衆院に提出 ●6日 川崎市の小学生、両親が信仰上の理由で輸血を拒否し死亡 ●8日 淡路と鳴門を結ぶ「大鳴門橋」開通 ●11日 労働者派遣事業法成立 ●18日 豊田商事の永野一男会長、自宅で刺殺される ●19日「投資ジャーナル」中江滋樹元会長ら、詐欺容疑で逮捕 ●25日 国家秘密法案：記名投票により国会継続審議に ●26日 臨教審、第1次答申提出：個性重視・選択機会拡大を提唱

7月
●1日 全国で**指紋押捺留保運動**開始 ●29日 国労大会、国鉄分割民営化阻止の5000万人署名運動、指名解雇に対するスト方針など決定

8月
●8日 旧司法研修所跡地が売却：「民活」による国有地払い下げ第一号 ●10日 キャノン、5万円を切るワープロを発売 ●12日 日航機が群馬県御巣鷹山に墜落、520人死亡、4人生存 ●15日 中曽根首相、戦後の首相として初の靖国公式参拝、閣僚18人も公式参拝

9月
●11日 ロス疑惑の三浦和義、共犯の矢沢美智子とともに殺人未遂容疑で逮捕

10月
●2日 関越自動車道の関越トンネルが開通 ●15日 ソ連共産党中央委総会：ペレストロイカ始動 ●16日 阪神タイガース、21年ぶりに優勝 ●20日 成田市の空港反対集会で中核派と機動隊が激突、241名逮捕

11月
●28日 千葉動労、国鉄分割民営化に反対して総武線で24時間スト ●29日 中核派が同時多発ゲリラ、国鉄通信ケーブルが各地で切断、首都圏の国電がマヒ

12月
●3日 フリーダイヤル「0120」サービス開始 ●21日 国家秘密法案、廃案決定

1月
■ラフィンノーズ「GET THE GLORY」 ■荒俣宏『帝都物語』 ■浅田彰『ヘルメスの音楽』 ■金井美恵子『文章教室』

2月
■島田雅彦『僕は模造人間』 ■蓮實重彥『物語批判序説』

3月
■尾崎豊『回帰線』 ■戸川純ユニット『極東慰安唱歌』 ■『Newtype』（角川書店）創刊 ■野々村文宏・中森明夫・田口賢司『卒業 KYON^{2}に向かって』

4月
■フジテレビ「夕やけニャンニャン」放送開始→同番組から秋元康プロデュースによる「おニャン子クラブ」が誕生 ■日本テレビ「天才・たけしの元気が出るテレビ」放送開始 ■柄谷行人『批評とポスト・モダン』

5月
■加藤典洋『アメリカの影』 ■角松敏生『GOLD DIGGER～with true love～』 ■Shi-Shonen『SINGING CIRCUIT』：プロデュース＝戸田誠司・牧村憲一 ■川村湊『批評という物語』 ■赤瀬川原平『超芸術トマソン』 ■榎本了壱『ダサイズムの逆襲』 ■吉田秋生『BANANA FISH』 ■紳助・竜介解散

6月
■手塚眞監督『星くず兄弟の伝説』公開 ■村上春樹『世界の終りとハードボイルド・ワンダーランド』 ■今村仁司『排除の構造』

7月
■いとうせいこう、宮沢章夫、竹中直人らによりラジカル・ガジベリビンバ・システム結成

8月
■NHK「インディーズの襲来」放送 ■キャプテン・レコード発足 ■X、初のシングル「I'LL KILL YOU」リリース ■ケラ「劇団健康」を旗揚げ ■相米慎二監督『台風クラブ』公開 ■吉野朔実『少年は荒野をめざす』

9月
■岡崎京子『バージン』（白夜書房） ■しりあがり寿『エレキな春』（白泉社） ■任天堂「スーパーマリオブラザーズ」発売 ■吉本隆明『重層的な非決定へ』 ■筋肉少女帯『とろろの脳髄伝説』

10月
■フジテレビ「冗談画報」放送開始 ■テレビ朝日「ニュースステーション」放送開始 ■JAGATARA『君と踊りあかそう日の出を見るまで』 ■藤原ヒロシが「天然ラジオ」のパーソナリティに

11月
■シネセゾン渋谷開館 ■村西とおる、AV監督としてブレイク ■戸川純『好き好き大好き』 ■坂本龍一・村上龍『EV.Cafe 超進化論』

12月
■いとうせいこう『業界くん物語』 ■東京グランギニョル「ライチ光クラブ」上演：演出＝飴屋法水 ■泉麻人『ナウのしくみ』 ■『少女座』（少女座編集室）創刊 ■江原由美子『女性解放という思想』（勁草書房）

昭和61年

1986

1月 ●22日 社会党「新宣言」：社会民主主義路線に転換 ●27日 中曽根首相、施政方針演説で「戦後政治の総決算」強調 ●31日 円相場、1ドル＝191円台に

2月 ●1日 東京・中野富士見中学で、いじめを苦に鹿川裕史君自殺 ●11日「建国記念の日を祝う会」主催の国民式典に、首相はじめ17閣僚らが出席 ●26日 フィリピン革命：マルコス前大統領亡命

3月 ●14日 政府、国鉄分割・民営化関連法案提出

4月 ●1日 男女雇用機会均等法が施行 ●7日 国際協調のための経済構造調整研究会「前川リポート」提出：内需拡大・国際協調を提言 ●26日 ソ連、チェルノブイリ原発事故発生 ●29日 天皇在位60年記念式典、両国国技館で開催

5月 ●4日 東京サミット：リビアを名指しでテロ非難・チェルノブイリ原発事故の情報要求声明採択〜6日

6月 ●17日 政府「日本を守る国民会議」教科書の修正を要請

7月 ●6日 衆参両院同時選挙：自民党圧勝 ●22日 第3次中曽根康弘内閣成立：副総理＝金丸信、文相＝藤尾正行、官房長官＝後藤田正晴 ●31日 日米半導体交渉、最終合意

8月 ●15日 首相・外相ら4閣僚、近隣諸国への配慮から靖国神社公式参拝見送り、16閣僚が参拝 ●15日 新自由クラブ、総選挙敗北から解党→田川誠一を除いて自民党に復党

9月 ■金融機関、第3土曜日も休業実施 ●5日 藤尾正行文相『文藝春秋』で「日韓併合は韓国にも責任」と発言 ●6日 社会党委員長選：土井たか子が上田哲を大差で破り当選→日本初の女性党首誕生 ●9日 閣議、米SDI研究への参加方針決定 ●11日 自民党両院議員総会、党則を改正：中曽根総裁の任期を1年延長すると決定 ●22日 中曽根首相、自民党研修会で「黒人などのいるアメリカは知識水準が低い」と発言 ●29日 文部省調査、日教組の組織率49・5％、初めて5割を割る

10月 ●1日 住友銀行、平和相互銀行を吸収合併、預金高が国内2位に ●11日 レーガン米大統領とゴルバチョフソ連共産党書記長、レイキャビク会談 ●27日 北海道で初の日米共同統合実働演習〜29日

11月 ●1日 和歌山市の海岸で、新興宗教「真理の友教会」女性信者7人が集団自殺 ●15日 伊豆大島三原山が209年ぶりに噴火 ●15日 マニラ市郊外で三井物産若王子マニラ支店長の誘拐事件発生 ●27日 NTTの調査で、神奈川県警による共産党幹部の電話盗聴の疑惑発覚 ●28日 国鉄分割・民営化関連8法案成立

12月 ●19日 厚生省のAIDS対策専門家会議、4人を認定→日本のエイズ患者が25人に ●30日 政府予算案決定：防衛費がGNP1％枠を突破、整備新幹線の凍結を解除

年末 ■**大型景気が始まる**

1月 ■紡木たく「ホットロード」 ■中村とうよう『大衆音楽の真実』 ■上野千鶴子『女は世界を救えるか』

2月 ■ラジカル・ガジベリビンバ・システム「スチャダラ」上演 ■ローザ・ルクセンブルグ『ぷりぷり』 ■渋谷・西武百貨店に「シードホール」オープン ■ゆうきまさみ『究極超人あ〜る』1巻 ■山根一眞『変体少女文字の研究』（講談社）

3月 ■いがらしみきお「ぼのぼの」連載開始

4月 ■岡田有希子が飛び降り自殺→少年少女の後追い自殺現象が起きる ■坂本龍一『未来派野郎』 ■「エクスタシーレコード」設立

5月 ■TBS「痛快なりゆき番組 風雲！たけし城」放送開始 ■「ドラゴンクエスト」発売 ■沢木耕太郎『深夜特急』 ■中沢新一『野ウサギの走り』

6月 ■第1回「ナゴム総決起集会」 ■パール兄弟『未来はパール』 ■「シネマライズ渋谷」開館 ■『テッチー』（音楽之友社）創刊 ■『ファミコン通信』（アスキー）創刊 ■赤瀬川原平・藤森照信・南伸坊『路上観察學入門』

8月 ■宮崎駿監督『天空の城ラピュタ』公開 ■さくらももこ「ちびまる子ちゃん」

9月 ■「TOKYO SOY SOURCE」スタート：出演＝S-KEN & HOT BOMBOMS／MUTE BEAT／JAGATARA／TOMATOS／藤原ヒロシ／いとうせいこう ■いとうせいこう&TINNIE PUNX『建設的』 ■有頂天「BYE BYE」『ピース』 ■網野善彦『異形の王権』 ■フジテレビ「ビデオ進化論 TV・EV・BROADCAST」放送：浅田彰ら出演

10月 ■黒木香「SMぽいの好き」（クリスタル映像）でデビュー ■『Boon』（祥伝社）創刊 ■『ロッキング・オン・ジャパン』創刊 ■立花隆『脳死』 ■青木やよひ『フェミニズムとエコロジー』 ■BUCK-TICK「TO-SEARCH」

11月 ■『スーパーガイド東京B級グルメ』→B級グルメブーム ■磯田光一『左翼がサヨクになるとき』

12月 ■ビートたけしら12人『FRIDAY』編集部襲撃、暴行・傷害で逮捕 ■タイトー、ゲームソフト「たけしの挑戦状」発売 ■高木仁三郎『チェルノブイリ・最後の警告』 ■猪瀬直樹『ミカドの肖像』 ■インクスティック芝浦ファクトリー、オープン

1月 ●19日 4野党党首と労働5団体首脳、売上税等税制改革案反対で一致 ●27日 関西新空港、1993年3月の開港を目指して着工

2月 ●9日 初上場のNTT株に買いが殺到 ●21日 パリの主要先進国蔵相・中央銀行総裁会議：ドル安定・日本の内需拡大等に合意

3月 ●8日 岩手県の参院補欠選挙：反売上税の社会党候補が自民党候補を破り圧勝 ●14日 商業捕鯨がこの日をもって終了 ●24日 最高裁、三菱重工ビル爆破の被告上告を棄却、2被告の死刑確定 ●26日 国公立大、初の複数入試で約9500人の定員割れ 4月7日 追加合格で約3000人通過 ●30日 熊本地裁、水俣病訴訟で国や県にも責任ありとし、原告勝訴

4月 ●1日 **国鉄が分割民営化、JR6社等発足** ●1日 国土庁の地価公示、東京の住宅地・商業地の前年比上昇率が76%で過去最高 ●12日 第11回統一地方選・知事選：北海道・福岡で現職再選、道府県議選で自民敗北 ●16日 携帯電話サービスが登場 ●23日 予算案衆院通過→防衛費5・2%増で、GNP1%枠突破

5月 ●3日 西宮市の**朝日新聞阪神支局が襲撃**を受け、記者2名が死傷 ●12日 自民党と4野党の国会対策委員長会談、売上税の廃案を確認 ●13日 首都圏のJR電車の名称が「E電」に決定 ●15日 ココム違反の東芝機械に共産圏向け輸出禁止処分

6月 ●9日 総合保養地域整備法（リゾート法）公布 ●9日 安倍晋三、電通社員の昭恵と結婚式：媒酌人は福田赳夫夫妻 ●26日 日本、4月末の外貨準備高が696億2000万ドル、世界一に ●29日 韓国／盧泰愚民正党代表、民主化「6・29宣言」

7月 ●3日 自民党竹下派、経世会を結成 ●14日 台湾／蒋経国総統、38年ぶりに戒厳令解除 ●29日 ロッキード裁判丸紅ルートの控訴審：田中角栄元首相の控訴棄却

8月 ●7日 臨教審最終答申：国旗・国歌尊重教育など提案 ■ヤマト運輸「クール宅急便」開始

9月 ●19日 税制改革法案、参院で可決：所得税の税率簡素化、マル優の1998年4月からの原則廃止など ●22日 天皇、腸通過障害で手術：初の沖縄訪問中止 ●24日 朝日新聞名古屋本社社員寮も襲撃される

10月 ●19日 **ニューヨーク株式市場暴落**（ブラック・マンデー） ●20日 東京株式市場、ブラック・マンデーを受け前日比3836円安で下落率14・9%、過去最大を記録 ●20日 中曽根首相、自民党次期総裁に竹下登を指名

11月 ●6日 **竹下登内閣発足**：副総理・蔵相＝宮澤喜一 ●21日 日本赤軍幹部・丸岡修が逮捕

12月 ●31日 東京外為市場、1ドル＝122円の最高値

1月 ■Real Fish featuring 桑田佳祐・いとうせいこう「ジャンクビート東京」 ■日渡早紀『ぼくの地球を守って』 ■上野千鶴子『〈私〉探しゲーム』

2月 ■BPM PRESIDENTS featuring TINNIE PUNX「Hoo!Ei!Ho!」 ■PSY・S『Collection』 ■THE BLUE HEARTS「人にやさしく」でデビュー ■米沢嘉博『マンガ批評宣言』 ■桑原茂一、株式会社クラブキングを設立

3月 ■JAGATARA『裸の王様』 ■筋肉少女帯『ノゾミ・カナエ・タマエ』 ■割礼『PARADISE.K』 ■日本音楽選曲家協会主催「革命舞踏会」開催 ■「アグネス論争」おこる ■町田町蔵『ほな、どないせぇゆうね』

4月 ■テレビ朝日「朝まで生テレビ！」放送開始 ■毎日放送「4時ですよ〜だ」放送開始 ■パソコン通信「NIFTY Serve」開始 ■JAGATARA、パルコ・スペースパート3で、4時間ノンストップのライブ ■戸川純『東京の野蛮』 ■人生、1st EP『LOVE』 ■広瀬隆『危険な話』 ■この頃、ロリポップ・ソニック結成

5月 ■「GS天国'87」渋谷ライヴイン：ネオGSブーム

6月 ■『広告批評』特集「明るい明日は原発から」

7月 ■ビートたけし、テレビ復帰 ■筋肉少女帯『高木ブー伝説』 ■高木完・藤原ヒロシ「LAST ORGY」『宝島』連載開始 ■吉見俊哉『都市のドラマトゥルギー』

8月 ■原一男監督『ゆきゆきて、神軍』公開 ■村上龍『愛と幻想のファシズム』 ■四方田犬彦『貴種と転生』 ■朝倉喬司ほか著・筑紫哲也監修『たけし事件―怒りと響き』（太田出版）

9月 ■おニャン子クラブ、解散 ■村上春樹『ノルウェイの森』 ■中森明夫『東京トンガリキッズ』

10月 ■関西テレビ「ねるとん紅鯨団」放送開始 ■テレビ朝日、アニメ「ビックリマン」放送開始 ■山本政志監督『ロビンソンの庭』公開：出演＝町田町蔵、音楽＝JAGATARA ■山本直樹『極めてかもしだ 1』

11月 ■渋谷西武百貨店の別館として「西武ロフト」オープン ■吉本ばなな「キッチン」 ■川原泉『笑う大天使 1』

12月 ■ヤプーズ『ヤプーズ計画』 ■JAGATARA『ニセ予言者ども』 ■相原コージ『コージ苑 第一版』

1月 ●4日 円相場、1ドル=120円45銭 ●13日 台湾／蒋経国総統死去、後継に李登輝選出 ●13日 竹下首相、レーガン米大統領と会談、「世界に貢献する日本」共同声明 ●28日 高知県窪川町長、四国電力の原発誘致断念を表明

2月 ●11日 四国電力伊方原発2号機での出力調整実験に抗議行動→「**反原発ニューウェーブ**」登場

3月 ●17日 後楽園に初の屋根付き球場「東京ドーム」オープン

4月 ●1日 「マル優」制度廃止：預貯金利子に20％課税 ●1日 国土庁、1月1日現在の地価公示：東京の地価は前年比68・6％上昇、史上最高 ●10日 瀬戸大橋が開通 ●14日 アフガニスタン和平合意文書調印 ●23日 「原発とめよう！一万人行動」日比谷公園、2万人が参加 ●30日 フィリピン問題全国センター「ジャパゆきさんに関する全国会議」

5月 ●2日 ポーランド／グダニスクで造船所スト：賃上げと「連帯」公認を要求 ●15日 ソ連、アフガニスタンからの完全撤退開始 ●30日 第3回国連軍縮特別総会

6月 ●18日 川崎市助役、リクルートコスモス社未公開株取得による不当利得が発覚→リクルート事件の発端 ●20日 日米、**牛肉・オレンジの輸入自由化**で合意 ●21日 ビルマ／ラングーンで民主化要求デモ

7月 ●5日 中曽根前首相、宮澤蔵相、安倍幹事長らの秘書のリクルートコスモス社未公開株取得が判明 ●6日 江副浩正リクルート会長、引責辞任 ●21日 北海道電力泊原発への核燃料搬入に対する抗議行動発生 ●23日 横須賀沖で自衛隊の潜水艦「なだしお」と釣り船第一富士丸が衝突、30人死亡 ●29日 政府、税制改革関連6法案提出 ●29日 総評大会：1989年秋の解散を決定

8月 ●20日 イラン・イラク戦争停戦発効

9月 ●8日 社会民主連合の楢崎弥之助代議士、リクルートコスモス社の贈賄工作を告発 ●17日 ソウル・オリンピック開幕～10月2日 ●19日 天皇が吐血、容態急変が発表 ●22日 閣議、全国事行為の皇太子への委任を決定→皇居坂下門ほかで**見舞いの記帳開始**、全国で約300万人

10月 ●1日 天皇の容態悪化で行事・興行・広告・宣伝など自粛相次ぐ ●23日 原発とめよう東京行動、脱原発法制定署名運動を提起

11月 ●8日 アメリカ大統領選挙：ブッシュ当選 ●29日 竹下首相「ふるさと創生」政策のため、全市町村に一律1億円の交付金配布方針決定

12月 ●7日 長崎市長・本島等、市議会で昭和天皇に戦争責任ありと答弁 ●21日 自民党、参院特別委で税制改革関連案の強行採決：社共両党、牛歩戦術で対抗→24日 法案成立 ●23日 エイズ予防法成立

1月 ■フジテレビ「タモリ・たけし・さんまBIG3 世紀のゴルフマッチ」第1回放送 ■六本木のディスコ「トゥーリア」で照明器具が落下、3人死亡 ■吉本ばなな『キッチン』

2月 ■CDシングル、発売開始 ■ビートたけし、太田プロダクションを退社、株式会社オフィス北野設立 ■ビデオ・マガジン『VOS』宝島から創刊

3月 ■『機動戦士ガンダム 逆襲のシャア』公開 ■高河ゆん『アーシアン1』 ■エレファントカシマシ『THE ELEPHANT KASHIMASHI』 ■森伸之『日本全国たのしい制服教室』 ■景山民夫『遠い海から来たCOO』

4月 ■BOØWY、東京ドームでのライブで解散 ■X、1stアルバム『VANISHING VISION』 ■坂本龍一『ラストエンペラー』音楽担当で日本人初のアカデミー賞オリジナル作曲賞受賞 ■宮崎駿監督『となりのトトロ』、高畑勲監督『火垂るの墓』同時公開

5月 ■朝日新聞社「AERA」創刊 ■蓮實重彥・柄谷行人『闘争のエチカ』

6月 ■「SPA!」(扶桑社)創刊 ■大人計画、旗揚げ公演「絶妙な関係」：演出=松尾スズキ ■東芝、RCサクセション『COVERS』を発売中止に ■渋谷にライブハウス、CLUB QUATTRO開店

7月 ■THE BLUE HEARTS「チェルノブイリ」「ブルーハーツのテーマ」自主制作でリリース ■大友克洋監督『AKIRA』公開 ■クラブキングのフリーペーパー『dictionary』創刊：編集=桑原茂一

8月 ■THE TIMERS、河口湖の野外イベントで初乱入 ■佐野元春「警告どおり 計画どおり」：反原発ソング ■「アグネス論争」を愉しむ会・編『アグネス論争」を読む』 ■いとうせいこう『ノーライフキング』

9月 ■ヤプーズ『大天使のように』 ■ピチカート・ファイヴ『ベリッシマ』 ■戸川京子『涙。』 ■村西とおる、ダイヤモンド映像を設立

10月 ■フジテレビ「とんねるずのみなさんのおかげです」放送開始 ■フジテレビ「夢で逢えたら」放送開始 ■「伊集院光のオールナイトニッポン」放送開始

11月 ■M.M.M.「SKIN」上演 ■戸川純、写真集『戸川純 JUN TOGAWA AS A PIECE OF FLESH』

12月 ■『週刊少年ジャンプ』500万部を突破 ■いとうせいこう&ULTIMATE CREW『ULTIMATE DJ HANDBOOK』 ■川本三郎『マイ・バック・ページ』 ■山崎浩一『退屈なパラダイス』

1989

昭和64年／平成元年

1月 ●7日 天皇、午前6時33分死去→**皇太子明仁親王が即位、「平成」に改元** ●9日 明仁天皇「朝見の儀」：憲法を守ると発言

2月 ●4日 金融機関の完全週休2日制開始 ●14日 イラン／ホメイニ師、『悪魔の詩』作者ラシュディに死刑宣告 ●15日 ソ連軍のアフガニスタン撤退完了 ●24日 昭和天皇「大喪の礼」新宿御苑で実施：大赦・復権令など約1017万人

3月 ●29日 毎日新聞世論調査：竹下内閣支持率9％と初めて1ケタ台まで低下 ●30日 女子高生監禁コンクリート殺人事件：東京・綾瀬の少年4人が逮捕

4月 ●1日 この日より**消費税スタート**：年間税収約6兆円の見積もり ●25日 竹下首相、政治不信の責任を取り辞任表明

5月 ●13日 北京、学生のハンスト開始、19日 戒厳令発令 ●29日 東京地検、リクルート事件捜査終結を発表 ●29日 五島列島にベトナム系難民107人が乗船した船が漂着

6月 ●2日 宇野宗佑内閣成立：官房長官＝塩川正十郎 ●4日 **第2次天安門事件** ●4日 ポーランド上下院選挙、「連帯」が圧勝

7月 ●2日 東京都議選：自民党が大敗、社会党大躍進 ●23日 **第15回参議院議員選挙：与野党逆転、女性議員増加「マドンナ旋風」**→社会46、自民36、公明10、共産5、民社3、連合11 ●24日 宇野首相、参院選惨敗と女性問題により退陣表明

8月 ●10日 **海部俊樹内閣成立**：蔵相＝橋本龍太郎、官房長官＝山下徳夫 ●10日 昨年から今年にかけて発生していた**連続幼女誘拐殺人事件**で、宮崎勤容疑者が逮捕 ●19日 東ドイツ市民1000人がオーストリアに脱走 ●25日 礼宮・川嶋紀子の婚約内定が報じられる ●25日 東京都、オウム真理教を宗教法人と認可

9月 ●4日 第1回日米構造協議 ●9日 日教組大会：連合への参加を決定 ●22日 総評センター設立 ●27日 ソニー、米映画会社コロンビアの買収を発表

10月 ●1日 日本国際通信、国際電話サービスを開始 ●23日 ハンガリー人民共和国、ハンガリー共和国に改称

11月 ●9日 **ベルリンの壁崩壊** ●15日 横浜、坂本堤弁護士一家失踪事件の公開捜査開始 ●17日 チェコスロバキアで「ビロード革命」はじまる ●21日 総評大会、解散→日本労働組合総連合（連合）発足：798万人→全国労働組合総連合（全労連）結成

12月 ●3日 米ソ首脳、マルタ会談：東西冷戦の終結 ●9日 全国労働組合連絡協議会（全労協）結成 ●11日 労働運動総合研究所（労働総研）発足 ●22日 ルーマニア、チャウシェスク政権崩壊

1月 ■テレビ朝日系アニメ「おぼっちゃまくん」放映開始 ■外山恒一『ぼくの高校退学宣言』

2月 ■マンガ家、手塚治虫が死去、享年60 ■TBS「平成名物TV 三宅裕司のいかすバンド天国」放送開始 ■『NEWパンチザウルス』（マガジンハウス）創刊：岡崎京子「pink」連載

3月 ■ゲルニカ『電離層からの眼指し』

4月 ■任天堂、携帯型ゲーム機「ゲームボーイ」発売 ■X、2ndアルバム『BLUE BLOOD』 ■人生、大阪バーボン・ハウスで解散ライヴ→電気グルーヴへ ■宮台真司『権力の予期理論』 ■鷲田清一『モードの迷宮』

5月 ■岡田あーみん「こいつら100％伝説」 ■士郎正宗「攻殻機動隊」 ■大塚英志『物語消費論』、『少女民俗学』 ■パルコがフリーペーパー『GOMES』創刊

6月 ■ユニコーン『服部』 ■ニューエスト・モデル『ソウルサバイバーの逆襲』

7月 ■「SAPIO」（小学館）創刊 ■「ダイヤルQ2」営業開始 ■テレビ朝日「どーする!?TVタックル」放送開始 ■宮崎駿監督『魔女の宅急便』公開 ■塚本晋也監督『鉄男 TETSUO THE IRON MAN』公開 ■糸井重里監修のファミコンソフト『MOTHER』（任天堂）発売 ■ボ・ガンボス『BO & GUMBO』 ■森高千里『非実力派宣言』 ■いとうせいこう『MESS／AGE』

8月 ■北野武、初監督作品『その男、凶暴につき』公開 ■電気グルーヴ、十三ファンダンゴでライヴ・デビュー ■フリッパーズ・ギター、1stアルバム『海へ行くつもりじゃなかった』 ■上野千鶴子『スカートの下の劇場』

9月 ■平沢進『時空の水』 ■ソフトバレエ『EARTH BORN』 ■雑誌「CUTiE」（宝島社）創刊 ■浅羽通明『「逆襲版」ニセ学生マニュアル』

10月 ■TBS「筑紫哲也のNEWS23」 ■日本テレビ「ダウンタウンのガキの使いやあらへんで！」放送開始 ■Theピーズ「バカになったのに」

11月 ■THE TIMERS『THE TIMERS』 ■坂本龍一『ビューティ』 ■「DG NO 1」新宿ロフト：出演＝死ね死ね団、電気GROOVE

12月 ■いとうせいこう原作・市川準監督『ノーライフキング』公開 ■戸川純、芸能生活10周年記念アルバム『昭和享年』 ■別冊宝島104『おたくの本』 ■大塚英志・中森明夫ほか『Mの世代』 ■福田和也『奇妙な廃墟』

1月
●8日 職安の愛称が「ハローワーク」になる ●13日 第1回大学入試センター試験が実施 ●18日 本島等長崎市長、市庁舎前で狙撃され重傷を負う

2月
●2日 総選挙に向け、5党首がテレビで公開討論 ●5日 都市・地方銀行間のオンライン提携がスタート ●12日 ソ連最高会議、大統領制導入決定→ゴルバチョフ選出 ●18日 **第39回衆議院議員総選挙**：自民が安定多数を確保、社会躍進 ●28日 第2次海部俊樹内閣成立：中山外相、橋本蔵相は留任、官房長官に坂本三十次

3月
●11日 リトアニア共和国独立宣言→その後バルト三国独立 ●15日 社会党、党規約から「革命」を削除

4月
●1日 三井・太陽神戸銀行が合併、太陽神戸三井銀行が誕生 ●7日 G7、円高抑制と東欧支援の共同声明 ●18日 新行革審、市場開放・公的規制緩和・国民負担率抑制などの内容の最終答申提出

5月
●15日 **ゴッホの絵画、競売史上最高額の125億円で落札**される ●23日 埼玉県教育委、卒業式の日の丸掲揚反対の教員25名を懲戒処分 ●24日 韓国、盧泰愚大統領来日：天皇「痛惜の念」表明 25日 韓国元首初の衆議院での演説

6月
●28日 日米構造協議に決着：91年度からの公共投資10か年計画、大店法・独禁法改正など米主張を受け入れ ●28日 英国の金融専門誌の番付で、**住友・第一勧銀・富士が上位3位を独占** ●29日 天皇の次男礼宮文仁・川嶋紀子「結婚の儀」：秋篠宮家を創設

7月
●6日 兵庫県立神戸高塚高校で登校門限時に生徒1人が門扉に挟まれ圧死 ●9日 ヒューストンで「ポスト冷戦」初のサミット ●16日 米経済誌「フォーチュン」：**世界企業番付6位にトヨタ、9位に日立製作所**

8月
●2日 イラク軍、クウェート制圧→国連安保理、限定的武力行使を決議 ●20日 首相、多国籍軍への10億ドルの資金援助等の中東支援策を発表 ●30日 政府、10億ドルの多国籍軍支援を行うと政治決断

9月
●18日 平成2年版「防衛白書」：ソ連の「潜在的脅威」削除 ●24日 金丸元副総理、田辺社会党副委員長を団長とする自社両党の訪朝団が平壌入り

10月
●1日 東証株価、2万円を割る→バブル経済崩壊へ ●22日 熊本県警、オウム真理教の熊本等の施設を国土利用計画法違反容疑で捜索開始

11月
●12日 天皇「即位の礼」 ●17日 長崎県雲仙普賢岳が噴火 ●22日 現憲法下で初の「大嘗祭」

12月
●25日 中国共産党13期7中全会、鄧小平による改革・開放路線を確認

1月
■TBS「輝く！日本イカ天大賞」：大賞＝たま ■フジテレビ系「ちびまる子ちゃん」放送開始 ■江戸アケミ溺死、享年36 ■楳図かずお『14歳』 ■筒井康隆『文学部唯野教授』 ■加藤典洋『日本風景論』

3月
■高野寛『CUE』 ■「週刊トウキョー・ウォーカー・ジパング」（角川書店）創刊

4月
■フジテレビ「世にも奇妙な物語」「カノッサの屈辱」放送開始 ■NHK、アニメ「ふしぎの海のナディア」放映開始：総監督＝庵野秀明 ■別冊宝島110『80年代の正体！』

5月
■東京スカパラダイスオーケストラ『スカパラ登場』 ■スチャダラパー『スチャダラ大作戦』 ■平沢進『サイエンスの幽霊』 ■法月綸太郎『頼子のために』

6月
■望月峯太郎原作・松岡錠司監督『バタアシ金魚』公開 ■フリッパーズ・ギター『カメラ・トーク』 ■電気グルーヴ『662BPM BY DG』 ■有頂天『カラフルメリィが降った街』 ■山崎浩一『書物観光』

7月
■たま『さんだる』 ■人間椅子『人間失格』 ■青木保『「日本文化論」の変容』 ■小倉千加子『アイドル時代の神話』 ■西谷修『不死のワンダーランド』

8月
■臼井儀人『クレヨンしんちゃん』

9月
■サザンオールスターズ『稲村ジェーン』 ■エレファントカシマシ『生活』 ■北野武監督『3・4X10月』公開 ■新宿に「ヴァージン・メガストア」オープン ■井上雄彦『SLAM DUNK』 ■保坂和志『プレーンソング』 ■水村美苗『續明暗』

10月
■セガ「ゲームギア」発売 ■フジテレビ「BEAT UK」放送開始 ■市川準監督『つぐみ』公開 ■フジテレビ「ウッチャンナンチャンのやるならやらねば！」放送開始

11月
■任天堂、スーパーファミコン発売 ■中原俊監督『櫻の園』公開 ■岡村靖幸『家庭教師』 ■筋肉少女帯『月光蟲』 ■HMV渋谷がオープン ■吉田戦車『伝染るんです。1』 ■相原コージ・竹熊健太郎『サルでも描けるマンガ教室 1』 ■漫☆画太郎『珍遊記』、冨樫義博『幽★遊★白書』

12月
■Various『ファブ・ギア』 ■岡崎京子『東京ガールズブラボー』 ■毎日放送「オールザッツ漫才」放送開始

1月 ●**17日** **湾岸戦争勃発** ●**19日**「従軍慰安婦」問題を考える会発足 ●**24日** 政府・自民党首脳会議、湾岸戦争支援に90億ドルの追加資金協力→避難民輸送のための自衛隊機派遣などを決定 ●**25日** 湾岸戦争反対集会が各地で行われる ●**30日** 日本と北朝鮮、国交正常化の交渉開始

2月 ●**3日** イタリア共産党、左翼民主党への転換を決定 ●**4日** 東京高裁、過労による持病の悪化での死亡を労災と認定 ●**9日** 関西電力美浜原発で原子炉が自動停止する国内最大規模の事故 ●**19日** 民社党、綱領から「民主社会主義」を削除 ●**23日** 皇太子徳仁「立太子の礼」 ●**24日** 多国籍軍、対イラクの地上戦開始→**27日** 制圧

3月 ●**9日** 新宿に新東京都庁完成 ●**30日** 愛知・岡崎市で「さよなら管理教育全国集会」〜**31日**

4月 ●**1日** 牛肉・オレンジの輸入自由化 ●**7日** 東京都知事選：自民都連推薦の鈴木俊一が4選→13都道府県知事選・道府県議選の平均投票率が史上最低に ●**24日** 閣議、自衛隊のペルシャ湾への掃海艇派遣を決定→**初の自衛隊海外派遣**

5月 ●**15日** 育児休業法公布 ●**15日** 暴力団対策法公布 ●**30日** 総評センター、自衛隊容認論に転換

6月 ●**3日** 長崎県・雲仙普賢岳で大火砕流発生、死者・行方不明者43人 ●**30日** 文部省、教科書検定結果を公表：君が代は国歌、日の丸は国旗と明記

7月 ●**1日** ワルシャワ条約機構解体 ●**12日** 小説『悪魔の詩』訳者の五十嵐一が、筑波大学構内で刺殺体で発見される ●**23日** 社会党委員長に田辺誠が選出、書記長は山花貞夫に

8月 ●**25日** 宇宙開発事業団、種子島から放送衛星「ゆり3号b」の打ち上げに成功

9月 ●**6日** 日銀の企業短期経済観測調査、5月の前回調査に比べ、景気の減速感を表明 ●**12日** 北朝鮮、核査察協定調印を拒否 ●**30日** 海部首相、政治改革関連法案廃案の確定を受け、「重大な決意（衆院解散）」を表明

10月 ●**1日** ユーゴスラビア連邦軍、クロアチアへ攻撃開始 ●**28日** この年春の女子大生の就職率が81・8%、男子を抜き史上最高に

11月 ●**5日** **宮澤喜一内閣成立** ●**20日** 大蔵省、今年度の税収不足2兆7000億円との見通しを発表 ●**27日** 自民・公明両党、衆院国際平和協力特別委でPKO協力法案を強行採決→**28日** 本会議での採決延期

12月 ●**20日** PKO協力法案、参議院で不成立、継続審議に ●**25日** 文部省調査、1990年度の登校拒否の小学生8014人、中学生4万223人で過去最高に ●**26日** ソ連最高会議、**ソ連邦消滅**宣言

1月 ■堤清二、セゾン・グループ代表辞任を表明 ■いとうせいこう『ワールズ・エンド・ガーデン』 ■「週刊少年ジャンプ」発行部数600万部突破

2月 ■フジテレビ「北野ファンクラブ」放送開始 ■中上健次・柄谷行人・高橋源一郎ら「戦争に反対する『文学者』の討論集会」で声明発表

3月 ■カプコン「ストリートファイターII」発売 ■「remix」（アウトバーン）創刊：編集長＝若野行博 ■「批評空間」（第一期）（福武書店）創刊

4月 ■電気グルーヴ『FLASH PAPA』 ■WOWOW、本放送開始 ■「月刊少年ガンガン」（エニックス）創刊 ■ランキン・タクシー『ワイルドで行くぞ』

5月 ■東京・芝浦に「ジュリアナ東京」オープン ■宅八郎『イカす！おたく天国』 ■荒俣宏『大東亞科學綺譚』

6月 ■電気グルーヴよりCMJKが脱退、砂原良徳加入 ■「電気グルーヴのオールナイトニッポン」放送開始 ■ビートたけし『だから私は嫌われる』（新潮社） ■ヤプーズ『ダイヤルYを廻せ！』 ■レントゲン藝術研究所オープン ■椹木野衣『シミュレーショニズム』 ■伏見憲明『プライベート・ゲイ・ライフ』

7月 ■X『Jealousy』 ■ナンシー関『ナンシー関の顔面手帖』 ■新井英樹『宮本から君へ 1』 ■香山リカ『リカちゃんコンプレックス』

8月 ■ピエール瀧、瀧勝名義で「人生」リリース ■中島梓『コミュニケーション不全症候群』 ■福田和也『遙かなる日本ルネサンス』

9月 ■「朝まで生テレビ！」内で「激論！宗教と若者」放映 ■「吉本印天然素材」結成 ■幸福の科学の記事問題をめぐる講談社フライデー事件

10月 ■有頂天が解散 ■フジテレビ「たけし・逸見の平成教育委員会」「カルトQ」放送開始 ■北野武監督『あの夏、いちばん静かな海。』公開：音楽＝久石譲を初起用 ■「i-D JAPAN」（UPU）「紙のプロレス」（世謝出版）創刊 ■フリッパーズ・ギター解散

11月 ■電気グルーヴ『UFO』 ■篠山紀信撮影、宮沢りえ写真集『Santa Fe』

12月 ■フジテレビ「ダウンタウンのごっつええ感じ」放送開始 ■「SPA！」特集「サブカルチャー最終戦争」 ■西麻布にクラブ「YELLOW」オープン

1月 ●9日 日米首脳会談：「グローバル・パートナーシップに関する東京宣言」と貿易摩擦解消アクション・プラン発表 ●13日 加藤紘一官房長官、従軍慰安婦問題で旧日本軍の関与を認め、公式に謝罪 ●22日 脳死臨調最終答申：脳死を人の死とし臓器移植を認める ●31日 **大店法（大規模小売店舗法）改正施行**→規制緩和で出店競争が本格化

2月 ●13日 東京地検、東京佐川急便の特別背任摘発 ●19日 経済企画庁、前年1～3月をピークに**景気は下降期に入ったと発表** ●20日 自民党「国際社会における日本の役割に関する特別調査会（小沢調査会）」提言→国連指揮下での自衛隊の武力行使を合憲と主張

3月 ●14日 東海道新幹線に「のぞみ」登場 ●16日 陸上自衛隊、国際貢献プロジェクトチーム設置 ●27日 国土庁、公示地価が17年ぶりに下落と発表 ●27日 青森県六ヶ所村のウラン濃縮工場、稼働開始

4月 ●1日 太陽神戸三井銀行、さくら銀行と改称 ●5日 ストップ・ザ・過労死の会結成 ●20日 民間政治臨調発足 ●29日 ロス暴動発生

5月 ●1日 公務員の週休2日制がスタート ●1日 メーデー、連合系中央集会で「デモ」に代わり「パレード」の呼称が使用される ●9日 地球温暖化防止条約採択 ●22日 細川護熙前熊本県知事ら、日本新党結成

6月 ●14日 PKO協力法、衆議院本会議で可決・成立 ●25日 経済審議会「生活大国五カ年計画」答申

7月 ●1日 山形新幹線「つばさ」運行開始 ●6日 **政府「従軍慰安婦」問題の調査結果を公表** ●26日 **第16回参議院議員選挙**：初の即日開票、投票率50・72％で過去最低→自民69、社会22、公明14、共産6、民社4、**日本新党**4

8月 ●10日 **PKO協力法施行**、国際平和協力本部発足 ●28日 政府、景気対策として、過去最大規模の10兆7000億円の財政措置を決定 ●27日 金丸信自民党副総裁、佐川急便からの5億円授受を認め辞任→9月28日 略式起訴

9月 ●12日 日本人初の宇宙飛行士・毛利衛、米スペースシャトル「エンデバー」に搭乗 ●17日 自衛隊PKO派遣部隊第1陣、カンボジアに向けて呉港を出発 ●20日 共産党中央委員会、野坂参三名誉議長の解任を発表 ●24日 東京外為市場、1ドル＝119円台、史上初

10月 ●12日 中国共産党大会「社会主義市場経済」提唱 ●20日 日本IBM、低価格パソコン（19万8000円）を発売→パソコンの普及が進む ●23日 天皇・皇后、中国を初訪問 ●30日 大蔵省、都銀など21行の不良債権は9月末で12兆3000億円、うち回収不能4兆円と発表

11月 ●3日 江田五月ら、政策研究会「シリウス」結成

12月 ●8日 日本原燃の六ヶ所低レベル放射性廃棄物埋設センター、操業開始

1月 ■小林よしのり「ゴーマニズム宣言」 ■上野千鶴子・小倉千加子・富岡多恵子『男流文学論』

2月 ■ECD『ECD』 ■村上隆個展「Wild, Wild」レントゲン藝術研究所

3月 ■島田雅彦『彼岸先生』 ■コミック表現の自由を守る会、性表現規制に反対するアピール

4月 ■歌手・尾崎豊が急死 ■テレビ東京系「TVチャンピオン」「浅草橋ヤング洋品店」放送開始

5月 ■ジャジー・アッパー・カット『JAZZY UPPER CUT』 ■マンガ家、山田花子が自殺 ■『朝日ジャーナル』休刊

6月 ■槇原敬之『君は僕の宝物』 ■『BARFOUT!』(Brown's Books) 創刊 ■夏目房之介『手塚治虫はどこにいる』

7月 ■日本テレビ「進め！電波少年」放送開始 ■いとうせいこう演出「ゴドーは待たれながら」上演 ■佐藤健志『ゴジラとヤマトとぼくらの民主主義』 ■アクロス編集室・編『ポップ・コミュニケーション全書』

8月 ■カーネーション『天国と地獄』 ■山本弘ら「と学会」設立 ■作家・中上健次が死去

9月 ■町田町蔵＋北澤組『腹ふり』 ■UNITED FUTURE ORGANIZATION『Jazzin'』 ■「アノーマリー展」レントゲン藝術研究所：企画＝椹木野衣 ■渡部直己『〈電通〉文学にまみれて』 ■バクシーシ山下監督『初犯』（V&Rプランニング）がビデ倫で審査拒否

10月 ■フジテレビ「ウゴウゴルーガ」「NIGHT HEAD」「新しい波」放送開始 ■角川歴彦ら「メディアワークス」創業 ■「ユナイテッドアローズ」原宿本店オープン ■電気グルーヴ『KARATEKA』 ■ヤプーズ『Dadada ism』

11月 ■ヤン富田『MUSIC FOR ASTRO AGE』 ■電気グルーヴ、全国ツアー「全国鼻毛あばれ牛」初の日本武道館公演 ■雑誌『宝島』ヘア・ヌードが初登場 ■ソニー「MD（ミニディスク）」発売

12月 ■みうらじゅん『アイデン＆ティティ』 ■東京サザエさん学会・編『磯野家の謎』 ■KOIZUMIX PRODUCTION『裏小泉』：編集＝川勝正幸 ■大塚英志『仮想現実批評』

1月 ●3日 米ロ、第2次戦略兵器削減条約（STARTII）調印 ●6日 山花貞夫、社会党委員長に選出 ●27日 初の外国人横綱・曙が誕生

2月 ●3日 NHK「奥ヒマラヤ・禁断の王国ムスタン」での「やらせ」が発覚 ●17日 衆院予算委、東京佐川急便事件で小沢元幹事長・竹下元首相を証人喚問 ●23日 **日産座間工場生産中止**、大規模なリストラ計画発表 ●26日 大学の就職担当者の組織、内定取消企業名を発表

3月 ●6日 東京地検特捜部、金丸信元自民党副総裁を脱税容疑で逮捕→13日 起訴 ●12日 北朝鮮、核拡散防止条約（NPT）脱退決定、国連に通告 ●26日 政府、モザンビークPKOへの自衛隊派遣決定 ●31日 総評センター、解散

4月 ●8日 国連選挙監視ボランティア中田厚仁、カンボジアで襲撃され死亡 ●23日 天皇・皇后、歴代初の沖縄訪問

5月 ●9日 東京入管局、代々木公園で「不法滞在外国人」摘発 ●13日 PKO協力法により自衛隊、モザンビーク着 ●15日 日本プロサッカー・**Jリーグ**が開幕

6月 ●9日 皇太子徳仁・小和田雅子「結婚の儀」 ●11日 パートタイム労働法成立 ●18日 衆議院本会議、宮澤内閣不信任決議案を可決：衆議院解散 ●21日 自民党離反者により、**新党さきがけ**結成：代表＝武村正義 ●23日 新生党結成：前自民党議員43人、党首＝羽田孜、代表幹事＝小沢一郎 ●27日 東京都議選：**日本新党が20議席で大躍進**、社会党は14議席で惨敗 ●29日 ゼネコン汚職で仙台市長・建設会社役員逮捕

7月 ●12日 北海道南西沖地震、M7・8、津波のため奥尻島で死者172人 ●18日 **第40回衆議院議員総選挙**：自民過半数割れ、社会減少、新生・日本新党などが躍進→自社両党主導による**「55年体制」崩壊**

8月 ●4日 **河野談話**：河野官房長官、朝鮮半島出身「従軍慰安婦」への「強制」を認め謝罪 ●9日 **細川護煕・非自民8党派連立内閣が成立：自民党、38年ぶりに政権を離脱** ●15日 細川首相、戦没者追悼式でアジア近隣諸国などの犠牲者に哀悼の意を表明 ●17日 円高、東京外為市場1ドル＝100円台に突入：戦後最高 ●18日 国税庁、地価の大幅下落を公表：路線価平均18・1％の下落 ●31日 NTT、1万人の希望退職者を募集

9月 ●13日 イスラエルとPLO、オスロ合意 ●17日 政府、政治改革関連4法案を国会に提出 ●30日 政府冷害対策閣僚懇談会、コメ緊急輸入を決定

10月 ●13日 椿事件：前衆院選にまつわる椿テレビ朝日報道局長の発言が表面化 ●20日 新右翼活動家・野村秋介、朝日新聞社内でピストル自殺

11月 ●19日 環境基本法公布

12月 ●15日 GATTウルグアイ・ラウンド合意により、コメの部分市場開放決定 ●16日 田中角栄元首相が死去、享年75

1月 ■TBS「高校教師」放送開始

2月 ■福田和也『日本の家郷』

3月 ■岡崎京子『リバーズ・エッジ』「CUTiE」連載開始 ■「HMV」が邦楽売り場を拡大

4月 ■TBS「COUNT DOWN TV」 ■関西テレビ「爆笑BOOING」放送開始 ■フジテレビ「とぶくすり」放送開始 ■NIGOと高橋盾、原宿に「NOWHERE」オープン ■「Zipper」（祥伝社）創刊 ■多田富雄『免疫の意味論』

5月 ■電気グルーヴ『FLASH PAPA MENTHOL』 ■YMO『テクノドン』 ■ケン・イシイ『ガーデン・オン・ザ・パーム』 ■『DUNE』（アートディズ）創刊

6月 ■北野武監督『ソナチネ』公開 ■YMO、東京ドームにて再生ライヴ ■小沢健二、日比谷野外音楽堂でフリーコンサートを行う ■小沢一郎『日本改造計画』

7月 ■A.K.I. Productions『JAPANESE PSYCHO』 ■小沢健二「天気読み」でソロ・デビュー ■『ピコエンタテインメント』（ソニー・マガジンズ）創刊 ■都築響一『TOKYO STYLE』 ■鶴見済『完全自殺マニュアル』 ■切通理作『怪獣使いと少年』 ■日本てんかん協会、角川書店発行の国語教科書掲載の筒井康隆「無人警察」に抗議

8月 ■X『ART OF LIFE』 ■ケラリーノ・サンドロヴィッチ、ナイロン100℃を立ち上げ ■赤田祐一『Quick Japan』創刊準備号発売

9月 ■コーネリアス「太陽は僕の敵」でソロデビュー ■小沢健二『犬は吠えるがキャラバンは進む』 ■内田春菊『ファザーファッカー』 ■筒井康隆が断筆宣言 ■伊藤公雄『〈男らしさ〉のゆくえ』 ■伊藤輝夫（テリー伊藤）『お笑い北朝鮮』

10月 ■キミドリ『キミドリ』 ■宮台真司・石原英樹・大塚明子『サブカルチャー神話解体』

11月 ■崔洋一監督『月はどっちに出ている』公開 ■NIGO「A BATHING APE」設立 ■見城徹、角川書店から独立し「幻冬舎」設立

12月 ■土田世紀『編集王』 ■電気グルーヴ『VITAMIN』 ■藤井良樹『女子高生はなぜ下着を売ったのか？』 ■青山にクラブ「Maniac Love」オープン

1月 ●3日 自治省発表、1992年度地方税19年ぶりの減収 ●3日 細川首相、3年後の消費税を廃止する「国民福祉税」導入発言→4日 白紙撤回

2月 ●15日 北朝鮮、IAEA査察に合意 ●17日 米商務省、対日貿易赤字593億ドルで過去最高と発表 ●28日 NATO軍、ボスニア・ヘルツェゴビナ空域で武力行使

3月 ●1日 ボスニア紛争勢力、連邦化で合意 ●4日 参院本会議、政治改革関連4法案可決→衆院への小選挙区比例代表並立制導入

4月 ●1日 日本生産性本部と社会経済国民会議が合同、社会経済生産性本部発足 ●5日 **高速増殖炉「もんじゅ」臨界** ●6日 死刑廃止を推進する議員連盟発足 ●8日 細川首相、予算委員会空転の責任を取り辞意表明 ●12日 GATTウルグアイ・ラウンド閣僚会議、最終協定と世界貿易機関（WTO）設立協定調印 ●12日 ルワンダ内戦が勃発 ●22日 日本、子どもの権利条約に批准 ●23日 井の頭公園バラバラ殺人事件発覚 ●25日 衆参本会議、羽田孜を首班指名 ●26日 名古屋空港で中華航空機が墜落、264名死亡 ●28日 **羽田孜内閣成立**：社会党は連立を離脱

5月 ●7日 永野茂門法相「南京虐殺事件はでっちあげ」発言により辞任 ●10日 経済企画庁、5月で不況は37か月目、戦後最長と報告

6月 ●13日 **北朝鮮、国際原子力機関（IAEA）脱退を表明**、核関連施設への査察を拒否 ●21日 ニューヨーク外為市場、初めて1ドル＝100円を突破 ●25日 羽田孜内閣、社会党の連立復帰の可能性なく、臨時閣議で総辞職を決定 ●27日 **松本サリン事件**：長野県松本市で有毒ガス（サリン）発生、死者8名 ●30日 村山富市内閣成立：副総理＝河野洋平、蔵相＝武村正義、通産相＝橋本龍太郎

7月 ●1日 製造物責任（PL）法公布→1995年7月1日 施行 ●8日 北朝鮮主席・金日成が死去 ●20日 村山首相、衆院本会議の答弁で自衛隊合憲を明言、日米安保体制の堅持を確認 ●26日 経済白書、円高・バブル経済崩壊の後遺症を懸念、規制緩和による構造改革推進を訴え

8月 ●31日 村山首相、戦後50年に向けての首相談話

9月 ●4日 関西国際空港が開港 ●22日 臨時閣議、1997年4月から消費税5％に引き上げ決定 ●27日 河野洋平外相、国連総会で常任理事国入りに希望表明

10月 ●7日 閣議、社会資本整備のため95～04年度10年間の公共投資基本計画を決定

11月 ●3日 読売新聞社「読売憲法改正試案」発表

12月 ●10日 新進党結党大会：共産党を除く野党9党派の衆参国会議員214名が参加→党首＝海部俊樹、幹事長＝小沢一郎 ●11日 ロシア軍、チェチェン共和国に侵攻 ●14日 新食糧法公布：コメ流通の大幅自由化 ●19日 労働省、過労死認定基準の緩和を発表

1月 ■テレビ朝日「GAHAHAキング 爆笑王決定戦」で爆笑問題が初代GAHAHAキングに ■DJ KRUSH『KRUSH』

2月 ■電気グルーヴ『N.O.』 ■コーネリアス『The First Question Award』 ■竹村延和『Child's View』 ■関西テレビで「精神解放ノ為ノ音楽」放映

3月 ■小沢健二とスチャダラパー「今夜はブギー・バック」 ■『WIRED』（同朋舎出版）創刊 ■石野卓球・野田努『テクノボン』 ■『ジャップ』（光琳社出版）創刊 ■浅田彰『「歴史の終わり」と世紀末の世界』

4月 ■『電気グルーヴのテクノ専門学校 第1号』リリース ■『ポンキッキーズ』にピエール瀧がレギュラー出演 ■ギャラリー「P-house」オープン、「岡崎京子展」開催 ■雑誌「H」（ロッキング・オン）創刊 ■渡辺浩弐『1999年のゲーム・キッズ』 ■村上春樹『ねじまき鳥クロニクル』

5月 ■恋愛シミュレーションゲーム「ときめきメモリアル」発売 ■岡崎京子『リバーズ・エッジ』 ■西村繁男『さらばわが青春の「少年ジャンプ」』

6月 ■坂本龍一『スウィート・リベンジ』 ■EAST END×YURI『denim-ed soul』 ■オリジナル・ラヴ『風の歌を聴け』

7月 ■ボアダムス『チョコレート・シンセサイザー』 ■歌舞伎町に「リキッドルーム」オープン ■大塚英志『戦後まんがの表現空間』

8月 ■電気グルーヴ『DRILL KING ANTHOLOGY』 ■ビートたけし、バイク事故により重傷 ■小沢健二『LIFE』 ■「ジュリアナ東京」閉店 ■「MOTHER2—ギーグの逆襲」発売 ■秋田昌美『スカム・カルチャー』 ■『Quick Japan』（太田出版）創刊

9月 ■原一男監督『全身小説家』公開 ■松本人志『遺書』刊行、「寸止め海峡（仮題）」上演 ■小沢健二「DOOWUTCHYALiKE」「Olive」連載開始

10月 ■フジテレビ系「HEY! HEY! HEY! MUSIC CHAMP」放送開始 ■テイ・トウワ『FUTURE LISTENING!』 ■「FRONT」（シンコー・ミュージック）創刊

11月 ■電気グルーヴ「ポポ」 ■セガ、セガサターン発売 ■宮台真司『制服少女たちの選択』

12月 ■電気グルーヴ『DRAGON』 ■喜国雅彦『月光の囁き 1』 ■天久聖一＋タナカカツキ『バカドリル』 ■SCE、プレイステーション発売 ■松沢呉一『エロ街道をゆく』 ■ビートたけし『顔面麻痺』

1月 ●1日 世界貿易機関（WTO）発足 ●17日 **阪神・淡路大震災**：M7・3の直下型地震 ●27日 住友銀行、ノンバンク向け等の不良債権処理で経常損益2800億円

2月 ●10日 閣議「阪神・淡路復興委員会」設置を決定 ●24日 政府、特殊法人改革案を決定 ●28日 最高裁、外国人参政権は合憲と判断

3月 ●20日 **地下鉄サリン事件**：霞ヶ関を通る地下鉄車内にサリンが散布→死者13人、重軽傷者5500人 ●22日 捜査当局、オウム真理教の施設など25か所を一斉捜査 ●30日 東京・荒川区で國松孝次警察庁長官が狙撃され重傷 ●31日 政府、**規制緩和推進五カ年計画**を決定

4月 ●9日 統一地方選：東京都知事に青島幸男、大阪府知事に横山ノックが当選 ●19日 アメリカ／オクラホマシティの連邦政府ビル爆破事件 ●19日 東京外為市場、1ドル＝79円75銭の戦後最高値を記録 ●23日 オウム真理教幹部・村井秀夫刺殺

5月 ●16日 **日経連「新時代の日本的経営」**を発表：終身雇用・年功賃金見直しを提起 ●16日 警視庁、オウム真理教代表**麻原彰晃ら幹部・信者15人を逮捕** ●19日 地方分権推進法公布

6月 ●9日 育児・介護休業法公布

7月 ●1日 札幌・東京地区から、PHSサービスの営業開始 ●11日 アメリカ、ベトナムとの国交正常化を発表 ●19日 「女性のためのアジア平和国民基金」発足 ●20日 政党助成法に基づく、初の政党交付金 ●23日 **第17回参議院議員選挙**：与党3党、改選過半数確保→自民49、新進40、社会16、さきがけ3、共産8等 ●24日 薬害エイズ患者と支援学生、厚生省を人間の輪で取り囲む「あやまってよ'95」開催

8月 ●8日 村山富市改造内閣成立：与党3党及び橋本通産相留任、副総理・外相＝河野洋平 ●15日 戦後50年にあたっての**村山談話**：アジア諸国に「お詫び」を表明 ●30日 兵庫銀行・木津信用組合が経営破綻：戦後初の、銀行の経営破綻

9月 ●3日 日教組大会：「日の丸」「君が代」の棚上げ等、路線転換 ●4日 沖縄で米海兵隊員ら3人による女子小学生の拉致・暴行事件発生

10月 ●21日 沖縄少女暴行事件に抗議して県民総決起大会

11月 ●1日 新食糧法が施行、食管法が廃止：コメの販売が原則自由化 ●4日 イスラエル／ラビン首相暗殺 ●23日 米マイクロソフト社「Windows 95」日本語版発売 ●28日 政府、新「防衛計画の大綱」を閣議決定

12月 ●8日 改正宗教法人法成立 ●8日 高速増殖炉「もんじゅ」のナトリウム漏洩事故が発生 ●14日 ボスニア・ヘルツェゴビナ和平協定調印 ●14日 政府、オウム真理教に対し、破壊活動防止法に基づく団体規制の適用を決定 ●19日 臨時閣議、住専7社の不良債権処理のため6850億円の財政資金投入を決定

1月 ■カヒミ・カリィ『My First Karie』 ■「ele-king」（エレ・メンツ）創刊 ■加藤典洋「敗戦後論」→高橋哲哉と論争 ■「マルコポーロ」誌に、ナチスのユダヤ人虐殺否定記事が掲載→同誌は回収

2月 ■小沢健二「強い気持ち・強い愛／それはちょっと」 ■「909 アノーマリー2」レントゲン藝術研究所：企画＝椹木野衣 ■鈴木惣一朗、小林深雪、茂木隆行、小柳帝『モンド・ミュージック』

3月 ■ビートたけし、バイク事故以来のテレビ復帰 ■ECD『ホームシック』 ■タワーレコード渋谷店が移転 ■カシオ計算機、液晶デジタルカメラ発売 ■H Jungle with t「WOW WAR TONIGHT」 ■吉本興業「渋谷公園通り劇場」オープン

4月 ■NHK教育「土曜ソリトン-SIDE B」放送開始 ■テレビ東京「出没！アド街ック天国」放送開始 ■電気グルーヴ「虹」 ■スチャダラパー『5th Wheel 2 the Coach』

5月 ■『ゲームウララ』（コアマガジン）創刊 ■松永豊和『バクネヤング 1』 ■福田和也『甘美な人生』 ■と学会・編『トンデモ本の世界』

6月 ■THE BLUE HEARTS解散 ■ライムスター『Egotop-ia』

7月 ■SMAP『SMAP 007 Gold Singer』 ■近藤喜文監督『耳をすませば』公開 ■新宿に「ロフトプラスワン」オープン ■宮台真司『終わりなき日常を生きろ』 ■小熊英二『単一民族神話の起源』

8月 ■野外レイヴ「ナチュラル・ハイ！」開催 ■高橋哲哉『記憶のエチカ』

9月 ■砂原良徳『CROSSOVER』 ■町山智浩・田野辺尚人「映画秘宝」（洋泉社）ムック本として刊行開始 ■「egg」（ミリオン出版）創刊 ■「BURST」（白夜書房）創刊 ■根本敬『人生解毒波止場』 ■小林よしのり「新・ゴーマニズム宣言」「SAPIO」連載開始

10月 ■テレビ東京「新世紀エヴァンゲリオン」放送開始 ■ドゥーピーズ『Doopee Time』 ■渋谷に「アップリンク・ファクトリー」オープン

11月 ■コーネリアス『69／96』 ■押井守監督『GHOST IN THE SHELL／攻殻機動隊』公開 ■『コミックビーム』（アスキー）創刊 ■竹熊健太郎『私とハルマゲドン』

12月 ■キングギドラ『空からの力』 ■見沢知康『天皇ごっこ』 ■岡田斗司夫『ぼくたちの洗脳社会』

1月 ●5日 村山富市首相、退陣を表明 ●9日 ロシア／チェチェン武装勢力が病院を占拠 ●11日 **橋本龍太郎内閣成立**：副総理・蔵相＝社会党書記長の久保亘 ●18日 公安調査庁、破防法によるオウム真理教の第1回弁明聴取 ●19日 **社会党大会：社会民主党に党名改称** ●24日 新宿西口でホームレスの強制排除

2月 ●13日 文部省内に「いじめ問題対策本部」設置 ●16日 菅直人厚相、薬害エイズ問題でHIV訴訟の原告ら200人と会い、国の法的責任を認め謝罪

3月 ●14日 薬害エイズ訴訟：被告5社和解案受諾 ●25日 TBSビデオ問題：TBSがオウム真理教に坂本堤弁護士のビデオテープを見せたことを認める

4月 ●1日 東京三菱銀行が発足 ●14日 橋本首相とペリー米国防長官、**日米ガイドラインの見直し作業で合意** ●17日 橋本首相・クリントン米大統領、極東有事に対し日米安保体制の広域化の安保共同宣言 ●19日 **国連人権委クマラスワミ報告**：旧日本軍の従軍慰安婦設置を性暴力と規定 ●24日 東京地裁、オウム真理教・麻原彰晃被告の初公判

6月 ●21日 住専処理法案公布：焦付債権6850億円の財政資金投入

7月 ●11日 公安調査庁、公安審査委員会に破防法適用によるオウム真理教の解散を請求 ●20日 堺市の小学校で発生したO157集団食中毒が6031人に ●29日 橋本龍太郎首相、誕生日を理由に「総理大臣」として靖国神社参拝

8月 ●4日 新潟県巻町で原発建設計画の是非を問う住民投票実施：反対多数に ●15日 橋本首相、アジア諸国民への加害に言及「深い反省と哀悼の意」を表明 ●21日 大阪地検、薬害エイズ事件でミドリ十字を強制捜査

9月 ●8日 沖縄県民投票：投票率59・53％、米軍基地の整備・縮小と日米地位協定の見直しに賛成89・09％ ●28日 民主党結党大会：代表＝鳩山由紀夫・菅直人 ●28日 土井たか子衆議院議長、社民党党首に就任

10月 ●20日 **第41回衆議院議員総選挙**：初の小選挙区比例代表並立制、投票率59・65％で戦後最低→自民239、新進156、民主52、共産26、社民15、さきがけ2 ●31日 携帯電話・PHSの加入台数が2000万台を突破

11月 ●7日 第2次橋本龍太郎・自民単独内閣成立：3年3か月ぶり→社民・さきがけは閣外協力 ●19日 政府、行政改革会議の設置決定

12月 ●2日 SACO最終報告作成：普天間移設を明示 ●17日 ペルー、リマの日本大使公邸が、武装左翼ゲリラに占拠され、約600人が監禁 ●24日 敦賀原発2号機で冷却水漏れ事故発生 ●30日 東京外為市場、1ドル＝116円8銭で今年最安値

1月 ■新宿ロフトプラスワンにて、〝『危ない1号』鬼畜ナイト〟開催

2月 ■フィッシュマンズ『空中キャンプ』 ■サニーデイ・サービス『東京』 ■任天堂「ポケットモンスター」発売

3月 ■電気グルーヴ『ORANGE』 ■柳田理科雄『空想科学読本』 ■「現代思想」特集「カルチュラル・スタディーズ」 ■『前略 小沢健二様』→太田出版「¥800本」シリーズ開始 ■金井覚『アイドルバビロン』

4月 ■フジテレビ系「SMAP×SMAP」放送開始 ■YOU THE ROCK★『THE SOUNDTRACK '96』 ■フリーペーパー『bounce』橋本徹が編集長に就任 ■「メフィスト」（講談社）創刊 ■観念絵夢『マゾバイブル 史上最強の思想』 ■山田花子『自殺直前日記』

5月 ■岡崎京子、自動車事故に遭う。以降、休筆状態に ■ブッダ・ブランド『人間発電所～プロローグ』 ■岡田斗司夫『オタク学入門』

6月 ■UA「情熱」 ■任天堂「NINTENDO64」発売 ■大澤真幸『虚構の時代の果て』 ■ポケットベルの契約数がピークに

7月 ■「さんピンCAMP」「大LB夏まつり」開催 ■金子修介監督『ガメラ2 レギオン襲来』公開 ■北野武監督『Kids Return』公開 ■村崎百郎『鬼畜のススメ』 ■青山真治監督『Helpless』公開 ■「朝まで生テレビ！」テーマ「激論！日本異常事態宣言・若者編 女子高生とニッポン！」

8月 ■SPEED「Body & Soul」でデビュー ■野外フェス「RAINBOW 2000」開催 ■BS2「BSマンガ夜話」放送開始 ■藤岡信勝・自由主義史観研究会『教科書が教えない歴史』 ■大泉実成『消えたマンガ家』

9月 ■中谷美紀「食物連鎖」 ■岩井俊二監督『スワロウテイル』公開 ■ガース柳下『世界殺人鬼百選』 ■清涼院流水『コズミック』

10月 ■北海道テレビ「水曜どうでしょう」放送開始 ■フジテレビ「めちゃ×2イケてるッ！」放送開始 ■bloodthirsty butchers『kocorono』

11月 ■フィッシュマンズ『LONG SEASON』 ■見田宗介『現代社会の理論』 ■X『DAHLIA』 ■鶴見済『人格改造マニュアル』 ■中原昌也『ソドムの映画市』 ■村上龍『ラブ&ポップ』

12月 ■「パラッパラッパー」発売：制作＝伊藤ガビン、松浦雅也ら ■LUNA SEA活動休止 ■筒井康隆、断筆宣言を撤回 ■大塚英志『「彼女たち」の連合赤軍』

1月 ●31日 公安審査委員会、オウム真理教への破防法適用による解散指定処分の請求棄却

2月 ●19日 中国、最高実力者・鄧小平が死去、享年92

3月 ●6日 野村證券、総会屋への利益提供を認める→山一・大和・日興の大手証券、第一勧銀に広がる

4月 ●1日 この日より**消費税率が5%に引き上げ** ●1日 容器包装リサイクル法施行 ●11日 厚生省、ダイオキシン濃度が高い72か所のごみ焼却場名を公表 ●14日 農水省、諫早湾干拓用水門を閉鎖 ●14日 幼女連続誘拐殺人事件：東京地裁、宮崎勤被告に死刑判決 ●22日 日本大使公邸人質事件：ペルー軍特殊部隊が突入、ゲリラ14人全員射殺

5月 ●1日 イギリス総選挙：18年ぶりに労働党勝利→トニー・ブレア首相就任 ●8日 アイヌ新法成立→北海道旧土人保護法廃止 ●23日 憲法調査委員会設置推進議員連盟結成 ●27日 神戸連続児童殺傷事件：神戸市の中学校校門に少年の切断頭部が置かれる

6月 ●1日 フランス総選挙：社共中心の左翼勢力が勝利→ジョスパン保革共存政権誕生 ●9日 環境アセスメント法成立 ●13日 証券取引審議会・金融制度調査会、金融制度の抜本的改革を最終答申 ●17日 臓器移植法成立 ●18日 独占禁止法改正公布 ●18日 **男女雇用機会均等法改正、労働基準法改正公布**：女子保護規定を撤廃 ●28日 **神戸連続児童殺傷事件**：兵庫県警、14歳の少年を逮捕

7月 ●1日 香港、イギリスから中国に返還 ■アジア通貨危機発生

8月 ●26日 建設省、ダム計画見直しで18件を中止決定 ●29日 最高裁、第3次家永訴訟に判決：32年にわたる「家永訴訟」が終わる ●31日 元イギリス皇太子妃ダイアナ、交通事故で死去

9月 ●12日 中国共産党第15回全国代表大会：江沢民総書記、改革開放路線の「鄧小平理論」を党規約に明記 ●23日 日米両政府、有事を想定した日米防衛協力のための指針を決定：新ガイドライン ●25日 共産党の最高指導者だった宮本顕治中央委議長が引退、名誉議長に

10月 ●1日 長野新幹線が開業 ●2日 EU首脳会議、新欧州連合条約（アムステルダム条約）調印 ●8日 北朝鮮、金正日書記の労働党総書記就任を発表

11月 ●5日 政府、辺野古海上基地案を提示 ●17日 **北海道拓殖銀行、初の都市銀行の経営破綻** ●24日 **山一證券、大蔵省に自主廃業を申請**

12月 ●1日 地球温暖化防止京都会議開催 ●11日 京都議定書採択 ●18日 韓国大統領選挙：金大中が当選、史上初の与野党政権交代 ●24日 自民党の緊急金融システム安定化対策本部、30兆円の公的資金準備による支援策を発表 ●27日 新進党解党を決定→6党に分裂

1月 ■フジテレビ「踊る大捜査線」放送開始 ■掟ポルシェとロマン優光、ロマンポルシェ。を結成 ■新井英樹「ザ・ワールド・イズ・マイン」 ■新しい歴史教科書をつくる会結成

2月 ■eastern youth『孤立無援の花』 ■「Quick Japan」Vol.12 緊急特集「庵野秀明 欠席裁判」 ■大塚英志・田島昭宇「多重人格探偵サイコ」

3月 ■映画『新世紀エヴァンゲリオン劇場版 シト新生「Death &Rebirth」』公開 ■電気グルーヴ「Shangri-La」 ■村上春樹『アンダーグラウンド』 ■町田康『くっすん大黒』

4月 ■ブッダ・ブランド「ブッダの休日」 ■坪内祐三『ストリートワイズ』 ■テレビ東京系「少女革命ウテナ」

5月 ■電気グルーヴ『A』 ■「アウフォト」（新潮社）創刊 ■「現代思想」特集「ストリート・カルチャー」：神長恒一「だめ連宣言」掲載 ■阿部和重『インディヴィジュアル・プロジェクション』 ■Cocco『ブーゲンビリア』

6月 ■中村一義『金字塔』 ■川本真琴『川本真琴』

7月 ■宮崎駿監督『もののけ姫』公開 ■映画『新世紀エヴァンゲリオン劇場版「Air／まごころを、君に」』公開 ■フィッシュマンズ『宇宙 日本 世田谷』 ■富士天神山スキー場で「フジロックフェスティバル」開催 ■「お宝ガールズ」（コアマガジン）創刊 ■桐野夏生『OUT』 ■小谷真理『聖母エヴァンゲリオン』 ■「FRUiTS」（ストリート編集室）創刊

8月 ■コーネリアス『FANTASMA』 ■KICK THE CAN CREW「タカオニ／カンケリ」でデビュー ■代々木公園で「B-BOY PARK」開催 ■加藤典洋『敗戦後論』 ■宮台真司『世紀末の作法』 ■永山則夫、刑死

9月 ■北野武監督『HANA-BI』ヴェネツィア国際映画祭でグランプリ受賞 ■スーパーカー「cream soda」でデビュー ■しおまほ『女子高生ゴリコ』 ■I-LLMARI-ACHI『The Masta Blusta』

10月 ■小谷野敦『男であることの困難』

11月 ■「ダウンタウンのごっつええ感じ」打ち切り ■『オルタカルチャー日本版』（メディアワークス） ■矢作俊彦『あ・じゃ・ぱん！』

12月 ■K DUB SHINE『現在時刻』 ■テレビ東京系「ポケットモンスター」視聴中の子どもたちに失神・けいれんなど続出 ■映画監督・伊丹十三が自殺 ■黒沢清監督『CURE』公開 ■東京ドームにて、X JAPANの解散ライヴ ■北島行徳『無敵のハンディキャップ』

1998

1月 ●12日 大蔵省、銀行146行の自己査定不良債権総額が76兆円と発表 ●28日 栃木県黒磯市立黒磯北中学で、1年の男子生徒が女性教師をナイフで刺殺→「**キレる**」が流行語に

2月 ●7日 第18回**冬季オリンピック長野大会**開幕〜22日 ●8日 名護市長選挙：基地受け入れ派の岸本建男が当選 ●13日 厚生省「保母」の名称を「保育士」に改称

3月 ●9日 埼玉県立所沢高校で、卒業式の日の丸・君が代をめぐり生徒と学校が対立 ●10日 木村青森県知事、高レベル放射性廃棄物輸送船の陸奥湾接岸を拒否 ●11日 金融持株会社関連法施行 ●17日 中国／朱鎔基首相選出 ●19日 特定非営利活動促進法（NPO法）成立

4月 ●1日 **改正外為法施行**：金融再編「日本版ビッグバン」 ●1日 この日より、テレビとラジオでのタバコのCMが中止 ●5日 明石海峡大橋開通 ●10日 北アイルランド紛争和平交渉合意 ●27日 新進党解党後の諸派と民主党が合同、新・民主党が結党：代表＝菅直人、幹事長＝羽田孜 ●28日 閣議、新ガイドラインに伴う周辺事態法案など関連3法案を決定

5月 ●30日 社民党両院議員総会、閣外協力解消を決定

6月 ●11日 日中両共産党、関係修復交渉成立 ●20日 G7・ASEAN・中国など18か国・地域の緊急通貨会議 ●22日 **金融監督庁発足**：大蔵省の金融検査・監督部門が独立

7月 ●12日 **第18回参議院議員選挙**：自民惨敗、民主・共産が躍進 ●21日 不破哲三日本共産党委員長、北京で江沢民国家主席と会談 ●25日 和歌山毒物カレー事件発生：夏祭りでカレーにヒ素混入、4人死亡 ●25日「Windows 98」日本語版発売 ●30日 **小渕恵三内閣成立**

8月 ●17日 クリントン米大統領、ホワイトハウス実習生との不倫疑惑を認める ●31日 北朝鮮、弾道ミサイル「テポドン」発射：日本上空を越えて三陸沖に着弾

9月 ●22日 東京都、都内の野宿者が4000名を超えると発表 ●25日 **改正労働基準法成立**：裁量労働制の適用を拡大 ●27日 ドイツ連邦議会総選挙：社会民主党・緑の党連立のシュレーダー政権誕生 ●30日 動燃解体→10月1日 新法人・核燃料サイクル開発機構発足

10月 ●7日 金大中韓国大統領来日→小渕首相、過去の植民地支配に対する反省とお詫びを表明 ●23日 **日本長期信用銀行**、債務超過で金融再生法に基づく一時国有化を申請

11月 ●4日 男女共同参画審、男女共同参画社会基本法制定を求める答申 ●16日 政府、貸し渋り対策や地域振興券などの緊急経済対策決定

12月 ●13日 政府、債務超過の日本債券信用銀行を一時国有化 ●15日 金融再生委員会発足 ●18日 政府、1999年4月からのコメ関税化を決定 ●25日 11月の完全失業率が4.4%、1953年の調査開始以来最悪の失業率に

1月 ■庵野秀明監督『ラブ＆ポップ』公開 ■hide with Spread Beaver「ROCKET DIVE」 ■モーニング娘。シングル「モーニングコーヒー」でメジャーデビュー ■椹木野衣『日本・現代・美術』 ■佐藤大『ジェネレーションN』 ■リリー・フランキー『女子の生きざま』 ■ピエール瀧プロデュースによるゲームソフト『グルーヴ地獄V』

2月 ■RIP SLYME『Talkin' Cheap』 ■梁石日『血と骨』 ■上遠野浩平『ブギーポップは笑わない』

3月 ■トライセラトップス『TRICERATOPS』 ■上野千鶴子『ナショナリズムとジェンダー』 ■藤本由香里『私の居場所はどこにあるの？』

4月 ■スーパーカー『スリーアウトチェンジ』 ■浜崎あゆみ、シングル「poker face」でデビュー ■東條英機が主人公の映画『プライド』に東映労組が反対運動 ■近田春夫『考えるヒット』 ■都築響一『ROADSIDE JAPAN 珍日本紀行』

5月 ■森達也監督『A』公開 ■X JAPAN、hideが自殺 ■マンガ家、ねこぢる自殺 ■椎名林檎「幸福論」 ■小森陽一・高橋哲哉・編『ナショナル・ヒストリーを超えて』 ■『モンスーン』（四谷ラウンド）創刊

6月 ■糸井重里、webサイト「ほぼ日刊イトイ新聞」スタート ■ZEEBRA『THE RHYME ANIMAL』 ■クレイジーケンバンド『PUNCH! PUNCH! PUNCH!』 ■宮部みゆき『理由』

7月 ■原宿の歩行者天国が廃止 ■小林よしのり『戦争論』 ■田中雄二『電子音楽イン・ジャパン』 ■斎藤美奈子『紅一点論』 ■井上三太『TOKYO TRIBE 2』 ■ナカムラミツル『326ナカムラミツル作品集』

8月 ■林文浩・編『SLANG FROM TOKYO vol.1』 ■「CUTiE comic」（宝島社）創刊 ■『文藝別冊 '90年代J文学マップ』

9月 ■赤瀬川原平『老人力』 ■中原昌也『マリ＆フィフィの虐殺ソングブック』 ■石田衣良『池袋ウエストゲートパーク』

10月 ■フジテレビ「笑う犬の生活」放送開始 ■遊園地再生事業団「14歳の国」上演 ■東浩紀『存在論的、郵便的』 ■平野啓一郎『日蝕』

11月 ■セガ「ドリームキャスト」発売

12月 ■宇多田ヒカル「Automatic」でデビュー ■『音楽誌が書かないJポップ批評』（宝島社）刊行開始 ■桜玉吉『幽玄漫玉日記 1』

平成11年 1999

1月 ●7日 伝言ダイヤルで誘い出し薬物を飲ませ、女性2人を凍死させた男が逮捕 ●14日 自由党幹事長・野田毅、自治相として入閣→自自連立内閣 ●29日 地域振興券交付開始

2月 ●1日 テレビ朝日、埼玉県所沢産野菜ダイオキシン汚染と報道、埼玉産野菜暴落 ●22日 NTTドコモ、携帯電話でインターネットに接続する「iモード」サービス開始 ●27日 求職者急増のハローワーク新宿、土曜夜間オープン開始 ●28日 広島県立高校校長、卒業式の日の丸・君が代問題で悩み、自殺

3月 ●1日 対人地雷全面禁止条約が発効 ●12日 金融再生委員会、大手銀行15行に総額約7兆5000億円の公的資金投入を承認 ●23日 ファイザー製薬、男性の性的不全治療薬「バイアグラ」発売 ●24日 NATO軍、ユーゴスラビア・コソボ自治州に空爆開始→コソボ紛争勃発→6月10日 停戦成立

4月 ●1日 整理回収機構（RCC）発足 ●1日 改正男女雇用機会均等法・改正労働基準法施行 ●11日 **東京都知事選：石原慎太郎が当選**、大阪府知事選：横山ノックが当選

5月 ●7日 NATO軍、ベオグラードの中国大使館を誤爆 ●7日 **情報公開法成立** ●18日 **児童買春・児童ポルノ禁止法成立** ●24日 周辺事態法など、**新ガイドライン関連3法成立**

6月 ●12日 環境影響評価法施行 ●15日 男女共同参画社会基本法成立 ●30日 **改正労働者派遣法・職業安定法成立**

7月 ●8日 地方分権一括法成立 ●16日 農業基本法に代わり、食料・農業・農村基本法公布 ●23日 羽田発新千歳行きの全日空ジャンボ機が無職の男にハイジャックされる ●29日 衆参両院に憲法調査会を置く、改正国会法成立→2000年1月20日 設置

8月 ●9日 **国旗・国歌法成立**：日の丸・君が代が法制化 ●12日 通信傍受法・組織犯罪処罰法・改正刑事訴訟法の**組織的犯罪対策三法が成立** ●12日 改正住民基本台帳法成立 ●13日 改正外国人登録法成立：在日外国人指紋押捺義務を全廃 ●15日 全国戦没者追悼式で、初めて君が代が斉唱

9月 ●28日 金融再生委員会、一時国有化の長銀を米投資会社リップルウッドへ譲渡決定 ●30日 茨城県東海村の民間核燃料加工会社JCOの施設で臨界事故発生

10月 ●5日 小渕恵三連立内閣成立：自由・公明から各1名入閣

11月 ●12日 皇居前で「天皇陛下御即位十年をお祝いする国民祭典」開催：YOSHIKIらが参加 ●22日 沖縄県、普天間飛行場の移設先を名護市と表明 ●28日 初の日中韓3国の首脳会談、マニラ市内で開催

12月 ●1日 改正労働者派遣法施行、派遣対象業務を原則自由化 ●14日 民事再生法成立：和議法に代わる再建型倒産処理手続きを定める ●20日 マカオ、ポルトガルから中国に返還 ●31日 エリツィン・ロシア大統領辞任：プーチン首相、大統領代行に就任

1月 ■坪内祐三『靖国』 ■小谷野敦『もてない男』

2月 ■椎名林檎『無罪モラトリアム』 ■だめ連・編『だめ連宣言！』

3月 ■ミュージシャン、佐藤伸治が死去、享年33 ■BUMP OF CHICKEN、インディーズ1stアルバム『FLAME VEIN』 ■NHK「爆笑オンエアバトル」放送開始 ■グループ魂『GROOPER』

4月 ■テレビ朝日「ロンドンハーツ」放送開始 ■電気グルーヴから砂原良徳が脱退 ■高見広春『バトル・ロワイアル』

5月 ■『サイゾー』（インフォバーン）創刊 ■森達也監督「放送禁止歌」がフジテレビで放送 ■西村博之（ひろゆき）、匿名掲示板「2ちゃんねる」開設 ■『週刊金曜日』別冊『買ってはいけない』ベストセラーに ■加藤典洋『日本の無思想』

6月 ■「ダイナマイト関西」初開催 ■柳美里『石に泳ぐ魚』プライバシー侵害として出版差し止め

7月 ■電気グルーヴ『FLASHBACK DISCO』 ■ライムスター『リスペクト』 ■文芸評論家・江藤淳が自殺 ■Dragon Ash『Viva La Revolution』 ■ナンバーガール『SCHOOL GIRL DISTORTIONAL ADDICT』 ■屋内レイヴイベント「WIRE」第1回開催

8月 ■Shing02『緑黄色人種』 ■東浩紀『郵便的不安たち』 ■江藤淳『妻と私』

9月 ■モーニング娘。「LOVEマシーン」 ■THA BLUE HERB『STILLING, STILL DREAMING』 ■忌野清志郎 Little Screaming Revueのアルバム『冬の十字架』：パンクロック風にアレンジした「君が代」を収録

10月 ■フジテレビ「あいのり」放送開始 ■宮台真司『野獣系でいこう!!』 ■橋本徹、公園通りに「カフェ・アプレミディ」をオープン

11月 ■三池崇史監督『DEAD OR ALIVE 犯罪者』公開：哀川翔、竹内力が共演 ■「日本ゼロ年」展：水戸芸術館現代美術ギャラリー　企画・監修＝椹木野衣 ■笙野頼子『ドン・キホーテの「論争」』→純文学論争

12月 ■山形浩生『新教養主義宣言』 ■いましろたかし『デメキング』 ■高橋哲哉『戦後責任論』 ■小谷真理『おこげノススメ』

1月 ●18日 オウム真理教、教団名を「アレフ」に改称 ●18日 新潟少女監禁事件：9年2か月にわたる少女の監禁が発覚

2月 ●3日 警察が摘発したインターネット犯罪、1999年に247件と警察発表：前年の倍増 ●6日 大阪府知事選：太田房江が当選、初の女性知事が誕生 ●24日 金融再生委員会、日本債券信用銀行をソフトバンクなどの3社連合へ譲渡内定

3月 ●8日 営団日比谷線中目黒駅構内列車脱線衝突事故：5人が死亡、60人以上が重軽傷 ●18日 レバノン国外退去の日本赤軍4人を逮捕・収監 ●27日 小渕恵三首相の決裁に基づき、**第1回教育改革国民会議**開催

4月 ●1日 地方分権一括法施行（地方分権改革）、民事再生法、介護保険制度も施行 ●1日 自民党と公明党、自由党との連立を解消 ●2日 小渕首相、脳梗塞で緊急入院 4日 小渕内閣総辞職 ●3日 保守党結成：党首＝扇千景 ●5日 自民党、**森喜朗を総裁に選出**：自民・公明・保守連立の森内閣成立 ●6日 3月末の**携帯電話加入台数、5000万台を超え、固定電話を抜く** ●9日 石原慎太郎都知事「三国人」発言：辛淑玉、デーブ・スペクター、梁石日らが抗議

5月 ●3日 西鉄バスジャック事件：犯人が2ちゃんねらー「ネオむぎ茶」として話題に ●14日 小渕恵三前首相、死去、享年62 ●15日 森喜朗首相「日本は天皇を中心とする神の国」と発言 ●24日 ストーカー規制法公布

6月 ●21日 岡山金属バット母親殺害事件発生 ●14日 韓国と北朝鮮、南北共同宣言に署名：統一問題の自主解決など ●25日 **第42回衆議院議員総選挙**：与党後退するも絶対安定多数を確保、民主が躍進

7月 ●1日 金融庁発足：金融監督庁と大蔵省金融企画局を統合 ●8日 三宅島の雄山が噴火 ●19日 新紙幣二千円札発行：表「沖縄県首里城の守礼門」・裏「紫式部と源氏物語」 ●21日 九州・沖縄サミット開催 ●31日 山口母親殺害事件：母親を殺害した16歳の少年が「母親を殺した」と110番通報

10月 ●15日 長野県知事選：作家・田中康夫が当選

11月 ●8日 日本赤軍最高幹部・重信房子容疑者逮捕 ●20日 **共産党「前衛党」規定削除**など規約改定と「自衛隊の活用」などの大会決議 ●21日 衆院本会議で森喜朗内閣不信任決議案を否決→「加藤の乱」は不発に ●24日 共産党、不破哲三議長・志位和夫委員長・市田忠義書記局長の新体制に ●28日 **改正少年法成立**：刑罰対象年齢を14歳以上へと2歳引き下げ

12月 ●12日 アメリカ大統領選挙：連邦最高裁判決で、ブッシュ大統領の勝利確定 ●30日 世田谷一家殺害事件発生

1月 ■高橋しん「最終兵器彼女」

2月 ■電気グルーヴ『VOXXX』 ■妄走族『君臨』 ■松岡正剛、サイト「千夜千冊」開始 ■サンボマスター結成

3月 ■「プレイステーション2」発売 ■BUMP OF CHICKEN『THE LIVING DEAD』 ■椎名林檎『勝訴ストリップ』

4月 ■テレビ朝日「内村プロデュース」「完売劇場」放送開始 ■テレビ東京系アニメ「ラブひな」放映開始 ■「SUPER FLAT」展、パルコミュージアムで開催：キュレーション＝村上隆 ■福田和也『作家の値うち』 ■斉藤環『戦闘美少女の精神分析』

5月 ■浅田彰『20世紀文化の臨界』

6月 ■ともさかりえ「少女ロボット」 ■田口ランディ『コンセント』 ■柄谷行人ら、NAM設立

7月 ■電気グルーヴ『イルボン2000』 ■ナンバーガール『SAPPUKEI』 ■矢沢あい「NANA」 ■村上龍『希望の国のエクソダス』 ■柳美里『命』 ■林文浩『外道伝』

8月 ■土屋豊監督『新しい神様』公開 ■村上隆、海洋堂「ワンダーフェスティバル」に出品 ■「Google」日本語版スタート

9月 ■戸川純『20th Jun Togawa』 ■恋愛アドベンチャーゲーム「AIR」発売 ■代々木公園で「HAPPERS ALL STARS」開催 ■上野俊哉・毛利嘉孝『カルチュラル・スタディーズ入門』

10月 ■フジテレビ「ワンナイR&R」放送開始 ■NITRO MICROPHONE UNDERGROUND『NITRO MICROPHONE UNDERGROUND』 ■氣志團「房総与太郎路薫狼琉」 ■雨宮処凛『生き地獄天国』 ■宮台真司・速水由紀子『サイファ 覚醒せよ！』

11月 ■内藤啓介『ちんかめ』 ■嶽本野ばら『ミシン』 ■東浩紀『不過視なものの世界』 ■柄谷行人『NAM 原理』 ■小林よしのり『台湾論』 ■飯島愛『プラトニック・セックス』

12月 ■深作欣二監督『バトル・ロワイアル』公開 ■コミックマーケットで「TYPE-MOON」による同人ソフト「月姫（つきひめ）」頒布 ■『ゴシック&ロリータバイブル』創刊 ■斎藤美奈子『モダンガール論』

1月　●6日 **中央省庁再編**：内閣府・厚生労働省・文部科学省・財務省・国土交通省など、1府12省庁体制に　●6日 **原子力安全・保安院発足**　●6日 第1回経済財政諮問会議開催　●20日 ブッシュ米大統領が就任　●23日 秘書がKSDから資金提供を受けたと追及された額賀福志郎経済財政担当相が辞任

2月　●10日 ハワイ沖で愛媛県宇和島水産高校実習船「えひめ丸」が米原潜と衝突　●20日 田中康夫長野県知事、ダム建設中止を表明：**脱ダム宣言**

3月　●19日 量的金融緩和政策、開始　●24日 芸予地震：中国、四国地方を中心に最大震度6弱、2人が死亡、200人以上が負傷　●28日 アメリカ、地球温暖化防止の京都議定書に不支持を表明　●31日 ユニバーサル・スタジオ・ジャパン（USJ）、大阪市に開業

4月　●1日 情報公開法施行　●1日 さくら銀行と住友銀行が合併、三井住友銀行誕生　●2日 三和銀行と東海銀行、東洋信託銀行の3行が経営統合、金融持株会社UFJホールディングスが発足　●3日 教科書検定、「新しい歴史教科書をつくる会」の中学「歴史」「公民」が合格　●6日 DV防止法成立、10月13日 施行　●6日 森喜朗首相、退陣を表明　●24日 **自民党総裁選、小泉純一郎が圧勝**、幹事長に山崎拓　●26日 **小泉純一郎内閣成立**：公明党・保守党との3党連立、外相に田中眞紀子

5月　●1日 金正日総書記の長男金正男とみられる偽造旅券所持の男が成田空港で身柄拘束　●8日 武富士弘前支店強盗殺人・放火事件発生：従業員5人が焼死　●11日 熊本地裁、ハンセン病国家賠償請求訴訟で国の違憲性を認め、賠償金支払いを命じる

6月　●8日 大阪教育大附属池田小学校に男が乱入、包丁で児童8人を刺殺　●29日 **第19回参議院議員選挙**：非拘束名簿式導入→自民、小泉人気に乗って大勝　●13日 小泉純一郎首相、1996年の橋本首相以来の、靖国神社参拝

9月　●11日 **アメリカ同時多発テロ事件**発生　●19日 政府、米軍の反テロ行動支援を決定：自衛隊の米軍支援や、自衛艦の派遣　●22日 千葉県で日本初のBSE感染が確認される

10月　●7日 アメリカ、アルカイダとタリバンに対する軍事行動開始、アフガニスタン空爆　●15日 小泉首相が訪韓、金大中大統領と会談：植民地支配について「反省とおわび」を表明　●23日 AppleがiPod発表：当初はMacintosh専用　●29日 **テロ対策特別措置法案**などテロ関連3法案、参議院で可決・成立

11月　●1日 東京証券取引所が株式会社に組織変更　●9日 軍事行動支援で初めて自衛隊が海外派遣　●10日 世界貿易機関（WTO）、中国の加盟を承認　●13日 アフガニスタン・反タリバン勢力の北部同盟、首都カブールを制圧

12月　●22日 海上保安庁巡視船、奄美大島北西で不審船発見、交戦：不審船は沈没

1月　■矢部史郎・山の手緑『無産大衆神髄』（河出書房新社）　■青山真治監督『EUREKA ユリイカ』公開

2月　■「バーチャルネットアイドル・ちゆ12歳」開設　■くるり『TEAM ROCK』　■神保哲生・宮台真司「マル激トーク・オン・ディマンド」開始

3月　■RIP SLYME「ステッパーズ・ディライト」　■ピチカート・ファイヴが解散　■内田樹『ためらいの倫理学』　■舞城王太郎『煙か土か食い物』　■ノンフィクション作家・井田真木子が死去

4月　■フジテレビ「はねるのトびら」放送開始　■テレビ朝日「虎の門」放送開始　■原恵一監督『クレヨンしんちゃん 嵐を呼ぶ モーレツ！オトナ帝国の逆襲』公開　■松浦亜弥「ドッキドキ！LOVEメール」でデビュー

5月　■KICK THE CAN CREWが「スーパーオリジナル」でメジャーデビュー　■「小泉内閣メールマガジン」開始：初代編集長は安倍晋三　■砂原良徳『LOVEBEAT』

6月　■編集者・青山正明が自殺　■阿部嘉昭『精解サブカルチャー講義』　■高田理恵子『文学部をめぐる病い』　■吉田豪『男気万字固め』

7月　■電気グルーヴ『The Last Supper』　■「人力検索はてな」開始　■酒井隆史『自由論』　■大塚英志『戦後民主主義のリハビリテーション』　■宮崎駿監督『千と千尋の神隠し』公開

8月　■KICK THE CAN CREWのKREVAがB-BOY PARK MCバトルにて3連覇を達成　■DATE COURSE PENTAGON ROYAL GARDEN『アイアンマウンテン報告』　■東京大学駒場寮で、学生立ち退きの強制執行　■「ふたば☆ちゃんねる」開始　■野田努『ブラック・マシン・ミュージック』

9月　■電気グルーヴ、「WIRE01」でのライヴを最後に活動休止を宣言

10月　■西和彦ら、掲示板「1ch.tv」開設　■行定勲監督・宮藤官九郎脚本『GO』公開：主演=窪塚洋介　■コーネリアス『Point』

11月　■コミュニティサイト「関心空間」開始　■WinMX利用者の逮捕が28日より相次ぐ　■東浩紀『動物化するポストモダン』　■エゴ・ラッピン「色彩のブルース」

12月　■2chで「田代砲」祭りおこる　■山本英夫原作・三池崇史監督『殺し屋1』公開　■テレビ朝日「M-1グランプリ」放送開始　■福田和也・大塚英志『最後の対話』　■井上トシユキ、神宮前.org『2ちゃんねる宣言 挑発するメディア』

平成14年

2002

1月 ●1日 通貨ユーロの現金流通、EU（欧州連合）12か国でスタート ●21日 東京でアフガニスタン復興支援国際会議開催：45億ドルの援助など決定 ●29日 ブッシュ米大統領、一般教書演説で**北朝鮮・イラク・イランを「悪の枢軸」と非難**

2月 ●22日 雪印食品、会社解散を決定

3月 ●15日 鈴木宗男衆議院議員、北方四島支援業者選定に関与の疑惑により、自民党離党 ●18日 加藤紘一衆議院議員、秘書の脱税容疑逮捕により自民党離党 ●26日 辻元清美社民党衆議院議員、秘書給与の詐取疑惑の責任を取り議員辞職

4月 ●1日 完全学校週5日制の**ゆとり教育がスタート** ●21日 小泉首相、靖国神社に繰り上げ参拝

5月 ●3日 1987年の朝日新聞阪神支局襲撃事件、時効成立 ●24日 大手銀行2002年3月期の不良債権残高、過去最高の26兆7814億円 ●28日 経団連と日経連が統合、日本経団連が発足 ●31日 第17回サッカー・ワールドカップ日韓大会、ソウルで開幕

6月 ●24日 東京都千代田区で全国初の歩きタバコ禁止条例が成立 ●26日 第28回サミット、カナダ・カナナスキスで開幕

7月 ●16日 自民党内に「例外的に夫婦の別姓を実現させる会」発足 ●21日 米第2位の通信会社ワールドコム、粉飾決算が発覚し破綻、負債総額は米史上最大級

8月 ●5日 住民基本台帳ネットワークシステム（住基ネット）スタート ●9日 田中眞紀子衆議院議員、公設秘書給与流用疑惑の責任を取り議員辞職 ●27日 東京地裁、中国人提訴の旧日本軍731部隊・細菌戦損害補償裁判判決で細菌戦を初認定、賠償請求は棄却

9月 ●1日 田中康夫、県議会の不信任決議を受けた長野県出直し知事選挙で再選 ●10日 スイス、国連に190番目の加盟 ●17日 小泉首相、初の訪朝で金正日総書記と会談

10月 ●12日 インドネシア・バリ島で爆弾テロ事件 ●15日 北朝鮮に拉致された5人の日本人、帰国し家族と再会 ●16日 米国務省、北朝鮮が核兵器開発を認めたと発表 ●23日 チェチェン共和国武装グループ、モスクワの劇場を占拠 ●25日 石井紘基刺殺事件発生

11月 ●8日 国連安保理、イラクの大量破壊兵器査察の完全実施を求める決議を採択 ●13日 イラク、国連安保理決議を受諾、大量破壊兵器査察が4年ぶりに再開 ●14日 中央教育審議会、教育基本法見直しの中間報告、愛国心を強調 ●29日 日銀、銀行保有株の買い取りを開始

12月 ●11日 構造改革特区法成立 ●12日 北朝鮮外務省、核施設の稼働と建設再開を表明 ●16日 海上自衛隊、米英軍後方支援のためイージス艦を派遣、対米支援では初

1月 ■TBS「木更津キャッツアイ」放送開始 ■宇野常寛「惑星開発委員会」開始

2月 ■新海誠監督『ほしのこえ』公開 ■BUMP OF CHICKEN、メジャー1stアルバム『jupiter』 ■マイクロソフト「Xbox」発売 ■小沢健二『Eclectic』 ■氷川竜介『フィルムとしてのガンダム』 ■西尾維新『クビキリサイクル』 ■鈴木宗男の肉声をサンプリングした「ムネオハウス」が誕生

3月 ■国内初のコピーコントロールCD（CCCD）発売 ■庵野秀明と安野モヨコ、入籍・結婚 ■上野千鶴子・小倉千加子『ザ・フェミニズム』

4月 ■キングギドラ「UNSTOPPABLE」「F.F.B.」→収録曲の歌詞の内容が問題に ■ナンバーガール『Num-Heavymetallic』 ■THINK TANK『BLACK SMOKER』 ■小林よしのり責任編集『わしズム』（幻冬舎・小学館）創刊 ■仲正昌樹『ポスト・モダンの左旋回』

5月 ■「はてなアンテナ」サービス開始 ■ファイル共有ソフト「Winny」公開

6月 ■MS CRU『帝都崩壊』 ■下高井戸に「トラスムンド」オープン

7月 ■日本テレビ「私立探偵 濱マイク」放送開始 ■女優、戸川京子が自殺 ■曽利文彦監督『ピンポン』公開 ■2ch利用者が「湘南ゴミ拾いオフ」実施

8月 ■「ひぐらしのなく頃に 鬼隠し編」コミックマーケット62に出展 ■ソニン「カレーライスの女」 ■「あやしいわーるど＠暫定」にて「ツンデレ」という単語が誕生 ■みうらじゅん・伊集院光『D.T.』 ■『新現実』（角川書店）創刊

9月 ■SPANK HAPPY『COMPUTER HOUSE OF MODE』 ■香山リカ『ぷちナショナリズム症候群』 ■町山智浩『〈映画の見方〉がわかる本』 ■嶽本野ばら『下妻物語』 ■「ku:nel」（マガジンハウス）創刊

10月 ■フジテレビ「トリビアの泉」 ■関西テレビ「R-1ぐらんぷり」放送開始 ■薗田賢次監督『凶気の桜』公開 ■小熊英二『〈民主〉と〈愛国〉』 ■赤田祐一『証言構成『ポパイ』の時代』

11月 ■ナンバーガール解散 ■「文学フリマ」開始

12月 ■グループ魂『Run魂Run』

2003

1月 ●10日 北朝鮮、核拡散防止条約脱退を宣言 ●16日 ゼネコン汚職事件：元建設相中村喜四郎被告の上告を最高裁が棄却、懲役1年6か月の実刑判決、議員失職

2月 ●1日 米スペースシャトル「コロンビア」が大気圏再突入時に空中分解、乗員7人全員が死亡 ●4日 ユーゴスラビア連邦共和国がセルビア・モンテネグロに改称 ●15日 世界約60か国、600以上の都市でイラク戦争反対のデモ発生、1000万人以上が参加 ●18日 脱北者4人が北京の日本人学校に駆け込む ●25日 韓国大統領に盧武鉉が就任

3月 ●5日 中国全国人民代表大会、国家主席に胡錦濤・共産党総書記を選出 ●11日 ハーグに国際刑事裁判所（ICC）発足 ●20日 **イラク戦争開戦**：米軍がイラクの首都バグダッドの拠点を攻撃

4月 ■中国、広東省・香港などでSARS発生、7月までに死者774人 ●1日 日本郵政公社発足 ●9日 米英軍、バグダッドを制圧、フセイン体制崩壊 ●16日 WHO、中国広東省から流行が始まった新型肺炎を「重症急性呼吸器症候群（SARS）」と命名 ●28日 日経平均株価終値、7607円88銭に下落：バブル崩壊後の最安値

5月 ●1日 イラク戦争：ブッシュ大統領、戦闘終結宣言 ●8日 産業再生機構、業務開始 ●17日 りそなグループに公的資金約2兆円の投入が決定 ●20日 KSD事件：東京地裁、村上正邦元自民党参議院議員会長に対し実刑判決 ●23日 **個人情報保護法成立**

6月 ●6日 **有事法制関連3法が成立** ●21日 日本共産党、党綱領改定案を公表：天皇制廃止の要求を削除、自衛隊の存続を容認 ●27日 政府「経済財政運営と構造改革に関する基本方針」を閣議決定

7月 ●18日 元衆議院議員の辻元清美ら、秘書給与を流用したとして逮捕 ●26日 イラク復興支援特別措置法成立：非戦闘地域への自衛隊派遣が可能に

8月 ●25日 **住民基本台帳ネットワークシステム**が本格稼働 ●27日 北朝鮮の核問題をめぐり、初の六か国協議開催

9月 ●20日 自民党総裁選挙：小泉純一郎が再選 ●22日 小泉純一郎改造内閣成立 ●24日 民主党・自由党が合併

11月 ●9日 **第43回衆議院議員総選挙**：共産・社民惨敗、保守新党は解党し、自民に合流 ●15日 土井たか子社民党首辞任、後任に福島瑞穂幹事長 ●19日 第2次小泉純一郎内閣成立

12月 ●9日 政府、自衛隊イラク派遣の基本計画を決定 ●13日 イラク駐留米軍、ティクリート近郊でフセイン元大統領を拘束 ●19日 リビア、大量破壊兵器の放棄を表明 ●24日 政府、米国産牛肉の輸入を停止

1月 ■GOING STEADYが解散→峯田和伸は銀杏BOYZを結成 ■東浩紀『網状言論F改』 ■映画監督、深作欣二が死去

2月 ■椎名林檎『加爾基　精液　栗ノ花』 ■MSC『Matador』 ■森川嘉一郎『趣都の誕生』 ■NAM解散

3月 ■「はてなダイアリー」正式版サービス開始 ■安藤尋監督『blue』公開 ■文芸誌『en-taxi』（扶桑社）創刊 ■反戦運動「殺す・な」開始：発起人＝小田マサノリ、工藤キキ、椹木野衣、山本ゆうこ ■あずまきよひこ『よつばと！』 ■SAKEROCK『YUTA』

4月 ■日本テレビ「エンタの神様」放送開始 ■テレビ朝日「アメトーーク！」放送開始 ■ヤプーズ『CD-Y』 ■坪内祐三『一九七二』 ■東浩紀・大澤真幸『自由を考える』 ■大塚英志『アトムの命題』 ■杉並区、公園のトイレに「反戦」「スペクタクル社会」と落書きした男が逮捕 ■タナカカツキ『オッス！トン子ちゃん』

5月 ■渋谷知美『日本の童貞』 ■渋谷で「サウンドデモ」開催

6月 ■谷川流『涼宮ハルヒの憂鬱』 ■桐野夏生『グロテスク』

7月 ■津田大介『だからWinMXはやめられない』 ■韻踏合組合『ジャンガル』 ■アメリカで「MySpace」設立

8月 ■ECD『失点 in the park』 ■「Skype」設立

9月 ■松永英明「ウェブログ@ことのは」開始 ■桜井誠「Doronpa's Page～不思議の国の韓国」開始 ■仲正昌樹『「不自由」論』 ■北野武監督『座頭市』公開

10月 ■ミッシェル・ガン・エレファント解散 ■中川翔子「しょこたん☆にっき」開始 ■G.RINA『サーカスの娘』 ■荻上チキ「成城トランスカレッジ！」開始 ■森美術館開館 ■掲示板サイト（英語圏）「4chan」開設 ■阿部和重『シンセミア』上下 ■フジテレビ「ロバートホール」放送開始

11月 ■『萌える英単語～もえたん～』刊行 ■渋谷望『魂の労働』 ■K・K・「ワラッテイイトモ、」キリンアートアワード審査員特別優秀賞受賞 ■大場つぐみ原作・小畑健画『DEATH NOTE』 ■犬童一心監督『ジョゼと虎と魚たち』公開

12月 ■毛利嘉孝『文化＝政治』 ■田口トモロヲ監督『アイデン＆ティティ』公開 ■岡村と卓球『The Album』

1月 ●12日 山口県で鳥インフルエンザが発生 ●17日 共産党第23回大会、新綱領採択：天皇制と自衛隊を当面容認 ●19日 陸上自衛隊先遣隊、サマワに到着

2月 ●11日 吉野家、BSE発生に伴う米国産牛肉の輸入停止で、牛丼販売取りやめ ●27日 東京地裁、オウム真理教元代表の松本智津夫被告に死刑判決

3月 ●1日 改正労働者派遣法施行：製造現場への派遣解禁 ●11日 マドリードで列車爆破テロ発生 ●30日 都教委、卒業式の「君が代」斉唱時に起立しなかったとして教職員176人を処分

4月 ●7日 福岡地裁、首相の靖国神社参拝に違憲判決 ●8日 **イラクで日本人3人が拉致**→15日 全員解放→「**自己責任**」**論噴出** ●9日 イラクでの日本人人質事件をうけ自衛隊撤退求める集会やデモ ●18日 スペイン軍、イラク撤退を開始 ●26日 内閣官房に郵政民営化準備室設置 ●28日 米兵による拘置中のイラク人への虐待が発覚

5月 ●1日 EUに10か国が加盟、25か国体制に：東西ヨーロッパが融合 ●3日 自主憲法制定国民会議など「新しい憲法をつくる国民大会」開催 ●7日 福田康夫官房長官、年金未納問題により引責辞任 ●10日 皇太子「（雅子妃の）キャリアや人格を否定する動き」を指摘、波紋を呼ぶ ●21日 裁判員法成立 ●22日 **小泉首相、2度目の北朝鮮訪問**：拉致被害者の家族5人が帰国

6月 ●1日 イラク暫定政権発足：アラウィ首相就任 ●2日 道路公団民営化関連法案成立 ●10日 井上ひさし・梅原猛・大江健三郎ら9人の呼びかけで「**九条の会**」発足 ●14日 有事法制関連7法が成立 ●15日 自民党プロジェクトチーム、改憲に向けた「論点整理」発表

7月 ●11日 **第20回参議院議員選挙**：自民党不振、民主党が躍進 ●21日 アーミテージ米国務副長官「憲法9条は日米同盟の妨げ」と発言

8月 ●9日 関西電力の福井県・美浜原発で蒸気漏れ事故発生、5人死亡

9月 ●1日 脱北者29人が北京の日本人学校へ駆け込む ●10日 郵政民営化基本方針を閣議決定

10月 ●6日 米政府調査団、イラクに大量破壊兵器なしと発表 ●23日 **新潟県中越地震**発生：M6・8、死者68人 ●27日 イラクで日本人男性が武装グループに拘束 31日 遺体で発見 ●28日 天皇「『日の丸・君が代』は、強制でないことが望ましい」と発言

11月 ●1日 20年ぶりに新札発行：1000円札＝野口英世、5000円札＝樋口一葉 ●2日 ブッシュ米大統領が再選

12月 ●3日 初の「少子化社会白書」発表：「皆婚社会」の崩れを指摘 ●9日 閣議、イラクへの自衛隊派遣1年延長決定 ●9日 警察庁「オレオレ詐欺」多様化により「振り込め詐欺」と改称 ●26日 スマトラ沖地震発生：M9・0、死者・行方不明者30万人以上

1月 ■ZAZEN BOYS『ZAZEN BOYS』 ■金原ひとみ「蛇にピアス」、綿矢りさ「蹴りたい背中」芥川賞受賞 ■花沢健吾「ルサンチマン」 ■TOKONA-X『トウカイXテイオー』 ■TYPE-MOON「Fate / stay night」発売：シナリオ＝奈須きのこ

2月 ■ABCテレビ朝日系アニメ「ふたりはプリキュア」放映開始 ■アメリカで「Facebook」設立 ■チェルフィッチュ「三月の5日間」上演 ■大塚英志『「おたく」の精神史』 ■イー・マーキュリー「mixi」正式オープン

3月 ■押井守監督『イノセンス』公開 ■2chで「電車男」の投稿が開始 ■大森望・豊﨑由美『文学賞メッタ斬り！』 ■西島大介『凹村戦争』

4月 ■「日本文化チャンネル桜」設立 ■海猫沢めろん『左巻キ式ラストリゾート』 ■NHK、ドラマ「冬のソナタ」放送開始→韓流ブームおこる

5月 ■中島哲也監督『下妻物語』公開 ■ササキバラ・ゴウ『〈美少女〉の現代史』 ■樋口泰人、吉祥寺バウスシアターで「爆音上映」を開始

6月 ■KREVA「希望の炎」 ■2chに「ニュース速報（VIP）」板開設 ■日比谷野外音楽堂での2daysライブを最後にKICK THE CAN CREWが活動休止

7月 ■眞鍋かをり、ブログ「眞鍋かをりのココだけの話」開設 ■作家、中島らもが死去、享年52 ■坂口恭平『0円ハウス』 ■今日マチ子、ブログで「センネン画報」連載開始 ■モブ・ノリオ「介護入門」芥川賞受賞

8月 ■BUMP OF CHICKEN『ユグドラシル』 ■東浩紀責任編集、波状言論『美少女ゲームの臨界点』 ■よしながふみ「大奥」

9月 ■KREVA「音色」 ■東京事変「群青日和」 ■執行猶予中の田代まさし、大麻と覚醒剤の所持で逮捕 ■企画＝森川嘉一郎、ヴェネツィアビエンナーレ日本館「おたく：人格＝空間＝都市」 ■磯部涼『ヒーローはいつだって君をがっかりさせる』 ■東京・新木場で「RAW LIFE」開催

10月 ■フジテレビ「登竜門」放送開始 ■松尾スズキ監督『恋の門』公開 ■中野独人『電車男』（新潮社）→100万部突破

11月 ■KREVA、ソロ1stアルバム『新人クレバ』 ■中川翔子、ブログ「しょこたん☆ぶろぐ」開設

12月 ■竹熊健太郎、ブログ「たけくまメモ」開始 ■吉田豪『人間コク宝』

1月 ●1日 殺人事件の公訴時効が15年から25年に延長 ●12日 女性国際戦犯法廷に関するNHK報道番組への、安倍晋三・中川昭一自民党議員による介入が発覚 ●18日 日本経団連、改憲を求める提言書「わが国の基本問題を考える」 ●19日 広島高裁、在外被爆者の援護除外は違法と判決 ●26日 日中貿易額が2004年統計で日米貿易額を上回る

2月 ●8日 ライブドア、ニッポン放送の株式35%を取得、同社の筆頭株主に ●10日 北朝鮮、核兵器保有宣言 ●12日 自衛隊、イラクへ第5期派遣

3月 ●11日 文部科学白書「**ゆとり教育」の見直しへ** ●16日 島根県議会「竹島の日」条例を可決：韓国各地で反発起こる ●17日 日本政府、対中円借款の2008年度での終了を決定 ●17日 韓国・盧武鉉大統領「対日4大基調」（新韓日ドクトリン）を発表 ●25日 2005年日本国際博覧会（愛知万博）「愛・地球博」が開幕

4月 ●1日 ペイオフ解禁 ●1日 個人情報保護法が全面施行 ●1日 都立4大学が統合され「首都大学東京」開学 ●5日 自民党「過激な性教育・ジェンダーフリー教育実態調査プロジェクトチーム」立ち上げ→座長＝安倍晋三、事務局長＝山谷えり子 ●9日 中国で靖国・教科書問題に端を発する反日デモが拡大：北京の日本大使館などに投石 ●18日 フジテレビとライブドア、業務提携に合意 ●25日 JR福知山線で脱線事故発生：107人死亡

5月 ●9日 田園都市線で女性専用車両が導入 ●17日 総務省、ブログの開設者数が3月末で延べ約335万人に達したと発表

6月 ●22日 改正介護保険法が成立 ●28日 天皇・皇后、サイパン島を慰霊訪問：日米戦の死亡者を追悼

8月 ●2日 衆院本会議、戦後60年の国会決議を採択 ●8日 参院本会議、郵政民営化法案を否決→小泉首相、衆議院解散 ●12日 東京都杉並区「つくる会」教科書を採択 ●29日 大型ハリケーン「カトリーナ」アメリカ南部に上陸、被害甚大 ■国民新党・新党日本・新党大地結成

9月 ●11日 **第44回衆議院議員総選挙**：自民党が大勝 ●21日 第3次小泉純一郎内閣発足 ●29日 日本青年会議所（JC）「日本国憲法JC草案」を発表

10月 ●1日 バリ島で同時爆破テロ発生 ●13日 楽天、TBSに経営統合を申入れ ●14日 **郵政民営化法成立**：郵便・郵貯・簡保が持株会社下の子会社に ●28日 自民党、初の新憲法草案を発表：「自衛軍保持」を明記 ●31日 沖縄県と名護市：普天間移設案を拒否

11月 ●9日 超党派議連「国立追悼施設を考える会」発足 ●24日 首相の私的諮問機関、女性・女系の天皇を容認する報告書

12月 ●22日 厚生労働省、統計開始以来初めて日本の人口が自然減少となる見通しを発表

1月 ■銀杏BOYZ『DOOR』『君と僕の第三次世界大戦的恋愛革命』 ■井筒和幸監督『パッチギ！』公開

2月 ■北田暁大『嗤う日本の「ナショナリズム」』 ■動画共有サービス「YouTube」設立

3月 ■本田透『電波男』

4月 ■TBS「タイガー&ドラゴン」放送開始：脚本＝宮藤官九郎 ■毎日放送、TBS系「交響詩篇エウレカセブン」放映開始 ■フジテレビ、深夜アニメ枠「ノイタミナ」スタート ■テレビ朝日「オーラの泉」放送開始 ■宮藤官九郎監督『真夜中の弥次さん喜多さん』公開 ■ポツドール「愛の渦」上演

5月 ■ECD、書籍『失点イン・ザ・パーク』 ■YouTubeのベータ版が一般に公開 ■松本哉、高円寺に「素人の乱」1号店をオープン ■鈴木謙介『カーニヴァル化する社会』 ■ばるぼら『教科書には載らないニッポンのインターネットの歴史教科書』 ■第1回「KAIKOO」開催

6月 ■村上正典監督『電車男』公開 ■ケツメイシ『ケツノポリス4』 ■リリー・フランキー『東京タワー』 ■電気グルーヴ×スチャダラパー『電気グルーヴとかスチャダラパー』

7月 ■日本テレビ「女王の教室」放送開始 ■フジテレビ、ドラマ「電車男」放送開始：主題歌はサンボマスター ■山野車輪『マンガ嫌韓流』 ■飴屋法水「バ　ン　グント」展 ■秋元康・窪田康志・芝幸太郎「秋葉原48プロジェクト」を発足

8月 ■NANA starring MIKA NAKASHIMA「GLAMOROUS SKY」 ■ユリイカ特集「総特集＝オタクvsサブカル！」

9月 ■矢沢あい原作・大谷健太郎監督『NANA』公開 ■三浦展『下流社会』

10月 ■ネットレーベル「Maltine Records」設立 ■TBS「リンカーン」放送開始 ■テレビ東京「ゴッドタン」放送開始 ■杉田俊介『フリーターにとって「自由」とは何か』

11月 ■SHINGO☆西成「ゲットーの歌です（こんなんどうDEATH？）」 ■チャットモンチー「chatmonchy has come」でデビュー

12月 ■浅野いにお『ソラニン 1』 ■AKB48、AKB48劇場においてデビュー公演 ■第二次惑星開発委員会『PLANETS』創刊 ■大山卓也、株式会社ナターシャ設立

1月 ●1日 三菱東京UFJ銀行、発足 ●16日 東京地検特捜部、証券取引法違反容疑でライブドアを強制捜査 ●23日 **ライブドア堀江貴文社長ら、証券取引法違反容疑で逮捕**

2月 ●11日 社民党大会「社会民主党宣言」採択 ●16日 民主党・永田議員、衆院予算委でライブドア堀江社長の「送金メール」疑惑を追及 ●27日 台湾、民進党の陳水扁政権、中台「統一綱領」と国家統一委員会を廃止 ●28日 地方制度調査会、道州制導入を答申 ●28日 前原民主党代表、永田議員が追求したメールは偽メールとして謝罪

3月 ●9日 日銀、量的金融緩和政策を5年ぶりに解除 ●22日 共産党志位委員長と社民党福島党首会談、両党のトップ会談は78年以来

4月 ●14日 名古屋地裁、自衛隊イラク派兵違憲差止訴訟で原告敗訴の判決

5月 ●1日 日米安保協議、普天間基地移設と米海兵隊の一部グアム移転などに合意 ●11日 福井県生活学習館書架から「ジェンダーフリー」関連図書150冊撤去が判明、問題化 ●15日 日本ペンクラブ、共謀罪新設法案反対の声明、日本ジャーナリスト会議も廃案を求める緊急声明

6月 ●5日 村上ファンドの村上世彰代表、ニッポン放送株売買の証券取引法違反容疑で逮捕 ●7日 金融商品取引法成立 ●20日 小泉首相、陸上自衛隊のイラク撤退表明 ●20日 夕張市、財政再建団体申請を表明

7月 ●14日 日銀、ゼロ金利政策を解除 ●15日 国連安保理、北朝鮮非難決議 ●19日 安倍晋三、自らの政治信条を綴った自著『美しい国へ』刊行 ●20日 昭和天皇のA級戦犯合祀に対する不快感を記した宮内庁メモが発見されたと報じられる ●27日 政府、米国産牛肉輸入再開を決定

8月 ●15日 小泉首相、終戦記念日に靖国神社参拝、中国と韓国が抗議

9月 ●15日 オウム真理教事件：松本智津夫被告の死刑が確定 ●20日 自民党総裁選、安倍晋三新総裁選出：中川秀直幹事長、中川昭一政調会長、丹羽雄哉総務会長就任 ●26日 **第1次安倍晋三内閣発足**

10月 ●9日 北朝鮮、地下核実験の成功を発表 ●11日 政府、北朝鮮核実験に対し独自制裁を決定。輸入・入港全面禁止などが柱 ●27日 テロ対策特別措置法を1年延長する改正法成立

11月 ●5日 イラク高等法廷、フセイン元大統領に死刑判決、12月30日 執行 ●19日 沖縄県知事選で与党支援の仲井真弘多候補、野党統一候補を破って当選 ●22日 政府月例経済報告、4年10か月連続の景気拡大で「いざなぎ超え」と判断

12月 ●13日 京都地裁、ファイル交換ソフト「Winny」開発者に著作権法違反幇助の有罪判決 ●15日 **改正教育基本法成立**

1月 ■AKB48の運営・管理業務を行う株式会社「AKS」設立

2月 ■KREVA、2ndアルバム『愛・自分博』→日本語ラップソロアーティスト初、オリコンウィークリーチャート1位を獲得 ■AKB48、シングル「桜の花びらたち」 ■梅田望夫『ウェブ進化論』 ■宇川直宏+他社比社「MixroOffice」オープン

3月 ■小沢健二『Ecology of Everyday Life 毎日の環境学』 ■木村カエラ「sakusaku」のMCから卒業

4月 ■関西テレビほか、アニメ「ひぐらしのなく頃に」放映開始 ■チバテレビほか、「涼宮ハルヒの憂鬱」放映開始 ■高原基彰『不安型ナショナリズムの時代』

5月 ■STRUGGLE FOR PRIDE『YOU BARK WE BITE』 ■中島哲也監督『嫌われ松子の一生』公開 ■矢部史郎・山の手緑『愛と暴力の現代思想』

6月 ■村上隆『芸術起業論』 ■宮台真司・上野千鶴子・斎藤環ほか『バックラッシュ!――なぜジェンダーフリーは叩かれたのか?』 ■長野県で第1回「TAICO CLUB」開催

7月 ■細田守監督『時をかける少女』公開 ■チャットモンチー『耳鳴り』 ■高田雅博監督『ハチミツとクローバー』公開 ■「Twitter」サービス開始 ■宮沢章夫『東京大学「80年代地下文化論」講義』

8月 ■太田光・中沢新一『憲法九条を世界遺産に』 ■都築響一『夜露死苦現代詩』 ■米澤穂信『ボトルネック』

9月 ■『hon-nin』（太田出版）創刊：スーパーバイザー=松尾スズキ ■冨永昌敬監督『パビリオン山椒魚』公開 ■安田理央・雨宮まみ『エロの敵』

10月 ■AKB48、メジャーデビューシングル「会いたかった」 ■毎日放送「コードギアス 反逆のルルーシュ」 ■TBSラジオ「文化系トークラジオLife」 ■マキタ学級『マキタスポーツの金もうけ』 ■美嘉『恋空』上下→ケータイ小説ブームへ ■山本直樹『レッド』

11月 ■森見登美彦『夜は短し歩けよ乙女』 ■今敏監督『パプリカ』公開 ■萱野稔人『カネと暴力の系譜学』 ■永山薫『エロマンガ・スタディーズ』 ■浅羽通明『右翼と左翼』 ■坂本龍一、レーベル「commmons」立ち上げ ■SWANKY SWIPE『Bunks Marmalade』

12月 ■「ニコニコ動画」サービス開始 ■在日特権を許さない市民の会（在特会）設立 ■SEEDA『花と雨』 ■ANARCHY『ROB THE WORLD』

1月 ●9日 **防衛庁が昇格し、防衛省発足**：防衛大臣＝久間章生 ●21日 タレントの東国原英夫（そのまんま東）、宮崎県知事に当選 ●27日 柳澤伯夫厚生労働大臣、「女性は産む機械」と発言→野党、大臣辞任を要求 ●28日 日本の企業連合が受注した中国高速鉄道が営業運転を開始

2月 ●28日 政府、国家安全保障会議（NSC）創設準備室を内閣官房に設置

3月 ●1日 安倍首相、従軍慰安婦問題について「強制性があったことを証明する証拠はなかった」と発言 ●15日 北陸電力志賀原発で、1999年に臨界事故があったと判明→東北電力女川原発、東京電力福島第二原発などのトラブル隠しも判明

4月 ●24日 全国学力テスト、43年ぶりに実施

5月 ●6日 フランス大統領選：保守系サルコジ党首、社会党候補を破る ●14日 **国民投票法（日本国憲法の改正手続に関する法律）成立** ●21日 離婚後300日以内の出生でも再婚相手の子と認める特例スタート ●28日 赤坂議員宿舎で、松岡利勝農林水産大臣が自殺

7月 ●3日 久間章生防衛相、原爆投下を「しょうがない」と発言、引責辞任 ●16日 新潟県中越沖地震：M6・8、死者15人、東電柏崎刈羽原発で火災発生 ●17日 赤城徳彦農林水産大臣、定例閣議後の会見に絆創膏を貼って現れる ●29日 **第21回参議院議員選挙**：自民党は1989年以来の歴史的大敗、民主党が圧勝、参院の第1党となる ●30日 アメリカ下院「従軍慰安婦」問題で日本政府へ公式謝罪要求の決議

8月 ●9日 サブプライム＝ショック発生：世界同時株安、米欧日の中央銀行が資金供給 ●16日 岐阜県多治見市と埼玉県熊谷市で最高気温40・9℃、74年ぶりに記録更新

9月 ●12日 **安倍首相、急遽退陣を表明する記者会見**→13日 慶應義塾大学病院に緊急入院 ●25日 安倍晋三内閣総辞職、**福田康夫内閣成立**

10月 ●1日 日本郵政グループ発足 ●30日 国会内で民主党と自民党の党首会談：「大連立」をめぐる憶測が飛び交う

11月 ●1日 テロ対策特措法の期限終了、インド洋の海上自衛隊に撤退命令 ●2日 **福田康夫、小沢一郎と連立政権について党首会談**→小沢を除く民主党は連立に反対 ●21日 京都大学、ヒトの皮膚細胞からiPS細胞の作製に成功と発表

12月 ●19日 韓国大統領選挙、ハンナラ党の李明博が圧勝 ●23日 薬害肝炎訴訟：福田首相、被害者の全員一律救済の議員立法提出を表明

1月 ■アップル「iPhone」発表 ■六本木に国立新美術館開館 ■AKB48、「制服が邪魔をする」 ■東浩紀・北田暁大『東京から考える』

2月 ■フジテレビ「爆笑レッドカーペット」放送開始 ■音楽ニュースサイト「ナタリー」開設

3月 ■動画共有サービス「Ustream」スタート ■「Tumblr」スタート ■東浩紀『ゲーム的リアリズムの誕生』 ■新海誠監督『秒速5センチメートル』公開

4月 ■AKB48、3rdシングル「軽蔑していた愛情」 ■津田大介、Twitterを開始 ■TBSラジオ「ライムスター宇多丸のウィークエンド・シャッフル」放送開始 ■吉田修一『悪人』 ■中森明夫『アイドルにっぽん』

5月 ■「アートで候。会田誠山口晃展」上野の森美術館 ■円城塔『Self-Reference ENGINE』 ■原武史『滝山コミューン一九七四』 ■サカナクション『GO TO THE FUTURE』

6月 ■北野武監督『監督・ばんざい！』公開 ■松本人志監督『大日本人』公開 ■結城浩『数学ガール』 ■相対性理論『シフォン主義』

7月 ■AKB48、4thシングル「BINGO！」

8月 ■有吉弘行「アメトーーク！」内での「おしゃクソ事変」 ■AKB48、5thシングル「僕の太陽」 ■松江哲明監督『童貞。をプロデュース』

9月 ■クリプトン・フューチャー・メディア、VOCALOID2「初音ミク」発売 ■KREVA、3rdアルバム『よろしくお願いします』 ■「pixiv」スタート ■庵野秀明総監督『ヱヴァンゲリヲン新劇場版：序』公開

10月 ■Perfume「ポリリズム」 ■七尾旅人『911FANTASIA』 ■TBS「あらびき団」放送開始 ■AKB48「夕陽を見ているか？」 ■荻上チキ『ウェブ炎上』 ■雨宮処凛『プレカリアート』 ■赤木智弘『若者を見殺しにする国』 ■ゆらゆら帝国『空洞です』

11月 ■富田克也監督『国道20号線』公開

12月 ■BUMP OF CHICKEN『orbital period』 ■「ニコニコ生放送」スタート ■ケラリーノ・サンドロヴィッチ監督『グミ・チョコレート・パイン』公開 ■東京・渋谷の「CISCO RECORDS」実店舗を閉店 ■末次由紀『ちはやふる』

1月 ●7日 東京都・埼玉県・福井県でタクシーの全面禁煙化実施 ●11日 補給支援特措法、衆議院で可決→海上自衛隊、インド洋に再派遣 ●11日 東京労働局、日雇い派遣大手グッドウィルに事業停止命令 ●27日 大阪府知事選：弁護士の橋下徹が初当選 ■千葉県・兵庫県で中国製餃子による食中毒発生、有機リン系農薬検出

2月 ●15日 文科省、学習指導要領改訂案を公表 ●19日 千葉県房総半島沖で自衛艦「あたご」が漁船に衝突 ●25日 韓国／李明博大統領就任

3月 ●2日 ロシア大統領選挙：メドベージェフが圧勝、プーチンは首相に ●23日 茨城県土浦市の荒川沖駅構内と駅前で無差別殺傷事件、1人死亡、7人重軽傷 ●29日 反貧困ネットワーク主催「反貧困フェスタ」

4月 ●23日 **Twitter**日本語版が開設

5月 ●3日 フリーター全般労組など「自由と生存のメーデー」 ●3日 自主憲法制定国民会議など「新しい憲法をつくる国民大会」 ●12日 中国・四川省で地震発生、死者6万人超 ●28日 中国共産党の胡錦濤総書記と台湾国民党の呉伯雄主席、中台与党トップとして初の会談

6月 ●8日 **秋葉原無差別殺傷事件**発生 ●10日 改正性同一性障害特例法成立：子の成人後、戸籍上の性別変更が可能に ●24日 首相の私的諮問機関・安全保障懇談会、集団的自衛権行使を容認する提言

7月 ●7日 第34回北海道洞爺湖サミット開催

8月 ●8日 北京オリンピック開幕〜24日

9月 ●15日 **リーマン＝ショック発生**→不良債権処理のため世界的金融機関の公的救済、合併・統合へ ●16日 リーマン日本法人、民事再生法の適用を申請、負債総額3兆4000億円 ●18日 日米欧6中央銀行、ドルを自国市場に緊急供給、日銀は600億ドル ●24日 麻生太郎内閣成立 ●25日 米原子力空母ジョージ・ワシントンが横須賀に入港

10月 ●1日 観光庁発足 ●3日 アメリカ下院、金融安定化法を可決：7000億ドルの公的資金投入 ●14日 ブッシュ米大統領、金融危機対策を発表、金融機関への2500億ドルの公的資本注入など ●31日 防衛省、論文の内容が問題となり、田母神俊雄航空幕僚長を更迭

11月 ●4日 バラク・オバマ、アメリカ合衆国大統領に当選 ●15日 G20の金融サミット：世界金融安定への規制強化などを合意 ●28日 イラクの航空自衛隊に撤収命令

12月 ●5日 改正労基法成立：月60時間以上の時間外労働割増賃金率を50％に引き上げ ●13日 初の日中韓サミット、九州で開催 ●31日 東京・日比谷公園で「年越し派遣村」開設（〜2009年1月5日）：約500人が集まる

2月 ■AKB48「桜の花びらたち2008」 ■速水健朗『自分探しが止まらない』 ■大場つぐみ作・小畑健画『バクマン。』 ■「安全ちゃんオルグ日記」開始

3月 ■「東浩紀のゼロアカ道場」開始 ■泉信行『漫画をめぐる冒険　上巻：視点1』

4月 ■メールマガジン「αシノドス」開始 ■晋遊社ムック『m9』創刊 ■東浩紀・北田暁大・編『思想地図』創刊 ■湯浅誠『反貧困』 ■齋藤恵汰「渋家」発足

5月 ■「Facebook」日本語版開始 ■辻井喬・上野千鶴子『ポスト消費社会のゆくえ』 ■外山恒一『青いムーブメント』 ■『ロスジェネ』（かもがわ出版）創刊 ■映画『靖国 YASUKUNI』公開 ■ミドリ『あらためまして、はじめまして、ミドリです。』

6月 ■AKB48「Baby! Baby! Baby!」 ■BUMP OF CHICKEN『present from you』 ■速水健朗『ケータイ小説的。』 ■松本哉『貧乏人の逆襲！タダで生きる方法』

7月 ■岩崎夏海『もし高校野球の女子マネージャーがドラッカーの『マネジメント』を読んだら』公開 ■宇野常寛『ゼロ年代の想像力』 ■森岡正博『草食系男子の恋愛学』 ■宮崎駿監督『崖の上のポニョ』公開 ■pha「ギークハウスプロジェクト」開始 ■アップル、日本で「iPhone3G」発売

8月 ■赤塚不二夫、死去→葬儀でのタモリによる「弔辞」が話題に

9月 ■大澤真幸・編『アキハバラ発』 ■堀之内出版『POSSE』創刊 ■BES from SWANKY SWIPE『REBUILD』

10月 ■TBS「キングオブコント」放送開始 ■日本テレビ「AKBINGO!」放送開始 ■AKB48「大声ダイヤモンド」 ■Chim↑Pom が広島上空に飛行機雲で「ピカッ」の文字を描き物議を醸す ■濱野智史『アーキテクチャの生態系』 ■「Spotify」サービス開始

11月 ■福住廉『今日の限界芸術』 ■佐々木中『夜戦と永遠』 ■水村美苗『日本語が亡びるとき』 ■久保ミツロウ「モテキ」

12月 ■NHK「NHKオンデマンド」サービス開始 ■タレント、飯島愛が死去 ■でんぱ組「Mirror Magic？」

1月 ●20日 オバマ米大統領就任

2月 ●24日 麻生首相、オバマ大統領と初の日米首脳会談：在日米軍再編の着実な実施を確認

3月 ●10日 日経平均株価終値、バブル期の安値を更新し7054円98銭に

4月 ●26日 名古屋市長選：河村たかしが当選

5月 ●9日 米国から帰国した男性3人、新型インフルエンザに国内初の感染 ●21日 **裁判員制度が開始** ●27日 麻生首相と鳩山民主党代表、初の党首討論

6月 ●1日 アメリカ、GMが連邦破産法適用申請、一時国有化による再建へ ●1日 改正薬事法施行：薬局・薬店以外でも条件付きで一般用医薬品が販売可能に ●11日 新型インフルエンザが流行：WHO、パンデミックと判定 ●24日 公文書管理法成立、省庁の公文書管理などに統一ルール ●24日 改正育児介護休業法成立、短時間勤務制度導入を義務化

7月 ●5日 中国、新疆ウイグル自治区ウルムチでウイグル族デモと軍警が衝突 ●13日 野党4党、内閣不信任決議案と首相の問責決議案を提出→衆議院解散 ●19日 民主党・鳩山由紀夫代表、沖縄市の選挙演説で**普天間基地代替施設を「最低でも県外に」**と発言

8月 ●8日 みんなの党結成：代表＝渡辺喜美 ●30日 **第45回衆議院議員総選挙**：民主党が大勝、政権交代へ

9月 ●1日 消費者庁発足 ●9日 民主党・社民党・国民新党の3党が連立政権樹立で合意 ●16日 **鳩山由紀夫内閣発足**：副総理＝菅直人、官房長官＝平野博文、財務相＝藤井裕久 ●17日 前原誠司国土交通相、八ツ場ダム建設中止を表明 ●17日 岡田克也外相、核持込みなどの「日米密約」調査を命令

10月 ●9日 前原誠司国土交通相、48ダムの一時凍結を表明 ●14日 株式会社企業再生支援機構設立 ●26日 湯浅誠元年越し派遣村村長、内閣府参与に就任

11月 ●11日 行政刷新会議、2010年度予算に関しての「事業仕分け」開始 ●13日 オバマ米大統領来日、首脳会談で日米同盟強化に合意、普天間問題は進展なし ●17日 日米両政府、米軍普天間飛行場移設問題に関する閣僚級作業グループを発足 ●20日 厚生労働省、初めて日本の貧困率を15.7％と発表 ●20日 外務省で、核持込み密約を示す文書発見

12月 ●15日 鳩山首相、米軍普天間飛行場移設問題で移設先の決定を先送りする方針表明 ●21日 鳩山首相、暫定税率の実質維持を表明し謝罪

1月 ■園子温監督『愛のむきだし』公開 ■前野健太『さみしいだけ』 ■2MUCH CREW『BUBBLE YOU』

2月 ■勝間和代『断る力』 ■S.L.A.C.K.『MY SPACE』

3月 ■AKB48「10年桜」 ■SEEDA & DJ ISSO『CONCRETE GREEN 10』 ■RADWIMPS『アルトコロニーの定理』 ■入江悠監督『SR サイタマノラッパー』公開

4月 ■TBS「けいおん！」第1期放送開始 ■フジテレビほか『東のエデン』放送開始 ■テレビ東京系「たけしのニッポンのミカタ！」放送開始 ■THE BAWDIES『THIS IS MY STORY』 ■TOKYO MX「松嶋×町山 未公開映画を観るTV」放送開始

5月 ■村上春樹『1Q84 BOOK1』 ■ミュージシャン、忌野清志郎が死去

6月 ■AKB48選抜総選挙「神様に誓ってガチです」開催→前田敦子が1位 ■AKB48「涙サプライズ！」 ■庵野秀明総監督『ヱヴァンゲリヲン新劇場版：破』公開 ■堀あきこ『欲望のコード マンガにみるセクシュアリティの男女差』

7月 ■テレビ東京「週刊AKB」放送開始 ■チバテレビほか「狼と香辛料II」放送開始 ■TOKYO MXほか「化物語」放送開始 ■「NAVERまとめ」サービス開始 ■佐々木敦『ニッポンの思想』 ■毛利嘉孝『ストリートの思想』

8月 ■細田守監督『サマーウォーズ』公開 ■ももいろクローバー「ももいろパンチ」でデビュー ■秋葉原にクラブ「MOGRA」オープン

9月 ■KREVA『心臓』 ■七尾旅人×やけのはら「Rollin' Rollin'」 ■Hilcrhyme「春夏秋冬」 ■星野源『そして生活はつづく』 ■ニンテンドーDS用ソフト「ラブプラス」発売

10月 ■TOKYO MXほか「とある科学の超電磁砲」放送開始 ■ECD著・植本一子写真『ホームシック』 ■宇野常寛・更科修一郎『批評のジェノサイズ─サブカルチャー最終審判』 ■AKB48「RIVER」 ■ゴールデンボンバー「女々しくて」 ■Xbox 360版「STEINS;GATE」発売 ■Amazon、電子書籍リーダ「Kindle」発売 ■押見修造『惡の華』 ■PSG『DAVID』 ■ミュージシャン、加藤和彦が自殺

11月 ■片渕須直監督『マイマイ新子と千年の魔法』 ■神山健治監督『東のエデン 劇場版I The King of Eden』 ■ヤマザキマリ『テルマエ・ロマエ』

1月 ●1日 **日本年金機構発足** ●6日 反捕鯨団体シー・シェパードの船が日本の調査捕鯨船に衝突 ●12日 ハイチ／M7・0の地震発生：死者22万人以上 ●15日 新テロ対策特別措置法期限切れ：海上自衛隊、インド洋から撤収 ●24日 沖縄・名護市長選：普天間基地移設反対派の稲嶺進が当選 ●27日 輸出が過去最大の前年比33％減→中国がアメリカを抜き最大の輸出相手国に

3月 ●22日 Google、中国本土でのネット検索サービスを停止 ●26日 **子ども手当法成立**：15歳以下の子どもの保護者に手当を支給 ●31日 改正雇用保険法成立 ●31日 **平成の大合併終結**：市町村数が半減

4月 ●1日 子ども手当法・高校無償化法が施行 ●9日 厚労省、生活保護受給基準「最低生活費」を下回る所得の世帯229万世帯と発表 ●10日 平沼赳夫ら、新党「たちあがれ日本」結成 ●23日 舛添要一ら「新党改革」結成 ●25日 普天間問題：沖縄県内移設反対県民大会→県内全41市町村長が出席 ●27日 殺人事件の公訴時効が廃止

5月 ●1日 中国／上海万博開幕 ●18日 東国原宮崎県知事、口蹄疫で非常事態宣言 ●26日 沖ノ鳥島保全法成立→中国が反発 ●28日 日米両政府、普天間基地移設先を名護市辺野古とする共同声明→反対した福島瑞穂消費者相を罷免 ●30日 「排外主義を許さない5・30関西集会」大阪・扇町公園で開催→在特会に抗議

6月 ●2日 鳩山由紀夫首相、普天間問題で引責辞任、小沢一郎民主党幹事長も辞任へ ●4日 **菅直人内閣成立** ●13日 小惑星探査機「はやぶさ」7年ぶりに地球に帰還

7月 ●11日 **第22回参議院議員選挙**：民主党敗北、与党過半数割れ

8月 ●10日 「韓国併合」100年で、菅直人首相が談話、謝罪

9月 ●7日 **尖閣諸島付近で中国漁船が海上保安庁巡視船に衝突**

10月 ●5日 日銀「包括的な金融緩和政策」を決定→4年ぶりのゼロ金利・量的緩和・5兆円の資産購入など ●22日 ウィキリークス、イラク戦争に関する米軍機密文書約40万点を公開 ●26日 民主党、マニフェストで全面禁止としていた企業・団体献金を解禁

11月 ●4日 尖閣諸島中国漁船衝突事件の映像がYouTubeに流出 ●23日 北朝鮮、韓国の延坪島を砲撃：韓国兵2人、民間人2人死亡 ●29日 ちばてつや・秋本治ら、都青少年健全育成条例改正案に反対して都庁で会見

12月 ●15日 諫早湾干拓訴訟：国が上告を断念、水門開放決定 ●15日 東京都青少年健全育成条例改正 ●17日 防衛大綱決定：中国への懸念表明、「動的防衛力」に ●17日 閣議、第3次男女共同参画基本計画を決定

1月 ■花沢健吾原作・三浦大輔監督『ボーイズ・オン・ザ・ラン』公開 ■講談社「現代ビジネス」開始 ■「iPad」発売 ■在日ファンク『在日ファンク』

2月 ■朝井リョウ『桐島、部活やめるってよ』 ■ライムスター『マニフェスト』 ■前島賢『セカイ系とは何か』

3月 ■「日本経済新聞 電子版」開始 ■宇川直宏「DOMMUNE」開始 ■岡田斗司夫「オタキングex」開始 ■阿部和重『ピストルズ』 ■神聖かまってちゃん「友だちを殺してまで。」 ■雲田はるこ『昭和元禄落語心中』

4月 ■「コンテクチュアズ」設立 ■「カオス*ラウンジ2010 in 高橋コレクション日比谷」開催 ■NHK教育「スコラ 坂本龍一 音楽の学校」放送開始 ■AKB48『神曲たち』 ■DOTAMA『音楽ワルキューレ』 ■速水健朗・栗原裕一郎ほか『バンド臨終図巻』 ■福嶋亮大『神話が考える』

5月 ■「破滅*ラウンジ・再生*ラウンジ」渋谷で開催

6月 ■星野源『ばかのうた』 ■ニコ生「ニコ生トークセッション」開始 ■3331 Arts Chiyodaオープン ■経済産業省に「クール・ジャパン海外戦略室」設置 ■北野武監督『アウトレイジ』公開

7月 ■第1回「瀬戸内国際芸術祭」開催 ■ライター、村崎百郎が死去

8月 ■東浩紀・編『日本的想像力の未来』 ■やけのはら『THIS NIGHT IS STILL YOUNG』 ■LUVRAW &BTB『ヨコハマ・シティ・ブリーズ』 ■曽我部恵一 feat. PSG「サマー・シンフォニーver.2」 ■HMV渋谷が閉店

9月 ■KREVA、ミニアルバム『OASYS』 ■『ユリイカ』特集「10年代の日本文化のゆくえ」 ■チェルフィッチュ「わたしたちは無傷な別人である」上演

10月 ■フジテレビ「ピカルの定理」放送開始 ■「Instagram」サービス開始 ■上野千鶴子『女ぎらい―ニッポンのミソジニー』 ■佐々木中『切りとれ、あの祈る手を』 ■飴屋法水「わたしのすがた」

11月 ■マームとジプシー「ハロースクール、バイバイ」上演

12月 ■BUMP OF CHICKEN『COSMONAUT』

1月 ●11日「タイガーマスク現象」が拡大：全国の児童施設にランドセルや文具類が届く ●14日 チュニジア、ベンアリ大統領退陣要求デモで亡命→「アラブの春」はじまる ●20日 中国、2010年のGDPを発表：日本を抜き世界第2位となる

2月 ●11日 エジプト／ムバラク大統領辞任 ●14日 東京都の事実婚夫婦ら、夫婦別姓求め東京地裁に提訴 ●22日 ニュージーランド／M6・3の地震発生：死者185人

3月 ●11日 **東日本大震災発生**：三陸沖震源、M9・0→地震・津波で岩手・宮城・福島沿岸部に壊滅的被害 ●11日 **東京電力福島第一原発、地震により炉心冷却システム停止**→初の「**原子力緊急事態宣言**」**発令** ●12日 福島第一原発で爆発発生、放射性物質が拡散 ●12日 九州新幹線・鹿児島ルートが全線開業 ●14日 東京電力、茨城・千葉などで計画停電初実施 ●16日 **天皇が国民へビデオ・メッセージを送る** ●18日 原子力安全・保安院、原発事故レベルを「5」と発表 ●25日 政府、福島第一原発から半径20～30キロ圏内の住民に自主避難を要請

4月 ●10日 高円寺で「素人の乱」主催による反原発デモ ●12日 原発事故レベル、チェルノブイリ級の「7」に引き上げ ●25日 ライブドア事件で最高裁、堀江貴文被告の上告棄却、懲役2年6か月の判決確定

5月 ●1日 米軍、オサマ・ビン・ラディンを殺害 ●6日 菅首相、静岡県浜岡原発の停止を中部電力に要請→9日 停止決定

6月 ●3日 大阪府議会、教職員に「君が代」起立斉唱を義務付ける条例を可決 ●20日 復興基本法成立：復興庁を新設へ ●28日 B型肝炎患者救済の基本合意書に国が調印 ●30日 政府・与党、消費税増税を含む「社会保障と税一体改革成案」を決定

7月 ●5日 松本龍復興相、被災地知事への不適切発言などで辞任 ●22日 ノルウェー、オスロ中心部と近郊で連続テロ

8月 ●6日 ロンドン北部トッテナム地区で暴動発生、英全土に拡大 ●7日 お台場フジテレビ周辺で2000人規模の「韓流偏向放送に対するデモ」 ●23日 リビア反体制派、首都制圧カダフィ政権崩壊

9月 ●2日 **野田佳彦内閣発足** ●17日 ニューヨークで「**ウォール街を占拠せよ**」運動開始 ●19日「**さようなら原発5万人集会**」 ●22日 野田首相、原発輸出の継続を表明

10月 ●10日 政府、福島第一原発事故の除染方針を決定 ●20日 リビア／反体制派がカダフィ大佐を殺害

11月 ●25日 人口問題研究所調査、未婚男性「交際相手なし」6割突破 ●27日 大阪維新の会の橋下徹、大阪市長に当選、松井一郎、大阪府知事に当選

12月 ●16日 野田首相、原発事故は「冷温停止状態」で収束と宣言 ●19日 北朝鮮国営メディア、金正日総書記の死去を発表

1月 ■cero『WORLD RECORD』 ■「魔法少女まどか☆マギカ」放映開始 ■園子温監督『冷たい熱帯魚』公開

3月 ■各テレビ・ラジオ局が「USTREAM」や「ニコニコ動画」で震災関連番組を配信 ■星野源「くだらないの中に」 ■中島岳志『秋葉原事件』

4月 ■TOKYO MXほか「TIGER & BUNNY」放映開始 ■ヒャダイン「ヒャダインのカカカタ☆カタオモイ-C」 ■斉藤和義、自身の楽曲の替え歌「ずっとウソだった」をUSTREAMにup

5月 ■Chim↑Pom「LEVEL7 feat.『明日の神話』」：岡本太郎『明日の神話』に絵を付け足す ■山崎亮『コミュニティデザイン』 ■「もんじゅ君」Twitterを開始 ■「DOMMUNE FUKUSHIMA!」郡山から放送開始 ■大友良英・遠藤ミチロウ・和合亮一ら「プロジェクトFUKUSHIMA!」立ち上げ

6月 ■「LINE」サービス開始 ■開沼博『「フクシマ」論』 ■大野更紗『困ってるひと』 ■鎌田慧・坂本龍一ら呼びかけ、脱原発1千万人署名運動始まる ■飯田哲也・宮台真司『原発社会からの離脱』

7月 ■しりあがり寿『あの日からのマンガ』 ■宇野常寛『リトル・ピープルの時代』 ■ミュージシャン、レイ・ハラカミが死去

8月 ■竹内公太、福島第一原発のライブカメラで「指差し作業員」パフォーマンス ■タレント、島田紳助が芸能界引退

9月 ■KREVA『GO』 ■星野源『エピソード』 ■古市憲寿『絶望の国の幸福な若者たち』 ■瀧本哲史『武器としての決断思考』

10月 ■國分功一郎『暇と退屈の倫理学』 ■速水健朗『ラーメンと愛国』 ■「グノシー」公開 ■富田克也監督『サウダーヂ』公開 ■長谷川町蔵・大和田俊之『文化系のためのヒップホップ入門』 ■第1回「今夜が田中面舞踏会」開催 ■バナナ学園純情乙女組「バナ学バトル★☆熱血スポ魂秋の大運動会!!!!!」上演

11月 ■『アルテス』（アルテスパブリッシング）創刊 ■與那覇潤『中国化する日本』 ■市田良彦ほか『脱原発「異論」』 ■SIMI LAB『Page 1: ANATOMY OF INSANE』 ■落語家、立川談志が死去 ■東浩紀『一般意思2・0』

12月 ■フジテレビ「THE MANZAI」放送開始 ■雨宮まみ『女子をこじらせて』 ■辻田真佐憲『世界軍歌全集』

2月 ●10日 復興庁が発足 ●26日 野田首相、沖縄訪問：仲井真知事、普天間基地県外移設を主張 ●29日 東京・墨田区に東京スカイツリー竣工

3月 ●1日 格安航空会社、ピーチ・アビエーションが初就航 ●11日 国立劇場で政府主催の「東日本大震災一周年追悼式」開催 ●30日 福島復興再生特別措置法成立

4月 ●4日 大阪市北区のクラブ「NOON」に府警が突入：経営者ら8人が逮捕 ●12日 京都祇園軽ワゴン車暴走事故発生 ●13日 枝野幸男経産相、停止中の大飯原発について再起動を表明 ●16日 石原東京都知事、尖閣諸島の一部を都で買収すると表明

5月 ●5日 北海道電力泊原発3号機が定期点検、42年ぶりに**国内原発すべてが停止**

6月 ●15日 オウム真理教事件の最後の特別手配犯であった高橋克也を逮捕 ●16日 政府、大飯原子力発電所3、4号機の再稼働を決定 ●20日 **原子力規制委員会設置法が成立**

7月 ●1日 食品衛生法により、生の牛レバー（レバ刺し）の提供禁止 ●7日 野田首相、尖閣諸島国有化方針を発表 ●9日 出入国管理法改正に伴う「新しい在留管理制度」施行：外国人登録制度が廃止 ●11日 新党「国民の生活が第一」結成 ●16日 代々木公園で反原発集会：呼びかけ＝大江健三郎・坂本龍一ら ●17日 福島県飯舘村が放射線量に応じて避難区域を3区域に再編 ●23日 オスプレイが岩国基地に到着 ●31日 政府、東京電力に対し1兆円の公的資金を投入、国が筆頭株主に

8月 ●10日 消費税増税を柱とする社会保障・税一体改革関連法成立 ●10日 韓国／李明博大統領が竹島上陸を強行 ●19日 日本人活動家尖閣諸島上陸事件発生 ●22日 野田首相、官邸で脱原発を求める市民団体のメンバーと面会

9月 ●2日 東京・六本木のクラブ「フラワー」にて「関東連合」による暴行殺害事件 ●14日 政府「2030年代に原発稼働ゼロ」戦略決定→19日 閣議決定は見送り ●15日 中国／日本政府の尖閣諸島国有化に抗議するデモが各地で発生 ●26日 安倍晋三、石破茂を破り、自民党総裁に就任 ●28日 日本維新の会発足：代表＝橋下徹大阪市長

11月 ●6日 オバマ米大統領が再選 ●13日 新党「太陽の党」結成 ●15日 中国／習近平国家副主席を総書記に選出 ●16日 衆議院解散（近いうち解散）

12月 ●16日 東京都知事選：猪瀬直樹が当選 ●26日 野田内閣総辞職、第2次安倍晋三内閣成立 ●16日 **第46回衆議院議員総選挙**：→野党第一党の自民党が単独で絶対安定多数（269議席）を確保、与党に返り咲き→民主党は大敗　自民294、維新54、公明31、みんな18、共産8、民主57 ●29日 安倍首相、民主党政権の2030年代原発ゼロ目標を踏襲しないと表明

1月 ■MCバトル大会「戦極MC BATTLE」開始 ■宇野常寛・濱野智史『希望論』 ■きゃりーぱみゅぱみゅ「つけまつける」

2月 ■星野源「フィルム」 ■絓秀実『反原発の思想史』 ■矢部史郎『3・12の思想』 ■思想家・詩人、吉本隆明が死去

3月 ■神林長平『いま集合的無意識を、』 ■ジュンク堂新宿店が閉店

4月 ■TBSラジオ「たまむすび」放送開始 ■大森靖子『PINK』 ■津田大介『動員の革命』 ■五野井郁夫『「デモ」とは何か』 ■安田浩一『ネットと愛国』 ■飯田一史『ベストセラー・ライトノベルのしくみ』 ■「ニコニコ超会議」開催 ■田我流『B級映画のように 2』

5月 ■坂口恭平『独立国家のつくりかた』

6月 ■斎藤環『世界が土曜の夜の夢なら』 ■池井戸潤『ロスジェネの逆襲』

7月 ■tofubeats「水星」 ■BSスカパー！「BAZOOKA!!! 高校生RAP選手権」放送開始 ■細田守監督『おおかみこどもの雨と雪』公開 ■神林長平『ぼくらは都市を愛していた』 ■「NO NUKES 2012」開催

8月 ■小熊英二『社会を変えるには』 ■小林よしのり・中森明夫・宇野常寛・濱野智史『AKB48白熱論争』 ■宇川直宏主催「FREEDOMMUNE 0〈ZERO〉A NEW ZERO」開催 ■吉田大八監督『桐島、部活やめるってよ』公開 ■伊藤計劃・円城塔『屍者の帝国』 ■前田敦子、AKB48を卒業 ■松谷創一郎『ギャルと不思議ちゃん論』

9月 ■さやわか『僕たちのゲーム史』 ■ピースオブケイク「cakes」開始 ■快快「りんご」上演 ■アーバンギャルド「さよならサブカルチャー」

10月 ■TOKYO MXほか「ガールズ&パンツァー」 ■園子温監督『希望の国』公開

11月 ■「志賀理江子 螺旋海岸」展 at せんだいメディアテーク ■今野晴貴『ブラック企業』 ■「尊厳の芸術展」東京藝術大学美術館 ■イケダハヤト『年収150万円で僕らは自由に生きていく』

12月 ■星野源、くも膜下出血と診断され、活動を休止 ■濱野智史『前田敦子はキリストを超えた』 ■野間易通『金曜官邸前抗議』 ■津田大介「ゼゼヒヒ」開始 ■朝霧カフカ作・春河35画「文豪ストレイドッグス」

1月 ●16日 アルジェリア／イスラム武装勢力による人質事件：日本人10人死亡 ●22日 日銀と政府、デフレ脱却で協調：無期限金融緩和を導入

2月 ●22日 安倍首相とオバマ米大統領、初の首脳会談：首相、TPP交渉への参加を表明

3月 ●14日 中国・習近平国家主席就任 ●15日 安倍首相、TPP交渉参加を正式表明

4月 ●5日 日米両政府、嘉手納以南の米軍基地返還計画で合意→普天間は辺野古移設を前提に2022年度にも返還 ●7日 政府、北朝鮮ミサイル発射の動きに対し破壊措置命令を発令 ●19日 改正公職選挙法成立：**インターネット上の選挙運動を解禁** ●21日 在特会、東京・新大久保でデモ→**ヘイトスピーチ抗議行動おこる** ●28日 性的少数者や支援者による「東京レインボープライド2013」渋谷・原宿をパレード

5月 ●13日 橋下徹大阪市長「慰安婦制度は当時必要だった」「米軍は風俗業活用を」と発言 ●24日 マイナンバー法（共通番号法）成立：社会保障と納税を一つの個人番号で管理

6月 ●2日「6.2 NO NUKES DAY」明治公園・芝公園・国会前で集会 ●7日 日仏首脳会談：オランド仏大統領と次世代原子炉の共同開発を表明 ●14日 閣議、市販薬のネット販売原則解禁を決定

7月 ●21日 **第23回参議院議員選挙**：自民・公明が過半数獲得、「ねじれ国会」が解消 ●25日 福島瑞穂社民党党首、衆参両議院選挙における敗北を受け、党首を引責辞任 ●29日 麻生太郎副総理、憲法改正について「ナチスの手口に学んだらどうか」と発言

8月 ●9日 財務省「国の借金」が1008兆6281億円であると発表

9月 ●7日 IOC総会：安倍首相が福島の状況を「アンダーコントロール」と説明→2020年オリンピック開催地が東京に決定

10月 ●1日 政府、消費税率を5％から8％に引き上げる方針を決定 ●1日 生活保護受給者のジェネリック医薬品の使用、原則義務化 ●15日「黒子のバスケ」脅迫で産經新聞等に犯行声明文

11月 ●8日 園遊会で天皇に手紙を渡した山本太郎参院議員、皇室関連行事の出席に不許可 ●23日 中国／国防省、尖閣諸島上空を含む防空識別圏を設定 ●27日 国家安全保障会議（日本版NSC）設置法成立

12月 ●5日 改正民法成立：婚外子への遺産相続格差を廃止 ●6日 特定秘密保護法成立：安全保障の機密情報漏洩の公務員らへの罰則を強化 ●10日 最高裁、性別変更後の男性を父と認める初の判決 ●18日 東京電力、福島第一原発5・6号機の廃炉を決定 ●19日 猪瀬直樹都知事、徳州会グループからの現金5000万円受領問題で辞意表明 ●23日 南スーダンPKO、陸上自衛隊が韓国軍に保有弾薬を無償譲渡 ●27日 沖縄・仲井真県知事、普天間飛行場移設先の辺野古沿岸部埋立を承認

1月 ■AKB48の峯岸みなみ、週刊誌の報道に関し、頭髪を丸刈りにした姿で自ら謝罪 ■星野源『働く男』 ■小林よしのり、公式サイトでブログを開始 ■野間易通「レイシストをしばき隊」結成

2月 ■KREVA『SPACE』 ■星野源、J-WAVE『TOKIO HOT 100 CHART OF THE YEAR』授賞式にてステージに立ち仕事復帰 ■東浩紀、五反田に「ゲンロンカフェ」オープン ■ひろゆき、ニワンゴ取締役を辞任 ■菅付雅信『中身化する社会』

3月 ■宇野常寛『日本文化の論点』 ■FLA$HBACKS『FL$8KS』 ■大森靖子『魔法が使えないなら死にたい』 ■白井聡『永続敗戦論』 ■開沼博『漂白される社会』

4月 ■『艦隊これくしょん -艦これ-』配信開始 ■TBSラジオ「荻上チキ・Session-22」「東京ポッド許可局」放送開始 ■NHK-FM「星野源のラディカルアワー」放送開始 ■tofubeats『lost decade』 ■NHK連続テレビ小説「あまちゃん」放送開始：脚本＝宮藤官九郎 ■TOKYO MX、アニメ「惡の華」放映開始

5月 ■星野源『Stranger』 ■「ハフィントンポスト」日本語版が開設

6月 ■市井昌秀監督『箱入り息子の恋』公開：主演＝星野源 ■原田裕規・編著『ラッセンとは何だったのか？』 ■Seiho『ABSTRAKT SEX』

7月 ■『思想地図β』vol.4-1「チェルノブイリ・ダークツーリズム・ガイド」 ■三宅洋平、渋谷ハチ公前で「選挙フェス」開催 ■渋谷直角『カフェでよくかかっているJ-POPのボサノヴァカバーを歌う女の一生』

8月 ■大森靖子、DVD『つまらん夜はもうやめた』 ■マームとジプシー「cocoon」上演：原作＝今日マチ子 ■『ユースカ』（ジオラマブックス）創刊 ■片想い『片想インダハウス』

9月 ■星野源、再手術が成功し退院したことを発表 ■「NewsPicks」開始 ■「レイシストをしばき隊」解散、「C.R.A.C.」結成

10月 ■千葉雅也『動きすぎてはいけない』 ■福嶋亮大『復興文化論』

11月 ■野間易通『「在日特権」の虚構』 ■ECD・soakubeats「憧れのニューエラ／ラップごっこはこれでおしまい」

12月 ■大森靖子『絶対少女』 ■黒瀬陽平『情報社会の情念』 ■「特定秘密保護法に反対する学生有志の会（SASPL）」結成 ■ミュージシャン、大瀧詠一が死去

1月
●7日 **国家安全保障局**が発足 ●18日 キャロライン・ケネディ駐日米大使「米国政府はイルカの追い込み漁に反対」と表明 ●24日 第186回国会、安倍首相が施政方針演説：集団的自衛権行使容認に意欲、中国を名指し批判 ●24日 政府、「領土問題に関する専用サイト」立ち上げを発表 ●29日 理化学研究所「STAP細胞」の作製手法を発表

2月
●2日 宇都宮けんじ、渋谷駅ハチ公前で街宣：ECD×K-DUBら出演 ●3日 橋下徹大阪市長が辞職および「大阪都構想」を掲げて出直し選挙に出馬することを表明 ●9日 東京都知事選：舛添要一が当選 ●12日 衆院予算委：安倍首相が解釈改憲について「最高責任者は私」と発言

3月
●1日 ロシアがウクライナへの軍事介入を決定：オバマ米大統領は強い懸念を表明 ●8日 J1浦和の試合で差別的な横断幕が掲げられ、Jリーグ初の無観客試合処分に ●14日「STAP細胞」論文に「重大な過誤」があったと発表 ●18日 プーチン露大統領、クリミアのロシア編入を発表

4月
●16日 韓国／南西部で客船「セウォル号」が沈没：乗員・乗客299人が死亡 ●23日 オバマ米大統領来日 ●25日 大阪のクラブ「NOON」元経営者・金光被告に無罪判決

5月
●7日 小泉純一郎・細川護煕が「脱原発」を目指す社団法人を設立 ●22日 北朝鮮軍、北方限界線の南側を航行中の韓国軍艦艇の付近を砲撃 ●30日 国家公務員制度改革基本法により、内閣官房に**内閣人事局**設置

6月
●13日 改正国民投票法成立：憲法改正手続きを定める ●29日 イラク北部モスル一帯を支配した武装組織「イスラム国（IS）」樹立宣言

7月
●1日 政府、臨時閣議で集団的自衛権行使容認の政府見解を決定

8月
●5日『朝日新聞』旧日本軍「慰安婦」をめぐる過去の報道に誤りがあったとする記事を掲載

9月
●3日 第2次安倍晋三改造内閣成立：女性5人が入閣 ●30日 牛丼チェーン「すき家」、深夜のワンオペ解消のため、深夜営業一部休止を発表

10月
●15日 海上保安庁、小笠原諸島周辺でサンゴ密漁と見られる多数の中国漁船確認を発表

11月
●16日 沖縄県知事選：普天間基地辺野古移設反対派の翁長雄志が当選 ●18日 安倍首相、消費税率10％の実施延期と衆議院解散を表明 ●21日 東京都議会、セクハラヤジ問題の調査委員会設置の請願を否決 ●27日 OPEC、定例総会で減産見送り：世界的に原油価格が下落

12月
●9日 最高裁、京都朝鮮学校へのヘイトスピーチ訴訟で「在特会」に学校周辺での街宣活動禁止と損害賠償を命じる判決 ●10日 青色LED開発の赤﨑勇・天野浩・中村修二、ノーベル物理学賞受賞 ●14日 **第47回衆議院議員総選挙**：自民・公明が大勝、3分の2を維持 ●24日 第3次安倍晋三内閣発足

1月
■銀杏BOYZ『光のなかに立っていてね』

2月
■星野源、日本武道館で復帰ライブ ■BABYMETAL『BABYMETAL』 ■村上裕一『ネトウヨ化する日本』 ■家入一真、東京都知事選に出馬→落選 ■カンパニー松尾監督『劇場版テレクラキャノンボール2013』公開

3月
■三浦大輔監督『愛の渦』 ■BUMP OF CHICKEN『RAY』：収録曲「ray」は初音ミクとコラボレーション ■「テレフォンショッキング」に小沢健二、安倍晋三が出演 ■柳下毅一郎『皆殺し映画通信』 ■「笑っていいとも！」放送終了 ■加藤直樹『九月、東京の路上で』

4月
■TBS「水曜日のダウンタウン」放送開始 ■米津玄師『YANKEE』 ■「ニコニコ超会議3」幕張メッセ：自民党の「痛車」、共産党の宣伝カーが話題に ■ピースオブケイク「note」開始

5月
■KADOKAWAとドワンゴ、10月1日に経営統合されると発表 ■坂本慎太郎『ナマで踊ろう』 ■星野源『蘇える変態』

6月
■星野源「Crazy Crazy／桜の森」 ■石岡良治『視覚文化「超」講義』

7月
■Shiggy Jr.『LISTEN TO THE MUSIC』 ■KOHH『MONOCHROME』 ■ゆるめるモ！『Unforgettable Final Odyssey』 ■ろくでなし子、わいせつ電磁的記録頒布の疑いで逮捕 ■『噂の真相』元スタッフにより「LITERA」開始

8月
■ゲスの極み乙女。『猟奇的なキスを私にして』 ■「グランギニョル未来」上演：原案＝椹木野衣・飴屋法水

9月
■「反戦 来るべき戦争に抗うために」展 at SNOW Contemporary：企画＝土屋誠一

10月
■フジテレビ「ミレニアムズ」放送開始 ■tofubeats『First Album』 ■SEKAI NO OWARI『Dragon Night』 ■宮沢章夫『NHK ニッポン戦後サブカルチャー史』

11月
■椎名林檎『日出処』 ■水曜日のカンパネラ『私を鬼ヶ島に連れてって』 ■朴裕河『帝国の慰安婦』

12月
■大森靖子『洗脳』 ■大森靖子・金子山『大森靖子写真集 変態少女』 ■星野源『星野源雑談集1』

1月 ●20日 YouTubeに、ISILが日本人の後藤健二および湯川遥菜の殺害を予告する映像を投稿

2月 ●11日 子どもを対象とした福島県の甲状腺検査で初のがん確定 ●12日 国境なき記者団による「報道の自由度ランキング」日本が過去最悪となる61位に転落 ●18日 「朝日・グレンデール訴訟」提訴、前後して同種の集団訴訟おこる ●20日 川崎市で中1男子生徒殺害事件発生

3月 ●9日 日独首脳、首相官邸で会談：ウクライナ情勢安定への連携を確認 ●13日 法務省、2014年のネットによる人権侵害、前年の5割増と発表 ●20日 自公、安保法制で正式合意 ●31日 東京都渋谷区議会で**同性パートナーシップ条例**が成立

4月 ●22日 安倍首相、ジャカルタで習近平中国国家主席と会談：日中関係改善で一致 ●22日 小型無人機ドローンが首相官邸屋上に落下 ●28日 ワシントンで日米首脳会談：中国の海洋進出に対し日米同盟強化を確認

5月 ●3日 SASPLの後継団体として、**自由と民主主義のための学生緊急行動（SEALDs）**発足 ●17日 「大阪都構想」が住民投票で否決：橋下徹は政治家引退を表明

6月 ●5日 SEALDs主催国会前定例抗議行動開始→以降毎週金曜開催 ●10日 改正防衛省設置法成立：「文官統制」を撤廃 ●26日 「戦争したくなくてふるえる」デモ、札幌の19歳女性の呼びかけで開催

7月 ●16日 安保関連法案、衆院本会議で可決 ●17日 安倍首相、新国立競技場建設計画白紙撤回と表明 ●24日 首都圏反原発連合・全労連・SEALDs主催「安倍政権NO！ 首相官邸包囲」 ●24日 東京五輪・パラリンピックのエンブレムに、佐野研二郎の作品が選出

8月 ●3日 礒崎首相補佐官、安保法制をめぐり「法的安定性は関係ない」と発言、国会で陳謝 ●11日 鹿児島県、川内原発一号機が再稼働 ●14日 安倍首相「戦後70年談話」発表

9月 ●11日 **改正労働者派遣法成立**：企業は派遣社員の交替で業務継続可能に ●15日 参院安保法制特別委、中央公聴会開催：SEALDsの奥田愛基ら公述人として発言 ●19日 **安全保障関連法成立**：集団的自衛権行使の要件などを規定 ●24日 安倍首相「アベノミクス第2ステージ」「新・3本の矢」発表

10月 ●13日 翁長雄志沖縄県知事、名護市辺野古沿岸部の埋め立て承認取り消し ●31日 国政政党「おおさか維新の会」結党：代表に橋下徹大阪市長

11月 ●2日 日韓首脳会談：安倍首相と朴槿恵大統領、慰安婦問題の早期妥結で一致

12月 ●16日 最高裁、夫婦同姓規定に合憲判断 ●21日 次世代の党、党名を「日本のこころを大切にする党」に変更 ●28日 岸田文雄外相と韓国の尹炳世外相が会談→日本政府が約10億円を拠出、元慰安婦への支援事業を行うことなどで合意

1月 ■「表現の不自由展～消されたものたち」江古田・ギャラリー古藤～2月1日 ■大澤聡『批評メディア論』

2月 ■ロマン優光『日本人の99・9％はバカ』 ■九龍ジョー『メモリースティック』 ■内田樹・白井聡『日本戦後史論』

3月 ■又吉直樹『火花』 ■大森靖子＆THEピンクトカレフ『トカレフ』 ■寺尾紗穂『楕円の夢』 ■ザ・なつやすみバンド『パラード』 ■星野源・細野晴臣『地平線の相談』 ■石岡良治『「超」批評 視覚文化×マンガ』

4月 ■TOKYO MXほか、アニメ『響け！ ユーフォニアム』放映開始 ■武田砂鉄『紋切型社会』 ■ゲスの極み乙女。『私以外私じゃないの』

5月 ■星野源『SUN』 ■cero『Obscure Ride』 ■岸政彦『断片的なものの社会学』 ■竹内道宏監督『世界の終わりのいずこねこ』公開

6月 ■SAKEROCKが解散 ■自民党「文化芸術懇話会」で百田尚樹「沖縄の新聞を潰さないと」と発言

7月 ■Suchmos『THE BAY』 ■塚本晋也監督『野火』公開

8月 ■椎名林檎「長く短い祭／神様、仏様」 ■原田眞人監督『日本のいちばん長い日』公開 ■『CUTiE』（宝島社）休刊

9月 ■tofubeats『POSITIVE』 ■サカナクション「新宝島」 ■西野カナ「トリセツ」 ■テレビ朝日「フリースタイルダンジョン」放送開始 ■VIDEOTAPEMUSIC『世界各国の夜』 ■高橋源一郎・SEALDs『民主主義ってなんだ？』 ■姫乃たま『潜行』 ■マンガ家・はすみとしこ、Facebookにシリア難民を揶揄したイラストを公開

10月 ■テレビ東京ほか「おそ松さん」放映開始 ■乃木坂46「今、話したい誰かがいる」 ■「村上隆の五百羅漢図展」at 森美術館

11月 ■水島努監督『ガールズ＆パンツァー 劇場版』公開 ■マンガ家、水木しげるが死去、享年93 ■落合陽一『魔法の世紀』

12月 ■星野源『YELLOW DANCER』 ■電気グルーヴ、初のドキュメンタリー映画『DENKI GROOVE THE MOVIE? ～石野卓球とピエール瀧～』公開：監督＝大根仁 ■さやわか『キャラの思考法』 ■『ゲンロン』（ゲンロン）創刊

2016

1月 ●13日 東京商工リサーチ、2015年の企業倒産が8812件と発表 ●15日 高市早苗総務相、政治的公平性を欠く放送電波の停止可能性に言及

2月 ●8日 GAHT副代表・幸福実現党首ら、国連女性差別撤廃委の関連会合で慰安婦問題否定のスピーチ ●16日 総務省、2015年の正社員数が8年ぶり増加と発表 ●29日 「**保育園落ちた、日本死ね**」ブログ、衆院予算委員会で話題に

3月 ●20日 AEQUITAS(エキタス)、最低賃金1500円を求め新宿で街宣 ●27日 民主党と維新の党が合流、「民進党」旗揚げ ●29日 3世代同居を優遇する税制改正が国会で可決・成立 ●29日 文科省、各県に朝鮮学校への補助金の再考を促す通知

4月 ●14日 **熊本でM6・5の地震発生**

5月 ●21日 歌手として活動していた大学生、冨田真由さんがファンの男に刺され、重傷を負う ●24日 ヘイトスピーチ対策法、国会で成立 ●26日 G7伊勢志摩サミット開催〜27日→オバマ米大統領が広島を訪問：「核なき世界、追求する勇気」を強調

6月 ●21日 舛添要一都知事、政治資金の公私混同疑惑で辞職 ●25日 自民党、教育現場での「政治的中立を逸脱するような不適切な事例」をサイトで募集

7月 ●1日 特定の人種や民族への差別を煽るヘイトスピーチの抑止策を定めた大阪市条例全面施行：全国初 ●2日 朝日新聞、子ども食堂全国に319か所と調査報道 ●10日 **第24回参議院議員選挙**→与党が大勝、衆参両院で憲法改正に必要となる3分の2議席を「改憲派」が占める ●11日 沖縄県東村高江周辺のヘリパッド工事が再開 ●26日 相模原市の知的障がい者施設「津久井やまゆり園」で入所者の殺傷事件発生→19人死亡、職員を含む26人重軽傷、26歳元職員を逮捕 ●31日 東京都知事選：無所属の小池百合子が初当選

8月 ●8日 **明仁天皇「お気持ち」をビデオメッセージで発表**、退位の意向を表明 ●23日 徳島市で運転中の「ポケモンGO」による死亡事故発生

9月 ●15日 民進党代表選：蓮舫が当選

10月 ●18日 沖縄・高江で、大阪府警機動隊員が抗議者に「土人」発言

11月 ●15日 福島から横浜へ自主避難の中1男子、いじめを受けたことの手記を公表

12月 ●15日 カジノ解禁法が成立 ●20日 最高裁、普天間基地移設問題で沖縄県の敗訴を確定 ●21日 高速増殖炉「もんじゅ」の廃炉が決定 ●27日 安倍首相とオバマ米大統領、ハワイ・オアフ島の真珠湾で慰霊演説 ●27日 東芝、米国の原子力発電事業での数千億円規模の損失可能性を表明 ●28日 電通で新入社員が過労自殺した問題で、幹部社員が書類送検、社長は引責辞任

1月 ■Suchmos「STAY TUNE」 ■あっこゴリラ『TOKYO BANANA』

2月 ■戸川純×非常階段『戸川階段』 ■SKY-HI『カタルシス』 ■大森靖子+最果タヒ『かけがえのないマグマ 大森靖子激白』 ■BUMP OF CHICKEN『Butterfl-ies』 ■佐藤嘉幸・田口卓臣『脱原発の哲学』 ■藤田直哉・編『地域アート』

3月 ■大森靖子『TOKYO BLACK HOLE』 ■「星野源のオールナイトニッポン」放送開始 ■栗原康『村に火をつけ、白痴になれ』

4月 ■花沢健吾原作・佐藤信介監督『アイアムアヒーロー』公開 ■速水健朗『東京β』

5月 ■真利子哲也監督『ディストラクション・ベイビーズ』公開 ■山本圭『不審者のデモクラシー』 ■菅野完『日本会議の研究』

6月 ■ブレイディみかこ『ヨーロッパ・コーリング』 ■北田暁大・白井聡・五野井郁夫『リベラル再起動のために』

7月 ■スマートフォン用ゲーム「ポケモンGO」国内サービス開始 ■庵野秀明総監督『シン・ゴジラ』公開 ■「パープルタウンにおいでよ」展 at パープルーム予備校ほか ■福嶋亮大『厄介な遺産』

8月 ■SMAP、解散を発表 ■ピコ太郎「ペンパイナッポーアッポーペン」YouTubeに投稿

9月 ■山田尚子監督『映画 聲の形』公開 ■吉田修一原作・李相日監督『怒り』公開 ■WONK『Sphere』

10月 ■TBS、ドラマ「逃げるは恥だが役に立つ」放送開始：出演＝新垣結衣、星野源 ■星野源「恋」

11月 ■Amazonプライム・ビデオ「HITOSHI MATSUMOTO Presents ドキュメンタル」配信開始 ■こうの史代原作・片渕須直監督『この世界の片隅に』公開 ■ロマン優光『間違ったサブカルで「マウンティング」してくるすべてのクズどもに』 ■柴那典『ヒットの崩壊』

12月 ■戸川純 with Vampillia『わたしが鳴こうホトトギス』 ■立岩真也・杉田俊介『相模原障害者殺傷事件』

1月 ●9日 政府、韓国の慰安婦像設置に抗議 ●20日 アメリカ／トランプ大統領就任→TPP離脱の大統領令に署名 ●23日 政治団体「都民ファーストの会」地域政党としての活動を開始 ●28日 安倍首相、トランプ米大統領と、就任後初の電話会談

2月 ●7日 防衛省、廃棄済みとしていた南スーダンPKO派遣陸上自衛隊の日報を公表 ●13日 北朝鮮／金正男がマレーシアで殺害

3月 ●10日 政府、陸上自衛隊の南スーダンからの撤収を決定 ●13日 **加計学園**の国家戦略特区認定をめぐる問題で、安倍首相が関与を否定 ●23日 **森友学園**への国有地売却問題：理事長を証人喚問 ●28日 大阪高裁、関西電力高浜原発の再稼働を容認

4月 ●3日 菅官房長官、教育勅語の教材利用に「適切な配慮の下で使用は問題ない」と発言 ●4日 政府、安倍昭恵氏付職員が籠池森友学園前理事長にFAXで送った文書を「行政文書でない」と閣議決定 ●5日 北朝鮮、弾道ミサイル発射 ●13日 細野豪志、憲法改正への対応に対する不満から民主党代表代行を辞任 ●25日 普天間基地移設問題：**辺野古の護岸建設が着工** ●25日 今村雅弘復興相、東日本大震災を巡って「（発生が）東北だったから、よかった」と発言→辞任

5月 ●3日 安倍首相、9条に自衛隊を明記する憲法改正の意向を表明：2020年施行を目標 ●10日 韓国／文在寅大統領就任 ●10日「週刊新潮」ジャーナリスト・山口敬之が女性を暴行した事件を報道 ●14日 フランス／マクロン大統領就任

6月 ●1日 トランプ米大統領、パリ協定の離脱を表明 ●9日 天皇退位特例法が成立 ●15日 **テロ等準備罪（共謀罪）法成立** ●15日 加計学園問題：文科省が「総理のご意向」と記された文書の存在を確認 ●16日 改正刑法成立：性犯罪を非親告罪化、暴行脅迫要件撤廃されず

7月 ●2日 東京都議選で自民党が大敗、小池都知事の「都民ファーストの会」が第一党に ●5日 九州北部で記録的な豪雨発生、死者40人 ●28日 稲田朋美防衛相、南スーダンPKO日報問題で引責辞任

8月 ●10日 東芝、米原子力事業で巨大損失、決算報告で9656億円の赤字に

9月 ●25日 小池東京都知事ら、国政新党「**希望の党**」結党 ●28日 **民進党が希望の党への合流方針決定、事実上の解党**

10月 ●2日 民進党・枝野幸男代表代行、新党「**立憲民主党**」結成を発表 ●22日 **第48回衆議院議員総選挙**：自民党圧勝、284議席を獲得

11月 ●1日 第4次安倍晋三内閣成立：副総理兼財務相＝麻生太郎、全閣僚が再任

12月 ●13日 広島高裁、四国電力に伊方原発の運転差し止めを命じる判決 ●13日 沖縄・宜野湾市の小学校校庭に米軍ヘリの窓が落下→沖縄県、飛行中止を要請

1月 ■テレビ東京ほか、アニメ「けものフレンズ」 ■TBS、ドラマ「カルテット」放送開始：脚本＝坂元裕二

2月 ■小沢健二「流動体について」 ■KREVA『嘘と煩悩』

3月 ■乃木坂46「インフルエンサー」 ■電気グルーヴ、アルバム『TROPICAL LOVE』 ■ECD・DJ MITSU THE BEATS・PUNPEE「君といつまでも（Together Forever Mix）／お嫁においで 2015」 ■大森靖子『kitixxgaia』 ■ちゃんみな『未成年』 ■『ユリイカ』特集「大森靖子」 ■星野源『いのちの車窓から』 ■イベント&マガジン『Making-Love Club』スタート

4月 ■唾奇×Sweet William『Jasmine』 ■「坂本龍一：設置音楽展」atワタリウム美術館 ■群馬県立近代美術館で、白川昌生作品の出品取消しが判明

5月 ■あいみょん「愛を伝えたいだとか」 ■AKB48「願いごとの持ち腐れ」 ■NHK「おげんさんといっしょ」放送：星野源の初冠番組

6月 ■コーネリアス『Mellow Waves』 ■モンド・グロッソ「何度でも新しく生まれる」 ■ばるぼら・さやわか『僕たちのインターネット史』

7月 ■欅坂46「真っ白なものは汚したくなる」 ■月川翔監督『君の膵臓をたべたい』公開 ■ECD『21世紀のECD』

8月 ■星野源「Family Song」 ■台風クラブ『初期の台風クラブ』 ■羽賀翔一画・吉野源三郎作『漫画 君たちはどう生きるか』 ■リップサービス榎森＝せやろがいおじさんがYouTubeチャンネル「ワラしがみ」を開設

9月 ■大森靖子『MUTEKI』

10月 ■TOKYO MXほか、アニメ「宝石の国」放送開始 ■PUMPEE『MODERN TIMES』 ■CHAI『PINK』 ■宇野常寛『母性のディストピア』 ■大塚英志『動員のメディアミックス』

11月 ■宇野維正『小沢健二の帰還』 ■野中モモ・ばるぼら『日本のZINEについて知ってることすべて』 ■稀見理都『エロマンガ表現史』 ■米津玄師『BOOTLEG』

12月 ■日本テレビ「女芸人No.1決定戦 THE W」放送開始 ■椎名林檎『逆輸入～航空局～』 ■大九明子監督『勝手にふるえてろ』公開 ■磯部涼『ルポ 川崎』

1月 ●26日 仮想通貨取引所「コインチェック」で不正流出 ●30日 旧優生保護法によって強制不妊手術を受けた女性が初めて国を提訴
2月 ●9日 平昌五輪開幕：韓国と北朝鮮が史上初の合同チーム結成
3月 ●2日 東京・目黒で5歳女児虐待死事件が発生 ●9日 国税庁の佐川宣寿長官が、森友問題の責任を取り辞任 ●12日 財務省、森友問題での公文書改ざんを認める ●23日 アメリカ、輸入制限発動、**米中摩擦**が激化
4月 ●4日 日本相撲協会、人命救助中の女性に「土俵から降りるよう」場内放送 ●10日 加計問題：愛媛県、元首相秘書官の「首相案件」発言を記載した文書を公表 ●18日 女性記者へのセクハラ発言で、福田淳一財務事務次官が辞任表明 ●27日 韓国の文在寅大統領と北朝鮮の金正恩朝鮮労働党委員長、**南北首脳会談**→朝鮮戦争の年内終戦、半島の非核化を宣言
5月 ●6日 アメリカンフットボールの定期戦で、日大の選手が関学大選手にタックルし負傷させる ●7日 民進党と希望の党による新党「国民民主党」結党大会
6月 ●4日 財務省、公文書改ざんで職員20人処分、麻生財務相は続投 ●12日 シンガポールで**初の米朝首脳会談** ●13日 改正民法成立：成人年齢を18歳に引き下げ、結婚年齢を男女ともに18歳とする ●14日 東京電力、福島第二原発の廃炉を表明 ●29日 働き方改革関連法成立：「高度プロフェッショナル制度」を含む
7月 ●3日 閣議、エネルギー基本計画決定：再生可能エネルギーの主力電源化へ ●6日 オウム真理教の**松本智津夫ら7人の死刑執行** ●6日 西日本豪雨発生：死者220人を超える ●20日 カジノ実施法（IR法）成立 ●26日 オウム真理教、元幹部6人の死刑執行
8月 ●2日 東京医大入試で、女子や浪人生への不利益な操作が判明 ●8日 沖縄県、翁長雄志知事が死去
9月 ●4日 台風21号上陸、関西国際空港が孤立 ●6日 北海道胆振東部地震発生、最大震度7、死者44人 ●20日 自民党総裁選：現職の安倍晋三首相が石破茂元幹事長を破り3選 ●28日 福島第一原発の処理済み汚染水、8割超が基準超えと発覚 ●30日 沖縄県知事選：玉城デニーが当選
10月 ●11日 東京・豊洲市場が開場 ●30日 韓国大法院、新日鐵住金に元徴用工への賠償を命令
11月 ●19日 日産カルロス・ゴーン会長、金融商品取引法違反容疑で逮捕
12月 ●6日 改正水道法成立：民営化が可能に ●20日 韓国海軍レーダー照射事件発生 ●26日 政府、国際捕鯨委員会（IWC）脱退を発表 ●30日 TPP、アメリカを除く11カ国で発効

1月 ■ラッパー、ECDが死去、享年57
2月 ■星野源「ドラえもん」 ■倉橋耕平『歴史修正主義とサブカルチャー』
3月 ■会田誠「GROUND NO PLAN」展 at 青山クリスタルビル ■Moment Joon「Effortlessly（簡単に）」 ■さとうもか『Lukewarm』 ■宇野常寛『若い読者のためのサブカルチャー論講義録』 ■ビートたけし、3月末で「オフィス北野」を退社すると発表される ■岡本太郎「太陽の塔」48年ぶりに内部公開
4月 ■TBSラジオ「アフター6ジャンクション」放送開始 ■NHK「チコちゃんに叱られる！」放送開始 ■テレビ朝日、ドラマ「おっさんずラブ」放送開始 ■「漫画村」を含む悪質性の高い3サイトに対してブロッキング実施 ■山田尚子監督『リズと青い鳥』公開 ■KaoRi、写真家・荒木経惟によるセクハラやパワハラなどを告発
5月 ■呂布カルマ『SUPER SALT』 ■cero『POLY LIFE MULTI SOUL』 ■つまみ枝豆（青木隆彦）とダンカン（飯塚実）がオフィス北野取締役に就任 ■カンヌ国際映画祭で、是枝裕和監督『万引き家族』が最高賞のパルムドールを受賞 ■第1回「THE M/ALL」開催
6月 ■上田慎一郎監督『カメラを止めるな！』公開 ■宇多田ヒカル『初恋』 ■RADWIMPS「HINOMARU」 ■大森靖子、書籍『超歌手』
7月 ■細田守監督『未来のミライ』公開 ■大森靖子『クソカワPARTY』 ■姫野カオルコ『彼女は頭が悪いから』 ■小川たまか『「ほとんどない」ことにされている側から見た社会の話を。』
8月 ■マンガ家・さくらももこが死去、享年53 ■NHK「おげんさんといっしょ」第2弾放送
9月 ■安室奈美恵、引退宣言 ■LGBTをめぐる記事に批判が集まり『新潮45』休刊決定 ■外山恒一『全共闘以後』
10月 ■日本テレビほか、アニメ「風が強く吹いている」放映開始 ■折坂悠太『平成』 ■安彦良和『革命とサブカル』
11月 ■戸川純 avec おおくぼけい『Jun Togawa avec Kei Ookubo』 ■中村佳穂『AINOU』 ■御田寺圭『矛盾社会序説』
12月 ■星野源『POP VIRUS』 ■長谷川白紙『草木萌動』 ■あっこゴリラ『GRRLISM』 ■千葉雅也・二村ヒトシ・柴田英里『欲望会議「超」ポリコレ宣言』 ■大塚英志『大政翼賛会のメディアミックス』

1月　●9日 日本政府、日韓請求権協定に基づく協議を韓国政府に要請 ●11日 毎月勤労統計調査の不適切な取り扱いによる過小給付が560億円以上と公表 ●24日 石川優美、Twitterで「#KuToo」を提唱

2月　●1日 トランプ米大統領、ロシアとのINF全廃条約からの脱退を表明 ●14日 同性カップル13組、同性婚を認めないのは違憲であるとして国を提訴 ●27日 セブン-イレブンのオーナーら、24時間営業見直しを本部に申入れ

3月　●19日 東京五輪不正疑惑：竹田恒和がJOC会長退任とIOC委員の辞任の意向を表明

4月　●7日 大阪市長・大阪府知事選：維新が大勝 ●18日 東電による外国人労働者の福島第一原発廃炉作業への受入方針が判明 ●19日 アイヌ新法成立：「先住民族」と位置づけ ●19日 日米安保協議委：「辺野古が唯一の解決策」と再確認 ●24日 旧優生保護法での強制不妊について、議員立法での救済法成立 ●30日 明仁天皇が退位

5月　●1日 午前0時、**徳仁親王が第126代天皇に即位、元号が「令和」に改元** ●13日 内閣府が3月の景気動向指数を6年ぶり「悪化」に ●13日 日本維新の会の丸山穂高議員が「戦争発言」、除名処分 ●25日 トランプ米大統領が来日、天皇と会見 ●28日 **川崎殺傷事件**発生：児童ら20人死傷、犯人の男は自殺

6月　●9日 香港で「逃亡犯条例」改正案をめぐり、大規模デモ発生 ●19日 徴用工問題で、韓国政府が日韓企業合同での和解案を提示、日本政府は拒否 ●30日 日本がIWC（国際捕鯨委員会）を脱退、商業捕鯨再開へ

7月　●18日 **「京都アニメーション」で放火事件**、36人死亡、33人負傷 ●22日 **第25回参議院議員選挙**：自民・公明で改選議席過半数を獲得、改憲ライン3分の2は届かず→投票率が50％切り、過去最低だった1995年に次ぐワースト2位

8月　●2日 政府、**韓国のホワイト国（グループA）からの除外決定**、28日 適用 ●22日 韓国政府が日韓軍事情報包括保護協定（GSOMIA）破棄を発表

9月　●11日 第4次安倍再改造内閣が発足：小泉進次郎議員が戦後3番目の若さで初入閣 ●26日 日米首脳が日米貿易協定で最終合意

10月　●1日 **消費税が10％に増税**：軽減税率&キャッシュレス還元事業もスタート ●11日 東海・関東・東北地方で豪雨：関東甲信越の5ダムでは緊急放流実施 ●22日 徳仁天皇の即位の礼の中心儀式・即位礼正殿の儀→即位礼に合わせた恩赦（復権）実施、罰金刑のみの55万人を対象 ●31日 沖縄・首里城で火災、正殿など含め7棟消失

1月　■NHK「いだてん〜東京オリムピック噺〜」放送開始：脚本＝宮藤官九郎 ■NGT48の歌手、ファンからの暴行を内部告発し、謝罪に追い込まれる ■セブンイレブンとローソン、成人向け雑誌の販売中止を決定 ■ピエール瀧、「ウルトラの瀧」に1年間限定で改名 ■木澤佐登志『ダークウェブ・アンダーグラウンド』

2月　■武内英樹監督『翔んで埼玉』公開 ■東浩紀『ゆるく考える』

3月　■ロマン優光『90年代サブカルの呪い』 ■ピエール瀧、麻薬及び向精神薬取締法違反の容疑で逮捕 ■「AKB48選抜総選挙」2019年は開催しないと発表 ■大森靖子「絶対彼女 feat.道重さゆみ」

4月　■白石和彌監督『麻雀放浪記2020』公開 ■今泉力哉監督『愛がなんだ』公開 ■姫乃たま『パノラマ街道まっしぐら』 ■東大入学式での、上野千鶴子による祝辞が話題に ■矢野利裕『コミックソングがJ-POPを作った』

5月　■見城徹、津原泰水の単行本実売部数を暴露し、問題に ■『エトセトラ』（エトセトラブックス）創刊

6月　■吉本興業「闇営業」が問題に ■東浩紀『テーマパーク化する地球』 ■大森靖子「Re: Re: Love 大森靖子feat.峯田和伸」 ■藤井道人監督『新聞記者』公開 ■北村紗衣『お砂糖とスパイスと爆発的な何か』

7月　■DJ社長による、セクハラをネタにしたプロモーションが問題に ■BUMP OF CHICKEN『aurora arc』 ■新海誠監督『天気の子』公開 ■『文藝』特集「韓国・フェミニズム・日本」 ■将基面貴巳『日本国民のための愛国の教科書』 ■綿野恵太『「差別はいけない」とみんないうけれど。』

8月　■あいちトリエンナーレ2019の内「表現の不自由展・その後」に抗議が殺到 ■武正晴監督、Netflixドラマ「全裸監督」配信開始

9月　■『週刊ポスト』特集「韓国なんて要らない！」：批判が相次ぎ謝罪へ ■KREVA『AFTERMIXTAPE』 ■パソコン音楽クラブ『Night Flow』 ■井口昇監督『惡の華』公開 ■真利子哲也監督『宮本から君へ』公開 ■卯城竜太・松田修『公の時代』

10月　■NHK「おげんさんといっしょ」第3弾放送 ■imdkm『リズムから考えるJ-POP史』

ポスト・サブカル焼け跡派

2020年2月2日　初版発行

著者　**TVOD**

発行者　北尾修一

発行所　株式会社 百万年書房
〒150-0002 東京都渋谷区渋谷3-26-17-301
tel 080-3578-3502
http://www.millionyearsbookstore.com

デザイン　川名亜実(OCTAVE)

校閲　鷗来堂

印刷・製本　株式会社 シナノ

ISBN978-4-910053-12-7